育 体 育 局

采集省运会火种

省运会赛场精彩一瞬

分 2281.5 分，居金牌榜第一、奖牌榜第一、总分榜第一，改写了无人超武汉的历史；青少年类获金牌 101 枚，奖牌 227 枚，总分 2367 分，居金牌榜第二、奖牌榜第三、总分榜第三，创造荆州史上最好成绩。

2014 年也是荆州市教育事业快速发展的一年。启动“全面改薄”工程，争取资金 4.01 亿元，全面改善义务教育学校办学条件。加快推进以荆州中学、沙市中学迁建工程为龙头的中心城区学校布局调整。完成 175 个学前教育中央资金建设项目。成功组建荆州职业教育集团，现代职业教育发展体系逐步完善。加强教师队伍建设，公开招聘农村义务教育学校教师 838 人。加大教育经费筹措力度，全年争取资金 9.26 亿元。推进学校安全标准化信息化建设，校园安全保障水平不断提高。

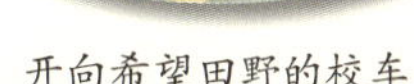

开向希望田野的校车

中小学诗意“大课间” 创造全新的课间体验

荆州中学鸟瞰图

沙市中学鸟瞰图

荆州统计年鉴

JINGZHOU STATISTICAL YEARBOOK

2015

荆州市统计局　编

Compiled By

Jingzhou Municipal Bureau Of Statistics

图书在版编目（CIP）数据
荆州统计年鉴. 2015/ 荆州市统计局编. — 北京：
中国统计出版社, 2015.11
ISBN 978-7-5037-7616-8

Ⅰ. ①荆…
Ⅱ. ①荆…
Ⅲ. ①统计资料—荆州市—2015—年鉴
Ⅳ. ①C832.633-54

中国版本图书馆CIP数据核字(2015)第213326号

荆州统计年鉴——2015

作　　者/ 荆州市统计局
责任编辑/ 陈越月
装帧设计/ 燕　婧
出版发行/ 中国统计出版社
地　　址/ 北京市丰台区西三环南路甲6号 邮政编码/100073
电　　话/ 邮购（010）63376909 书店（010）68783171
网　　址/ http://csp.stats.gov.cn
印　　刷/ 荆州市精彩印刷有限公司
经　　销/ 新华书店
开　　本/ 890mm × 1240mm 1/16
字　　数/ 880千字
印　　张/ 32
版　　别/ 2015年11月第1版
版　　次/ 2015年11月第1次印刷
定　　价/ 300.00元

如有印装差错，由本社发行部调换。

编 者 说 明

《荆州统计年鉴——2015》是一本由荆州市人民政府主办，市统计局执行编辑，全面反映荆州市经济社会发展的资料性年刊。

全书分特载和统计资料两部分。特载包括：公报、统计规范和统计大事记。统计资料包括：综合、国民经济核算、从业人员与职工工资、固定资产投资、财政税收金融与保险、价格指数、人民生活、城市概况与环境保护、农业、工业、能源、交通运输与邮电、国内外贸易与旅游、教育与科技、文化体育卫生与其他社会事业、乡镇经济等16个篇目。

本年鉴资料以2014年数据为主，同时整理了一些重要年份的主要指标。读者在使用历史数据时，凡与年鉴有出入的，均以本年鉴为准。年鉴中的县市区合计数小于等于全市数；“#”号表示其中数，“-”表示数据不足本表最小单位数，空格表示无该项统计数据。

本年鉴中的统计资料由市统计局提供。

本年鉴的编辑、出版、发行工作，得到全市各级领导各部门单位的鼎立相助，在此谨致谢意。书中错漏在所难免，望各界人士多提宝贵意见。

荆州市荆楚统计年鉴服务中心

编　辑：荆州市统计局
　　　　国家统计局荆州调查队
出　版：中国统计出版社
印　刷：荆州市精彩印刷有限公司

Complied By:Jingzhou Municipal Bureau of Statistics
NBS Survey Office in Jingzhou
Published By:China Statistics Press
Printed By:Jingzhou Jingcai Printing Co.,Ltd

荆州经济

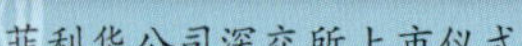
菲利华公司深交所上市仪式

美的公司冰箱生产线

2014 年，面对不断加大的经济下行压力，荆州开发区党工委、管委会按照市委、市政府的总体部署，积极应对困难和挑战，大力开展党的群众路线教育实践活动和“效率提升年”活动，经济社会保持平稳快速发展。全区规模以上工业增加值同比增长 10.8%；完成固定资产投资 204.48 亿元，同比增长 20.1%；完成财政收入 17.95 亿元，同比增长 17%; 完成地方公共财政预算收入 9.3 亿元，同比增长 20%; 完成出口创汇 2.7 亿美元，同比增加 15%；新增规模以上企业 26 家，总数达到 158 家。

1、招商引资。全年共签约引进项目 42 个、合同约定投资额 301.85 亿元，其中 10 亿元以上项目 12 个、5—10 亿元项目 3 个、1—5 亿元项目 27 个；招商引资市到位资金 195.81 亿元，同比增长 51%。投资 20 亿元的污水处理设备生产项目、投资 10 亿元的节能变频电机项目、投资 10 亿元的世纪天源环保设备项目和投资 10 亿元的金科环保循环经济产业园项目等一批新兴产业和先进制造业先后入驻，进一步增强了开发区的发展后劲。

2、项目建设。2014 年以来，开发区进一步改革项目落地机制，实行项目招引与落地分离，明确由一名开发区班子成员专门负责项目落地工作，进一步加快了项目建设速度。2014 年全区新开工项目 28 个，新投产项目 30 个，在建项目 48 个。五方光电、中山通宇、同洲电子、长江液晶项目临时厂房已投入生产；高田汽配、中联重科、同洲电子、五方光电、华邦化学、新威材料等项目主体工程已全面完工；海华星药业、长江液晶、凯元医疗、乾盛纺织等项目厂房正在建设。

3、产业培育。电子信息产业从无到有，完成产值 60 亿元，成为开发区新的经济增长极。装备制造业支撑作用进一步增强，完成产值 101 亿元，成为首个百亿元产业。市场主体培育创新高，新增 2283 户，总数达到 10396 户，首次突破万户大关。菲利华、能特成功上市，结束了荆州 13 年的企业上市“空档期”；金科环保、恒力新材料在三板、四板成功挂牌。

4、园区建设。《国家级荆州开发区概念性规划》去年 4 月经市政府批准实施，结束了荆州开发区 20 多年没有总体规划的历史。新建成上海大道、西干渠路、曙光路、江津东路（延伸线）4 条道路；新启动建设美的路（深圳大道至上海大道）、纺印二路（九号路至上海大道），“断头路”正迅速打通。

奥达公司新厂区

5、拆迁还建。拆迁工作和

技术开发区

金源世纪城一期项目建设现场

常湾还迁房一期项目建设现场

谐高效。2014 年以来，已签订拆迁协议 452 户、拆除房屋 268 户，保障了重大项目的用地需求。还迁房建设力度空前。新开工还迁房 61 万方、5498 套。其中，常湾一期（10 万方）主体已竣工；北港一期（10 万方）主体已封顶，预计 2015 年 5 月前可竣工交付；红光一期（17 万方）已完成桩基础施工；常湾二期（12 万方）正在进行桩基础施工；北港二期（12 万方）正在顺利建设。

6、改革创新。2014 年，完成高新技术产值 106 亿元；新增高新技术企业 6 家，总数达到 34 家，占全市 38.2 %；成功申报各类科技项目 31 个，获得项目资金 1374 万元；新引进孵化企业 21 家，孵化器招商到位资金 3150 万元。开发区在全省高新区排名第 5、位次前移 2 位，并获得省科技厅表彰。能特科技医药中间体等 4 个产品纳入“2014 年湖北名牌产品”初选公示名单；新增采用国际标准或国外先进标准产品 3 件。新申请商标 80 件，其中驰名商标 1 件、著名商标 8 件、知名商标 8 件。

恒隆公司研发大楼

荆 州

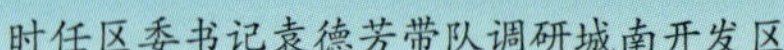

时任区委书记袁德芳带队调研城南开发区

区长夏光宏在弥市镇调研

2014 年，在市委、市政府的坚强领导下，荆州区委、区政府沉着处置“三期叠加”的复杂局面，积极应对经济下行的严峻挑战，主动破解束缚科学发展的系统难题，统筹推进稳增长、促改革、调结构、惠民生、防风险各项工作，经济社会发展呈现“稳中有进、进中趋好”的良好态势。全年实现地区生产总值 216.71 亿元，增长 10.3%；三次产业比为 16.0：50.3：33.7；财政收入完成 19.9 亿元，增长 14.5%，地方公共财政预算收入 13.2 亿元，增长 13.8%；全社会固定资产投资 265.08 亿元，增长 20.2%；社会消费品零售总额 116.43 亿元，增长 11.9%；招商引资到位资金 164 亿元，增长 34%；外贸出口 1.06 亿美元，增长 33.9%；农民人均纯收入 14158 元，增长 12.2%；城镇居民人均可支配收入 25846 元，增长 9.8%。

一是工业经济逆势增长。工业总产值达到 375.2 亿元，增长 13.1%；规上工业增加值 102.25 亿元，增长 11.4%；全年新增规上工业企业 18 家。石油机械、造纸包装、农产品加工业产值分别达到 148 亿元、85 亿元、173 亿元，分别增长 14.8%、23.5%、10.6%。全区工业用电量增长 16.9%，货运周转量增长 13.5%，贷款增长 19.09%，荆州区首次被评为“全省最佳金融信用区”。

二是农业生产质效提升。粮食总产实现“十一连增”，达到 22.77 万吨，放心粮油网点实现全覆盖。规上农产品加工企业达 77 家，农产品加工业产值与农业总产值比达到 2.66：1，农民专业合作社达 364 家。长和生态渔业等 3 家获评农业部“水产健康养殖示范场”，区水产技术推广中心被农业部评为“全国基层水产技术推广示范站”。弥市镇绿色蔬菜产销协会被评为“全国先进农村专业技术协会”。植树造林 150 万株，森林覆盖率达到 18.5%，新增绿色示范村 10 个。

荆州古城墙夜景

三是第三产业快速发展。商贸限上企业达到 166 家，新增中油科昊、湖北桓稼 2 家出口企业。文化旅游融合发展，旅游综合收入 32.78 亿元，增长 22.4%。马山镇被评为“中国民间文化艺术之乡”，李埠镇综合文化站

区

省运会采集圣火

四机塞瓦石油钻采设备有限公司的工人正在组装石油机械设备

被评为国家一级文化站。

四是项目建设强力推进。全年签约亿元以上项目 28 个，3000 万元以上在建项目达到 186 个，完成投资 218 亿元，增长 39.6%。亿元以上项目 51 个，完成投资 156.3 亿元，增长 57.1%，我区是荆州唯一被省政府评为“全省投资和项目建设突出贡献单位”的县市区。改造二级公路 27 公里，改造县乡公路 15 公里，建设通村通组公路 80 公里，改造农村公路危桥 7 座。加快保障性安居工程建设，改造农村危房 2156 户。

五是社会民生着力改善。我区被省政府授予“县域义务教育发展基本均衡示范区”称号。推进全民创业就业工程，提供创业贷款 6010 万元；社会保险基金收入 4.64 亿元；贫困人口建档立卡顺利完成，实现脱贫 4000 人。新建 10 个城市社区居家养老服务中心、40 个农村老年人互助照料中心。

锦绣古城

六是各项改革深入推进。区级行政审批“三集中三到位”、企业登记注册“一表通”、收费项目“一表制”、工业项目审批服务“一条龙”机制初步建立，全区 54 家部门行政权力清单自查清理及运行流程再造工作已进入审核规范阶段。政务服务中心日均受理行政审批办件超过 100 件，对外公示可办理、代理的审批事项 189 项，“一审一核”事项达到 61.5%，承诺时限比法定时限缩短 55.8%。大力实施“先照后证”登记制度改革，市场主体数量大幅增长，新增 5000 户，达到 3.8 万户。

九老仙都

明月公园

沙市

江津路

北京路夜景

沙市是荆州市的中心城区，素有“三楚名镇”、“百年商埠”、“工商名城”的美誉。辖4镇1乡、5个街道办事处，国土面积522平方公里，建成区面积38平方公里，常住人口65万人。2014年，沙市区深入贯彻党的十八大、十八届三中、四中全会以及习近平总书记系列重要讲话精神，坚持“主要经济指标名列全市前茅”的目标不变，深入实施“十大重点工程”的“频道”不换，大力开展“重大工程提速年”活动，经济社会发展呈现“稳进、竞进、奋进”的良好态势，在荆州市县域经济考核和绩效考核中均为全市第一名。

经济发展稳中快进。区域经济发展呈现“总量突破、速度领跑、结构优化”的良好局面，地区生产总值277亿元、社会消费品零售总额180亿元、财政总收入28.5亿元、地方公共财政预算收入18.3亿、城镇居民人均可支配收入2.6万元、农民人均纯收入1.4万元，总量均位居全市第一。规上工业增加值、社会消费品零售总额、农业总产值、城镇居民人均可支配收入等四项指标增速全市第一。三次产业结构调整到10.3:40.9:48.8，第三产业占比持续上升，第一产业占比稳步下降。

利晟科技园

体育中心成功承办第十四届省运会

新建成的荆襄南路

南国大家装

社会事业务实竞进。全年投入民生领域财政资金11.7亿元，占财政总支出的75%。发放政府贴息担保贷款7500万元，扶持创业1000多户。失地农民、企业退休人员、困难群众生活保障水平进一步提高。第十四届省运圣火采集、火炬传递、全民健身等活动精彩纷呈、热烈圆满，沙市区是唯一受到荆州市政府通令嘉奖的县市区。沙北新区开发、旧城改造、城中村改造和社区配套改造步伐不断加快，省运场馆成为城市新地标，荆襄南路成为城区“风景线”。城市管理明显加强，城乡环境明显改善，赢得了居民群众的认可。“平安沙市”建设深入推进，“一感两度”全省排名大幅提升，沙市区被评为全省和谐社区建设示范城区。

沙市经济开发区工业总产值突破100亿元

干部群众有为奋进。从严治党得到落实，基层党建经费保障有力，村（社区）党员群众服务中心建设推进扎实。每月15日区领导和党代表接待日活动、在职党员周六进社区志愿服务活动有声有色，公共服务、志愿服务、市场服务“三位一体”服务体系不断完善。党的群众路线教育实践活动深入扎实，反“四风”、转作风、树新风成效明显，党员干部服务群众的意识更强、行动更快、领域更宽、质量更优。“两个责任”全面落实，党风政风明显好转，党心民心广泛凝聚，风清气正、团结和谐、积极向上、共谋发展的气场更加强大。

群力金属公司年产68万吨铸煅件生产线

大赛巷特色小吃一条街

江陵

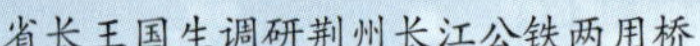

省长王国生调研荆州长江公铁两用桥

常务副省长王晓东江陵调研拍马林浆纸

2014年，在县委县政府的正确领导下，江陵县以“实施沿江开发、建设滨江新区”为总导向，求真务实、克难攻坚，经济社会在新常态下持续稳定发展。全县实现地区生产总值（GDP)62.22亿元，同比增长10.2%。第一产业增加值20.97亿元，同比增长5.5%；第二产业增加值21.15亿元，同比增长13.0%；第三产业增加值20.1亿元，同比增长12.7%。社会消费品零售总额34.64亿元，同比增长12.8%，全社会固定资产投资完成57.83亿元，同比增长33.61%。

致力发展经济，强化产业支撑，综合实力全面提升。2014年三次产业比33：34：33，二产业占比首次超过一产业。全县新增规模企业16家，累计达到66家。规模工业完成总产值72.67亿元，同比增长17.08%；实现规模工业增加值19.62亿元，同比增长12.1%，增速高于全市1个百分点，排全市第二位。实现财政总收入3.5亿元、地方公共财政预算收入2.4亿元，分别增长26.1%、30.7%，增速高于去年5.7、6.5个百分点，地税收入首次突破亿元大关。在全省县域经济综合考核中，江陵县排名上升2位。

加快开发开放，扩大有效投资，发展后劲显著增强。沿江产业园完成开发建设投入1.09亿元、达到7.4亿元。建成区增加3.2平方公里、达到9.3平方公里。江陵电厂一期项目获得国家能源局批复，列入国家火电建设规划，16项专题报告获批12项。江陵电厂二期可研工作已经启动。煤炭储配基地铁路专用线和码头、堆场部分纳入蒙华铁路疏运系统。40亿立方米煤制天然气项目可研报告编制完成，省能源集团正与三峡集团和陕煤化洽谈开发协议。

小麦机收

注重统筹协调，加强基础建设，城乡面貌日新月异。实施城建项目16个，完成投资10亿元、增长18%。房地产开发面积51万平方米、竣工18万平方米，县城人气进一步提升。城市管理继续强化，拆违15起，乱占乱建行为得到有效遏制。农村客运实现“村

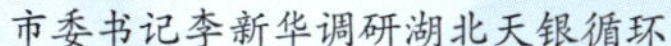

市委书记李新华调研湖北天银循环

县长万玲玲为农户颁发首批农村土地承包经营权证

村通”，完成土地整治项目 10 个、面积 12.6 万亩、新增耕地 4022 亩。普济镇大军湖村、马家寨乡金旗村被评为省级宜居村庄，全县省级宜居村庄达到 6 个，农村人居环境进一步改善。万元 GDP 能耗下降 3.9%，二氧化碳排放下降 4.1%，熊河镇被评为国家级生态乡镇，是全市第二个获此殊荣的乡镇。

坚持以民为本，优化公共服务，民生福祉持续增进。民生支出 13.5 亿元，占公共财政预算支出的 79.7%。城镇居民人均可支配收入 20644 元，农村居民人均可支配收入 11258 元，分别比上年增长 9.48% 和 12.29%。血防达标成果进一步巩固，人群感染率降至 0.45%。资市镇、六合垸管理区 2.84 万农村居民饮水安全问题得到解决，安全饮水总人口达到 28.7 万。城镇新增就业 6258 人，城镇登记失业率 3.7%。社会救助再次提标，低保应保尽保、动态管理。1226 套保障房建设和 500 户农村危房改造完成。五项社保参保人数完成目标任务的 101.4%。新农合参合率达 99%，参合农民受益 81.22 万人次。出生人口政策符合率 96.48%，高出目标 1.48 个百分点，出生性别比 103，稳定在正常范围。

着力改进作风，提升行政效能，政府自身建设不断加强。行政权力清理扎实开展，县级行政权力由 4598 项取消合并至 2462 项，降幅 46.5%，其中，取消 274 项，取消比为 6%。八项规定得到贯彻落实，会议、发文、评比表彰、“三公”经费分别下降 20%、10%、44%、27%，各类议事机构精简 32%。

江陵新城区建设

上海斯米克集团江陵项目签约仪式

湖北荆州城南

市委书记李新华、时任市长李建明视察开发区企业

时任区委书记袁德芳陪同省考察组对拍马村的全国文明村创建工作进行检查验收

湖北荆州城南经济开发区（以下简称开发区）是经省人民政府批准、于1992年设立的省级经济开发区，辖区面积60余平方公里，下辖新风、御河、白龙等9个社区和拍马、花园、红光等5个村，常住人口约14万；下设党工委、管委会办公室，财政分局，经济发展局，社会发展局等机构。开发区北靠荆州古城，南依黄金水道，上连三峡，下通沪宁，毗邻三峡机场，距沪蓉高速荆州火车站4公里，318国道、207国道和宜黄、荆襄高速公路在此交汇，区位交通优势明显。

近年来，开发区按照“把开发区建设成办事效率高、投资成本低、发展环境优、综合实力强的现代新型经济开发区，进入全省同类开发区十强”的总体要求，以全区“转作风促改革提效能”主题年活动为抓手，以开发区“城南形象年”活动为契机，持之以恒转作风，攻坚克难建项目，凝心聚力育企业，掀起了新一轮大开发、大建设、大发展的高潮，为荆州区打造县域经济“升级版”，服务壮腰工程三年见成效作出了积极贡献。在宏观经济下行压力较大的背景下，2014年开发区实现地区生产总值309.74

四机厂

经济开发区

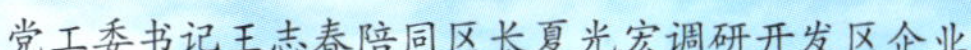
党工委书记王志春陪同区长夏光宏调研开发区企业

党工委书记王志春同志在开发区三级干部会上讲话

亿元，增长 18.1%；实现财政收入 3.85 亿元，增长 24.91 %；完成全社会固定资产投资 83.28 亿元，保持高位运行；招商引资到位资金 66.12 亿元，增长 33.3%；进出口总额 11060 亿元，新签约亿元以上项目 11 个，“古城之南”已成为全区工业经济的重要增长极。

开发区 2014 年共投入 300 余万元用于辖区内基础设施建设工程，对学府路、金江路、郢都路、西环路、金江路、滨江路和御河路进行了改造升级，不断完善学堂洲工业园、九阳工业园的燃气及自来水管网体系。同时，围绕民生加大了市政基础设施改造力度，重点做了西环路、九阳大道、荆李路、工民路与南环路等路段的路面缝隙填充、补板和路面维修工作，对学堂洲、九阳、御河、梅村、市场路等 200 余处窨井进行了维修更换，全力打造宜居宜业的“魅力城南”。

质朴聪颖的城南人，乘壮腰之东风，携荆楚之灵气，深入实施“壮腰工程”，全面推进“四区建设”，把城南开发区打造成了集生产、生活、科教、文化于一体的魅力新城！

湖北龙马全息公司

世界遗产　中国品牌

荆州纪南生态

2014年6月18日，省委、省政府召开支持荆州纪南生态文化旅游区建设专题会议，省委书记李鸿忠、省长王国生主持会议并发表重要讲话。

荆州纪南生态文化旅游区（简称纪南文旅区）位于荆州市中心城区北部，南临荆州古城，北据长湖，总面积198平方公里，其中水域面积40平方公里、文物遗址面积约20平方公里，辖纪南镇、凤凰办事处，现有人口6万人，规划容纳总人口20万人。纪南文旅区具有得天独厚的资源优势，发展文化旅游产业基础雄厚。一是历史文化资源丰厚。区内现有古遗址、古墓葬等不可移动文物139处，其中有楚纪南故城遗址（包括雨台山古墓群）、郢城遗址、鸡公山遗址等3处全国重点文物保护单位。二是自然生态资源优美。全区绕长湖分布，长湖为湖北省第三大湖泊，沿岸森林覆盖率高，风光旖旎，生态优美。三是区位交通优势明显。核心区距荆州古城仅1.5公里，距沙市商业区不到4公里，紧邻沪蓉高铁荆州站，汉宜、襄荆两条高速和207、318两条国道穿境而过，引江济汉渠（江汉运河）穿越辖区11.5公里。

省委专题办公会议纪要

〔2014〕第15号

关于支持荆州纪南生态文化旅游区建设专题会议纪要

2014年6月18日，省委、省政府在武汉召开支持荆州纪南生态文化旅游区建设专题会议，省委书记李鸿忠主持会议，省领导王国生、尹汉宁、甘荣坤出席会议。会议听取了荆州市关于与西安曲江文化集团、中建三局合作开发建设以楚文化展示、大遗址保护为主要载体的纪南生态文化旅游区的情况汇报，对纪南生态文化旅游区的规划设计、项目建设、政策支持等问题进行了研究。纪要如下：

会议认为，楚文化是中华文化的重要组成部分，荆州楚文化遗址众多，历史文化资源丰富，是湖北之根、楚文化之源。把楚

— 1 —

2014年6月18日，省委书记李鸿忠、省长王国生在武汉主持召开了支持荆州纪南生态文化旅游区建设专题会议，要求按照“世界遗产、中国品牌、湖北代表、荆州实施”的指导思想和“省级项目、荆州实施”的原则，把纪南文旅区建设纳入全省一元多层次战略体系和省级重大项目给予重点支持。市委、市政府大力支持纪南文旅区建设，要求通过5年左右的努力，建成国家级大遗址保护示范区、国家级生态文明新区、国家级文化产业示范园区、国家5A级景区。

湖北代表　荆州实施

文化旅游区

楚纪南故城

荆州纪南生态文化旅游区托管区域图

按照省、市工作部署，2014年，纪南文旅区开拓创业，攻坚克难，全力推进开发建设，取得良好开局。一是明确发展战略，坚持“以文化为魂、以生态为本、以旅游为业、以市场为先”。二是科学编制规划，突出文化和生态内涵，提出了“一心、两廊、四轴、六片区、九大文化旅游组团”的方案。三是推进工程建设，拆迁农户和企业500余户，启动楚都大道、凤凰大道、318国道改扩建和还建小区建设，开展“楚国八百年”和“郢都风华”两个景区策划设计。四是全力招商引资，与西安曲江文化产业投资（集团）有限公司和中建三局集团合作组建了荆州纪南投资发展控股有限公司，与碧桂园、华强集团、中兴集团、华侨城集团、岭南园林等大型企业集团达成合作意向。五是加强楚文化研究，筹建中国楚文化研究院，成为新区发展的智囊团、专家库、宣传队。六是做好民生保障，平稳有序完成托管移交工作，畅通便民服务通道，确保一方平安。

2015年开工建设项目示意图

荆州纪南生态文化旅游区建设规划效果图

荆 州 区

郢城镇成立于1998年，由原来的荆州区荆北街道办事处改体而成，位于荆州中心城区北郊，因辖区内古郢城遗址而得名。根据荆政办发[2014]35号文件，为加快荆州市文化旅游产业的加快发展，促进城市结构优化升级，我镇于2014年7月将海湖村、澎湖村等7个村委托荆州纪南生态文化旅游区管理，现行政区域面积为1846.95公顷。现辖6个行政村，2个社区居委会，53村民小组，总人口3.83万人，其中农业人口12385人，耕地面积6982亩。

办公楼

郢城镇具有较强的区位优势，是荆州的交通枢纽，207、318国道、楚源大道、发展大道等主干道连接成线，串起绿地之窗、百盟光彩商贸城、竹叶山汽车商贸城、荆州中学新校址、鄂中南区域医疗中心、郢城客运枢纽中心等20余个中、省、市、区重点项目，一线串珠、闪耀荆楚，成为郢城镇的新标杆、新亮点、新名片。2014年，郢城镇党委、政府围绕“四区建设”和“打造商贸物流产业集群，建设文化旅游生态新区”的工作思路，团结依靠全镇人民，克难奋进，真抓实干，镇域经济发展稳中有进，社会各项事业得到协调推进和全面发展。

鄂州市人大考察团莅临郢城镇考察调研

经济指标稳中有进

2014年，全镇财政收入完成3511万元，同比增长18.7%；公共预算收入完成2852万元，同比增长16.1%；全社会固定资产投资完成53.18亿元，同比增长84.8%；招商引资到位资金完成30亿元，同比增长38.9%，限上社会消费品零售总额完成17.83亿元，限上批发企业销售额完成5.43亿元，外贸出口完成533.9万美元。工业经济实现稳步增长，完成工业总产值5.89亿元的任务，新进限企业10家，小进规企业1家，服务业新进规12家。

农业工作稳步发展

今年全镇完成规上企业农产品加工业产值2.19亿元，农业生产总产值2.6亿元，农村人均年纯收入超12800元。油菜籽产值900万元；粮食产值1600万元；蔬菜产值4800万元；水产品产值6400万元；畜禽产值10200万元；林果花卉苗木产值600万元，流通服务业产值1500万元。

项目建设如火如荼

狠抓项目开工和落地服务，一大批重点项目相继落地。荆北新区形成以绿地之窗为中心的商业圈，投资55亿元的绿地之窗一期、1.6亿元的郢城客运枢纽中心主体工程、1.5亿元的楚源大道东段已建设完工，绿地之窗二期和三期、投资6亿元的荆州市中心医院荆北新院项目、4.6亿元的荆州中学新校区、3亿元的和悦北辰天街、2.9亿元的楚都中学荆北小学联建项目、1.5亿元的理想家园、1亿元的太湖港北路和刘家台路南段正在加紧建设中；城北片区形成以百盟光彩商贸城和竹叶山汽车商贸城为中心的商业圈，投资30亿元的百盟一期、二期项目、16亿元的竹叶山一期建设、5亿元的鑫和欣项目二期工程、6800万元的新生110KV变电站项目、4300万元的发展大道、35KV西雨线迁改工程等一批重点项目均已相继开工建设。

绿地之窗

百盟光彩商贸城

竹叶山车世界

郢城镇

民生事业全面发展

教育事业优先发展，积极改善办学条件，积极争取资金修缮高路小学，开展大型贫困助学活动，狠抓教育安全，实现安全管理零责任事故。社保体系逐步完善，完成2015年全镇新农合筹资123万元，发放大病救助款14.14万元。推进失地农民养老保险，确保民政优抚落实到人，全年共保障农村低保873户、1255人，月保障资金109052元；城镇低保1024户、1935人，月保障资金427510元。计生工作创先争优，落实孕情核查和孕情包保服务责任，建立流动人口电子化健康档案，突出“单独二孩”政策，开展多项计生宣传活动，并被评为全省计划生育基层基础示范乡镇。卫生工作稳步推进，6个村卫生室“五化”建设正在快速推进之中，血吸虫病防治达到国家传播控制标准，建立城镇居民健康档案19512份，建档率达86%。做好各类传染病的宣传、防控和监测工作，免费为辖区1530名老年人和253名中小学生进行了体检。食药工作扎实起步，组建镇食品药品监督管理所，完善全镇食品药品监督管理网络，开展规范村医务室用药用械、酿酒小作坊、纯净水、面粉添加剂、腌酱菜等近20项整治行动，下达责令整改通知53份，查办案件7起，服务办证57家，确保了全镇人民“舌尖上的安全。公墓建设稳步推进，满足项目建设迁坟97座，自然死亡人入葬60座。文娱工作精彩纷呈，参加“荆州动起来”迎省运活动，获全区“迎省运工作先进单位”，“文化力量 · 民间精彩”群众广场舞展演活动获得全区第一名、全市第一名和全省第三名成绩，全镇农村智能广播“村村响”工程全部完工。

荆州火车站

荆州医院

荆州中学北大门

党建工作有序推进

郢城镇党委牢固树立抓好党建是最大政绩的理念，坚持做到党建工作和镇委中心工作同谋划、同部署、同考核，始终把基层组织建设作为镇委的工作主题，时刻紧绷党建这根弦。常抓思想教育，开展集中学习活动，进一步提高党员干部的综合素质，整理35位好党员先进事迹汇编成《郢城先锋》并大力推广，发挥党员的先锋模范作用。狠抓组织建设，以开展第二批党的群众路线教育实践活动为契机，从严治党，自觉在行动上抵制“四风”，严守党的纪律和规矩，严肃政治生活。强抓队伍建设，不断增强镇党政班子整体效能，做好村级“两委”换届选举工作，加大村级党组织后备人才队伍建设力度，进一步提高村干部待遇。深抓作风建设，全面落实“两个责任”及“一岗双责”，按照年初党风廉政建设责任制目标要求，加强廉政教育，深入推行“五亮五树”，增强镇村两级干部廉洁自律意识，营造了风清气正发展环境。

慰问困难群众

关爱学童活动

群众路线文艺演出

李埠镇位于荆州区西部，西距荆州古城 9 公里，汉宜铁路和 318 国道穿境而过。全镇国土面积 92 平方公里，地势主要为平原，耕地面积 6.7 万亩，下辖 12 个村，1 个居委会，88 个村民小组，共 11158 户，人口 32958 人。境内水资源丰富，沮漳河在此汇入长江，引江济汉运河贯穿南北，农田水渠灌溉便利，建有“十公里绿色无公害蔬菜观光走廊”和“五万亩无公害蔬菜生菜基地”，是荆州市著名的蔬菜生产大镇，被列为湖北省农村市场示范基地。2014 年全镇规上工业总产值完成 126157 万元；规上工业增加值 32110 万元；工业企业入库税金 333.3 万元。固定资产投资 148000 万元；招商引资到位资金 39720 万元；财政收入 706 万元。

【工业发展】全年工业总产值完成 126150 万元。其中，荆州市江汉佳业石油机械有限公司完成产值 14000 万元，荆州林友工贸有限公司产值 66200 万元，湖北玉源酒业有限公司产值 6200 万元，荆州市和顺纺织品有限公司产值 6200 万元，荆州市瑞丰棉业有限公司 8400 万元，湖北振弘科技有限责任公司产值 24000 万元。2014 年全镇规模以上工业企业家数 7 家。

2014 年，李埠镇继续加大招商引资力度，依托镇区位优势、农产品资源优势，大力发展蔬菜加工、饲料加工、物流运输、旅游观光等产业。全年招商引资资金到位 39720 万元，已建成投产项目 4 家，分别是：①荆州市味美思食品有限公司食品加工项目，总投资 2600 万元。②湖北曼琳农业科技有限公司食品加工项目，投资 3800 万元。③湖北鸿盛农业科技有限公司技改扩规项目，新增厂房 1800 平方米，新上自动化杀菌包装生产线，年产值 2800 万元。④荆州市振弘科技有限公司饲料生产项目，投资 12000 万元。在建项目有 4 家，分别是：①荆州市百洋饲料有限公司饲料生产项目，投资 10800 万元。②荆州市魏宏建材有限公司 50 万吨矿建材料仓储项目，投资 10000 万元。③荆州市致远装卸有限公司 20 万吨的仓储项目，总投资 4800 万元。④荆州市长荆怡人生态园有限公司生态园建设项目，投资 43000 万元。

【农业发展】2014 年，李埠镇粮食作物总面积 39108 亩，总产量 17726 吨，其中稻谷面积 9114 亩，产量 5180 吨，小麦面积 5304 亩，产量 1103 吨。棉花面积 5540 亩，产量 576 吨；油料面积 1083 亩，产量 2728 吨；蔬菜全年复种面积 84573 亩，产量 43 万吨。猪存栏 6907 头，出栏 23100 头，猪肉产

李埠港　　新港大道　　李埠镇无公害基地蔬菜大棚

量 1635.39 吨；牛存栏 551 头，出栏 288 头，牛肉产量 46.14 吨；羊存栏 2355 头，出栏 2200 头，羊肉产量 60.04 吨；家禽存栏 19.81 万只，出栏 107.04 万只，禽肉产量 847 吨，禽蛋 406 吨；水产品总产量 7891 吨。

【社会治安】2014 年，共报立刑事案件 56 起，破获 43 起，其中两抢一盗案件数 28 件，黄赌毒案件数 10 件；共受理各类行政案件 80 起，查处结案 69 起；共抓获各类违法犯罪嫌疑人 131 人，其中流窜犯 9 名，外来人员 19 名，无业人员 24 名，刑事解教人员 7 名；共打掉黑恶势力 5 个，包括 1 个黑社会性质组织和 4 名恶势力人员，有力维护了治安大局稳定。

组织群众开展广泛的娱乐文化活动

【教育卫生】李埠镇中小学教育事业发展迅速，小学共有 80 名教师，501 名学生。中学教师 69 人，学生 399 人。2014 年李埠镇适龄少年儿童入学率 100%，在校学生巩固率 100%，残疾少年儿童入学率 100%，无一学生失学。在创建“均衡发展示范区”活动中，我镇三所学校累计投入 400 万元，新建食堂、餐厅、厕所，改造学生公寓，升级锅炉，翻修运动场，完善现代化教学设备，投资 160 万元，改建了公立幼儿园。

2014 年我镇个人参合缴费人数达 23556 人，征收新农合基金 212 万元，总体参合比例 100%。全年投入 40 万元完成李埠卫生院扩建，投入 64 万元为杨井、金双、谢古、网新、龙洲、天鹅、沿江等 7 个村改扩建村卫生室。2014 年共核定农村低保户 511 户 968 人，月保额 90548 元，月人均 93.5 元，城镇低保 278 户 305 人，月保额 60122 元，月人均 197 元。全镇新增就业人员 550 人，城镇失业再就业 160 人，城镇失业登记率控制在 4.6% 以内。全镇社会保障保险金征收 450 万元，基础养老金发放率达 100%。全年投入 13 万元完成残疾人洗手间无障碍改造 22 户，为 96 户特困残疾人发放补助共计 57600 元。

【集镇建设】2014 年，投资 500 万元完成了太李路建设，总长 4.2 公里；新建通村公路 6.3 公里；投资 20 余万元对李万线，荆李线道路完成道路整修；投资 480 万元对总长 6.2 公里的谢古中心路完成扩建；投资 150 万元建成 1500 米长、9 米宽的荆堤新路；投资 300 万元完成下水道和人行道；投资 50 万元安装 107 盏路灯，70 万元购买 611 棵绿化树，经过一年的建设，镇容镇貌改观很大。

新坑回族村还建小区

疏港大道施工现场

江汉运河进水节制闸

引江济汉运河

马山镇

时任区委书记袁德芳带队调研“荆当”旅游公路建设推进情况

区委常委、组织部长谢清现场指导马山镇返乡农民工专场招聘会

马山镇位于荆州区西北部，与荆门接壤，荆山余脉擦肩而过，沮漳河水缓缓流过，北湖、南湖、太湖港三面环抱。全镇辖 14 个行政村，1 个居委会，94 个村民小组，总户数 10479 户，总人口 33048 人。国土面积 131.43 平方公里，其中耕地面积 54265 亩，水域面积 37879 亩。2014 年全镇完成农业总产值 7.66 亿元，同比增长 9.5%；规上工业总产值完成 4.1 亿元，同比增长 33%；固定资产投资完成 4.52 亿元，同比增长 22%；招商引资到位资金 1.27 亿元，同比增长 41%；限上消费品零售总额完成 2790 万元，同比增长 17.3%；限上批发企业实现销售额 2336 万，同比增长 0.3%；财政总收入完成 298 万元，同比增长 17.8%；农民人均纯收入达到 12580 元，同比增长 10.3%。

2014 年，全镇粮食种植面积 8.8 万亩，其中机插面积 2 万亩，签订粮食订单合同 2.8 万吨。联山、城河片区 4 万亩国家级土地整理项目已完成工程总量的 90%，重要灌渠李台渠全程硬化。维修和更新泵站 14 座，疏挖排灌渠 20 多条，土方量达到 24 万多方。环中心集镇周边 5 个村近 3 万亩国家级土地整理市级试点项目成功争取。“楚韵”、“荆香”、“北湖鱼”、“田园厨房”等本土“农字头”品牌效益明显。全镇注册并正常运转合作社 19 家，共吸纳社员 1600 余人。全镇农产品加工企业数量达到 10 家。

荆州市楚田设备有限公司

荆州市辉煌木业有限公司

荆州市盛泰畜牧养殖有限公司

城河新农村小区

新购置农机215台，农机数量总计达到1684台。组织开展各类农业实用技术培训班24期，共培训农民1000余人次，网络培育科技示范户93户，推广优质稻“鄂中五号”共计5000亩。

2014年，伍洋食品、楚田厨业生产规模不断扩大，金谷王进入全区农产品加工企业第一方阵，辉煌木业市场知名度和占有率不断提高，久久粮油扩规升级顺利完成。康源兔业新建獭兔熟食加工厂和储存冷库，生产线已安装完毕并调试成功。上北湖、下北湖组团申报菱角湖国家级湿地公园取得重大进展。荆州市今楚饲料有限公司饲料加工项目正式落户裁缝工业聚集区。

2014年，城河新区实现扩规增容，配套设施逐步完善。联山新社区初见规模，枣林、凤林、阴湘城、双龙、安碑等村农村新社区有序推进，美丽乡村建设在全镇渐次展开。村级垃圾收集清运处理体系初具雏形，中心集镇垃圾中转站水电配套建设顺利完成。全年共硬化村组公路近30公里。实施了丁字街道路硬化和下水道安装工程。完成了张枣路危桥加固工程、裁马线路肩培土工程、兄弟餐馆下水道和马南路下水道疏通工程。实施机关院内线路改造工程、夜间照明工程和局部绿化改造工程。裁马路一期工程建成通车。荆当一级旅游公路项目建设征地拆迁任务圆满完成。荆江大堤综合整治工程全面推进。农村安全饮水工程全面进入施工高潮。

2014年，共投资12万元，先后建成了马南、枣林、居委会三个老年活动中心。全年共发放低保资金298.6万元，各类救灾资金近20万元，实施大病救助近43万元，临时救助11万元。争取危房改造资金52.5万元，实施危房改造70多户。筹措资金减免了部分困难子女学杂费。全年共发放各类惠农补贴资金800多万元。“村村响”广播全面覆盖。马山镇再次凭借国家级非物质文化遗产马山民歌荣获“中国民间文化艺术之乡”称号。网格化管理工作扎实有效开展。秸秆禁烧工作实现全镇无一处火点、一处黑斑。

荆州市云天种猪场

荆州市双赢塑料电器有限公司

荆州市伍洋食品有限公司

荆州市优谷丰米业有限公司

纪　南　镇

市委宣传部王守卫部长到纪南调研

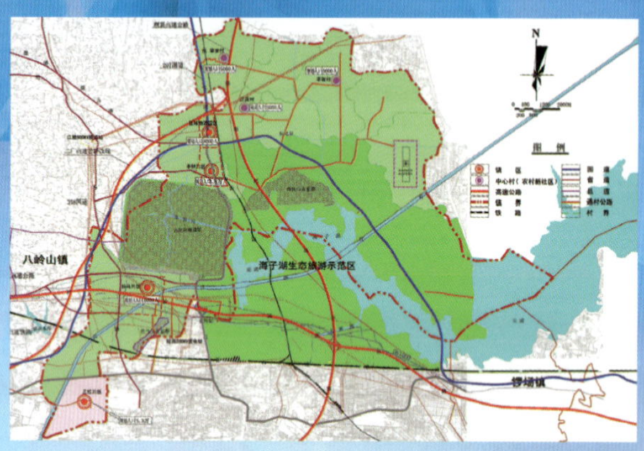

村镇体系规划图

楚纪南故城

纪南镇东绕长湖，南倚古城，西靠八岭山，北接荆门市，国土面积160平方公里，辖23个行政村、1个居委会，总人口6.1万人。楚国故都纪南城遗址位于境内，纪南城有名郢，自楚庄王起，先后有二十几代帝王在此建都，历时411年。为加快全市文化旅游产业快速发展，促进城市结构优化升级，经市委、市政府研究，2014年7月，纪南镇部分区域委托由荆州纪南生态文化旅游区管理。托管后，镇国土面积134平方公里，辖18个行政村、1个居委会、5万人。

纪南历时文化底蕴厚重，地下古墓葬保存完好，文化旅游资源开发潜力巨大，是南方大遗址保护区的核心区域。纪南水系发达，风光旖旎，雨台山、马洪山、孙家山，长湖、海子湖、庙湖等“三山三湖”交相辉映。纪南交通便捷，207国道、318国道、荆岳铁路、沪渝高速，荆襄高速、宜黄高速、沪汉蓉高速铁路等国家级交通主干道交汇于此，距长江深水港码头5公里，距荆州火车站6公里，交通区位优势十分明显。

托管后，纪南镇全面实施“商贸重镇、旅游名镇、经济强镇”的发展战略，着力打造阳光产业、投资磁场，宜居村落、经济强镇，以提升群众幸福指数为目标。2014年完成规上工业总产值9.85亿元，完成规上工业增加值2.74亿元，完成农业总产值7.86亿元，完成固定资产投资1.75亿元，完成招商引资项目到位资金1.07亿元，财政总收入1928.6万元，招商引资到位资金1.07亿元，农民人均纯收入11500元。年初确定的各项经济发展目标基本实现。

2015年勤劳智慧的纪南人民将继续发扬“筚路蓝缕、以启山林”的精神，励精图治，奋发图强，谱写一曲又一曲建设与发展的华美乐章。

纪南福利院

骏马纸业有限公司

拍马工业园

时任区委书记袁德芳（右三）到弥市镇双马村调研指导工作，镇委书记代秋红（右五）、镇长胡庆海（右二）等陪同调研

区委副书记、区长夏光宏（左二）到弥市镇调研指导工作，镇委书记代秋红（左三）、镇长胡庆海（左四）等陪同调研

弥市镇东依虎渡河，南接公安，西临松滋，北靠长江，建设中的荆松一级公路与省级沙渔公路并行贯穿东西，是荆州区唯一的江南建制镇，为省、市“新农村建设试点镇”、“楚天明星乡镇”和“小城镇建设重点镇”。2014 年，全镇国土面积 167 平方公里，耕地面积 136900 亩。辖 25 个行政村，1 个居委会，2 个镇直渔场，总人口 83907 人，其中农业人口 66989 人。2014 年，全镇完成农业总产值 115280 万元，同比增长 5.8%；工业总产值 98470 万元，同比增长 11.5%；固定资产投资 109275 万元，同比增长 28%；规上工业总产值 90148 万元，同比增长 18%；国地两税收入 1179 万元，同比增长 14%；招商引资到位资金 48690 万元，同比增长 26.7%；农民人均纯收入 12564 元，同比增长 13%；限上商贸企业批发零售总额 25966 万元，比去年同期翻 4 番，多项主要经济指标总量或增幅位居全区前列。年内，弥市镇机关档案目标管理晋升省一级，获得“省级文明镇”、“省级劳动力转移示范乡镇”、“市级生态乡镇”等荣誉称号，被区委、区政府授予基层组织建设、商务工作、人口与计划生育、血防工作、秸秆禁烧与综合利用、信访工作、社会治安综合治理、新型农村合作医疗、绩效考核、延安精神“五进”工作等先进单位的荣誉称号。

农世佳科技园　双马小区　里甲口新小区

弥市集镇新区图

菱角湖

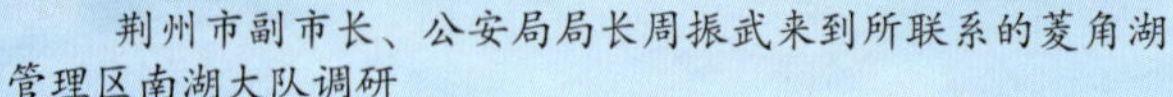

荆州市副市长、公安局局长周振武来到所联系的菱角湖管理区南湖大队调研

省农垦局局长、党组书记朱汉桥（前排中）时任区委书记袁德芳（右一）到菱角湖管理区调研

菱角湖管理区（农场）位于荆州、枝江、当阳三市交界处，荆州市荆州区境内，沮漳河畔，东距荆州城区28公里，南到枝江市区22公里，西至宜昌城区97公里，北离当阳市区48公里；全区国土面积45平方公里，其中耕地32000亩，林地4620亩，水面1万亩，可耕地利用率占总面积的64.3%；辖3个农业大队（分场）12个村（组），2个公司，1个居委会，总人口1.3万。2014年，管理区党委认真贯彻落实党的十八大及十八届三中、四中全会精神，习近平总书记系列重要讲话精神，以“为民务实清廉”为主题要求，扎实开展党的群众路线教育实践活动，严格落实党风廉政建设责任制主体责任。积极应对各种困难和挑战，着力实施创新驱动发展战略，紧紧围绕“培育新产业，推动新流转，打造新城镇，建设新菱湖”的发展思路狠抓落实，管理区经济社会稳步发展民生事业进一步改善，社会更加和谐稳定。

〔经济建设〕2014年，管理区完成农业总产值26416万元，增长9.3%；农业增加值13516万元，增长5.5%，完成全社会固定资产投资47750万元，增长22.5%。工业总产值2273万元，增幅19%，规上工业总产值22736万元，增长19%；工业增加值6166万元，增长28.5%，农工人均纯收入12563元，增长16.3%；征收社保费1397万元。租金回收693万元，历年欠款清收133万元，全面完成了目标任务，“实现了农工增收，民生改善，干部增薪，债务化解，社会稳定”的预期目标。

〔场容场貌〕2014年完成了900户危旧房改造，争取利用危房改造配套基础设施项目建设资金1388万元，对中心集镇楚源大道拓宽、延伸；菱湖路街道整治、拓宽、和谐路整治亮化，铺设了广场砖，健康路、卫生巷等居民小区路面硬化，安装了太阳能节能灯40盏，建设文化广场3处，对双闸二队、四队，南湖一队、二队，保障二队移民点、建材厂、加工厂等地居民点道路硬化，道路硬化共计达4公里，解决了群众出行难问题，在工会礼堂广场添置了健身器材，农场人居环境面貌明显变化。

〔项目建设〕管理区紧紧围绕“项目落实年”工作要求，坚定不移推进项目建设。争取利用安全饮水项目投资880万元，

荆州区区委书记袁德芳（左二）、区委常委、常务副区长金茂清（左一）在菱角湖管理区调研安全饮水工作

荆州区政协主席李学军（右四）在菱角湖管理区双闸大队参加该大队党总支群众路线教育实践活动专题民主生活会

管 理 区

时任区委书记袁德芳（中）在菱角湖管理区调研防汛抗灾工作及安全饮水工程

区委常委、组织部部长谢清在菱角湖管理区调研

实施了安全饮水工程，兴建了新水厂，全场铺设了新管网，2014年6月中旬，接通了当阳市巩河水源，9月份实现了全场安全饮水全覆盖。让全场人民群众吃上了干净安全的自来水。争取投入180万元堤防整治资金，对沮漳河堤贡家垴脱坡险段进行了整治除险，堤防建设得到巩固和加强。国家土地整理1750万元顺利开工实施。对三个标段区域内的泵站升级改造，渠道清淤护砌，农业水利基础设施建设升级。扶贫项目在双闸大队、保障大队的蔬莱大棚已完成搭建工作，并投入了生产，加强农场人居环境和生产设施建设整治，移民后扶、以工代赈、扶贫开发以及城乡规划等项目均有力有序推进，棚户小区改造项目的设计规划已经完成。

区政协主席李学军（左二）、副区长杨勉红（左一）在所联系的菱角湖管理区调研，走访慰问基层困难群众

〔新型农业〕管理区积极鼓励支持各类优秀人才创办经营实体，发展种养业规模经营，推动产业集群发展。蒋迪大学毕业后回乡创业，波尔山羊养殖发展加快，兰羊专业合作社示范基地已经形成。保障一队孙波勇青皮冬瓜专业合作社集育苗、生产、销售一体，带动生产发展。双闸四队龚经明，发展西瓜育苗，生产服务，产品销售，带动了一方西瓜产业发展，截止2014年底，管理区已注册成立家庭农场10家，注册资金1000万元，农业专业合作社14家，注册资金895万元，以上农业经营主体年销售各类农产品产值达9500万元以上。对管理区发展现代农业赶到了很好的引领作用。

〔社会事业〕一是计划生育工作在年度工作考核中“生育政策符合率，政策外多孩”两个核心指标均在控制范围内，流动人口公共卫生服务均等化等各项考核指标全部达标，获得区计生管理目标先进单位。二是改进社会管理，提高社会综治水平，在进一步深入推进网格化建设水平的基础上，深入开展“百名干部进百家”活动，农场96名干部深入基层，联系490户农户听民意，排民忧，解民难，受到广大群众一致称赞。今年共调处各类矛盾纠纷47件，接收来信来访52件，全部按规定办结，信访工作被荆州区委、区政府评为先进单位。三是民政优抚工作全覆盖，纳入城乡低保救助401户，828人，发放低保金120万元，解决58人大病救助资金16万元，为112人发放临时救助资金6万元，为600多户受灾农户发放救灾资金10万元，为46名重点优抚对象发放26万元优抚金，春节慰问金。四是社保费征收及时，养老金发放准确到位，2014年征收养老保险金1397万元，其中职工保险金610万元，灵活就业750万元，城乡保险37万元，全年发放养老金6500余万元无差错。五是安全生产及食品市场的安全管理和监督，在全场范围内不定期开展食品安全大检查，确保人民群众身体健康。六是教、卫生、血防、科普工作均衡发展，成效明显。七是人大、政协积极发挥职能作用，依法履职，积极建言献策，安全饮水、贡家垴堤防整治，万草线道路建设提案得到落实。八是工会维护职工合法权益，帮扶困难职工就业，文化站组织群众参加文体活动丰富。烟草计划任务秸秆垃圾禁烧和综合利用完成了目标任务。九是老干部作用发挥充分。

沙 市 区

观音垱镇地处荆州市东部边缘，是荆州市的东大门。交通便捷，318国道、宜黄高速公路和沪蓉高速铁路并列横贯全境。国土面积182.6平方公里，耕地面积7.6万亩，水产养殖面积1.5万亩，全镇辖17个行政村、101个村民小组，截止2014年来，辖区总人口47623人。

2014年，全镇深入实施“工业兴镇、农业稳镇、商贸活镇”战略，按照“稳中有进、稳中有为、稳中提质”的发展总基调，工业园区建设步伐加快，湖北东信药业有限公司、荆州市森鑫木业人造板有限公司两大支柱企业产值过亿元。园区初步形成了医药、森工、机械、家具、制造五金、饲料和服装生产为主体的工业经济体系。农业特色鲜明，城郊农业、生态农业、休闲农业充满活力，“长湖鱼、文岗虾、枪杆菜、皇陵瓜”成为四张特色名片。农民专业合作组织和家庭农场迅猛发展，各种农民专业合作组织达26家。社会事业蓬勃发展，社会治安综合管理全面加强，人

城乡一体化住宅示范小区　　观音垱镇农村新社区示范点　　万树人造板有限公司

观音垱镇

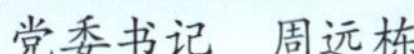
党委书记　周远栋

镇长　祝必飞

民生活大幅度改善，城镇化进程不断加快，科学文化教育事业蒸蒸日上。

2014 年，全镇实现工农业总产值 23.52 亿元，工业总产值 15.8 亿元，规模企业总产值 10.2 亿元，新增规模企业 3 家，规模企业达 10 家；农业总产值 7.72 亿元，农民人均纯收入 10810 元；财政收入 3337 万元。全年城镇新增就业人员 1000 人，企业养老保险扩面 65 人，城乡居民养老保险参保率 99%，失业保险扩面 175 人，居民医保扩面 150 人。深入开展百创工作，扶持创业人员 160 人，发放创业资金 853 万元，返乡就业创业 627 人。积极推进农村居民意外伤害小额保险工作。

农民腰鼓队丰富了农民的业余生活

观音垱镇农业产业化示范基地

荆州市放心菜观音垱镇生产基地

经过基本农田土地整理后提升了土地效能

关  镇

副省长梁惠玲（左三）视察关沮镇企业

省政协主席杨松（左一）调研关沮镇企业

省卫计委副主任朱惠民（右二）莅临关沮镇调研流动人口均等化服务工作

2014 年，在区委、区政府的正确领导下，镇党委、政府坚持以科学发展为主题，以创建“四化同步”市级试点镇为契机，以推进关沮新城建设为核心，加快工业发展提质增效，突破性发展现代服务业，较好地完成了年初确定的目标任务，全镇经济社会保持了平稳较快、和谐发展的良好态势。关沮镇连续九年获得全区绩效考核优胜单位。

镇域经济平稳发展

全力抓投资增后劲、优结构促转型，经济实力持续提升。全镇完成工业总产值 64.5 亿元，固定资产投资 53.8 亿元。规模以上工业产值达 64 亿元，社会消费品零售总额 11.3 亿元，农民人均纯收入达到 15098 元，实现财政收入 7666 万元，规模以上工业企业净增 5 家。“小胡鸭”获得中国驰名商标，实现沙市区中国驰名商标零的突破。

项目建设快速推进

创新招商引资方法，优化招商引资环境，不断加快项目建设，取得明显成效。全镇新引进项目 12 个，其中亿元以上项目 4 个，实现招商引资到位资金 16.8 亿元。全镇新开工项目 7 个，竣工投产项目 7 个，完成项目建设投资 7.5 亿元。中国天谷项目顺利推进，荆福扩建、荆龙扩建、泰白酿酒设备制造等一批投资过亿元的项目入驻关沮工业园。盘活闲置土地和厂房，先后引进东来汽车、博顺机械、广汇物资、聚通石油等一批投资过千万的项目，发展后劲持续增强。

现代服务业发展提速

依托义乌小商品城、318 科技创新产业园（天下广告文化产业园）、两湖绿谷等专业市场建设，全面推进商贸流通业发展。义乌小商品城一期工程已全部完工，摩配城、海宁皮革城、小家电、灯饰、塑料凳商户全面开业，二期建设全面启动。小胡鸭公司开通电子商务平台，通过网络销售小胡鸭系列产品，两湖绿谷推荐电子商务平台建设，做到农产品从采购、批发、零售全球通链的高效集成，电商平台综合交易额突破 160 亿元。两湖绿谷高科技农产品加工园、农业科技研发中心项目建设持续推进。318 科技创新产业园成为首批省级文化广告产业园。华鑫医疗与国药控股合作，现已竣工投产，全年税收突破千万。全镇限上服务业企业净增 9 家。

市委书记李新华（左二）视察关沮镇园区企业

时任市长李建明（右三）对关沮镇园区企业进行节前消防安全生产检查

实施“天网”工程

城镇化建设步伐加快

坚持以城镇化推进“四化同步”发展，积极推进“四化同步”发展试点镇建设，不断优化集镇环境，实现了集镇形象新提升。《关沮镇镇域总体规划》已初步完成。天谷大道全线通车，为关沮增添了一道靓丽的风景线。实行保洁服务市场化，扩大保洁服务范围。增加投入近100万元，新增城管工作人员10人，新增执法车辆1台。健全完善“组保洁、村收集、镇转运、市处理”的垃圾处理机制。严格落实市区要求，加大秸秆禁烧和禁鞭工作力度，开展禁鞭的巡查管理，营造洁、绿、亮、美、畅的市容环境。

关沮镇组织全镇干部开展建党93周年活动

社会事业协调发展

全力惠民生保稳定，加快发展社会事业，促进精神文明建设全面进步。圆满完成村两委换届选举工作，班子结构进一步优化，战斗力得到增强。“百姓创家业”活动不断深化，发放小额担保贷款100万元，扶持创业19户。全镇共完成城乡居民养老保险3387人，征缴金额85万元，参保缴费率99.8%。小胡鸭企业院士工作站成功建立，义务教育均衡发展通过验收。成功举办艺术节、广场舞比赛等文化活动。完成凤凰、江河、清河3个标准化村卫生室改造。查螺46万平方米。安全生产态势平稳，全年无较大事故发生。食品药品监管不断加强，立案查处违法违规案件14件、结案13件。处理信访问题25件，化解各类矛盾纠纷357起，刑事、治安发案率大幅下降，公众“一感两度两率”显著提升。

关爱留守家庭 创业就业行动

实事办理深得民心

出资55万元建设三级网络监控平台，目前已建通25个探头，覆盖8个村2个社区及学校，重点企业和复杂路段。投入400万元完成了工业园东扩西湖桥及道路路基础设施建设，投入80多万元修复工业园道路，投入20万元修复318国道及十号路路灯，投入28万元完成岳桥村道路修补和村民活动场所硬化工程，投入3万元改造田湖泵站设备。加快新农村社区建设，合心、凤凰、杨泗三个小区已全面开工建设，建设面积14.8万方。

关沮镇第三届艺术节暨五个十佳颁奖晚会

自身建设全面加强

镇政府坚持依法行政、务实施政、从严治政，改进工作方法，改善服务质量，提高服务水平，工作作风不断改进。认真办理人大建议、政协提案6件，办结率100%，满意和基本满意率100%。认真落实党风廉政建设主体责任，严格执行中央八项规定，以开展党的群众路线教育实践活动为契机，切实整治“四风”顽疾，查摆出的129条问题得到有效整改。坚持问题导向，就文风会风、三公经费、办公用房、工作纪律等问题进行了专项整治。修订出台《村级“三资”管理办法》、《公务接待实施办法》、《财务管理办法》等各项制度，为转变作风划出了“红线”、标出了“雷区”。

时任区委书记段昌林调研还迁小区建设

区长刘辉萍（左二）视察关沮镇企业

区长刘辉萍指导我镇专题民主生活会

市委副书记施政调研沙市经济开发区

锣场镇地处中心城区近郊。东望省会武汉与观音垱镇接壤，南邻长江与荆州市开发区相通，西达荆州古城与关沮镇相连，北濒长湖与荆门相望。镇人民政府驻锣场镇中心街 47 号。全镇国土面积 34.7 平方公里，耕地面积 1.2 万余亩，水产养殖面积 1 万多亩。辖 9 个行政村、1 个社区、57 个村民小组。2014 年末，辖区总人口 12839 人。其中，农业人口 11046 人，非农业人口 1793 人，流动人口 935 人。

全镇党风廉政建设宣传教育月动员大会

政协“四下乡“活动

与投资10亿元的问鼎标识项目签约

党政班子到襄阳考察调研城乡一体化建设

党员干部到江北监狱接受警示教育

2014 年，全镇实现工农业总产值 110.79 亿元，同比增长 28.02%。其中，工业总产值 108.8 亿元，同比增长 28.72%；农业总产值 1.99 亿元，同比增长 3.11%。财政收入完成 1.5 亿元，同比增长 25.09%。农民人均纯收入 12864 元，同比增长 12%。

2014 年，锣场镇先后被授予“荆州市第三次经济普查先进集体”、“荆州市秸秆禁烧和综合利用试点工作先进单位”、“荆州市卫生乡镇”、“荆州市计划生育先进工作单位”、“荆州市最佳平安乡镇”、“沙市区绩效考核优胜单位”、“沙市区落实党风廉政建设优胜单位”、“沙市区综合治理优胜单位”、“沙市区安全生产先进单位”等多项荣誉称号。

党的群众路线文艺汇演

“我们不烧秸秆”大型公益活动

新建的玉壶小区

沙市经济开发区2号路沿线全景

岑河镇

副省长梁慧玲在区委书记段昌林、镇委书记袁玉琢陪同下调研岑河镇秸秆收储工作

荆州市副市长张万超一行调研岑河镇秸秆综合利用

时任区委书记段昌林在岑河镇西湖村调研指导工作

岑河镇地处荆州市沙市区东郊，东望潜江市运粮湖农场，南接江陵县资市镇，西靠荆州经济技术开发区，北临观音垱镇，沪渝高速汉宜段、318国道、103省道绕镇而过。全镇国土面积152平方公里，常用耕地面积81600亩，其中水田65802亩，旱田15798亩，人口5.8万人，辖10个行政村（2014年12月通过合村并组，将原来的22个行政村合并成10个行政村），1个居委会，2个场。盛产粮食、棉花、油料、蔬菜、瓜果、水产品，享有“鱼米之乡”、“西瓜之乡”、“蔬菜之乡”之称。近年来，岑河镇先后被列为湖北省新农村建设试点乡镇、湖北省露地蔬菜基地、湖北省重点产业集群试点乡镇、湖北省民间文化艺术之乡；2012年被中国针纺织工业联合会授予“中国针织名镇”，被市委定为“四化同步”试点乡镇；2013年被国家关工委授予“全国先进关工委”；2014年被国家住建部等七部委评为“全国重点镇”。

“中国针织名镇”岑河镇集镇形象

岑河镇主推婴童装电商，2014淘宝“双十一”当天全镇婴童装产品销售订单达40万单之多，销售额近3000万元，约占到全国销售额3%。2014年全镇婴童装电商销售额达到2.5亿元。据统计，在全国婴童装电商销售额前十企业排名中，岑河企业占据4席；在湖北省婴童装电商销售额前十企业排名中，岑河企业位列前4甲。

2014年，岑河镇实现工业总产值39.7亿元、增长22.47%，规模以上工业总产值21.31亿元、增长32.36%，固定资产投资27.5亿元、增长21%，农业总产值6.8亿元、增长4.5%，农民人均纯收入11717元、增长12%，全口径社会消费品零售总额4.59亿元、增长28%，完成财政收入4516万元。

企业生产车间一角工人们正忙碌地工作

一年一度的岑河镇男子篮球联赛火热开赛

荆州经济技术开发区岑河农场

市政协副主席罗清洋（右二）调研生态农业项目

市委副书记施政（中）调研岑河农场基层管理

开发区工委书记、管委会副主任张远梅（右二）来场调研

开发区管委会副主任徐建锁（左二）走访慰问麻林村移民

调研规模企业泰佳公司生产经营情况

上海招商

岑河农场位于荆州经济技术开发区东大门，紧邻湖北针织重镇岑河，与沙市开发区接壤，是荆州实施“壮腰工程”的主战场。境内交通发达，蒙华铁路荆州东站规划在我场，深圳大道、上海大道、沙岑路、曙光路、亿均路、美的路、豉湖路构成“两纵六横”路网覆盖全境，距汉宜高速入口仅 8 公里。全场国土面积 22 平方公里，耕地面积 1387 公顷，总人口 1.5 万余人。辖 6 个农业分场，1 个自然村，1 个社区居委会，2 所学校，1 家医院，社会服务中心，派出所、司法所。工业园现有 38 家工业企业（规模企业 4 家）。产业规划为荆州市机械电子工业园。2014 年完成国民生产总值 7.2804 亿元，增长 13%；全社会固定资产投资 6528 万元，增长 32.1%；工业总产值完成 47565 万元，增长 8.9%。经济实力稳步增长。

该场在开发区管委会的正确领导下，紧紧围绕市“壮腰工程”，积极服务开发区中心工作，确保重大项目落地，服务企业发展，努力建设“实力农场、宜居农场、平安农场、幸福农场”。先后完成上海大道、同洲电子、长江液晶等征地拆迁任务；不断加大投入，完成沙岑路道路刷黑改造、绿化、亮化工程，实施集镇环境整治工程；加大民生投入，强化社会保障力度；创新社会管理，实现网络管理全覆盖。人民群众幸福指数不断提升。近年来，该场先后被评为全省社会管理综治先进单位，全省人口和计划生育依法行政示范乡镇，全市信访工作先进单位，全市安全生产十佳乡镇等荣誉称号。

该场在荆州市“壮腰工程”战略思想的指引下，依托国家级经济开发区和国家承接产业转移示范区的平台，以打造“四大板块”为产业支撑，努力实现“四个农场”发展目标，在全面建设小康社会的道路上昂首向前。

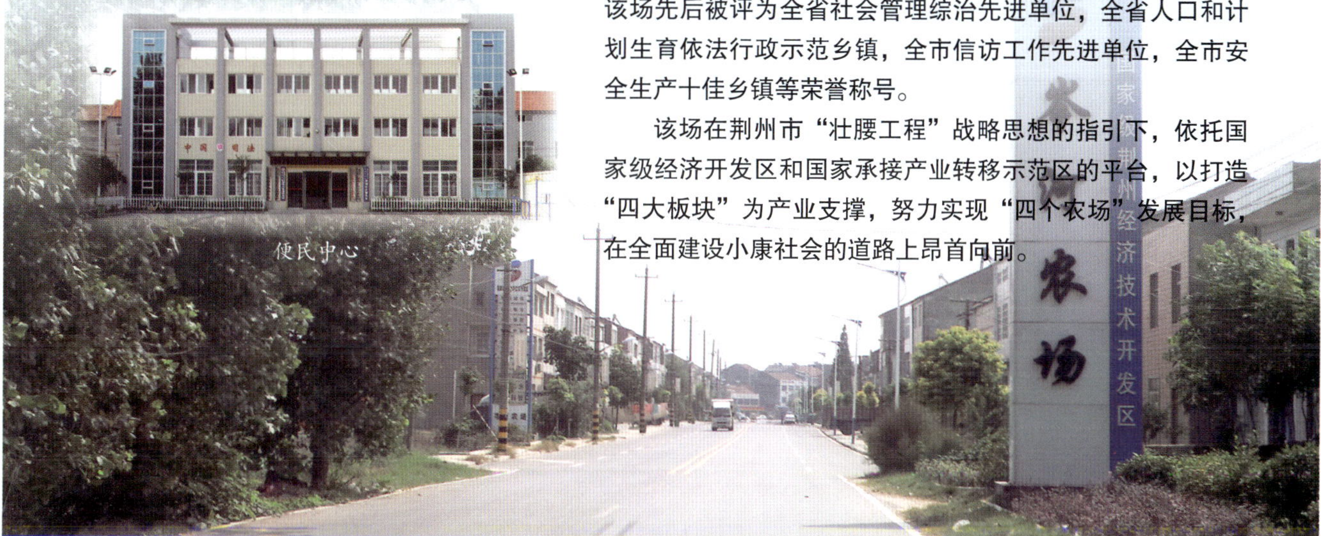

便民中心

公安县狮子口镇

狮子口镇东、北与斑竹垱镇、南平镇隔河相望，西接松滋市纸厂河镇，南邻章庄铺镇。国土面积166.67平方公里，其中耕地面积83699亩，养殖水面14795亩。辖21个行政村和2个社区，256个村民小组，总人口66767人。该镇发掘的新石器时代鸡鸣城遗址为国家重点文物保护单位。2014年，实现农业总产值5.54亿元；完成工业总产值1.18亿元，同比增长20%；完成固定资产投资2.7亿元，同比增长28.5%；农民人均可支配收入达到13329元，增长11.19%。全镇确权土地72958亩，流转土地22616亩，占比达到31%，全年收获水稻2900万公斤、棉花1200万公斤、油菜1000万公斤。网箱养鳝达到20万口，年产值突破2亿元；蛋鸡养殖80多万羽，年产值突破1.5亿元。江南高速公路顺利通车，与京东高速形成“十字互通”，申津渡出口投入使用；355省道已于2014年10月顺利动工，工程进展协调顺利。投入2900万元实施王家大湖扶贫开发工程，改善了该地区群众的生产生活环境。投入1500万元进行农村安全饮水工程建设，解决了狮子口片区5万余人安全饮水问题。电子阅览室、图书室全年免费接待3000多人次，双刓、双伏、申津渡三个村成功创建村级文化活动中心标准村，双马村成功创建村级文化活动中心示范村。

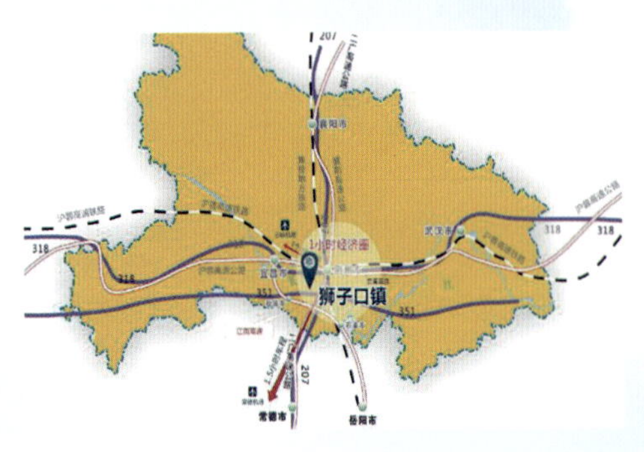

杨家厂镇位于县域东北部，紧临县城，紧靠长江。全镇版土面积144平方公里，耕地面积7.9万亩，辖18个行政村，3个社区居委会，193个村民小组；有1.37万户，5.4万人；是公安县工业重镇、荆州市明星乡镇、湖北省委表彰的“五好乡镇党委”。

江南古镇 · 底蕴深厚

滚滚长江，自西向东环抱杨家厂镇。这里因江而生，历史悠久，人杰地灵。蜀帝刘备与吴王孙权征战时，曾在此抢占渡口。贺龙领导的红二方面军也在此渡江挥师洪湖。第二次国内革命战争时期，这里曾是领导公安革命的县党支部所在地。荆和烈士陵园已成为全省爱国主义教育基地，新时期的好战士李向群长眠于此。

工业强镇 · 活力迸发

杨家厂镇区位独特，工业夯实，全镇共有35家工业企业，8家规模企业。2006年青吉工业园落户杨家厂镇，按照20平方公里的总体规划，目前招引大型入园项目36个，其中央企中粮、湖北新生源、香港丽森、华烨水产、汉兴石化、新华塑料等企业已顺利建成投产；坚持以青吉工业园为依托，借助县级工业园辐射引领，发展镇域自身工业，2014年，全镇实现规模企业产值19.5亿元、销售18亿元、利税1.1亿元，完成固定资产投资7.5亿元，松宜水泥、万华板业、丽晶化工等骨干企业产销两旺，雪中狐服装有限公司、可冰食品、方固包装等成长型企业迅速壮大，金阳、同兴等农产品加工龙头企业在激烈竞争中稳固发展。

农业大镇 · 亮点纷呈

杨家厂镇在农业经济发展上坚持产业结构调整，注重土地流转，实施农业招商，提升农民素质，以工业化理念加快发展农业，做大做强农业产业，初步形成了城郊村蔬菜发展带、长江堤岸村食草畜牧养殖带、新技术粮棉油生产板块、绿丰示范特色水果种植片及生猪养殖板块等五大产业体系，全镇方鸭养殖、牲猪小区、鱼鸭混养、鱼藕共生、大棚瓜果等特色规模种养提档升级，促进了农业大镇向农业强镇转变。2014年，杨家厂镇实现农业总产值5.6亿元，农民人均纯收入1.2万元。

魅力新城 · 宜居宜业

杨家厂镇区作为服务青吉工业园的配套功能区，城镇基础设施全面配套，新正路主街人行道、给排水、天燃气管道全面新建，弱电管网全部入地，路面全部刷黑，所有行道树重新栽植，环卫设施全面配套。大力实施城市改造项目，引进豪盛置业、君恒置业公司投资开发房地产项目，实施商住小区建设工程；开展农行片区、供销社片区、搬运站片区整体开发工程，全面提升城镇人居环境。

随着荆岳铁路公铁两用桥、火车站、火力发电站和青吉工业园、仁和产业新城等一批重大项目正加紧开工建设，杨家厂镇将当之不愧地成为公安县工业发展的主战场、农业升级的排头兵、现代交通的聚集区、公安县域经济提档升级的主区域。

杨家厂镇集镇

青吉工业园

蒙华铁路公铁两用桥施工现场

万华板业

金阳油脂

湖北松宜水泥有限公司

毛家港镇

毛家港镇位于鄂南边陲的公安县西北部，与松滋市沙道观镇、荆州区弥市镇接壤。该镇东依虎渡河，西临松东河，官滋河纵贯其间，将全镇分割成三善垸和曹咀垸，总面积195平方公里，境内东西最大横距7.9公里，南北最大纵距33.5公里。全镇辖33个行政村，2个街道社区，277个村民小组。

毛家港镇地图

2014年，全镇实现生产总值16.3亿元，其中：工业3.2亿元，农业10.1亿元（种植业3.7亿元、水产业4.4亿元、畜牧业2亿元），劳务收入3亿元。财政总收入220万元，社会固定资产投资3亿元，工业增加值增长25%，城镇居民人均可支配收入增长10%，达到18730元；农民人均纯收入增长12%，达到12500元。

全域农业以棉花、水稻、油菜为主，兼而水产畜牧业，农业总产值10.1亿元。全镇观光农业发展态势良好，在塘咀村已经形成优质白桃采摘园区2000亩，荷塘风景区500多亩，药材种植示范区500多亩，休闲垂钓区200亩。

域内工业以农产品加工为主。全镇工业总产值3.2亿元。工业企业19个，其中全省龙头企业1个，县级规模企业3个，个体工商户971户。

新农村

大棚蔬菜

旱藕

四通米业

塑料厂

秸秆回收

黄山头镇

北宫咀新农村示范小区　　南闸　　镇福利院

黄山头镇地处鄂南湘北两省三县市结合部，是公安县的南大门，素有“江河数片白，黄山一点青”之美誉。山上苍松翠竹郁郁葱葱，山下湖泊水网星罗棋布，集镇“一街连两省，一步踏两镇”。黄山头风景区既是周边佛教、道教信徒朝觐的圣地，又是红色教育基地、休闲度假的“天然氧吧”。解放初期，仅用75天建成的荆江分洪工程南闸腰斩虎渡河，毛泽东、周恩来、李先念等党和国家领导人为之亲笔题词，是“国家级重点文物保护单位”。全镇先后被评为“国家森林公园”、“省级风景名胜区”、“省级重点口子镇”、“省级卫生乡镇”、“省级文明乡镇”和“全国文明乡镇”。

全镇版土面积117.4平方公里，其中陆地面积72.4平方公里，水域面积45平方公里，耕地面积52061亩，辖14个行政村，125个村民小组，3个社区，总人口41206人。2014年全镇实现生产总值9.8亿元，完成固定资产投资2.7亿元；城镇常住居民人均可支配收入19512元，同比增长11.5%，农村常住居民人均可支配收入10847元，同比增长12%。实现了镇域经济总量、质量和效益的同步提升。

藕池镇

书记　刘士权

镇长　万治红

藕池镇地处荆江分洪区下游，公安县的东南部，南邻石首市，西与章田寺乡以虎渡河为界，北接闸口镇和麻豪口镇。藕池镇是千年古镇，以“池多盛产莲藕”而得名，自古商贾云集，素有“小汉口”之称。全镇版图面积102.87平方公里，其中城区面积3.4平方公里，耕地面积44403亩，水产养殖面积8365亩。辖13个行政村，181个村民小组，4个社区居委会，1个渔场，总人口52396人，总户数14752户。藕池镇商贸活跃，工业发达，现有规模企业10家，限额以上商贸企业3家，是全县城镇化体系建设的重要支撑点，曾被评为“楚天明星乡镇”、“中国乡镇之星”。

近年来，藕池镇党委、政府以“加快建设支撑点，统筹推进城镇化”为工作向导，一心一意谋发展，聚精会神抓党建，全镇经济社会发展取得了显著进步。2014年，全镇工商税收达到1130多万元，全年工业总产值过20亿元，销售收入15.3亿元，同比增长28.2%；实现利税3.024亿元，同比增长18%。广艺富阳以企引企手套出口创汇300万美元。招商引进荣耀伟邦服饰、鑫三合门业相继落地开工，注册资金2200万元。引导企业树立“转型升级的投入才是有效投入”的理念，古城防水等5家企业投入技改资金近6000万元。加快推进工业园区建设，投入130万元配套园区供电，园区大道连接线纳入全省“十三五”交通规划。年投入40万元推进街道市场化保洁，建成农村新社区4个、新居450套，以“清除墙体广告，消灭白色垃圾”为重点，推进村庄环境整治，城乡面貌显著改善。全镇农业总产值4.41亿元，农村常住居民可支配收入12999元。再生稻种植成为全县最大生产基地；13000亩虾稻连作在全县领先。连续2年被评为“全县水利建设先进乡镇”，连续3年造林绿化工作居全县之首。先后被县委、县政府授予“绩效考核优胜单位”、“全县农业和农村工作先进单位”、“工业经济工作先进单位”；镇党委连续三年被市县两级表彰为先进基层党组织。作为全县试点率先探索“岗位在村、重在服务、责在连心”工作新机制，全县“三在”工作现场推进会在藕池镇召开。

孟家溪镇

公安三袁

孟家溪镇东两公里的桂花台，是明朝著名文学家袁宗道、袁宏道、袁中道三兄弟的家乡。三袁皆为万历朝进士。他们在文学创作上都主张不受俗套约束，追求个性的张扬和自然、真实、清新的文风，被称为“公安派”，为晚明文学中的重要流派。“柳浪湖上柳如烟，柳浪湖下水接天。” 清朝诗人侯家光在一首诗中这样描绘三袁故里的景色，后人将“柳浪含烟”列为公安八景之一，这里成为历代文人墨客凭吊三袁的理想场所。

孟家溪镇位于公安县中南部，东临虎渡河，南濒淤泥湖，西处松东河，北抵港关大桥、黑狗垱大桥，“207”国道横穿北部，省级公路纵贯南北，镇、村、组级公路相连，形成四通八达的交通网络。孟家溪镇文化底蕴深厚，是明代大文豪“三袁”的故里，气势恢宏的“三袁”墓座落在镇内三袁村，全镇辖有 18 个行政村，3 个居委会，22 家镇直单位，9 家服务中心，7 家县直派出机构，总人口 50654 人。国土面积 124 平方公里，其中陆地占 80%，水域占 20%。耕地面积 52982 亩，人均耕地 1.05 亩。实现农业总产值 40582 万元，农业增加值 35354 万元。2014 年，该镇新增规模企业 2 家，总数达到 8 家，实现工业总产值 7.76 亿元，实现销售收入 7.6 亿元，实现利税总额 4845.4 万元，与 2013 年对比，产、销、利税分别增长 29%、29.7%、23.5%。2014 年，先后被评为省级卫生乡镇、综治信访维稳工作优胜乡镇、全县文明卫生集镇创建先进乡镇、水利建设先进乡镇、农业和农村工作先进乡镇、土地流转先进乡镇、招商引资先进单位、乡镇工业综合考评先进单位、工业经济发展先进单位、全县绩效考核先进单位、基层党建全县第二名、全县科技工作先进单位、2013-2014 学年度校车服务管理工作先进单位、全县 2014 年“‘满意村杯’文化力量 民间力量 民间精彩”广场舞大赛三等奖、全县计划生育工作先进单位、全县食品药品安全监管先进单位、全县安全生产先进单位、全县武装工作先进单位、全县宣传思想工作先进单位、全市第三次全国经济普查先进单位、全县共青团工作优胜单位、全县统计工作先进单位，有效扩大了孟溪在全社会的知名度。

斗湖堤镇

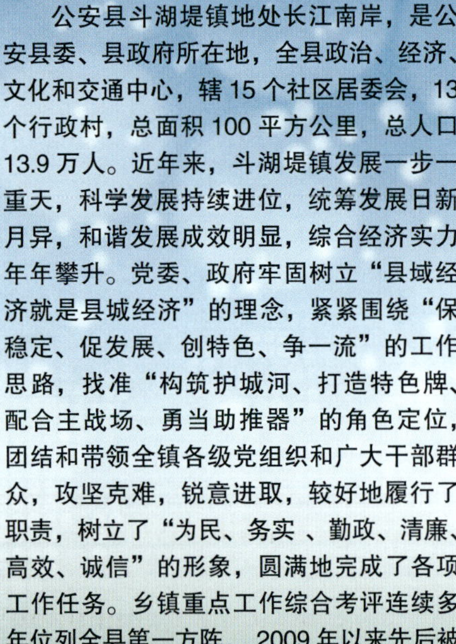
孱陵大道实景

公安县斗湖堤镇地处长江南岸，是公安县委、县政府所在地，全县政治、经济、文化和交通中心，辖 15 个社区居委会，13 个行政村，总面积 100 平方公里，总人口 13.9 万人。近年来，斗湖堤镇发展一步一重天，科学发展持续进位，统筹发展日新月异，和谐发展成效明显，综合经济实力年年攀升。党委、政府牢固树立“县域经济就是县城经济”的理念，紧紧围绕“保稳定、促发展、创特色、争一流”的工作思路，找准“构筑护城河、打造特色牌、配合主战场、勇当助推器”的角色定位，团结和带领全镇各级党组织和广大干部群众，攻坚克难，锐意进取，较好地履行了职责，树立了“为民、务实 、勤政、清廉、高效、诚信”的形象，圆满地完成了各项工作任务。乡镇重点工作综合考评连续多年位列全县第一方阵，2009 年以来先后被评为“湖北省卫生先进单位”、“湖北省群众体育先进单位”、“湖北省三农档案工作示范乡镇”、“荆州市乡镇党委十面红旗”、“荆州市安全生产先进单位”、“荆州市人口和计划生育优秀服务先进单位”，2011、2012 年、2013 年连续三年年卫冕全省综合实力百强乡镇三连冠。

群众文化活动

油江社区志愿者服务现场

斑 竹 垱 镇

斑竹垱镇政府

中央新城效果图

东港泵站

农业部棉花建设板块

斑竹垱镇地处公安县西北部，四面环水，东临松东河、西傍松西河、南有苏支河，与松滋市接壤，镇域有四条国家二、三级公路纵贯环绕，交通便利，曾是虎西地区具有100多年历史的重要商埠和农产品集散地。全镇总面积159平方公里，耕地面积9.7万亩，其中水田面积4.9万亩。水面面积14160亩，堤段总长73.7公里，辖31个村（居）民委员会．总人口7.5万人。

斑竹垱镇坚持把发展作为富民强镇的第一要务，励精图治，艰苦创业，攻坚克难，力求突破，经济实力不断增强。2014年实现工业总产值6.1亿元。社会消费品零售总额5.29亿元，固定资产投资完成2.9亿元，同比分别增长18.9%、21%、24%。农业总产值达到7.58亿，增长4.62%，农民人均收入13063元，增长10.51%。

全镇各项社会事业协调发展。文化建设步伐加快，各村均建成农家书屋及活动场所，教育教学质量稳步提升，东港中学连续三年被评为市教育质量先进单位，医疗事业不断强化，2013年斑竹垱卫生院获得湖北省最美乡村医院称号，社会保障系统日趋完善，农村医保实现全覆盖，社会治安和谐稳定，群众满意度不断提高。

斑竹垱镇连续五年在全县乡镇综合考评中获得先进称号，2012年斑竹垱镇获得全省创先争优先进基层党组织，2013年，斑竹垱成功创建省级卫生乡镇和市级生态乡镇。

卸 甲 坪 土 家 族 乡

卸甲坪土家族乡位于松滋市西南边陲，地处五陵山余脉，最高海拔815米，素有“荆州屋脊”、“松滋高原”之称。是全省200个重点插花贫困乡和全省12个散居少数民族乡之一。

卸甲坪土家族乡神奇广袤。版土面积110.3平方公里，其中耕地面积12878亩，山林11.2万亩，辖8个行政村，一个社区，98个村民小组，3561户，14767人，这里旅游资源独特，物产丰富，境内峰峦叠翠，自然风光秀丽，人文景观奇特，民族风情万种，古老遗址百处。山寨、古城、土楼、溶洞遍布，温泉、漂流、避暑山庄、天然盆景园数十处，是旅游开发的新宝地。

由于区位劣势、交通不便、距离城区又远，致使全乡经济发展缓慢，属于群众生活最苦的贫困乡镇。为治穷致富，卸甲坪土家族乡在省财政厅“1+1“对口帮扶下，在全面打造三年规划“升级版”实施下，一是基础设施全面破解，新修、改造二级公路41公里，新修通村公路70公里，为建设开发打下基础。二是特色村寨彰显特色，修建黄林桥生态小镇和曲尺河土家特色村寨，形成了“一镇一寨”的新型城镇化格局，成为了全市一流的新农村示范小区，旅游新景点。三是大力发展旅游，完善全乡旅游规划，投资4亿的曲尺河温泉休闲度假村项目建设正如火如荼。四是特色产业日益壮大，土家坛酱、高山蔬菜、香菇种植、葛粉加工、猪羊养殖远近闻名。经过不懈努力，全乡经济发展稳步推进，人民生活水平不断提高，山乡面貌发生巨大变化。

洪湖市乌林镇

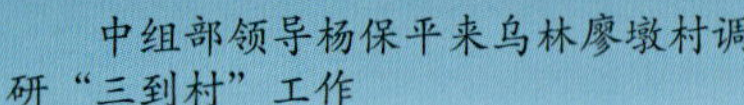

中组部领导杨保平来乌林廖墩村调研“三到村”工作

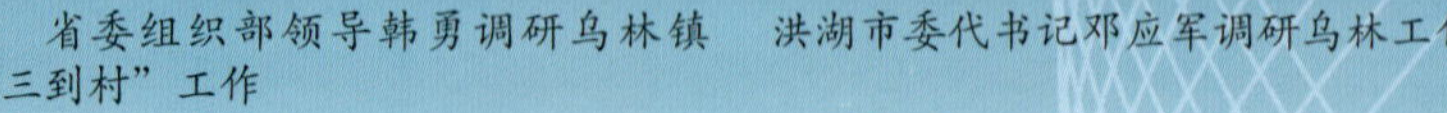

省委组织部领导韩勇调研乌林镇“三到村”工作

洪湖市委代书记邓应军调研乌林工作

洪湖市乌林镇地处洪湖城郊，东望武汉，南眺赤壁，西接城区，北靠仙桃。全镇国土面积 118 平方公里，辖 29 个行政村，总人口 5.3 万人，耕地面积 5.8 万亩。2014 年，实现国民生产总值 6.29 亿元，固定资产投资 5.19 亿元，农民人均纯收入 10515 元。

悦兮·半岛国际温泉度假村

乌林有深厚的文化底蕴。乌林镇政府所在地黄蓬山，公元前十一世纪西周武王分封州国，州国都邑即设于此；西汉时刘邦在州国故都设州陵县；东汉建安十三年，孙权与刘备联军火攻曹营，大败曹操于此；乌林历史上寺观庙宇众多，有“沿江十八庙”之说。

乌林有丰富的旅游资源。乌林不仅有三国古战场遗址，还有乌林矶新石器时代村落遗址、园山新石器时代村落遗址，西汉州陵县城遗址。元末著名农民起义领袖陈友谅于元至正十五年春高举义旗，自称为“汉王”，立号之后在黄蓬修了一条“华街”。乌林有蕴藏 120 年以上的偏硅酸型优质温泉，由湖北半岛温泉旅游开发有限公司开发的悦兮 · 半岛国际温泉度假村驰名中外；其二期开发的水上乐园也开始运行。乌林“春观油菜花海，夏赏生态荷莲，秋访遗址文化，冬沐悦兮温泉”旅游格局已经形成。乌林是座落在三国旅游线、三峡旅游线上的国家 4A 级景区。

乌林有良好的投资环境。随着洪湖城区东扩，汉洪高速、仙崇线、汉沙线穿境而过，洪湖港区正在建设，乌林长江大桥已经立项，立体化交通网络格局初具雏形。洪湖临港工业园、旅游开发、生态农业、新农村建设如火如荼。招商、亲商、活商、富商，已成全镇人民的共识。

乌林有合理的产业布局。全镇已经形成了以石码头片区为核心的临港工业园区；以温泉为核心的旅游休闲区，着力推进悦兮 · 半岛温泉二期开发，完善配套服务，形成吃、住、行、游、购、娱为一体的产业链条，打造乌林旅游目的地；以港北为核心的生态农业区，建设水产、水生蔬菜基地，建设生态农业、观光农业。

2015 年是“十二五”规划的收官之年，乌林镇党委、政府决心进一步解放思想、抢抓机遇、务实创新、开拓进取，努力把乌林打造成荆楚一流的产业承接镇、旅游明星镇、农业特色镇、平安宜居镇。

乌林镇周坊村

洪湖市乌林镇吴王庙村委会

新 堤 办 事 处

洪湖市新堤办事处位于洪湖市中心城区，东邻洪湖市乌林镇，南临长江，西界洪湖景区，北接洪湖市滨湖办事处，国土面积47.8平方公里，辖12个行政村和8个社区居委会。

近年来，按照“稳农、兴工、活商、强镇”总体发展思路，新堤办事处加快新农村建设步伐，在巩固发展一、二产业的同时，大力发展第三产业。目前，以洪林集团为主的纺织工业园、以德炎水产为主的水产工业园已初具雏形，洪林别墅新社区即将竣工，投资过亿元的柏枝汽车贸易城已建成投产营运。2014年，全处实现地区生产总值22.90亿元，规模以上企业工业总产值31.27亿元，社会消费品零售总额53.42亿元，全社会固定资产投资10.66亿元，招商引资到位资金1.40亿元，国税、地税入库税金4.30亿元，外贸出口6402万美元，农村人均纯收入14629元。

2010年—2012年连续三年被评为全省“百强乡镇”；2014年被评为全省“第三次全国经济普查工作先进集体”。

德炎水产厂貌

洪湖市柏枝汽车贸易城

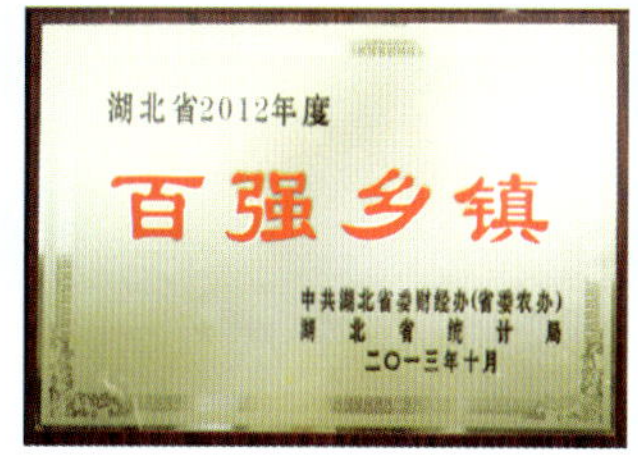

社区行政服务中心大楼

沙市区锣场镇渔湖村

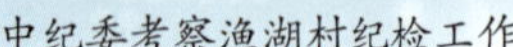
中纪委考察渔湖村纪检工作

时任市长李建明到渔湖村调研

荆州市沙市区锣场镇渔湖村位于沙市近郊的沪蓉高速公路、318国道、荆州东方大道纵横交汇处。独特的交通区位优势，成为沙市新型工业建设基地，2003年6月被确定为沙市经济开发区的主战场。全村国土面积4平方公里，总人口1910人，8个村民小组，党小组8个，中共党员92名。渔湖村全心投身于支持“工业兴村、商贸活村、工业富村、富民强村”的发展思路，建设沙市工业新区的热潮之中，全村迈出了以工促农、建设社会主义新农村的步伐。

书记 刘承杰

2008年至今，渔湖村先后荣获湖北省“文明村”、“巾帼示范村”、“农村党员现代远程教育示范点”；荆州市“卫生村”、“十佳农家书屋”、“五星级村党支部”、“红旗村”；沙市区“先进基层党组织”、“安全文明村”、“文明村”等多项荣誉。

分别于2004—2010年期间在锣场集镇以北修建了还迁一期、二期、三期、四期工程。农民住进了自己的“渔湖新村”花园小区。整个小区占地总面积187.7亩，总建筑面积51382平米，公建面积4000多平米。对60岁以上的农民实行农村养老保险，全村农民1800多人参与农村社会保险和新型合作医疗。根据建设社会主义新农村的要求和“百镇千村”的总体规划，渔湖村正在描绘建设社会主义新农村的宏伟蓝图，力争在“十二五”末，全村实现总产值5000万，集体经济收入达到5500万元，农民人均收入达16000元。渔湖村还是沙市区劳动力技能培训基地和区委组织部农村远程教育示范基地，为渔湖村的党员信息网络和劳动力就业发挥更大的效益。社会治理、计划生育、劳动保障、经济工作、村庄规划各项工作均走在全镇的前列！

渔湖村小区全貌

目　　录
CONTENTS

第一篇　特　　载
Feature Articles

第二篇　统计资料
Statistical Data

三、 从业人员与职工工资

Employment and Wage

四、 固定资产投资

Investment in Fixed Assets

五、 财政、税收、金融与保险
Local Goverment Finance, Taxation, Banking and Insurance

六、 价格指数
Price Indices

七、 人民生活
People’s Livelihood

特　　　　载

Feature Articles

一、统计公报

Statistical Communique

资料整理：曾庆峰

中华人民共和国
2014年国民经济和社会发展统计公报[1]
Statistical Communique on National Economic and Social Development of P.R.C. in 2014

中华人民共和国国家统计局

2015年2月26日

2014年，面对复杂多变的国际环境和艰巨繁重的国内发展改革稳定任务，党中央、国务院团结带领全国各族人民，牢牢把握国内外发展大势，坚持稳中求进工作总基调，全力推进改革开放，着力创新宏观调控，奋力激发市场活力，努力培育创新动力，国民经济在新常态下平稳运行，结构调整出现积极变化，发展质量不断提高，民生事业持续改善，实现了经济社会持续稳定发展。

一、综合

年末全国大陆总人口为136782万人，比上年末增加710万人，其中城镇常住人口为74916万人，占总人口比重为54.77%。全年出生人口1687万人，出生率为12.37‰；死亡人口977万人，死亡率为7.16‰；自然增长率为5.21‰。全国人户分离的人口[2]为2.98亿人，其中流动人口[3]为2.53亿人。

表1　2014年年末人口数及其构成

单位：万人

指　标	年末数	比重%
全国总人口	136782	100.0
其中：城镇	74916	54.77
乡村	61866	45.23
其中：男性	70079	51.2
女性	66703	48.8
其中：0-15岁[4]（含不满16周岁）	23957	17.5
16-59岁（含不满60周岁）	91583	67.0
60周岁及以上	21242	15.5
其中：65周岁及以上	13755	10.1

国民经济稳定增长。初步核算，全年国内生产总值[5]636463亿元，比上年增长7.4%。其中，第一产业增加值58332亿元，增长4.1%；第二产业增加值271392亿元，增长7.3%；第三产业增加值306739亿元，增长8.1%。第一产业增加值占国内生产总值的比重为9.2%，第二产业增加值比重为42.6%，第三产业增加值比重为48.2%。

图1　2010-2014年国内生产总值及其增长速度

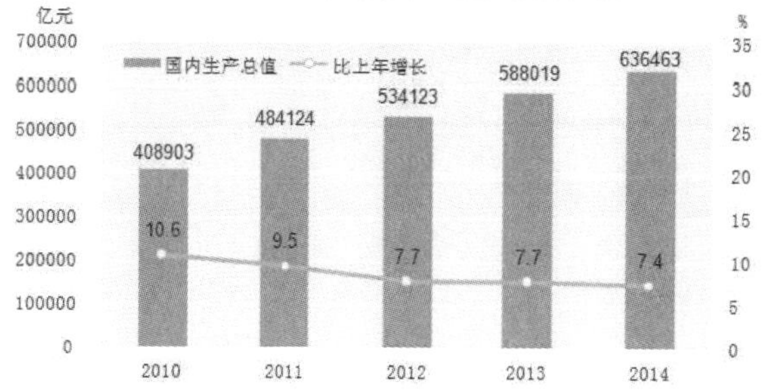

就业继续增加。年末全国就业人员77253万人，其中城镇就业人员39310万人。全年城镇新增就业1322万人。年末城镇登记失业率为4.09%。全国农民工[6]总量为27395万人，比上年增长1.9%。其中，外出农民工16821万人，增长1.3%；本地农民工10574万人，增长2.8%。

图2　2010-2014年城镇新增就业人数

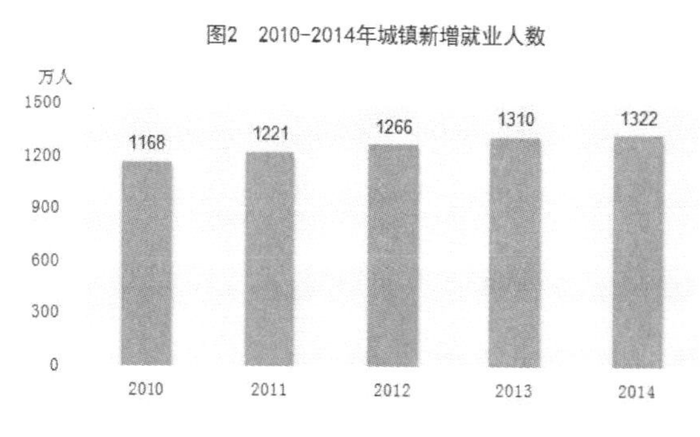

劳动生产率稳步提高。全年国家全员劳动生产

率[7]为 72313 元 / 人，比上年提高 7.0%。

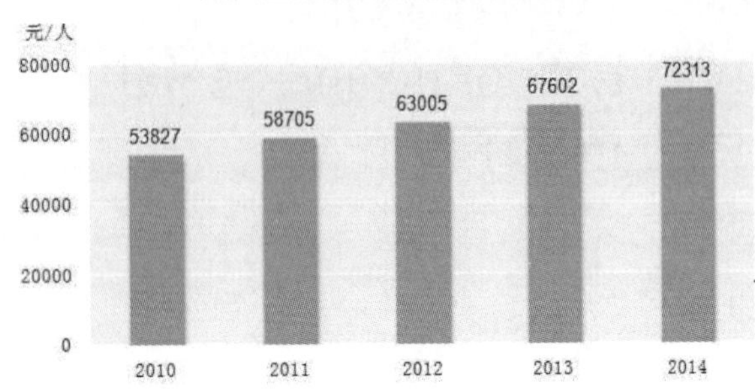

图3 2010-2014年国家全员劳动生产率

价格水平涨幅较低。全年居民消费价格比上年上涨 2.0%，其中食品价格上涨 3.1%。固定资产投资价格上涨 0.5%。工业生产者出厂价格下降 1.9%。工业生产者购进价格下降 2.2%。农产品生产者价格[8]下降 0.2%。

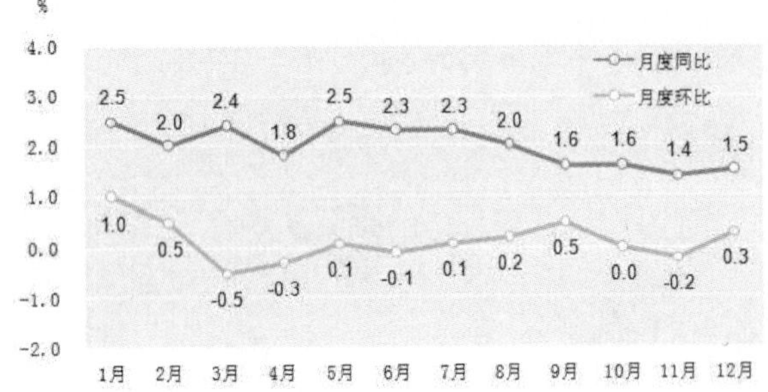

图4 2014年居民消费价格月度涨跌幅度

表2 2014年居民消费价格比上年涨跌幅度

单位：%

指 标	全国		
		城市	农村
居民消费价格	2.0	2.1	1.8
其中：食 品	3.1	3.3	2.6
烟酒及用品	−0.6	−0.7	−0.5
衣 着	2.4	2.4	2.4
家庭设备用品及维修服务	1.2	1.2	1.2
医疗保健和个人用品	1.3	1.2	1.5
交通和通信	−0.1	−0.2	0.0
娱乐教育文化用品及服务	1.9	1.9	1.7
居 住[9]	2.0	2.1	1.9

70个大中城市新建商品住宅销售价格月同比上涨城市个数上半年各月均为69个，下半年月同比上涨城市个数逐月减少，12月份为2个，月同比价格下降城市个数增加至68个。

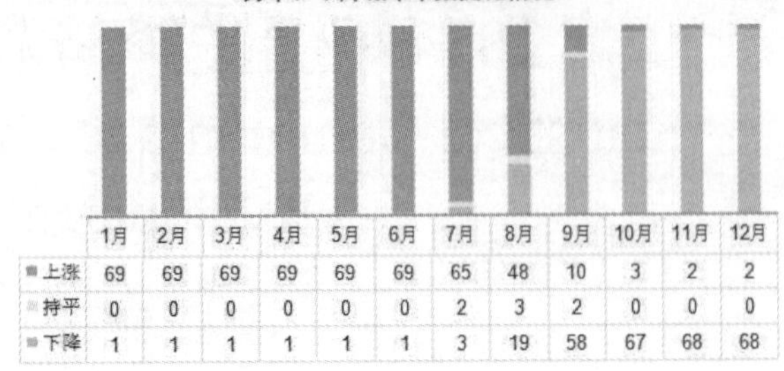

图5 2014年新建商品住宅月同比价格上涨、持平、下降城市个数变化情况

财政收入稳定增长。全年全国一般公共财政收入 140350 亿元，比上年增加 11140 亿元，增长 8.6%，其中税收收入 119158 亿元，增加 8627 亿元，增长 7.8%。

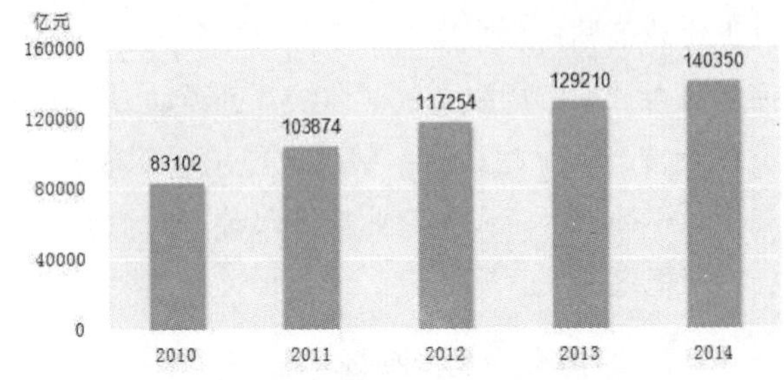

图6 2010-2014年全国一般公共财政收入

注：图中2010年至2013年数据为全国一般公共财政收入决算数，2014年为执行数。

外汇储备略有增加。年末国家外汇储备 38430 亿美元，比上年末增加 217 亿美元。全年人民币平均汇率为 1 美元兑 6.1428 元人民币，比上年升值 0.8%。

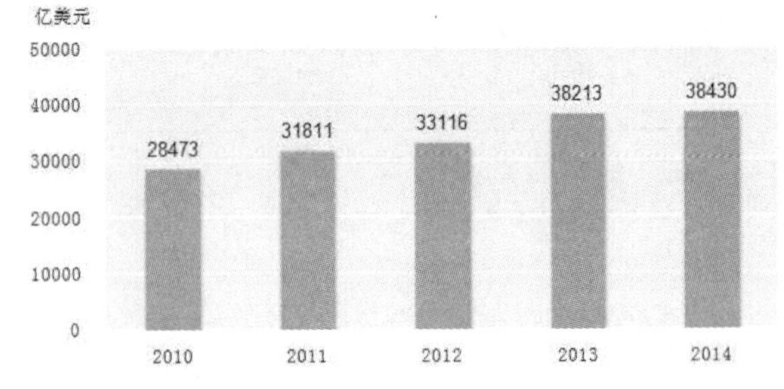

图7 2010-2014年年末国家外汇储备

二、农业

全年粮食种植面积 11274 万公顷，比上年增加 78 万公顷。棉花种植面积 422 万公顷，减少 13 万公顷。油料种植面积 1408 万公顷，增加 6 万公顷。糖料种植面积 191 万公顷，减少 9 万公顷。

粮食再获丰收。全年粮食产量 60710 万吨，比上年增加516万吨，增产0.9%。其中，夏粮产量13660万吨，增产3.6%；早稻产量3401万吨，减产0.4%；秋粮产量43649万吨，增产0.1%。全年谷物产量55727万吨，比上年增产0.8%。其中，稻谷产量20643万吨，增产1.4%；小麦产量12617万吨，增产3.5%；玉米产量21567万吨，减产1.3%。

图8 2010-2014年粮食产量

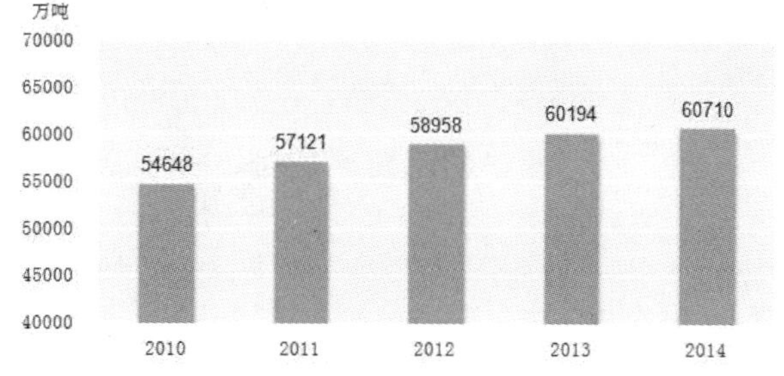

全年棉花产量616万吨，比上年减产2.2%。油料产量3517万吨，与上年持平。糖料产量13403万吨，减产2.5%。茶叶产量209万吨，增产8.7%。

全年肉类总产量8707万吨，比上年增长2.0%。其中，猪肉产量5671万吨，增长3.2%；牛肉产量689万吨，增长2.4%;羊肉产量428万吨，增长4.9%;禽肉产量1751万吨,下降2.7%。禽蛋产量2894万吨，增长0.6%。牛奶产量3725万吨，增长5.5%。年末生猪存栏46583万头，下降1.7%;生猪出栏73510万头，增长2.7%。

全年水产品产量6450万吨，比上年增长4.5%。其中，养殖水产品产量4762万吨，增长4.9%；捕捞水产品产量1688万吨，增长3.5%。

全年木材产量8178万立方米，比上年下降3.1%。

全年新增耕地灌溉面积132万公顷，新增节水灌溉面积223万公顷。

三、工业和建筑业

工业生产平稳增长。全年全部工业增加值227991亿元，比上年增长7.0%。规模以上工业增加值增长8.3%。在规模以上工业中，分经济类型看，国有及国有控股企业增长4.9%；集体企业增长1.7%，股份制企业增长9.7%，外商及港澳台商投资企业增长6.3%；私营企业增长10.2%。分门类看，采矿业增长4.5%，制造业增长9.4%，电力、热力、燃气及水生产和供应业增长3.2%。

图2 2010-2014年城镇新增就业人数

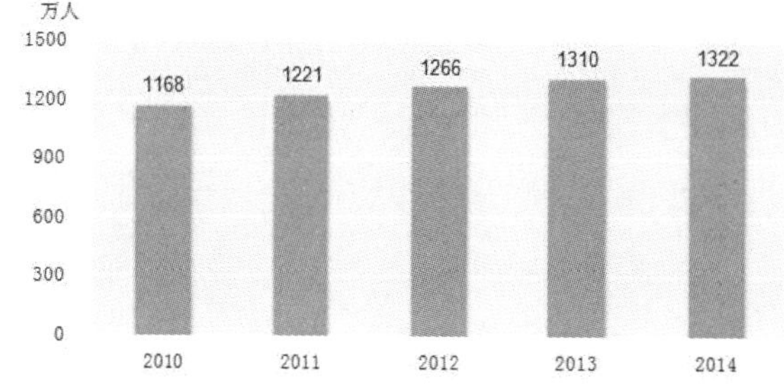

全年规模以上工业中，农副食品加工业增加值比上年增长7.7%，纺织业增长6.7%，通用设备制造业增长9.1%，专用设备制造业增长6.9%，汽车制造业增长11.8%，计算机、通信和其他电子设备制造业增长12.2%，电气机械和器材制造业增长9.4%。六大高耗能行业增加值比上年增长7.5%。其中，非金属矿物制品业增长9.3%，化学原料和化学制品制造业增长10.3%，有色金属冶炼和压延加工业增长12.4%，黑色金属冶炼和压延加工业增长6.2%，电力、热力生产和供应业增长2.2%，石油加工、炼焦和核燃料加工业增长5.4%。高技术制造业[10]增加值比上年增长12.3%，占规模以上工业增加值的比重为10.6%。装备制造业[11]增加值增长10.5%，占规模以上工业增加值的比重为30.4%。

表3 2014年主要工业产品产量及其增长速度[12]

产品名称	单　位	产　量	比上年增长%
纱	万吨	3379.2	5.6
布	亿米	893.7	−0.4
化学纤维	万吨	4389.8	5.5
成品糖	万吨	1642.7	3.1
卷　烟	亿支	26098.5	1.9
彩色电视机	万台	14128.9	10.9
其中：液晶电视机	万台	13865.9	13.3
家用电冰箱	万台	8796.1	−5.0
房间空气调节器	万台	14463.3	10.7
一次能源生产总量	亿吨标准煤	36.0	0.5
原　煤	亿吨	38.7	−2.5
原　油	万吨	21142.9	0.7
天然气[13]	亿立方米	1301.6	7.7
发电量	亿千瓦小时	56495.8	4.0
其中：火电	亿千瓦小时	42337.3	0.3

产品名称	单　位	产　量	比上年增长%
水电	亿千瓦小时	10643.4	15.7
核电	亿千瓦小时	1325.4	18.8
粗　钢	万吨	82269.8	1.2
钢　材[14]	万吨	112557.2	4.0
十种有色金属	万吨	4380.1	7.4
其中：精炼铜（电解铜）	万吨	764.4	15.0
原铝（电解铝）	万吨	2435.8	10.3
氧化铝	万吨	4777.3	7.3
水　泥	亿吨	24.8	2.3
硫　酸（折100%）	万吨	8846.3	8.5
纯　碱	万吨	2514.2	3.4
烧　碱（折100%）	万吨	3059.0	4.5
乙　烯	万吨	1696.7	6.1
化　肥（折100%）	万吨	6887.2	−2.0
发电机组（发电设备）	万千瓦	15053.0	6.0
汽　车	万辆	2372.5	7.3
其中：基本型乘用车（轿车）	万辆	1248.3	3.1
大中型拖拉机	万台	64.4	−3.3
集成电路	亿块	1015.5	12.4
程控交换机	万线	3123.1	15.7
移动通信手持机	万台	162719.8	6.8
微型计算机设备	万台	35079.6	−0.8

年末全国发电装机容量136019万千瓦，比上年末增长8.7%。其中[15]，火电装机容量91569万千瓦，增长5.9%；水电装机容量30183万千瓦，增长7.9%；核电装机容量1988万千瓦，增长36.1%；并网风电装机容量9581万千瓦，增长25.6%；并网太阳能发电装机容量2652万千瓦，增长67.0%。

全年规模以上工业企业实现利润64715亿元，比上年增长3.3%,其中国有及国有控股企业14007亿元，下降5.7%；集体企业538亿元，增长0.4%，股份制企业42963亿元，增长1.6%，外商及港澳台商投资企业15972亿元，增长9.5%；私营企业22323亿元，增长4.9%。

全年全社会建筑业增加值44725亿元，比上年增长8.9%。全国具有资质等级的总承包和专业承包建筑业企业实现利润6913亿元，增长13.7%，其中国有及国有控股企业1639亿元，增长11.7%。

图10　2010-2014年建筑业增加值及其增长速度

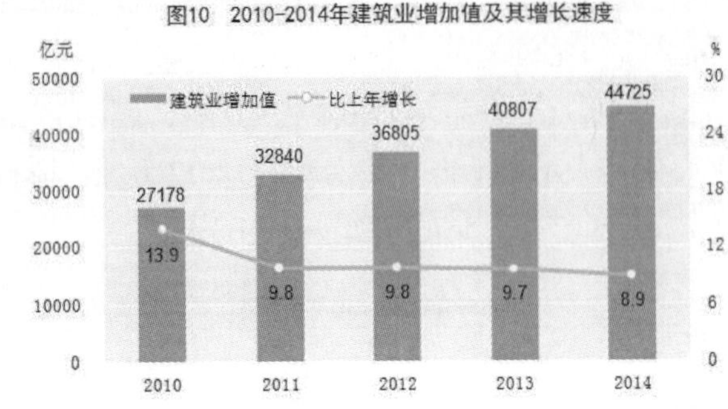

四、固定资产投资

固定资产投资增速放缓。全年全社会固定资产投资512761亿元，比上年增长15.3%[16]，扣除价格因素，实际增长14.7%。其中，固定资产投资（不含农户）502005亿元，增长15.7%，农户投资10756亿元，增长2.0%。东部地区投资[17]206454亿元，比上年增长15.4%；中部地区投资124112亿元，增长17.6%；西部地区投资129171亿元，增长17.2%；东北地区投资46096亿元，增长2.7%。

图11　2010-2014年全社会固定资产投资

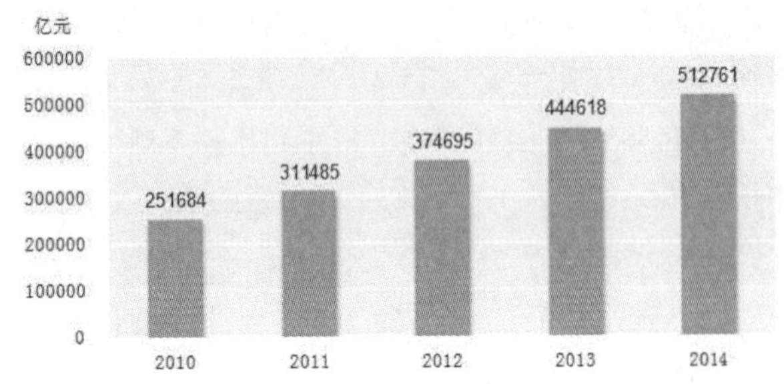

在固定资产投资（不含农户）中，第一产业投资11983亿元，比上年增长33.9%；第二产业投资208107亿元，增长13.2%；第三产业投资281915亿元，增长16.8%。民间固定资产投资[18]321576亿元，增长18.1%，占固定资产投资（不含农户）的比重为64.1%。

表4　2014年分行业固定资产投资（不含农户）及其增长速度

单位：亿元

行　业	投资额	比上年增长%
总　计	502005	15.7
农、林、牧、渔业	14697	31.3

行　业	投资额	比上年增长%
采矿业	14681	0.7
制造业	166918	13.5
电力、热力、燃气及水生产和供应业	22916	17.1
建筑业	4450	27.2
批发和零售业	15669	25.7
交通运输、仓储和邮政业	42984	18.6
住宿和餐饮业	6237	4.2
信息传输、软件和信息技术服务业	4187	38.6
金融业	1360	10.5
房地产业[19]	123690	11.1
租赁和商务服务业	7970	36.2
科学研究和技术服务业	4205	34.7
水利、环境和公共设施管理业	46274	23.6
居民服务、修理和其他服务业	2262	14.2
教育	6678	24.0
卫生和社会工作	3983	27.6
文化、体育和娱乐业	6192	18.9
公共管理、社会保障和社会组织	6652	13.6

表5　2014年固定资产投资新增主要生产与运营能力

指　标	单　位	绝对数
新增220千伏及以上变电设备	万千伏安	22394
新建铁路投产里程	公里	8427
其中：高速铁路[20]	公里	5491
增、新建铁路复线投产里程	公里	7892
电气化铁路投产里程	公里	8653
新建公路里程	公里	65260
其中：高速公路	公里	7394
港口万吨级码头泊位新增吞吐能力	万吨	43553
新增民用运输机场	个	9
新增光缆线路长度	万公里	301

全年房地产开发投资95036亿元，比上年增长10.5%。其中，住宅投资64352亿元，增长9.2%；办公楼投资5641亿元，增长21.3%；商业营业用房投资14346亿元，增长20.1%。

全年全国城镇保障性安居工程基本建成住房511万套，新开工740万套。

表6　2014年房地产开发和销售主要指标完成情况及其增长速度

指　标	单位	绝对数	比上年增长%
投资额	亿元	95036	10.5
其中：住宅	亿元	64352	9.2
其中：90平方米及以下	亿元	20335	4.6
房屋施工面积	万平方米	726482	9.2
其中：住宅	万平方米	515096	5.9
房屋新开工面积	万平方米	179592	−10.7
其中：住宅	万平方米	124877	−14.4
房屋竣工面积	万平方米	107459	5.9
其中：住宅	万平方米	80868	2.7
商品房销售面积	万平方米	120649	−7.6
其中：住宅	万平方米	105182	−9.1
本年到位资金	亿元	121991	−0.1
其中：国内贷款	亿元	21243	8.0
其中：个人按揭贷款	亿元	13665	−2.6

五、国内贸易

市场销售稳定增长。全年社会消费品零售总额[21]262394亿元，比上年增长12.0%，扣除价格因素，实际增长10.9%。按经营地统计，城镇消费品零售额226368亿元，增长11.8%；乡村消费品零售额36027亿元，增长12.9%。按消费类型统计，商品零售额234534亿元，增长12.2%；餐饮收入额27860亿元，增长9.7%。

在限额以上企业商品零售额中，粮油、食品、饮料、

烟酒类零售额比上年增长11.1%，服装、鞋帽、针纺织品类增长10.9%，化妆品类增长10.0%，金银珠宝类与上年持平，日用品类增长11.6%，家用电器和音像器材类增长9.1%，中西药品类增长15.0%，文化办公用品类增长11.6%，家具类增长13.9%，通讯器材类增长32.7%，石油及制品类增长6.6%，建筑及装潢材料类增长13.9%，汽车类增长7.7%。

全年网上零售额[22]27898亿元，比上年增长49.7%，其中限额以上单位网上零售额4400亿元，增长56.2%

六、对外经济[23]

全年货物进出口总额264334亿元，比上年增长2.3%。其中，出口143912亿元，增长4.9%；进口120423亿元，下降0.6%。进出口差额（出口减进口）23489亿元，比上年增加7395亿元。

图13　2010-2014年货物进出口总额

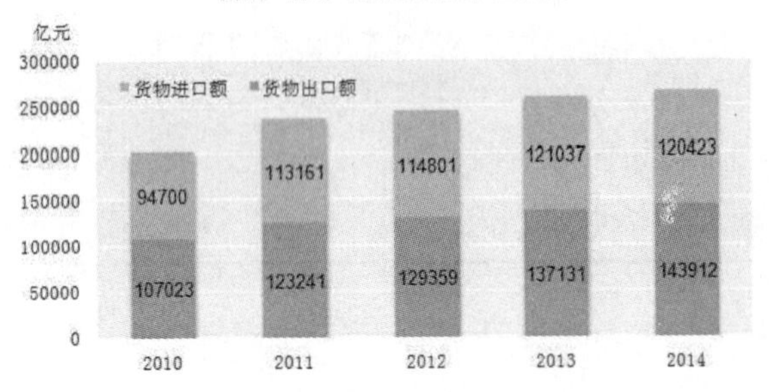

表7　2014年货物进出口总额及其增长速度

指　标	金额（亿元）	比上年增长%
货物进出口总额	264334	2.3
货物出口额	143912	4.9
其中：一般贸易	73944	9.6
加工贸易	54320	1.8
其中：机电产品	80527	2.6
高新技术产品	40570	−1.0
货物进口额	120423	−0.6
其中：一般贸易	68162	−1.0
加工贸易	32211	4.5
其中：机电产品	52509	0.7
高新技术产品	33876	−2.2
进出口差额（出口减进口）	23489	—

表8　2014年主要商品出口数量、金额及其增长速度

商品名称	单位	数量	比上年增长%	金额（亿美元）	比上年增长%
煤（包括褐煤）	万吨	574	−23.5	43	−35.5
钢材	万吨	9378	50.5	4350	31.6
纺织纱线、织物及制品	——	—	—	6888	3.8
服装及衣着附件	——	—	—	11445	4.2
鞋类	——	—	—	3455	9.7
家具及其零件	——	—	—	3195	−0.7
自动数据处理设备及其部件	万台	191836	2.6	11159	−1.3
手持或车载无线电话	万台	131199	10.6	7085	20.2
集装箱	万个	302	12.1	553	13.0
液晶显示板	万个	245080	−25.0	1952	−12.4
汽车	万辆	90	−2.8	770	3.5

表9　2014年主要商品进口数量、金额及其增长速度

商品名称	数量（万吨）	比上年增长%	金额（亿美元）	比上年增长%
谷物及谷物粉	1951	33.8	382	20.7
大豆	7140	12.7	2474	5.0
食用植物油	650	−19.7	364	−27.3
铁矿砂及其精矿	93251	13.8	5748	−12.8
氧化铝	528	37.7	118	35.5
煤（包括褐煤）	29122	−10.9	1366	−24.4
原油	30838	9.5	14017	2.8
成品油	3000	−24.2	1439	−27.7
初级形状的塑料	2535	3.0	3167	4.0
纸浆	1796	6.6	741	4.9
钢材	1443	2.5	1101	4.0
未锻造的铜及铜材	483	7.4	2188	0.8

表10　2014年对主要国家和地区货物进出口额及其增长速度

单位：亿元

国家和地区	出口额	比上年增长%	进口额	比上年增长%
欧盟	22787	8.3	15031	9.7
美国	24328	6.4	9764	3.1
东盟	16712	10.3	12794	3.3
中国香港	22307	−6.6	792	−21.5
日本	9187	−1.4	10027	−0.5
韩国	6162	8.9	11677	2.8
中国台湾	2843	12.7	9337	−3.9
俄罗斯	3297	7.2	2555	3.7
印度	3331	10.7	1005	−4.6

全年服务进出口[24]总额6043亿美元，比上年增长12.6%。其中，服务出口2222亿美元，增长7.6%；服务进口3821亿美元，增长15.8%。服务进出口逆差1599亿美元。

全年非金融领域新设立外商直接投资企业23778家，比上年增长4.4%。实际使用外商直接投资金额7364亿元，按美元计价为1196亿美元，增长1.7%。

表11　2014年非金融领域外商直接投资及其增长速度

行　　业	企业数（家）	比上年增长%	实际使用金额（亿美元）	比上年增长%
总　计	**23778**	**4.4**	**1195.6**	**1.7**
其中：农、林、牧、渔业	719	−5.0	15.2	−15.4
制造业	5178	−20.4	399.4	−12.3
电力、燃气及水的生产和供应业	208	4.0	22.0	−9.3
交通运输、仓储和邮政业	376	−6.2	44.6	5.7
信息传输、计算机服务和软件业	981	23.2	27.6	−4.4
批发和零售业	7978	8.6	94.6	−17.8
房地产业	446	−15.9	346.3	20.2
租赁和商务服务业	3963	18.0	124.9	20.5
居民服务和其他服务业	181	9.0	7.2	9.3

全年非金融领域对外直接投资额6321亿元，按美元计价为1029亿美元，比上年增长14.1%。

表12　2014年非金融领域对外直接投资额及其增长速度

单位：亿美元

行　　业	对外直接投资金额	比上年增长（%）
总　　计	1028.9	14.1
其中：农、林、牧、渔业	17.4	19.2
采矿业	193.3	−4.1
制造业	69.6	−19.8
电力、热力、燃气及水生产和供应业	18.4	36.3
建筑业	70.2	7.5
批发和零售业	172.7	26.3
交通运输、仓储和邮政业	29.3	17.2
信息传输、软件和信息技术服务业	17.0	100.0
房地产业	30.9	45.8
租赁和商务服务业	372.5	26.5

全年对外承包工程业务完成营业额8748亿元，按美元计价为1424亿美元，比上年增长3.8%。对外劳务合作派出各类劳务人员56.2万人，增长6.6%。

七、交通、邮电和旅游

交通运输平稳增长。全年货物运输总量439亿吨，比上年增长7.1%。货物运输周转量184619亿吨公里，增长9.9%。全年规模以上港口完成货物吞吐量111.6亿吨，比上年增长4.8%，其中外贸货物吞吐量35.2亿吨，增长5.9%。规模以上港口集装箱吞吐量20093万标准箱，增长6.1%。

表13　2014年各种运输方式完成货物运输量及其增长速度

指　标	单位	绝对数	比上年增长%
货物运输总量	**亿吨**	**439.1**	**7.1**
铁路	亿吨	38.1	−3.9
公路	亿吨	334.3	8.7
水运	亿吨	59.6	6.4
民航	万吨	593.3	5.7
管道	亿吨	6.9	5.2
货物运输周转量	**亿吨公里**	**184619.2**	**9.9**
铁路	亿吨公里	27530.2	−5.6
公路	亿吨公里	61139.1	9.7
水运	亿吨公里	91881.1	15.7
民航	亿吨公里	186.1	9.3
管道	亿吨公里	3882.7	10.9

全年旅客运输总量221亿人次，比上年增长3.9%。旅客运输周转量29994亿人公里，增长8.8%。

表14 2014年各种运输方式完成旅客运输量及其增长速度

指　标	单位	绝对数	比上年增长%
旅客运输总量	**亿人次**	**220.7**	**3.9**
铁路	亿人次	23.6	11.9
公路	亿人次	190.5	2.8
水运	亿人次	2.6	12.3
民航	亿人次	3.9	10.6
旅客运输周转量	**亿人公里**	**29994.2**	**8.8**
铁路	亿人公里	11604.8	9.5
公路	亿人公里	11981.7	6.5
水运	亿人公里	74.4	8.9
民航	亿人公里	6333.3	12.0

年末全国民用汽车保有量达到15447万辆（包括三轮汽车和低速货车972万辆），比上年末增长12.4%，其中私人汽车保有量12584万辆，增长15.5%。民用轿车保有量8307万辆，增长16.6%，其中私人轿车7590万辆，增长18.4%。

邮电业务快速增长。全年完成邮电业务总量[25]21846亿元，比上年增长19.0%。其中，邮政业务总量3696亿元，增长35.6%；电信业务总量18150亿元，增长16.1%。邮政业全年完成邮政函件业务56.1亿件，包裹业务0.6亿件，快递业务量139.6亿件；快递业务收入2045亿元。电信业全年新增移动电话交换机容量[26]7980万户，达到204537万户。年末全国电话用户总数达到153552万户，其中固定电话用户24943万户，移动电话用户128609万户。固定电话普及率下降至18.3部/百人，移动电话普及率上升至94.5部/百人。固定互联网宽带接入用户[27]20048万户，比上年增加1157万户；移动宽带用户[28]58254万户，增加18093万户。互联网上网人数6.49亿人，增加3117万人，其中手机上网人数[29]5.57亿人，增加5672万人。互联网普及率达到47.9%。

图14 2010-2014年年末固定互联网宽带接入用户和移动宽带用户数

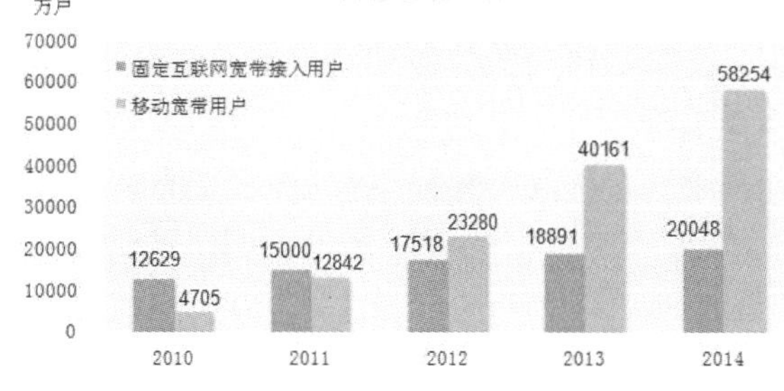

全年国内游客36.1亿人次，比上年增长10.7%，国内旅游收入30312亿元，增长15.4%。入境游客12849万人次，下降0.5%。其中，外国人2636万人次，增长0.3%；香港、澳门和台湾同胞10213万人次，下降0.6%。在入境游客中，过夜游客5562万人次，与上年基本持平。国际旅游外汇收入569亿美元，增长10.2%。国内居民出境11659万人次，增长18.7%，其中因私出境11003万人次，增长19.6%。

八、金融

金融市场运行总体平稳。年末广义货币供应量（M2）余额为122.8万亿元，比上年末增长12.2%；狭义货币供应量（M1）余额为34.8万亿元，增长3.2%；流通中货币（M0）余额为6.0万亿元，增长2.9%。

全年社会融资规模[30]为16.5万亿元，按可比口径计算，比上年少8598亿元。年末全部金融机构本外币各项存款余额117.4万亿元，比年初增加10.2万亿元，其中人民币各项存款余额113.9万亿元，增加9.5万亿元。全部金融机构本外币各项贷款余额86.8万亿元，增加10.2万亿元，其中人民币各项贷款余额81.7万亿元，增加9.8万亿元。

表15 2014年年末全部金融机构本外币存贷款余额及其增长速度

单位：亿元

指　标	年末数	比上年末增长%
各项存款余额	1070588	13.5
其中：住户存款	465437	13.5
其中：人民币	461370	13.6
非金融企业存款	380070	10.1
各项贷款余额	766327	13.9
其中：境内短期贷款	311772	16.3
境内中长期贷款	410346	12.8

年末主要农村金融机构（农村信用社、农村合作银行、农村商业银行）人民币贷款余额105742亿元，比年初增加14105亿元。全部金融机构人民币消费贷款余额153660亿元，增加23938亿元。其中，个人短期消费贷款余额32491亿元，增加5902亿元；个人中长期消费贷款余额121169亿元，增加18037亿元。

全年上市公司通过境内市场累计筹资8397亿元，比上年增加1512亿元。其中，首次公开发行A股125只，筹资669亿元；A股再筹资（包括配股、公开增发、非公开增发[31]、认股权证）4165亿元，增加1362亿元；上市公司通过发行可转债、可分离债、公司债、中小企业私募债筹资3563亿元，减少519亿元。全年公开发行创业板股票51只，筹资159亿元。

全年发行公司信用类债券[32]5.15万亿元，比上年增加1.48万亿元。

全年保险公司原保险保费收入[33]20235亿元，比上年增长17.5%。其中，寿险业务原保险保费收入10902亿元，健康险和意外伤害险业务原保险保费收入2130亿元，财产险业务原保险保费收入7203亿元。支付各类赔款及给付7216亿元。其中，寿险业务给付2728亿元，健康险和意外伤害险赔款及给付700亿元，财产险业务赔款3788亿元。

九、人民生活和社会保障

城乡居民收入继续增加。全年全国居民人均可支配收入20167元，比上年增长10.1%，扣除价格因素，实际增长8.0%。按常住地分，城镇居民人均可支配收入[34]28844元，比上年增长9.0%，扣除价格因素，实际增长6.8%；城镇居民人均可支配收入中位数[35]为26635元，增长10.3%。农村居民人均可支配收入10489元，比上年增长11.2%，扣除价格因素，实际增长9.2%；农村居民人均可支配收入中位数为9497元，增长12.7%。全年农村居民人均纯收入为9892元。全国居民人均消费支出14491元，比上年增长9.6%，扣除价格因素，实际增长7.5%。按常住地分，城镇居民人均消费支出19968元，增长8.0%，扣除价格因素，实际增长5.8%；农村居民人均消费支出8383元，增长12.0%，扣除价格因素，实际增长10.0%。

图15 2014年按收入来源分的全国居民人均可支配收入及占比

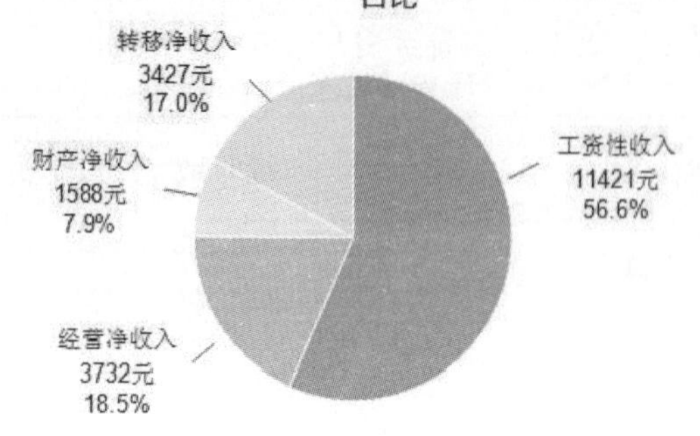

社会保障建设取得新进展。年末全国参加城镇职工基本养老保险人数34115万人，比上年末增加1897万人。参加城乡居民基本养老保险人数50107万人，增加357万人。参加基本医疗保险人数59774万人，增加2702万人。其中，参加职工基本医疗保险人数28325万人，增加882万人；参加居民基本医疗保险人数31449万人，增加1820万人。参加失业保险人数17043万人，增加626万人。年末全国领取失业保险金人数207万人。参加工伤保险人数20621万人，增加703万人，其中参加工伤保险的农民工7362万人，增加98万人。参加生育保险人数17035万人，增加643万人。按照年人均收入2300元（2010年不变价）的农村扶贫标准计算，2014年农村贫困人口为7017万人，比上年减少1232万人。

十、教育、科学技术和文化

教育科技和文化体育事业较快发展。全年研究生招生62.1万人，在学研究生184.8万人，毕业生53.6万人。普通本专科招生721.4万人，在校生2547.7万人，毕业生659.4万人。中等职业教育[36]招生628.9万人，在校生1802.9万人，毕业生633.0万人。普通高中招生796.6万人，在校生2400.5万人，毕业生799.6万人。初中招生1447.8万人，在校生4384.6万人，毕业生1413.5万人。普通小学招生1658.4万人，在校生9451.1万人，毕业生1476.6万人。特殊教育招生7.1万人，在校生39.5万人，毕业生4.9万人。幼儿园在园幼儿4050.7万人。

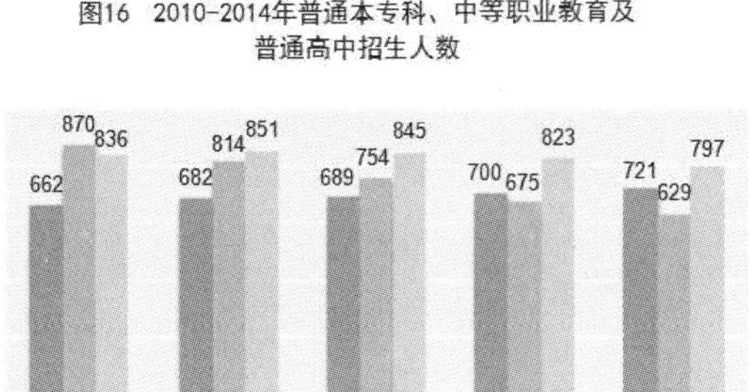

全年研究与试验发展（R&D）经费支出13312亿元，比上年增长12.4%，与国内生产总值之比为2.09%，其中基础研究经费626亿元。全年国家安排了3997项科技支撑计划课题，2129项“863”计划课题。截至年底，累计建设国家工程研究中心132个，国家工程实验室154个，国家认定企业技术中心1098家。全年国家新兴产业创投计划[37]累计支持设立213家创业投资企业，资金总规模574亿元，投资创业企业739家。全年受理境内外专利申请236.1万件，授予专利权130.3万件。截至年底，有效专利464.3万件。全年共签订技术合同29.7万项，技术合同成交金额8577亿元，比上年增长14.8%。

表16 2014年专利申请受理、授权和有效专利情况

行　　业	专利数（万件）	比上年增长%
专利申请受理数	236.1	−0.7
其中：境内专利申请受理数	218.6	−1.0
其中：发明专利申请受理数	92.8	12.5
其中：境内发明专利	79.0	13.9
专利申请授权数	130.3	−0.8
其中：境内专利授权	119.2	−1.5
其中：发明专利授权	23.3	12.3
其中：境内发明专利	15.8	14.1
年末有效专利数	464.3	10.7
其中：境内有效专利	391.8	11.1
其中：有效发明专利	119.6	15.7
其中：境内有效发明专利	66.3	21.7

全年成功发射卫星16次。探月工程三期再入返回试验圆满完成。高分二号卫星成功发射。

年末全国共有产品检测实验室27051个，其中国家检测中心597个。全国现有产品质量、体系认证机构183个，已累计完成对118354个企业的产品认证。全国共有法定计量技术机构4056个，全年强制检定计量器具6162万台（件）。全年制定、修订国家标准1530项，其中新制定1067项。全国共有地震台站1687个，区域地震台网32个。全国共有海洋观测站79个。测绘地理信息部门公开出版地图1678种。

年末全国文化系统共有艺术表演团体2008个，博物馆2760个。全国共有公共图书馆3110个，总流通[38]52252万人次；文化馆3311个。有线电视用户2.31亿户，有线数字电视用户1.87亿户。年末广播节目综合人口覆盖率为98.0%，电视节目综合人口覆盖率为98.6%。全年生产电视剧429部15983集，电视动画片138496分钟。全年生产故事影片618部，科教、纪录、动画和特种影片[39]140部。出版各类报纸465亿份，各类期刊32亿册，图书84亿册（张），人均图书拥有量[40]6.12册（张）。年末全国共有档案馆4246个，已开放各类档案12835万卷（件）。

根据第六次全国体育场地普查结果[41]，全国共有体育场地169.5万个，场地面积[42]19.9亿平方米。全年我国运动员在22个运动大项中获得98个世界冠军，共创10项世界纪录。全年我国残疾人运动员在19项国际赛事中获得122个世界冠军。

十一、卫生和社会服务

卫生和社会服务事业不断改善。年末全国共有医疗卫生机构982443个，其中医院25865个，乡镇卫生院36899个，社区卫生服务中心（站）34264个，诊所（卫生所、医务室）188415个，村卫生室646044个，疾病预防控制中心3491个，卫生监督所

（中心）2975 个。卫生技术人员 739 万人，其中执业医师和执业助理医师 282 万人，注册护士 292 万人。医疗卫生机构床位 652 万张，其中医院 484 万张，乡镇卫生院 117 万张。

图18 2010-2014年卫生技术人员人数

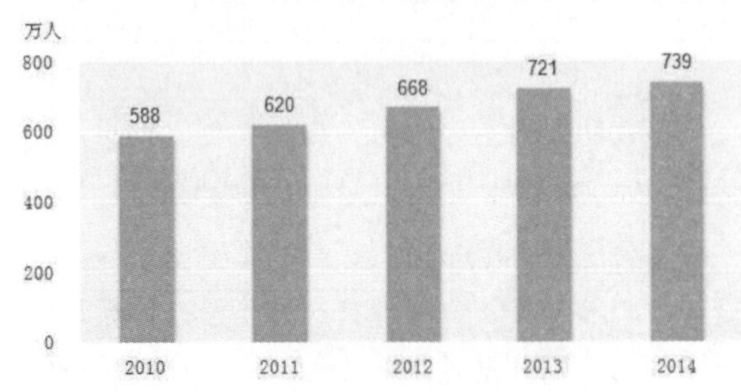

年末全国各类提供住宿的社会服务机构[43]3.8 万个,其中养老服务机构 3.4 万个。社会服务床位[44]586.5 万张，其中养老床位 551.4 万张。收留抚养和救助各类人员 304.6 万人，其中养老人员 288.7 万人。年末共有社区服务中心 2.2 万个，社区服务站 11.4 万个。年末全国共有 1880.2 万人享受城市居民最低生活保障，5209.0 万人享受农村居民最低生活保障，农村五保供养[45]529.5 万人。全年资助 1310.9 万城市困难群众参加医疗保险，资助 4118.9 万农村困难群众参加新型农村合作医疗。

十二、资源、环境和安全生产

全年全国国有建设用地供应总量[46]61 万公顷，比上年下降 16.5%。其中，工矿仓储用地 15 万公顷，下降 29.9%；房地产用地[47]15 万公顷，下降 25.5%；基础设施等其他用地 31 万公顷，下降 1.9%。

全年水资源总量 28370 亿立方米。全年平均降水量 648 毫米。年末全国监测的 609 座大型水库蓄水总量 3663 亿立方米，比上年末蓄水量增加 7.0%。全年总用水量 6220 亿立方米，比上年增长 0.6%。其中，生活用水增长 2.7%，工业用水增长 1.0%，农业用水增长 0.1%，生态补水增长 0.6%。万元国内生产总值用水量[48]112 立方米，比上年下降 6.3%。万元工业增加值用水量 64 立方米，下降 5.6%。人均用水量 456 立方米，比上年增长 0.1%。

全年完成造林面积 603 万公顷，其中人工造林 427 万公顷。林业重点工程完成造林面积 200 万公顷，占全部造林面积的 33.2%。截至年底，自然保护区达到 2729 个，其中国家级自然保护区 428 个。新增水土流失治理面积 5.4 万平方公里，新增实施水土流失地区封育保护面积 2.0 万平方公里。

全年平均气温为 10.1℃，共有 5 个台风登陆。

初步核算，全年能源消费总量 42.6 亿吨标准煤，比上年增长 2.2%。煤炭消费量下降 2.9%，原油消费量增长 5.9%，天然气消费量增长 8.6%，电力消费量增长 3.8%。煤炭消费量占能源消费总量的 66.0%，水电、风电、核电、天然气等清洁能源消费量占能源消费总量的 16.9%。全国万元国内生产总值能耗下降 4.8%。工业企业吨粗铜综合能耗同比下降 3.76%，吨钢综合能耗下降 1.65%，单位烧碱综合能耗下降 2.33%，吨水泥综合能耗下降 1.12%，每千瓦时火力发电标准煤耗下降 0.67%。

十大流域[49]的 702 个水质监测断面中，Ⅰ～Ⅲ类水质断面比例占 71.2%，劣Ⅴ类水质断面比例占 9.0%。十大流域水质总体为轻度污染,水质保持稳定。

近岸海域 301 个海水水质监测点中，达到国家一、二类海水水质标准的监测点占 66.8%，三类海水占 7.0%，四类、劣四类海水占 26.2%。

在按照《环境空气质量标准》（GB3095-2012）监测的 161 个城市中，城市空气质量达标的城市占 9.9%，未达标的城市占 90.1%。

在监测的 319 个城市中，城市区域声环境质量好的城市占 1.3%，较好的占 70.8%，一般的占 27.3%，较差的占 0.6%。

年末城市污水处理厂日处理能力达到 12896 万立方米，比上年末增长 3.5%，城市污水处理率达到 90.2%，提高 0.8 个百分点。城市集中供热面积 59.1 亿平方米，增长 3.3%。城市建成区绿地率达到 35.9%，提高 0.2 个百分点。

全年农作物受灾面积 2489 万公顷，其中绝收 309 万公顷。全年因洪涝和地质灾害造成直接经济损失 1030 亿元，因旱灾造成直接经济损失 836 亿元，因低温冷冻和雪灾造成直接经济损失 129 亿元，因海洋灾害造成直接经济损失 136 亿元。全年大陆地区共发生 5 级以上地震 30 次，成灾 10 次，造成直接经济损失 356 亿元。全年共发生森林火灾 3703 起，森林火灾受害森林面积 1.9 万公顷。

全年各类生产安全事故共死亡68061人。亿元国内生产总值生产安全事故死亡人数为0.107人，比上年下降13.7%；工矿商贸企业就业人员10万人生产安全事故死亡人数为1.328人，下降12.9%；道路交通事故万车死亡人数为2.22人，下降5.1%；煤矿百万吨死亡人数为0.255人，下降11.5%。

注释：

[1] 本公报中数据均为初步统计数。各项统计数据均未包括香港特别行政区、澳门特别行政区和台湾省。部分数据因四舍五入的原因，存在着与分项合计不等的情况。

[2] 人户分离的人口是指居住地与户口登记地所在的乡镇街道不一致且离开户口登记地半年以上的人口。

[3] 流动人口是指人户分离人口中扣除市辖区内人户分离的人口。市辖区内人户分离的人口是指一个直辖市或地级市所辖区内和区与区之间，居住地和户口登记地不在同一乡镇街道的人口。

[4]2014年年末，0-14岁（含不满15周岁）人口为22558万人，15-59岁（含不满60周岁）人口为92982万人。

[5] 国内生产总值、各产业增加值绝对数按现价计算，增长速度按不变价格计算；根据第三次全国经济普查结果和国家统计局2012年制定的《三次产业划分规定》对相关数据进行了修订。

[6] 年度农民工数量包括年内在本乡镇以外从业6个月以上的外出农民工和在本乡镇内从事非农产业6个月以上的本地农民工两部分。

[7] 国家全员劳动生产率为国内生产总值（以2010年不变价格计算）与全部就业人员的比率。

[8] 农产品生产者价格是指农产品生产者直接出售其产品时的价格。

[9] 居住类价格包括建房及装修材料、住房租金、自有住房和水电燃料等价格。

[10] 高技术制造业包括医药制造业，航空、航天器及设备制造业，电子及通信设备制造业，计算机及办公设备制造业，医疗仪器设备及仪器仪表制造业，信息化学品制造业。

[11] 装备制造业包括金属制品业，通用设备制造业，专用设备制造业，汽车制造业，铁路、船舶、航空航天和其他运输设备制造业，电气机械和器材制造业，计算机、通信和其他电子设备制造业，仪器仪表制造业，金属制品、机械和设备修理业。

[12] 根据第三次全国经济普查结果对相关数据进行了修订，其中2013年原煤产量由36.8亿吨修订为39.7亿吨。

[13] 天然气包括气田天然气、油田天然气（分为油田气层气、油田伴生溶解气）和煤田天然气（也称煤层气）。

[14] 钢材产量数据中含企业之间重复加工钢材约33400万吨。

[15] 少量发电装机容量（如地热等）文中未列出。

[16] 根据第三次全国经济普查结果，对2013年全社会固定资产投资数据进行了修订。

[17] 固定资产投资按东部、中部、西部和东北地区计算的合计数据小于全国数据，是因为有部分跨地区的投资未计算在地区数据中。其中，东部地区是指北京、天津、河北、上海、江苏、浙江、福建、山东、广东和海南10省（市）；中部地区是指山西、安徽、江西、河南、湖北和湖南6省；西部地区是指内蒙古、广西、重庆、四川、贵州、云南、西藏、陕西、甘肃、青海、宁夏和新疆12省（区、市）；东北地区是指辽宁、吉林和黑龙江3省。

[18] 民间固定资产投资是指具有集体、私营、个人性质的内资企事业单位以及由其控股（包括绝对控股和相对控股）的企业单位建造或购置固定资产的投资。

[19] 房地产业投资除房地产开发投资外，还包括建设单位自建房屋以及物业管理、中介服务和其他房地产投资。

[20] 高速铁路是指最高营运速度达到200公里／小时及以上的铁路。

[21]2014年社会消费品零售总额及相关数据均为快报数。

[22] 网上零售额是指通过公共网络交易平台（包括自建网站和第三方平台）实现的商品和服务零售额。其中，网上零售额包括的服务类商品，以及少部分用于生产经营用或被转卖的商品不统计在社会消费品零售总额中。

[23] 根据有关规定，货物贸易改用人民币计价。服务贸易、利用外资、对外投资和对外承包工程由于技术原因仍主要沿用美元计价。

[24] 服务进出口按照《国际收支手册（第六版）》标准统计，不含政府服务，增速按可比口径计算。

[25] 邮电业务总量按 2010 年不变价格计算。

[26] 移动电话交换机容量是指移动电话交换机根据一定话务模型和交换机处理能力计算出来的最大同时服务用户的数量。

[27] 固定互联网宽带接入用户是指报告期末在电信企业登记注册，通过 xDSL、FTTx+LAN、FTTH/0 以及其他宽带接入方式和普通专线接入公众互联网的用户。

[28] 移动宽带用户是指报告期末在计费系统拥有使用信息，占用 3G 或 4G 网络资源的在网用户。

[29] 手机上网人数是指过去半年通过手机接入并使用互联网的 6 周岁及以上中国居民数量。

[30] 社会融资规模是指一定时期内实体经济从金融体系获得的资金总额，是增量概念。

[31] 非公开增发又叫定向增发，不含资产认购部分。

[32] 公司信用类债券包括非金融企业债务融资工具、企业债券以及公司债、可转债等。

[33] 原保险保费收入是指保险企业确认的原保险合同保费收入。

[34] 按一体化住户调查改革前的城镇住户调查老口径推算，全年全国城镇居民人均可支配收入为 29381 元。

[35] 人均收入中位数是指将所有调查户按人均收入水平从低到高（或从高到低）顺序排列，处于最中间位置调查户的人均收入。

[36] 中等职业教育包括普通中专、成人中专、职业高中和技工学校,其中技工学校数据为 2013 年数据。

[37] 国家新兴产业创投计划是指中央财政专项资金通过与地方政府资金、社会资本共同发起设立创业投资企业，或以股权投资模式直接投资创业企业等方式，培育和促进新兴产业发展的活动。

[38] 总流通人次是指本年度内到图书馆场馆接受图书馆服务的总人次，包括借阅书刊、咨询问题以及参加各类读者活动等。

[39] 特种影片是指那些采用与常规影院放映在技术、设备、节目方面不同的电影展示方式，如巨幕电影、立体电影、立体特效（4D）电影、动感电影、球幕电影等。

[40] 人均图书拥有量是指在一年内全国平均每人能拥有的当年出版图书册数。

[41] 数据为截至 2013 年底。

[42] 场地面积是指可供训练、比赛、健身活动的场地有效面积，场地除包括比赛规定的尺寸外，还包括必要的安全区、缓冲区和无障碍地带。

[43 根据第三次全国经济普查，对提供住宿的社会服务机构、社区服务中心进行归类清理，2014 年相应数据有所调整。

[44] 社会服务床位数除收养性机构外，还包括救助类机构、社区类机构以及军休所、军供站等机构的床位。

[45] 农村五保供养是指老年、残疾和未满 16 周岁的村民，无劳动能力、无生活来源又无法定赡养、抚养、扶养义务人，或者其法定赡养、抚养、扶养义务人无赡养、抚养、扶养能力的村民，在吃、穿、住、医、葬方面得到的生活照顾和物质帮助。

[46] 国有建设用地供应总量是指报告期内市、县人民政府根据年度土地供应计划依法以出让、划拨、租赁等方式将土地使用权提供给单位或个人使用的国有建设用地总量。

[47] 房地产用地是指商服用地和住宅用地的总和。

[48] 万元国内生产总值用水量、万元工业增加值用水量和万元国内生产总值能耗按 2010 年不变价格计算。

[49] 十大流域包括长江、黄河、珠江、松花江、淮河、海河、辽河、浙闽片河流、西北诸河和西南诸河。

资料来源：

本公报中城镇新增就业、登记失业率、社会保障数据来自人力资源社会保障部；财政数据来自财政部；外汇储备和汇率数据来自外汇局；水产品产量数据来自农业部；木材产量、林业、森林火灾数据来自林业局；灌溉面积、水资源数据来自水利部；发电装机容量、新增220千伏及以上变电设备数据来自中电联；新建铁路投产里程、增建铁路复线投产里程、电气化铁路投产里程、铁路运输数据来自铁路局；新建公路里程、港口万吨级码头泊位新增吞吐能力、公路运输、水运、港口货物吞吐量数据来自交通运输部；新增光缆线路长度、电话交换机容量、电话用户、上网人数等通信数据来自工业和信息化部；保障性住房、城市污水处理、城市集中供热面积、建成区绿地率数据来自住房城乡建设部；货物进出口数据来自海关总署；服务进出口、外商直接投资、对外直接投资、对外承包工程、对外劳务合作等数据来自商务部；民航数据来自民航局；管道数据来自中石油、中石化、中海油；民用汽车、交通事故数据来自公安部；邮政业务数据来自邮政局；旅游数据来自旅游局、公安部；货币金融、公司信用类债券数据来自人民银行；上市公司数据来自证监会；保险业数据来自保监会；新农合、卫生数据来自卫生计生委；教育数据来自教育部；安排科技计划课题、技术合同等数据来自科技部；国家工程研究中心、企业技术中心、新兴产业创投等数据来自发展改革委；专利数据来自知识产权局；发射卫星数据来自国防科工局；质量检验、国家标准制定修订数据来自质检总局；地震数据来自地震局；海洋观测站、海洋灾害造成直接经济损失数据来自海洋局；测绘数据来自测绘地信局；艺术表演团体、博物馆、公共图书馆、文化馆数据来自文化部；广播电视、电影、报纸、期刊、图书数据来自新闻出版广电总局；档案数据来自档案局；体育数据来自体育总局；残疾人运动员数据来自中国残联；社会服务、低保和五保供养数据、农作物受灾面积、洪涝地质灾害造成直接经济损失、旱灾造成直接经济损失、低温冷冻和雪灾造成直接经济损失来自民政部；国有建设用地供应数据来自国土资源部；自然保护区、环境监测数据来自环境保护部；平均气温、登陆台风数据来自气象局；安全生产数据来自安全监管总局；其他数据均来自国家统计局。

2014年湖北省国民经济和社会发展统计公报

Statistical Communique on National Economic and Social Development of Hubei Provice in 2014

湖北省统计局

国家统计局湖北调查总队

2015年3月4日

2014年，面对错综复杂的国内外环境，全省上下在省委、省政府的坚强领导下，以党的十八大、十八届三中、四中全会和习近平总书记系列重要讲话精神为指导，坚持“稳中求进”的总基调和“竞进提质、升级增效”的总要求，践行“绿色决定生死、市场决定取舍、民生决定目的”三维纲要，统筹推进稳增长、促改革、调结构、惠民生，全省经济社会发展保持了“稳中有进、进中向好”的良好态势，延续了“高于全国、中部靠前”的发展势头。

一、综合

2014年，全省完成生产总值27367.04亿元，按可比价格计算，比上年增长9.7%。其中：第一产业完成增加值3176.89亿元，增长4.8%；第二产业完成增加值12840.22亿元，增长10.1%；第三产业完成增加值11349.93亿元，增长10.5%。三次产业结构由2013年的12.2 ：47.6 ：40.2调整为11.6 ：46.9 ：41.5。在第三产业中交通运输仓储和邮政业、批发和零售业、住宿和餐饮业、金融业、房地产业、营利性服务业及非营利性服务业增加值分别增长9.2%、7.6%、6.4%、14.6%、6.6%、12.4%和12.5%。

全省居民消费价格总指数（CPI）为102.0，价格水平上涨2.0%，其中：城市上涨2.0%，农村上涨1.9%。分类别看，食品上涨2.3%，烟酒下降0.3%，衣着上涨2.0%，家庭设备用品及维修服务上涨1.5%，医疗保健及个人用品上涨0.7%，交通和通信价格上涨0.2%，娱乐教育文化用品及服务上涨1.7%，居住上涨3.3%。全年农业生产资料价格下降2.1%。工业生产者出厂价格下降1.6%，工业生产者购进价格下降2.2%。

市场主体发展加快。2014年，全省新登记市场主体87.85万户，其中：新登记私营企业13.9万户，新登记个体工商户71.36万户。

全省城镇新增就业人员81.89万人，增长1.5%。截止12月末，全省城镇登记失业率为3.10%，较上年底回落0.12个百分点。

二、农业

全年粮食种植面积437.03万公顷，比上年增加16.79万公顷；棉花种植面积34.48万公顷，减少10.62万公顷；油料种植面积154.25万公顷，增加2.56万公顷。粮食总产量2584.16万吨，比上年增产82.86万吨，增长3.3%；棉花总产量35.95万吨，减产10.02万吨，下降21.8%；油料产量341.9万吨，增产8.73万吨，增长2.6%（主要农产品产量见表1）。

表1　2014年全省主要农产品产量

单位：万吨

产品名称	产　量	比上年增长%
粮食	2584.16	3.3%
#夏粮	505.60	0.9%
秋粮	2078.56	3.9%
棉花	35.95	−21.8%
油料	341.90	2.6%
#花生	69.06	1.4%
油菜籽	257.16	2.7%
茶　叶	25.03	12.8%
水果（不含果用瓜）	614.25	7.9%
蔬　菜	3671.52	2.6%

畜牧、水产业稳步增长。全年全省生猪出栏4475.11万头，增长2.7%；水产品产量达到433万吨，增长5.6%。

三、工业和建筑业

工业生产保持稳定增长。2014年，全省规模以上工业企业达到14842家，比上年净增1463家，增长10.9%。完成工业增加值按可比价格计算，比上年增长10.8%。其中：国有及国有控股企业增长8.2%；集体企业增长10.5%；股份合作企业增长11.0%；外商及港澳台投资企业增长7.4%；其他经济类型企业增长12.8%。轻工业增长12.7%；重工业增长9.6%（主要工业产品产量见表2）。

表2　2013年主要工业产品产量

产品名称	单位	产　量	比上年增长%
纱	万吨	335.15	7.8
布	亿米	82.40	12.1
化学纤维	万吨	26.15	7.0
卷烟	亿支	1407.66	0.7
家用电冰箱	万台	243.55	7.7
房间空气调节器	万台	1441.50	21.2
原油	万吨	79.00	−1.3
发电量	亿千瓦小时	2344.81	6.3
#水电	亿千瓦小时	1375.80	17.1
粗钢	万吨	3056.43	2.6
钢材	万吨	3429.01	2.5
十种有色金属	万吨	106.29	−1.1
#精练铜	万吨	52.30	3.8
水泥	万吨	11669.93	3.1
硫酸	万吨	691.31	6.4
纯碱	万吨	140.95	6.6
烧碱	万吨	103.34	3.5
化肥（折100%）	万吨	1209.02	1.9
发电设备	万千瓦	87.90	−39.7
汽车	万辆	174.46	9.4
#轿车	万辆	76.12	14.3
移动通信手持机	万台	2888.35	304.1

工业内部结构改善。高新技术制造业增长较快，全年完成增加值比上年增长17.0%，占规模以上工业增加值的比重达7.9%。

工业产销衔接较好，经济效益继续提高。全年全省工业完成主营业务收入40707.96亿元，比上年增长9.6%，其中：农副食品加工业，饮料和精制茶制造业，纺织，化学原料和化学制品制造业，橡胶和塑料制品业，建材，钢铁，有色，金属制造业，通用设备制造业，汽车，电气机械制造业，电子设备制造业，电力等重点行业实现主营业务收入超千亿元。工业产品销售率为97.1%。全年全省工业企业实现利润2174.63元，增长5.9%，其中国有控股工业实现利润674.16亿元，增长7.8%。

建筑业发展步伐加快。全年全省资质以内建筑企业完成施工产值10059.59亿元，比上年增长18.8%；实现利润451.29亿元，增长18.7%;税金480.39亿元，增长15.7%。新开工房屋建筑施工面积3.01亿平方米，增长12.7%。

四、固定资产投资

2014年全省完成固定资产投资(不含农户)24303.05亿元，比上年增长20.4%，其中房地产开发投资完成3983.79亿元，增长21.2%，商品房销售面积5601.98万平方米，增长5.7%，实现商品房销售额3088.31亿元,增长10.7%。按产业划分,全省一、二、三次产业投资分别为536.01亿元、10733.09亿元和13033.94亿元，分别增长32.5%、16.8%、23.1%。全省338个在建重点建设项目全年完成投资2595.36亿元，占全部固定资产投资的比重为10.7%。

五、国内贸易

全年全省实现社会消费品零售总额11806.27亿元，比上年增长12.8%。分城乡看，城镇实现零售额9884.04亿元，增长12.7%；乡村实现零售额1922.23亿元，增长13.2%。其中，限额以上企业（单位）实现消费品零售额7644.28亿元，增长13.6%。

六、对外经济

全年全省实现外贸进出口总额430.64亿美元，比上年增长18.4%，其中：出口266.46亿美元，增长16.7%；进口164.18亿美元，增长21.2%。新批外商直接投资企业301个。全年实际使用外资79.28亿美元，增长15.1%。

七、交通运输、邮电通信和旅游

全年全省完成货物周转量5798.12亿吨公里，比上年增长15.1%；旅客周转量1458.24亿人公里，增长13.0%。

全省邮电业务总量720.35亿元，增长19.3%。长途光缆线路总长度达到3.03万公里；局用交换机达到1197.3万门；固定电话用户907.4万户；移动电话用户达到4606.8万户；全省电话普及率为94.8部/百人；计算机宽带互联网用户869.7万户。

全年全省国内旅游人数4.69亿人次，比上年增长15.5%；国内旅游收入3675.98亿元，增长17.4%。入境旅游人数277.07万人次，增长3.4%。国际旅游外汇收入12.39亿美元，增长1.6%。

八、财政、金融和保险

全年全省完成财政总收入4095.80亿元，比上年增长14.8%，其中地方公共财政预算收入2566.90亿元，增长17.1%。在地方公共财政预算收入中，税收收入1873.11亿元，增长16.7%。全年财政支出5008.85亿元，增长14.6%。

年末全省金融机构本外币各项存款余额36494.82亿元，比年初增加3591.99亿元。其中：个人存款17820.70亿元，增加1840.39亿元。金融机构各项贷款余额25289.82亿元，比年初增加3408.80亿元。其中：短期贷款8613.55亿元，增加779.18亿元；中长期贷款15517.22亿元，增加2388.62亿元。

全年保费收入700.23亿元，增长19.2%。其中，财产险公司实现保费收入219.37亿元，增长20.6%；人身险公司保费收入480.85亿元，增长18.6%。支付各类赔款及给付230.64亿元，增长22.9%，其中，财产险公司赔款110.29亿元，增长21.2%；人身险公司赔付120.35亿元，增长24.6%。

九、教育和科学技术

2014年末，全省普通高等教育招生40.03万人，在校生141.97万人，毕业生39.09万人；研究生招生3.97万人，在校研究生11.67万人，毕业生3.26万人；各类中等职业教育招生16.5万人，在校生46.6万人，毕业生18.2万人；普通高中招生29.53万人，在校生91.90万人，毕业生34.95万人；普通初中在校生137.59万人，小学在校生321.16万人，幼儿园在园幼儿153.82万人。

科学研究和技术开发取得新的成果。全年全省共登记重大科技成果1778项。其中，基础理论成果13项，应用技术成果1728项，软科学成果37项。全年共签订技术合同21969项，技术合同成交金额601.74亿元，合同金额比上年增长43.7%。

全省科学研究与实验发展(R & D)经费支出510亿元，增长15%，占全省生产总值的1.86%。全年安排"973"计划项目203项(课题)，经费2.02亿元，"863"计划项目100项(课题)，经费1.86亿元。全省围绕卫星导航、智能制造装备、生物基材料、生物育种、高技术服务业、移动互联网等领域，加大项目策划和争取力度，共争取国家高技术产业发展项目20个，安排国家资金4.48亿元。

全省具备向社会出具检测报告的产品质量监督检验机构有137个，获得总局批筹的国家产品质量监督检验中心27个。全省通过CNAL认可的检测/校准实验室128家。累计有10680家企业通过ISO9000体系认证；企业获得强制性认证证书9501张。法定计量技术机构有150个，强制检定计量器具145万台件。

全省天气雷达观测站点有14个，卫星云图接受站点17个。数字测震台网52个，地震台站3个。

十、文化、卫生和体育

2014年末，全省共有国有艺术表演团体86个，群艺馆、文化馆120个，公共图书馆112个，博物馆139个。电影放映管理机构89个，放映单位1543个。广播电台7座，电视台8座，广播电视台75座，有线电视用户1068.43万户。全年出版报纸19.05亿份，各类期刊2.92亿册，图书2.69亿册。

全省共有医疗卫生机构36089家，其中医院771家，基层医疗卫生机构34506家，专业公共卫生机构705家；全省共有卫生技术人员33.63万人，其中执业(助理)医师12.65万人，注册护士14.48万人；全省共有卫生机构床位31.87万张，其中医院床位22.24万张，社区卫生服务机构床位1.23万张，卫生院床位6.91万张。

全年全省运动健儿在国际比赛中共获得冠军58

项次、亚军 26 项次、季军 28 项次，其中奥运会项目最高水平比赛冠军 17 项次、亚军 5 项次、季军 1 项次；在各类全国比赛中，获冠军 48 项次、亚军 53 项次、第三名 69 项次，其中，全运会项目全国最高水平比赛中冠军 19 项次、亚军 15 项次、第三名 28 项次。全年销售体育彩票 40.87 亿元。

十一、人口、居民生活和社会保障

2014 年末，全省常住人口 5816 万人（指常住本省半年以上人口），其中：城镇 3237.8 万人，乡村 2578.2 万人。城镇化率达到 55.67 %。全年出生人口 68.88 万人，出生率为 11.86‰；死亡人口 40.42 万人，死亡率为 6.96‰，人口自然增长率为 4.9‰。

根据城乡一体化住户调查，全省居民人均可支配收入 18283 元，比上年增长 11.0%。按常住地分，城镇常住居民人均可支配收入 24852 元，比上年增长 9.6%；农村常住居民人均可支配收入 10849 元，比上年增长 11.9%。

社会保障进一步加强。年末全省参加城镇职工基本养老保险人数 1265.3 万人，比上年增加 46 万人，其中：在职职工 846.2 万人，离退休人员 419.1 万人；参加城乡居民基本养老保险人数 2231 万人。参加城镇职工基本医疗保险人数 933 万人，参加城镇居民基本医疗保险人数 1035 万人；参加工伤保险 576 万人；参加生育保险 480 万人；参加失业保险人数 521.4 万人，全年累计领取失业保险金人数 11.7 万人。

全年全省城镇居民最低生活保障对象 107 万人，农村居民最低生活保障人数 221.6 万人，国家抚恤、补助各类优抚对象 50 万人。社会福利事业不断发展。年末全省各类社会福利收养床位 25.6 万张，收养 18.4 万人，城镇社区服务设施共计 5100 个。全年销售社会福利彩票 89.26 亿元。

十二、节能降耗、资源环境

全省继续大力推进节能降耗工作，单位 GDP 能耗继续保持下降态势，可望完成年初确定下降 3% 的目标。

长江干流总体水质状况为优。监测的 7 个断面水质符合Ⅱ～Ⅲ类的比例为 71.4%。与上年相比，长江水质总体无明显变化。

全省累计已发现矿种 149 种，累计已查明资源储量的矿种 92 种。

全省自然保护区达到 69 个，其中国家级自然保护区 18 个；省级自然保护区 21 个，自然保护区面积 106.52 万公顷。

注： 本公报所列数据为初步统计数。

2014年荆州市国民经济和社会发展统计公报

Statistical Communique on National Economic and Social Development of Jingzhou City in 2014

荆州市统计局

2015年4月3日

2014年，面对复杂多变的国内外形势，市委、市政府坚持“稳中求进”的工作总基调和“竞进提质、升级增效”总要求，紧紧围绕“壮腰工程”战略，积极应对宏观经济下行压力，全市经济在新常态下运行总体保持平稳，呈现稳中有进、结构调优、质效提升、后劲增强的良好态势。

一、综合

据初步核算，2014年全市实现地区生产总值1480.49亿元，按可比价格计算，比上年增长9.8%。一、二、三产业协调发展，三次产业内部结构不断优化，第二、三产业成为全市经济增长的主要力量。其中，第一产业完成增加值347.00亿元，增长5.2%；第二产业完成增加值659.58亿元，增长10.9%；第三产业完成增加值473.91亿元，增长11.4%。三次产业结构为23.4 : 44.6 : 32.0；第一产业比重下降0.5个百分点，第二产业比重下降0.1个百分点，第三产业比重上升了0.6个百分点；三次产业对GDP增长的贡献分别为19.2%、43.5%和37.3%。

居民消费价格指数为102.1%，价格水平上涨2.1%。分类别看，食品类价格上涨2.2%，烟酒及用品类上涨1.5%，衣着类上涨1.2%，家庭设备及维修服务类上涨5.8%，医疗保健和个人用品类上涨0.9%，交通和通信工具类上涨2.2%，娱乐教育文化用品及服务类上涨4.8%居住类持平。工业生产者出厂价格下降1.5%，工业生产者购进价格下降1.0%。

全市城镇新增就业人数8.93万人，扶持创业6288人，带动就业2.4万人。全市城镇登记失业率控制在4.5%以内。

二、农业

农业生产全面发展。全市实现农林牧渔业总产值616.16亿元，比上年增长4.5%。其中：农业、林业、牧业和渔业总产值分别为262.74亿元、7.02亿元、142.40亿元和196.18亿元，分别比上年增长2.4 %、1.5%、4.0%和7.8%。

“粮增棉减”种植结构大调整。粮食实现“十一连增”，全年粮食播种面积608.41千公顷，比上年增加24.42千公顷，增加4.2%；粮食总产量400.02万吨，比上年增加13.96万吨，增长3.6%。油料产量62.33万吨，比上年减少0.42万吨，减少0.7%。蔬菜总产269.50万吨，比上年增加10.38万吨，增长4.0%。园林水果总产量47.52万吨，比上年增加2.64万吨，增长5.9%。因结构性调整和保护性收储政策取消，棉花播种面积减少，再加上不利气候的影响，全年棉花产量9.64万吨，比上年减4.24万吨，比上年减少30.5%。

畜牧业平稳增长。2014年全市生猪出栏513.58万头，比上年增长2.9 %；年末生猪存栏357.83万头，比上年减少5.0%。全年家禽出笼8000.00万只，比上年增加3.6%；年末家禽存笼7012.87万只，比上年增加2.2%；禽蛋产量19.55万吨，比上年增加5.0%。

水产生产保持良好发展态势。2014年，全市水产放养面积达245.17万亩，比上年增加6.16万亩，增2.6%；水产品产量为129.58万吨，比上年增7.18万吨，增5.9%。

三、工业和建筑业

工业经济稳定增长。全市规模以上工业企业达到1002家，规模以上工业企业增加值比上年增长11.1%。其中，轻工业增加值增长10.8%，重工业增加值增长11.5%。按所有制分，国有经济增加值增长2.7%，集体经济增加值下降0.2%，股份制经济（含私营经济）增加值增长12.8%，外商及港澳台投资经济增加值下降7.4%。高新技术产业规模不断扩大，完成增加值129.01亿元，比上年增长15.1%。规模以上工业企业完成出口交货值102.91亿元，比上年增长23.7%。工业用电需求放缓，全市工业用电量58.43亿千瓦时，比上年增长4.5%。

工业经济效益显着提高。全市规模以上工业企业主营业务收入1987.72亿元，比上年增长12.7%；实现利税179.08亿元，比上年增长11.6%，其中利润总额118.09亿元，比上年增长14.1%。分行业看，化工对利润的高速增长贡献最大，实现利润19.79亿元，比上年增长了40.8%。

建筑业稳步发展。全年资质以内建筑企业203家，完成施工产值227.9亿元，实现利润13亿元，税金10亿元。建筑单位新开工房屋建筑施工面积965万平方米，招投标承包面积1100万平方米。房屋建筑施工面积1656万平方米。

四、固定资产投资

固定资产投资保持较快增长，全年全社会固定资产投资1651.63亿元，比上年增长21.8%。其中：500万元以上项目完成投资（含房地产）1571.09亿元，比上年增长22.0%。按经济类型划分，国有及国有控股投资346.83亿元，增长16.2%；民间投资1205.68亿元，增长24.6%。按产业划分，第一产业投资44.33亿元，增长23.1%；第二产业投资703.71亿元，增长2.6%；第三产业投资823.04亿元，比上年增长45.5%。全市在建项目2399个，增长4.8%；其中，新开工项目1827个，增长0.3%。

房地产行业投资保持高速增长。全市房地产行业完成投资292.3亿元亿元，增长63.0%，其中90平方米以下的住宅完成投资41.71亿元，比上年增长215.4%。

基础设施建设加快。全市基础设施投资完成389.93亿元，比上年增长34.0%。其中：水利行业投资完成52.4亿元，增长243.7%；交通运输、仓储邮政业投资完成143.85亿元，增长16.6%；城市基础设施投资完成135.39亿元，增长57.9%。

重大项目建设全面推进。全市在建亿元以上重大项目581项，比上年增加129项，完成投资991.81亿元，增长29.1%，占投资总量的63.1%，比上年提高3.4个百分点。

五、国内外贸易和旅游

消费市场需求平稳增长。全年社会消费品零售总额831.44亿元，比上年增长13.3%。其中限额以上实现零售额404.77亿元，增长14.5%。分地区看，城镇市场实现零售额623.54亿元，增长13.4%；乡村市场实现零售额207.90亿元，增长10.5%。分行业看，批发业零售额 104.64亿元，增长15.3 %；零售业零售额630.42亿元，增长11.1 %；住宿业零售额4.89 亿元，增长13.5 %；餐饮业零售额91.52亿元，增长20.8 %。

出口持续增长。全市进出口总额16.51亿美元，比上年增长20.9%，其中，外贸出口12.96亿美元，比上年增长15.0%。实际外商直接投资额1.21亿美元，比上年增长12.0%。

旅游业保持增长。全市接待国内旅游2267.45万人次，增长22.5%；实现旅游总收入137.72亿元，增长24.1%。

六、交通和邮电

交通运输、邮电通信业平稳发展。全年完成货运量12512万吨，货物周转量402.35亿吨公里，分别比上年增长45.3%和3.8%。完成客运量9158万人，旅客周转量442622万人公里，分别增长6.7%和14.9%。邮电业务总量35.16亿元，比上年减少1.2%。全市固定电话总数63.03万部，比上年下降13.5%；移动电话386.41万部，比上年下降1.7%；国际互联网82.81万户，比上年增长9.9%。

七、财政、金融和保险业

财政收入稳步增长。全市全口径财政总收入133.81亿元，比上年增长18.2%。其中，地方公共财政预算收入88.17亿元，增长22.5%。全年税收收入111.20亿元，比上年增长17.5%，税收占财政收入的比重为83.1%。国税收入51.64亿元，比上年增长7.7%；地税收入59.65亿元，比上年增长27.6%。分税种看，增值税33.26亿元，营业税21.50亿元，企业所得税20.81亿元，个人所得税5.67亿元，分别增长1.9%、16.0%、29.4%和35.4%。

公共财政预算支出224.25亿元，增长17.6%。其中，教育43.24亿元，比上年增长29.7%；社会保障和就业44.03亿元，比上年增长39.9%；一般公共服务28.68亿元，比上年增长22.0%；医疗卫生25.08亿元，比上年增长2.6%。

货币信贷平稳增长。年末金融机构人民币存款余额1967.02亿元，比上年增长13.1%。其中单位存款余额564.56亿元，比年初增加50.98亿元；个人存款余额1350.68亿元，比年初增加164.25亿元。金融机构人民币贷款余额954.50亿元，比上年增长19.0%。从期限结构看：短期贷款472.69亿元，比年初增加55.92亿元；中长期贷款468.35亿元，比年初增加108.05亿元。金融机构存贷比为48.5，比上年提高2.4个百分点。

保险业快速发展。全市实现保费收入75.27亿元，比上年增长15.5%；各项赔付和给付支出19.47亿元，比上年增长23.1%。

八、教育、文化、卫生和科技事业

教育事业稳步发展。全市小学、普通中学招生人数分别为5.29万人、7.76万人，在校学生分别达到29.43万人和23.64万人，毕业生分别达到4.33万人和8.80万人。全市有中等职业教育学校21所，招生数为1.12万人，在校学生为2.92万人，毕业生1.27万人；高校8所，招生数3.07万人，在校学生11.18万人，毕业生3.15万人。

全市共有文化事业机构175个，从业人员1277人。艺术表演团体6个，艺术表演场所4个，公共图书馆8个，公共图书馆藏书量117.27万册。艺术馆、文化馆、乡镇文化站等群众文化事业机构134个。

卫生事业不断进步。全市2014年末有医疗卫生机构3270个，卫生机构人员数36627人，其中卫生技术人员26776人。全市拥有各类病床25035张。

科学研究取得新进展。全年共争取国家、省科技项目无偿资金达3395.5万元，全年共取得省部级以上科技计划量46项，其中国家级科技计划量6项，省级科技计划量40项。专利申请量达1569项，其中发明专利309项，实用新型897项，外观设计363项，企业专利602件。专利授权量984项。

九、人口、人民生活和社会保障

2014年，全市公安部门统计的户籍人口658.45万人。年末全市常住人口574.42万人（指常住本市半年以上人口），其中城镇人口为284.28万人，占总人口比重为49.5%。

城乡居民收入继续增加。全市城镇常住居民人均可支配收入达到23128元，比上年增加2065元，增长9.8%。农村常住居民人均可支配收入12625元，比上年增加1345元，增长11.9%。

居民耐用消费品拥有量不断增加，并逐步向高档化发展。2014年末，每百户农民拥有移动电话230部、彩电128台、电冰箱90台、摩托车79辆、电脑27台、微波炉14台。每百户城镇居民拥有家用电脑73台、移动电话215部、家用汽车12辆、空调器132台、热水器92台。

居民住宅面积不断扩大，生活条件明显改善。年末城镇居民人均拥有房屋面积49.21平方米。农村居民人均居住面积有所增加，住房结构质量不断提高，农民人均拥有房屋面积达到49.62平方米，比上年增加4.37平方米，农民生活质量稳步提高。

社会保障体系不断完善，民政福利事业稳步发展。全市社保基金收入55.61亿元，比上年增长1.5%。全市社会保险参保379.97万人次，城乡居民社会养老保险参保人数达到226.01万人，综合参保率达到99%。保障性住房基本建成1.9万套。全市人均养老金水平达到每月1566元。新建城镇社区居家养老服务中心25个、农村互助照料活动中心290个。中心城区低保标准每月430元，提高40元，农村低保标准每年2500元，提高600元。

注：

1.本公报数据为初步统计数。

2.地区生产总值、各产业增加值绝对数按现价计算，增长速度按可比价计算。

二、统计规范

Statistical Specifications

资料整理：曾庆峰

荆州市人民政府办公室关于规范和加强部门统计工作的通知

Circular of the Jingzhou Municipal People's Government Office on Issuing the basic statistical work standardization construction standard

荆政办发〔2015〕23号

各县、市、区人民政府，荆州开发区，荆州纪南生态文化旅游区，市政府各部门：

部门统计是政府统计的重要组成部分，也是国民经济核算资料的重要来源。为进一步提高全市部门统计工作水平，保障部门统计资料的真实性、准确性、完整性和及时性，充分发挥部门统计在宏观管理与决策中的作用，根据《省人民政府办公厅关于进一步加强和改进部门统计工作的通知》（鄂政办发〔2015〕27号）要求，经市政府同意，现就规范和加强部门统计工作通知如下：

一、夯实部门统计工作基础

（一）健全人员机构。各级政府工作部门要落实承担统计工作的机构，配备专职统计人员，并明确分管领导，指定统计负责人，履行部门统计职能。要严格执行统计人员持证上岗制度，保持统计人员相对稳定，调换统计人员要及时向政府统计机构备案。

（二）设置统计台账。各级政府工作部门要建立统计原始记录，规范统计台帐，确保数据来之有源、查之有据。统计数据要审核，统计报表要签字，统计资料要存档。

（三）推进信息化建设。各级政府工作部门要以政务网和互联网为依托，充分利用部门信息化资源，加快推进部门统计信息化建设。积极推行联网直报，逐步实现调查对象和调查人员通过网络直接报送原始数据、各级部门统计机构在线同步共享的工作模式。有效探索大数据和云计算等现代信息技术应用，加大部门电子化行政记录有效转化为统计信息的技术开发力度。

二、规范部门统计调查管理

（一）完善部门统计调查项目审批制度。部门拟订统计调查项目，调查对象属于本部门管辖系统内的，报本级政府统计机构备案；调查对象超出本部门管辖系统的，报本级政府统计机构审批。各级政府工作部门设立统计调查项目应本着“提高调查效率、减轻基层负担”的原则，充分征求有关方面意见，不得与政府统计机构设立的调查项目重复。

（二）健全部门统计数据质量控制体系。各级政府工作部门负责监督、检查本部门、本系统及行业管理范围内的统计数据质量，对本部门报出的统计资料的真实性、准确性和完整性负主体责任。同时，要建立原始数据核实核查制度和数据质量审核评估、分析制度，确保统计数据真实可信。

（三）依法依规公布部门统计调查数据。除依法应当保密的外，部门统计调查取得的统计数据原则上应按照统计调查制度规定公布。涉及全市综合性统计数据以及政府统计机构调查收集的统计资料，由政府统计机构对外公布，其他部门和单位不得擅自对外公布。各级政府工作部门拟公布的统计数据与政府统计机构数据有交叉重复的，应当与政府统计机构协商后，由部门对外公布。对于数据生产部门未对外公开公布的数据，数据使用部门对外公开公布前，应当征得数据生产部门同意。各级政府工作部门定期公布的统计数据，应当报送政府统计机构备案。

三、推进部门统计信息共享

（一）建好基本单位名录库。政府统计机构要会同机构编制、民政、税务、工商、质监等部门，充分利用法人单位信息资源库和有关部门名录信息，建立统一完整、不重不漏、信息真实、更新及时、互惠共享的统计基本单位名录库，并依据经济普查结果对统计基本单位名录库进行全面更新，依据常规统计调查资料和部门单位资料进行日常维护，确保单位信息真实准确。通过协议授权方式，实现各级统计基本单位名录库的信息部门间共享。各级政府工作部门要定期向本级政府统计机构提供本部门掌握的单位行政登记资料。

（二）促进信息资源共享。经信、财政、住建、交通、商务、税务、电力、邮政、电信、金融等与国民经济核算密切相关的部门和单位，要于每月10日前向政府统计机构提供包括国民经济核算、国民经济社会发展统计公报、统计年鉴、全面小康监测、政府宏观决策、经济社会发展分析所需要的基本统计资料。政府统计机构要及时向部门提供经济社会发展的宏观资料。需要保密的，数据使用部门应当按照保密规定使用。

四、加强部门统计工作领导

各级政府统计机构作为统计工作的主管部门，要切实履行法定职责，进一步加强对部门统计的业务指导、培训和规范，促进部门间沟通协调。各级政府工作部门要进一步提高认识，切实把统计工作摆到重要位置，提供必要保障，健全工作机制，组织领导和完成好本部门、本系统、本行业管理范围内的统计调查任务，不断提高部门统计能力和工作水平。

五、强化部门统计工作落实

（一）组织部门统计巡查。各级政府统计机构要对部门贯彻执行统计法规和统计制度等情况加强监督检查，建立对部门统计工作的巡查制度，适时开展巡查，及时帮助解决统计工作中存在的问题。

（二）开展部门统计考评。各级政府统计机构要制定对部门统计工作的考评办法，将其纳入对政府部门绩效考核范畴，促进部门统计工作全面协调发展。

2015年7月16日

三、大事记

Significant Dates in the History

资料整理：耿小平　马　丽

2014年荆州统计工作大事记

Significant Dates in the History of Jingzhou Municipal Bureau of Statistics in Year 2014

一月份

1月1日，荆州市第三次全国经济普查登记启动仪式在沙市区蓝特集团蓝特国际家居广场举行。荆州市第三次经济普查领导小组组长、市委常委、常务副市长吴方军，沙市区委副书记、区长刘辉萍，市统计局局长胡荆琳，沙市区第三次经济普查领导小组组长、区委常委、常务副区长刘忠诚出席启动仪式。

1月2日，省统计局局长李克勤在荆州市统计局局长胡荆琳陪同下，莅临公安检查指导第三次经济普查和县级规范化整体推进工作。

1月5日，局长胡荆琳、市局“三万”工作组组长李莉带领“三万”工作组迅速进驻石首市高陵镇红阳村。

1月7日，市统计局党组召开“为民务实清廉”主题民主生活会。局党组书记、局长胡荆琳主持会议并作个人对照检查发言，全体党组成员出席会议，市政协委员、副调研员李永乐及办公室、人事科、机关党委负责人列席会议。

1月13日，市综治检查考评第九组到我局进行检查并给予好评。

1月20日，市统计局召开2013年经济形势分析演讲会。

1月22日，市统计局党组书记、局长胡荆琳带领局党建工作队及部分党员代表，到局“转抓晒”活动和党建工作联系点荆州开发区联合街办孙家河社区，开展春节前走访慰问活动。

1月23日，市统计局党组书记、局长胡荆琳带领局机关部分党员干部代表，来到局“转抓晒”联系点、“三万”活动驻点村——石首市高陵镇红阳村，开展节前慰问送温暖活动。

1月27日下午，市委副书记、政法委书记、国家级荆州开发区工委书记施政，荆州开发区管委会主任罗清洋等一行6人到统计局调研，并看望节前坚持工作的统计局全体干部职工。

二月份

2月7日，马年第一个工作日，市统计局召开全局机关干部大会，认真学习贯彻落实省纪委、监察厅《关于落实中央八项规定精神和省六条意见2014第一次明查暗访发现问题的通报》、《湖北省党政机关厉行节约反对浪费条例实施办法的通知》等，安排部署2014年统计工作。

2月10日，政协荆州市第四届委员会第四次会议上，荆州市统计局李永乐撰写的《关于推进荆州市城乡一体化进程的建议》一文被民建荆州市委员会提交政协大会发言。

2月13日，《为了一个“实”字——记湖北荆州最美统计人、共产党员曾庆峰》，被《中国信息报》6版“统计导刊/动态”登载。

2月17日，在全省统计工作会议上，省统计局隆重举行首届湖北“最美统计人”授奖仪式，表彰了来自基层的10位优秀统计工作者，我局干部曾庆峰入选。

2月25-27日，省统计局副巡视员胡大华带领省经济普查督查组到荆州市检查指导工作。

三月份

3月9日，市委书记李新华，市委常委、常务副市长吴方军等到统计局调研指导工作，看望全局干部职工。李新华书记对全市统计系统近年来取得的成绩给予了充分肯定，对统计系统干部职工的辛勤工作表示感谢。

3月12日，市政府召开全市统计调查工作会议，学习贯彻落实全国、全省统计工作会议精神，学习传达市委书记李新华在统计局调研时的重要讲话，总结2013年全市统计工作，表彰2013年全市统计工作先进单位，研究部署安排2014年全市统计重点工作。市委常委、常务副市长吴方军出席会议并作重要讲话。市政府副秘书长范本源主持会议。

3月13日，市统计局教育实践活动领导小组办公室组织全局机关干部，集体观看了革命历史题材影片《周恩来的四个昼夜》。

3月17日，市统计局邀请市委党校副校长、调研员王远浩为全局党员干部进行党的群众路线教育实践活动专题辅导讲座。

3月14日–15日，省统计局综合处副处长付春晖一行4人到荆州调研一季度经济运行情况及全年经济发展走势。

3月19日晚，荆州市统计局在机关六楼会议室开展党的群众路线教育第二次“夜读原著”活动。

3月19–21日，由省统计局副巡视员胡大华带领省经济普查督查组到荆州市检查指导工作。

3月21日，市统计局召开全体干部职工大会，学习习近平总书记在河南兰考调研指导党的群众路线教育实践活动的重要讲话精神。

3月20日–21日，省统计局农村处袁良晖副处长在荆州调研春季农业生产情况，荆州调查监测分局局长李莉等陪同。

3月21日，市长李建明对《湖北省统计局局长就全面深化统计改革致市（州）政府负责人的一封信》作出批示：“请方军同志并市统计局阅。”市委常委、常务副市长吴方军批示：“请荆琳同志及市统计局全体干部认真学习贯彻省局意见要求，结合我市专项部署，进一步加大工作力度，努力提高统计工作水平，更好地为壮腰工程服务。”

3月28日，市统计局党组书记、局长胡荆琳为全体党员干部上党课，题为“德，党员之魂”。

四月份

4月2日，市统计局党组副书记、副局长陈玉良带领局机关“我是基层统计员”活动第二组到沙市区开展实地体验。

4月2日，胡荆琳局长带领局机关“我是基层统计员”活动第一组到荆州开发区实地调研，听取基层单位意见和诉求，帮助和指导基层解决难题。

4月9日，胡荆琳局长带领办公室、政法科一行3人到孙家河社区，深入基层开展联系群众、服务基层的系列活动，帮助社区建立统计室。

4月8日，市统计局举办党的群众路线教育实践活动主题演讲活动。

4月15日，市统计局荣获市绩效考核先进单位。

4月14日，胡荆琳局长带领市统计局“三万”工作组深入石首市高陵镇红阳村，视察“三万”活动和群众路线教育实践活动工作情况，检查惠民实事的落实。并带去“三万”活动帮扶资金和办公用品，为驻点村和帮带村建立村级统计室和网格化办公室。

4月18日，市统计局召开全市“两纲”监测会议。

4月24日上午，市委常委、副市长曹松率市商务局、工商局、税务局一行到市统计局调研。

4月25日，市局《贸易统计的现状、难点及改进建议》一文，被市委常委、副市长曹松签批：“所提建议很好，请锡发同志阅研，建立联席机制。”

4月28日，市统计局《投资增速逐月放缓 增长压力仍然较大》一文，被市委常委、副市长吴方军签批：“请转各县市区政府主要领导同志参阅。从一季度全市固定资产投资情况看，增幅放缓，压力增大，务必引起高度重视。

4月28日–29日，局机关党委组织全体干部职工开展“五一”文体比赛活动。

五月份

5月4日，市统计局《荆州市一季度GDP核算数据简析》被荆州市委常委、副市长曹松签批：“简约凝练，说理精到”。

5月4日，荆州市组织收看全省第三次全国经济普查非联网直报单位审核验收工作视频会议，会后召开全市视频会议，学习贯彻省局会议精神，安排部署全市非联网直报单位审核验收工作。

5 月 5 日，市政府召开全市商务工作会议，市委常委、副市长曹松到会并做了重要讲话。市统计局胡荆琳局长就现行的贸易统计的方法制度、存在问题和加强限上贸易数据质量作了发言。

5 月 6 日 -7 日，省局副局长蔡受清率省经济普查督导组到荆州市检查指导经济普查工作。

5 月 8 日，国家统计局内网“统计法制建设动态”刊载《荆州市局“多力并举”夯实统计法制工作》。

5 月 9 日，市局《贸易统计的现状、难点及改进建议》，被市长李建明批示：“所反映的问题值得高度重视，所提建议甚好。请方军、曹松同志认真阅研，进一步加强领导、协调和督办。”此件被列为市府领导批办件。

5 月 12 日，市统计局召开党组中心组（扩大）学习会议，学习贯彻习近平总书记关于第二批教育实践活动重要批示精神，对局机关查摆问题开展批评环节等工作进行安排。

5 月 15 日，市委组织部部务委员、市绩考办负责人陈东升一行 3 人到市统计局调研绩效考核工作。

5 月 16 日至 19 日，市局纪检组长许燕飞到松滋市、荆州区、沙市区进行三经普限下数据质量督办。

5 月 12 日、14 日，市局党组开展集中学习，学习贯彻习总书记关于教育实践活动重要指示和中央、省委教育实践会议精神，从四个方面对“学习教育、征求意见”第一环节工作开展“回头看”。

5 月 19 日至 29 日，市统计局分两期在市委党校举行乡镇统计干部业务培训。全市乡镇、街道办事处、国营农场统计干部和县市区统计局统计业务骨干人员 148 人参加了培训，市委常委、常务副市长吴方军出席开班仪式并作重要讲话。

5 月 21 日，市统计局召开乡镇（场、街办）统计干部代表座谈会，征求对市局领导班子成员及全市统计工作的意见和建议。

5 月 22 日，市政府组织召开全市服务业统计工作会议，研究部署全市服务业统计工作，推进服务业统计规范化。

5 月 28 日至 29 日，纪检组长许燕飞到江陵县、公安县进行三经普限下数据质量督办。

六月份

6 月 4 日，胡荆琳局长主持召开党组会暨教育实践活动领导小组会议，集体研究讨论班子对照检查材料，扎实推进教育实践活动第二环节各项工作。

6 月 10 日，市统计局被市委、市政府授予“2013 年度社会管理综合治理优胜单位”。

6 月 13 日，荆州市召开县市区统计局局长会议，传达全省市州统计局局长会议和李克勤局长讲话精神，通报全省经济普查检查情况，布置经济普查和迎接国家局检查等工作。

6 月 13 日，湖北唯思凌科装备制造有限公司向市统计局赠送锦旗，“服务企业显真情 办事认真见实效”，感谢市统计局为唯思凌科公司解积难办妥土地证。

6 月 18 日，局长胡荆琳主持组织召开 5 月份数据质量评估会议。

6 月 23 日，市统计局在全市规模以上企业启动统计诚信企业创建活动。

6 月 30 日，市统计局三万工作组被市委、市政府表彰为全市“万名干部进万村惠万民”活动先进派驻单位，李本华同志被表彰为先进个人。

七月份

7 月 2 日，市统计局常组召开党的群众路线教育实践活动专题民主生活会，全体班子成员联系工作实际进行对照检查，以整风精神开展批评与自我批评。市委第十四督导组全体成员到会督导。

7 月 3 日、4 日，省统计局副局长吴中志等一行 4 人到荆州调研上半年经济运行情况及全年经济发展走势调研，市统计局局长胡荆琳、副局长陈玉良、荆州开发区管委会领导等陪同调研。

7 月 9 日，市局《2013 年荆州市服务业发展报告》被市委副书记、市长李建明批示：“这份分析报告很好！一方面反映出我市服务业发展水平不高，另一方面统计数据与现实状况不符，不匹配，需要引起高度重视。市委常委、常务副市长吴方军签批“统计局要加强服务业统计基础工作。”

7月23日，农历大暑，市综治委员、局党组书记、局长胡荆琳到石首市高陵镇进行综治工作对接，开展调查研究和检查督办。

7月29日，荆州市统计局党组召开中心组学习会议，学习贯彻习近平总书记系列重要讲话精神。

7月31日，《上半年荆州市经济形势分析》和《上半年农村经济形势分析》，被市人大常委会主任易发新签批："这两篇形势分析，客观、求实、深刻，问题也找得准。可见，完成年初人代会确定的目标任务，有信心、有希望。"

八月份

8月5日，鄂州市统计局党组成员、监测分局副局长许晶桥率市、区、镇统计人员一行10人，到公安县就村、乡镇统计基础工作规范化建设进行了考察和交流，监测分局局长李莉陪同考察。

8月7日，召开局班子成员会议，局纪检监察、组织人事科、机关党委等部门参加，贯彻落实党风廉政建设"两个责任"。

8月12日，局长胡荆琳到松滋市调研和督办市政府办公室《关于印发统计基础工作规范化建设标准的通知》(荆政办发[2014]16号)和下半年统计重点工作。

8月14日下午，市委副书记、政法委书记、国家级荆州开发区党工委第一书记施政，荆州开发区管委会主任罗清洋等到市统计局调研。

8月14日，纪检组长许燕飞到江陵县督办调研统计基础工作规范化建设和下半年统计重点工作。

8月18日，市局《1-5月荆州市规模以上服务业运行情况》获市委常委、常务副市长吴方军签批"我市规模以上服务业企业统计工作要加强，数据质量要提高，这要作为今年工作的一个重点，务求取得实效。"

8月21日-22日，副局长陈建华到沙市区、开发区调研督办统计基础规范化建设工作暨政府办16号文件落实情况和下半年统计重点工作。

8月21至22日，副局长陈玉良带队到洪湖市检查督办市政府办公室《关于印发统计基础工作规范化建设标准的通知》(荆政办发[2014]16号)文件贯彻落实情况和下半年统计重点工作。

8月25日，省统计局召开"一套表"联网直报专项整治工作视频会议，荆州统计局迅速贯彻，全面开展联网直报专项整治工作。

8月26日，市统计局召开党的群众路线教育实践活动局领导班子专题民主生活会情况通报会。市统计局教育实践活动领导小组组长、局党组书记、局长胡荆琳主持会议并作情况通报。市委教育实践活动第十四督导组全体同志出席会议。

8月28日，副局长陈玉良到松滋市督办专项整治工作。

九月份

9月3日，《荆州市税收占GDP比重偏低原因分析》被市委书记李新华签批："请统计局把过去5年各地占比情况比较一下。"

9月19日，开展第五届"中国统计开放日"主题宣传："统计人 统计梦"。

9月24日，组织局机关离退休干部开展重阳节"迎省运，看荆州"活动。

9月25日，市统计局举办消防知识普及专题讲座，特邀湖北省楚安防火宣教中心优秀教员给全局机关干部讲课。

9月26日，市统计局邀请湖北省有突出贡献中青年专家、荆州市知名中医、荆州市中医院副院长、消化科专家严光俊教授，举办中医健康知识讲座。

十月份

10月16日，市统计局召开干部大会，传达学习中央、省、市党的群众路线教育活动总结大会精神。

10月17日，市统计局党组书记、局长胡荆琳带领党员干部到孙家河社区开展在职党员进社区活动，实现群众"微心愿"。

10月23日，市统计局召开党的群众路线教育实践活动总结大会，党组书记、局长胡荆琳作总结报告，市委第十四督导组参加会议。

十一月份

11 月 6 日 –7 日，副局长陈建华带领督办组，到监利县、江陵县调查点，现场督办人口变动入户登记工作。

11 月 12 日，市保密检查组组长张青一行四人到市统计局保密工作进行检查并给予好评。

11 月 20 日，市统计局邀请市委党校纪检组长方文发教授作专题辅导讲座《十八届四中全会精神解读》。

十二月份

12 月 4 日，全国法制宣传日，组织县市区统计部门集中开展统计法宣传活动，推进法制宣传教育工作的深入开展。

12 月 8 日，省统计局设管处处长盛少华率队对公安县进行县级整体推进规范化建设进行了达标检查验收，荆州调查监测分局局长李莉陪同。

12 月 12 日，荆州市局申报的《荆州现代服务业发展状况及增长潜力研究》为课题的统计科研项目通过了湖北省统计科研计划项目领导小组的严格评审，批准立项。

12 月 25 日，党组书记、局长胡荆琳带领局党建工作队到局“转抓晒”联系点、“三万”活动驻点村——石首市高陵镇红阳村，开展元旦节前慰问送温暖活动。

12 月份，荆州市经普办荣获“全国第三次经济普查先进集体”荣誉称号。

统计资料

Statistical Data

一、综　　合

General Survey

资料整理：李永乐　曾庆峰

周长征　潘红星

1-1 行 政 区 划

Divisions of Administrative Areas

单位：个

指　标	街道办事处	镇政府	乡政府	居民委员会	村民委员会
荆州市	13	89	13	363	2468
荆州区	3	7		34	122
沙市区	6	4	2	70	103
江陵县		7	2	20	199
松滋市		14	2	39	234
公安县		14	2	59	321
石首市	2	11	1	36	272
监利县		18	3	64	768
洪湖市	2	14	1	41	449

1-2 分县市区人口

Population by County

单位：万户、万人、‰

	总户数	户籍人口	常住人口（万人）	城镇人口	自然增长率
荆州市	204.83	658.45	574.42	284.28	5.12
荆州区	19.61	56.5	57.27	42.78	6.04
沙市区	19.23	54.76	65.08	55.51	4.64
江陵县	11.92	40.73	33.25	11.44	4.76
松滋市	28.37	84.58	77.36	35.12	3.50
公安县	33.11	104.20	89.99	37.62	3.39
石首市	21.51	65.80	57.64	25.42	4.09
监利县	41.96	158.39	107.93	41.26	6.54
洪湖市	28.88	93.46	85.90	35.13	6.94

注：总户数与户籍人口为公安部门提供。

1-3 国民经济主要指标
Main Indicators of National Economy

指　标	单　位	2010 年	2011 年	2012 年	2013 年	2014 年
行政区域土地面积	平方公里	14067	14067	14067	14067	14067
#耕地面积	千公顷	464.80	466.51	467.77	468.74	469.39
全市生产总值	亿元	837.1	1043.12	1196.02	1334.93	1480.49
第一产业	亿元	231.07	265.15	292.8	319.09	347.00
第二产业	亿元	325.33	448.83	522.54	596.20	659.58
#工业	亿元	293.27	407.41	475.34	539.84	594.54
建筑业	亿元	32.06	41.42	47.2	56.36	65.04
第三产业	亿元	280.7	329.14	380.68	419.64	473.91
人均生产总值	元	14707	18288	20912	23259	25774
就业人员	万人	306.61	325.87	341.47	362.79	395.32
第一产业	万人	123.24	120.07	116.43	114.15	117.58
第二产业	万人	66.72	74.7308	81.5791	88.93	92.99
第三产业	万人	116.65	131.0692	143.4609	159.71	184.75
在岗职工人数	万人	28.01	30.58	31.92	36.01	37.78
国有经济	万人	20.58	18.91	19.09	18.86	19.12
城镇集体经济	万人	0.9	1.35	1.43	0.93	1.02
其他单位	万人	6.53	10.33	11.41	16.22	17.64
在岗职工工资总额	亿元	68.89	86.35	99.08	129.27	156.16
国有经济	亿元	52.61	54.55	60.76	66.05	81.63
城镇集体经济	亿元	2.09	3.22	3.76	3.41	3.92
其他单位	亿元	14.19	28.59	34.57	59.83	70.61
全社会固定资产投资	亿元	600.93	773.71	1042.89	1287.40	1571.09
财政总收入	亿元	73.67	74.5	91.82	113.17	133.81
一般预算收入	亿元	27.6	44.33	56.76	71.95	88.17
地方财政支出	亿元	163.15	161.26	192.98	255.92	276.29
农村居民人均纯收入	元	6453	7664	8710	11280	12625
农村居民人均生活费总支出	元	3964	4989	6526	6671	7497
#: 食品支出	元	1788	2109	2616	2323	2458
城镇居民人均可支配收入	元	14708	16513	17010	21063	23128
城镇居民人均消费性支出	元	10583	11693	12026	12967	14172
#: 食品支出	元	4448	4912	5333	5120	5247
乡村劳动力	万人	226.28	228.66	230.97	235.37	240.36

1-3 续表1

指 标	单 位	2010年	2011年	2012年	2013年	2014年
#: 农林牧渔业	万人	108.63	107.55	104.23	101.16	100.68
农林牧渔业总产值	亿元	423.79	484.2	534.97	578.34	616.16
农业机械总动力	万千瓦	445.69	475.87	511.63	556.84	590.76
化肥使用量(折纯量)	万吨	37.37	38.13	35.80	36.0	35.8
农村用电量	亿千瓦小时	12.18	131176	13.84	14.87	15.86
有效灌溉面积	千公顷	405.51	411.03	414.93	416.46	419.31
总播种面积	千公顷	1032.52	1043.22	1067.28	1078.55	1087.6
#: 粮食作物	千公顷	539.45	547.05	574.75	583.99	608.41
粮食产量	万吨	375.55	363.05	371.06	386.06	400.02
棉花产量	万吨	13.76	148581	153600	138766	96354
油料产量	万吨	54.78	55.82	57.55	62.75	62.33
蔬菜产量	万吨	226.14	235.27	246.90	259.12	269.50
水果产量	万吨	33.75	34.52	36.29	108.55	114.74
肉类产量	万吨	45.05	46.00	48.46	50.99	52.37
禽蛋产量	万吨	15.79	17.40	17.64	18.62	19.55
水产品产量	万吨	104.30	108	115.69	122.40	129.58
规模以上工业企业单位数	个	1269	713	846	999	1149
规模以上工业总产值	亿元	897.57	1182.36	1519.88	1897.32	2183.50
规模以上工业企业资产总计	亿元	667.38	709.39	855.52	1149.03	1364.50
规模以上工业企业负债合计	亿元	366	392.79	450.07	597.07	635.27
规模以上工业企业产品销售收入	亿元	854.48	1098.4	1411.77	1769.63	2050.06
规模以上工业企业利润总额	亿元	56.53	59.33	75.65	119.01	127.09
建筑企业单位数	个	177	180	187	203	210
建筑业总产值	亿元	112.46	134.42	156.01	185.99	227.89
房屋建筑施工面积	万平方米	1014.68	1188.48	1291.43	1495.25	1655.66
房屋建筑竣工面积	万平方米	581.72	673.66	736.9	776.19	622.88
公路里程	公里	18685	19204	19658	20307	20982
#: 等级公路	公里	17588	18294	18807	19584	20332
民用汽车拥有量	辆	136716	161474	185147	263737	262448
邮电业务收入	亿元	28.11	29.12	32.71	35.6	35.15
本地电话用户	万户	80.00	74.31	72.7	73.32	63.03
移动电话用户	万户	320.03	354.96	372.80	393.3	386.41

1-3 续表2

指 标	单 位	2010 年	2011 年	2012 年	2013 年	2014 年
社会消费品零售总额	亿元	471.08	595.66	650.54	738.26	831.44
金融机构存款	亿元	1036.14	1222.63	1458.94	1738.71	1967.02
# 居民储蓄存款余额	亿元	719.69	848.58	1005.76	1180.67	1345.24
金融机构贷款	亿元	461.07	546.07	646.42	802.18	954.50
#: 短期贷款	亿元		258..66	323.57	416.77	472.69
中长期贷款	亿元		270.36	305.81	360.29	468.35
幼儿园数	所	392	394	439	451	483
入园儿童数	万人	10.96	13.44	13.08	13.87	14.06
小学学校数	所	509	489	458	392	395
小学专任教师数	万人	1.55	1.39	1.34	1.4	1.42
小学在校学生数	万人	37.09	36.25	32.52	31.78	29.43
普通中学学校数	所	259	257	256	247	241
普通中学专任教师数	万人	2.27	2.33	2.22	21895	2.15
普通中学在校学生数	万人	35.01	32.85	27.73	25.6	23.64
普通中学招生数	万人	10.81	10.3	8.7	8.45	7.76
普通中学毕业生数	万人	13.8	12.62	11.45	9.69	8.78
普通高等学校数	所	9	8	8	8	8
普通高等学校专任教师数	人	4937	4593	4653	4555	4499
普通高等学校在校学生数	万人	11.8	11.1	11.4	11.35	11.18
普通高等学校招生数	万人	3.33	3.49	3.36	3.2	3.07
普通高等学校毕业生数	万人	3.27	3.42	3.07	3	3.15
公共图书馆	个	8	8	8	8	8
公共图书馆藏书量	万册	106	111	112	115	117
卫生机构数	个	590	3242	3244	3304	3270
# 医院	个				48	49
卫生机构床位数	张	15918	17625	20569	23447	25035
# 医院	张				15584	17003
卫生机构人员数	人	24798	32551	34078	35437	36627
卫生机构、卫生技术人员	人	20369	23051	24501	25889	26776
#: 医生	人	7146	8683	9154	9692	10207
注册护师、护士	人	7228	8261	9076	9914	10584

1-4 县市区国民经济基本情况

Basic Statistics on National Economy by County

指　标	单　位	荆州区	沙市区	江陵县	松滋市
土地面积	平方公里	1045.8	469	1047.81	2177
常住人口	万人	57.27	65.08	33.25	77.36
城镇人口	万人	42.78	55.51	11.44	35.12
乡村人口	万人	14.49	9.57	21.81	42.24
年底总人口	万人	56.51	54.76	40.73	84.58
男	万人	28.27	27.20	20.53	42.74
女	万人	28.24	27.56	20.20	41.84
出生人口	人	4832	4434	4172	7267
死亡人口	人	5312	3846	5165	4610
年底总户数	万户	19.85	19.23	11.92	28.37
地区生产总值	亿元	216.71	277.33	62.21	200.81
第一产业	亿元	34.64	16.23	20.97	39.01
第二产业	亿元	109.04	155.94	21.15	97.67
#工业	亿元	103.7	142.48	17.39	85.08
第三产业	亿元	73.03	105.17	20.10	64.13
人均地区生产总值	元	37958	54949	18711	25958
地区生产总值指数	上年=100	110.3	110.4	110.2	110.5
第一产业	上年=100	105.4	104.4	105.5	104.2
第二产业	上年=100	110.0	110.8	113.0	110.6
#工业	上年=100	110.8	110.8	111.4	111.4
第三产业	上年=100	111.3	110.8	112.7	113.8
人均地区生产总值指数	上年=100	109.4	109.8	110.2	110.5
城镇登记失业率	%	4.09		3.7	4.0
城镇单位就业人数	万人	5.39	9.30	2.55	4.40
城镇单位就业人员平均工资	元	37066	43030	33147	40577
固定资产投资（不含农户）	亿元	265.08	210.99	57.68	203.89
#房地产开发	亿元	6.11	39.50	6.51	9.12
商品房销售额	亿元	5.61	11.45	2.17	9.57
#住宅	亿元	4.57		1.77	7.67
商品房销售面积	万平方米	12.30	25.39	7.49	20.43

1-4 续表1

指 标	单 位	公安县	石首市	监利县	洪湖市
土地面积	平方公里	2257	1427	3460	2519
常住人口	万人	89.99	57.64	107.93	85.89
城镇人口	万人	37.62	25.42	41.26	35.13
乡村人口	万人	52.37	32.22	66.67	50.76
年底总人口	万人	104.20	65.80	158.39	93.46
男	万人	50.88	33.37	83.06	49.57
女	万人	53.32	32.44	75.33	43.89
出生人口	人	8698	6043	18785	11429
死亡人口	人	4649	3739	8422	4222
年底总户数	万户	33.11	21.51	41.96	28.88
地区生产总值	亿元	194.89	136.29	214.78	182.42
第一产业	亿元	59.15	32.68	87.38	56.94
第二产业	亿元	83.99	60.49	68.12	63.79
#工业	亿元	77.46	56.99	62.28	53.31
第三产业	亿元	51.75	43.11	59.28	61.69
人均地区生产总值	元	21657	23868	19900	21363
地区生产总值指数	上年=100	110.1	110.3	109.0	110.1
第一产业	上年=100	105.3	105.5	105.3	105.4
第二产业	上年=100	111.6	110.9	111.9	111.2
#工业	上年=100	110.8	110.7	110.9	110.7
第三产业	上年=100	113	112.9	111.1	114
人均地区生产总值指数	上年=100	110.1	109.7	112.2	110.9
城镇登记失业率	%	4.0	3.5	4.2	3.9
城镇单位就业人数	万人	5.57	2.91	4.08	4.77
城镇单位就业人员平均工资	元	41977	38908	35362	34298
固定资产投资（不含农户）	亿元	219.48	143.06	154.72	128.52
#房地产开发	亿元	7.52	6.70	12.43	9.17
商品房销售额	亿元	5.67	4.69	8.6	8.48
#住宅	亿元	4.92	4.66	7.51	7.60
商品房销售面积	万平方米	16.05	12.50	24.92	27.13

1-4　续表2

指　标	单　位	荆州区	沙市区	江陵县	松滋市
#住宅	万平方米	10.2		6.55	19.35
财政总收入	亿元	19.9	28.50	3.54	18.81
公共财政预算收入	亿元	13.2	18.29	2.44	10.80
#税收收入	亿元	11.1	16.91	1.60	7.27
公共财政预算支出	亿元	23.02	15.46	7.68	54.22
农村居民人均可支配收入	元	14158	14232	11258	12678
农村居民人均消费支出	元	8055		7089	7466
城镇居民人均可支配收入	元	25846	25995	20644	21995
城镇居民人均消费支出	元	16376		11612.84	13334
农村人均住房面积	平方米	55.8		45	52.67
城镇人均住房建筑面积	平方米	50.39		30	38.5
乡村户数	万户	7.38	3.02	6.54	17.94
常用耕地面积	千公顷	53	12.36	37.99	59.63
农业机械总动力	万千瓦	34.6		50.88	68.20
化肥使用量(折纯量)	万吨	11.36	1.27	13.50	5.30
农村用电量	亿千瓦小时	16626	9742.4	1.22	2.41
有效灌溉面积	千公顷	32.07	12.36	33.49	48.11
农作物总播种面积	千公顷	85.79	29.26	82.94	139.40
#粮食作物	千公顷	45.66	15.96	49.21	72.93
粮食产量	万吨	22.77	7.53	28.63	35.65
棉花产量	吨	7130	3522	7068	11200
油料产量	万吨	5.63	0.86	7.49	7.41
水产品产量	吨	131840	59986	33522	37518
规模以上工业企业单位数	个	166	123	66	143
工业总产值	亿元	337.27	218.31	76.13	293.20
#轻工业	亿元	104.67	83.48	55.51	200.64
重工业	亿元	232.6	134.84	20.62	92.56
农产品加工业产值	亿元	173.23		53.44	173.01
高新技术产业增加值	亿元	17.88		5.32	17.75
建筑业总产值	亿元	35.96		15.85	39.54

1-4 续表3

指 标	单 位	公安县	石首市	监利县	洪湖市
#住宅	万平方米	14.74	12.43	23.39	25.94
财政总收入	亿元	12.34	18.28	7.49	8.94
公共财政预算收入	亿元	9.20	9.65	5.42	6.62
#税收收入	亿元	6.22	7.76	4.58	4.77
公共财政预算支出	亿元	13.50	23.04	33.44	23.77
农村居民人均可支配收入	元	13182	12476	12308	12364
农村居民人均消费支出	元	7871.13	7713	7224	7296
城镇居民人均可支配收入	元	21991	21621	20609	21413
城镇居民人均消费支出	元	13518	13443	11957	12474
农村人均住房面积	平方米	53.9	31.40	45.23	—
城镇人均住房建筑面积	平方米	35.86	41.63	35.15	—
乡村户数	万户	18.64	11.68	25.65	17.12
常用耕地面积	千公顷	80.38	42.07	137.7	64.19
农业机械总动力	万千瓦	81.569	50.47	156.01	111
化肥使用量(折纯量)	万吨	27.42	2.79	8.23	5.19
农村用电量	亿千瓦小时	2.76	1.17	3.22	2.18
有效灌溉面积	千公顷	78.57	38.22	112.22	64.19
农作物总播种面积	千公顷	184.08	97.15	313.26	155.9
#粮食作物	千公顷	100.56	42.94	186.95	93.87
粮食产量	万吨	67.12	23.22	143.59	71.33
棉花产量	吨	29800	13841	16787	6798
油料产量	万吨	12.44	7.13	12.15	9.01
水产品产量	吨	147600	135767	293017	455082
规模以上工业企业单位数	个	126	135	101	116
工业总产值	亿元	285.85	239.12	229.95	222.78
#轻工业	亿元	154.25	90.51	200.62	152.02
重工业	亿元	131.60	148.61	29.33	70.76
农产品加工业产值	亿元	138.28	87.31	210.77	152.90
高新技术产业增加值	亿元	17.67	11.99	8.90	16.02
建筑业总产值	亿元	29.77	12.13	5.06	22.30

1-4 续表4

指　标	单　位	荆州区	沙市区	江陵县	松滋市
房屋建筑施工面积	万平方米	235.22		68.66	167.9
房屋建筑竣工面积	万平方米	125.58		68.16	141.8
公路里程	公里	1778.89	1197	1719.50	3166
#等级公路	公里	1747.7	1197	1557.70	3155
民用汽车拥有量	辆	28145		16486	34485
邮政业务总量	亿元			0.25	0.87
电信业务总量	亿元			0.34	3.55
固定电话用户	万户			5.46	8.21
移动电话用户	万户			20.57	47.59
互联网宽带接入用户数	万户			3.58	8.63
社会消费品零售总额	亿元	116.43	180.01	34.64	106.39
批发和零售业商品销售额	亿元	39.47		3.04	46.36
住宿和餐饮业营业额	亿元	1.79		0.41	2.32
外商直接投资实际使用额	万美元	1258		360	439
招商引资总额	亿元	164.04		51.17	93.52
金融机构本外币存款	亿元			83.2	249.67
金融机构本外币贷款	亿元			36.48	83.96
在园儿童数	人	11759	8194	8339	16317
普通小学在校学生数	人	16979	22031	17799	31650
普通中学在校学生数	人	18965	15006	8963	25584
公共图书馆	个	1		1	1
卫生机构数	个	12	401	18	374
卫生机构床位数	张	1317	220	1195	2476
卫生机构人员数	人	2386	4492	2203	3862
社会保险参保率	%	100		99.35	94.66
工业用电量	亿千瓦时	6.45		3.6565	6.20
单位 GDP 能耗降低率	%	3.91		3.92	–6.32
生产安全事故起数	起	1		22	57
生产安全事故死亡人数	人	1		11	27

1-4　续表5

指　标	单　位	公安县	石首市	监利县	洪湖市
房屋建筑施工面积	万平方米	217.91	39.63	21.47	146.38
房屋建筑竣工面积	万平方米	107.99	39.63	19.61	100.82
公路里程	公里	3120	2357	4594	3057
#等级公路	公里	3120	2357	4194	3012
民用汽车拥有量	辆	31156	16233	19328	12711
邮政业务总量	亿元	0.77	0.46	0.57	0.59
电信业务总量	亿元	4.01	2.31	4.15	3.33
固定电话用户	万户	8.06	2.93	6.5	7.99
移动电话用户	万户	54.14	30.31	60.3	44.9
互联网宽带接入用户数	万户	9.60	5.88	7.54	8.27
社会消费品零售总额	亿元	112.53	86.06	112.16	93.27
批发和零售业商品销售额	亿元	91.94	33.61	10.83	35.72
住宿和餐饮业营业额	亿元	20.59	8.00	0.49	3.6
外商直接投资实际使用额	万美元		1020		4643
招商引资总额	亿元	104.94	81.43	98.49	88.44
金融机构本外币存款	亿元	239.24	183.61	252.74	171.84
金融机构本外币贷款	亿元	81.60	55.70	100.13	98.55
在园儿童数	人	19684	13347	37916	20670
普通小学在校学生数	人	38136	25786	90785	41013
普通中学在校学生数	人	33688	22577	56289	31030
公共图书馆	个	17	1	1	1
卫生机构数	个	488	26	838	500
卫生机构床位数	张	3651	2245	3970	2292
卫生机构人员数	人	4502	3320	6770	4626
社会保险参保率	%	99.8	100.00	99.98	93.94
工业用电量	亿千瓦时	7.76	5.64	4.90	2.21
单位 GDP 能耗降低率	%	-3.55	4.75	3.95	4.56
生产安全事故起数	起	71	1	98	1
生产安全事故死亡人数	人	1	1	19	6

1–5 全省市（州）国民经济主要指标

Basic Statistics on National Economy by Cities and Prefectures

指　标	单　位	武汉	黄石	十堰	宜昌	襄阳
土地面积	平方公里	8494	4586	23680	21084	19724
常住人口(万人)	万人	1033.80	244.92	337.27	410.45	560.02
当年出生人口	人	100784	54422	46607	36610	73455
当年死亡人口	(人)	41007	10224	23689	27748	69518
人口密度	人/平方公里	1217.09	534.06	142.43	194.67	283.93
年末单位从业人数	人	2023435	333700	624000	877800	666900
第一产业	人	3571	1400	7100	3400	3800
第二产业	人	1039720	208900	313700	488100	353000
第三产业	人	980144	123400	303200	386300	310100
#城镇私营和个体人数	人	2155600	362300	682714	1876500	649111
地区生产总值	亿元	10069.48	1218.56	1200.82	3132.21	3129.26
第一产业	亿元	350.06	105.03	151.19	351.56	401.60
第二产业	亿元	4785.66	723.45	610.13	1857.56	1804.65
第三产业	亿元	4933.76	390.08	439.50	923.09	923.01
人均地区生产总值	元	98000	49796	35604	76369	55924
固定资产投资	亿元	6962.53	1149.50	1040.32	2471.04	2448.29
房地产开发投资	亿元	2353.63	115.77	90.80	194.60	330.94
#住宅	亿元	1560.55	78.12	59.71	152.20	221.86
新增固定资产	亿元	2584.92	835.43	620.56	1888.71	1342.16
商品房屋销售建筑面积	万平方米	2273.16	205.16	145.13	477.88	578.16
#住宅	万平方米	1978.96	196.24	133.83	439.28	474.67
工业企业单位数	个	2442	730	973	1464	1773
主营业务收入	亿元	11265.31	2602.74	1703.76	4738.59	4691.00
利润总额	亿元	468.17	95.63	157.39	415.24	480.40
工业总产值(当年价)	亿元	11947.87	2190.61	1871.07	4970.41	5120.40
内资企业	亿元	8378.84	1734.37	1322.02	4594.30	4600.20
外商港澳台投资企业	亿元	3569.03	456.24	549.05	376.11	520.20
#国有企业	亿元	2412.05	2.68	26.87	274.56	14.90
公共财政收入	亿元	1101.02	89.38	85.77	271.52	249.23
#各项税收	亿元	906.76	63.75	65.03	181.51	177.55
公共财政支出	亿元	1175.10	167.14	258.17	442.82	437.93
#社会保障和就业支出	亿元	166.47	28.96	39.72	42.36	59.74
#城乡社区事务支出	亿元	144.22	9.76	8.32	34.03	29.95
年末金融机构人民币各项存款余额	亿元	16268.71	1245.52	1651.80	2583.25	2483.96

1-5 续表1

指　标	单　位	鄂州	荆门	孝感	荆州
土地面积	平方公里	1596	12404	8910	14067
常住人口(万人)	万人	105.88	288.91	486.13	574.42
当年出生人口	人	13524	30356	67021	71342
当年死亡人口	(人)	5588	14015	27190	50900
人口密度	人/平方公里	663.41	232.92	545.60	408.35
年末单位从业人数	人	208196	382962	806182	432695
第一产业	人	95	6998	8019	14839
第二产业	人	141631	211991	470744	199096
第三产业	人	66470	163973	327419	218760
#城镇私营和个体人数	人	101033	369910	644877	967800
地区生产总值	亿元	686.64	1310.59	1354.72	1480.49
第一产业	亿元	81.15	198.11	252.17	347.00
第二产业	亿元	407.19	706.52	664.36	659.58
第三产业	亿元	198.30	405.96	438.19	473.91
人均地区生产总值	元	64851	45378	27891	25774
固定资产投资	亿元	687.08	1190.15	1482.93	1571.09
房地产开发投资	亿元	19.91	123.98	136.35	134.17
#住宅	亿元	15.55	83.53	111.61	112.48
新增固定资产	亿元	303.30	928.71	1171.18	1025.19
商品房屋销售建筑面积	万平方米	57.35	217.29	245.06	162.50
#住宅	万平方米	55.55	200.47	237.81	150.93
工业企业单位数	个	492	1097	1242	1149
主营业务收入	亿元	1304.37	2851.63	2349.43	2050.06
利润总额	亿元	38.57	138.23	114.52	127.09
工业总产值(当年价)	亿元	1362.38	2925.13	2438.71	2183.50
内资企业	亿元	1254.10	2765.59	2237.89	2032.31
外商港澳台投资企业	亿元	108.28	159.54	200.82	151.19
#国有企业	亿元	89.28	2.95	8.73	38.13
公共财政收入	亿元	42.74	69.82	107.32	88.17
#各项税收	亿元	28.41	49.76	69.15	65.56
公共财政支出	亿元	75.61	178.96	253.18	276.29
#社会保障和就业支出	亿元	8.42	25.07	38.09	50.97
#城乡社区事务支出	亿元	9.34	9.18	10.67	7.79
年末金融机构人民币各项存款余额	亿元	449.20	1257.01	1613.55	1967.02

1-5 续表2

指 标	单 位	黄冈	咸宁	随州
土地面积	平方公里	17457	10049	9636
常住人口(万人)	万人	626.25	248.92	218.38
当年出生人口	人	107984	52889	32715
当年死亡人口	(人)	34126	15121	9507
人口密度	人/平方公里	358.74	247.71	226.63
年末单位从业人数	人	656600	234783	144160
第一产业	人	22000	658	650
第二产业	人	382800	95520	69500
第三产业	人	251800	138605	74010
#城镇私营和个体人数	人	170506	226300	543671
地区生产总值	亿元	1459.15	964.25	723.45
第一产业	亿元	357.12	172.03	130.09
第二产业	亿元	586.10	476.59	350.56
第三产业	亿元	515.93	315.63	242.80
人均地区生产总值	元	23128	38770	33156
固定资产投资	亿元	1657.59	1148.75	768.81
房地产开发投资	亿元	174.27	109.14	33.98
#住宅	亿元	135.50	82.96	25.99
新增固定资产	亿元	1165.96	805.02	628.28
商品房屋销售建筑面积	万平方米	432.70	299.16	98.96
#住宅	万平方米	406.80	263.15	94.57
工业企业单位数	个	1413	896	679
主营业务收入	亿元	1525.63	1577.22	1190.90
利润总额	亿元	83.68	106.24	80.76
工业总产值(当年价)	亿元	1757.46	1701.34	1237.47
内资企业	亿元	1635.79	1537.15	1159.87
外商港澳台投资企业	亿元	121.67	164.19	77.60
#国有企业	亿元	10.10	2.58	16.30
公共财政收入	亿元	96.04	70.76	36.68
#各项税收	亿元	64.70	48.99	27.02
公共财政支出	亿元	345.40	178.08	103.71
#社会保障和就业支出	亿元	52.59	20.64	16.44
#城乡社区事务支出	亿元	8.19	5.60	3.21
年末金融机构人民币各项存款余额	亿元	1994.05	891.72	845.87

1-5 续表3

指　标	单　位	武汉	黄石	十堰	宜昌	襄阳
#居民储蓄存款	亿元	5352.13	661.03	894.42	1323.07	1541.39
年末金融机构人民币各项贷款余额	亿元	14463.40	838.96	882.21	1967.51	1507.60
社会消费品零售总额	亿元	4369.32	519.70	548.65	964.53	1030.57
进出口总额	亿美元	264.29	28.55	5.66	26.97	11.70
进口	亿美元	126.38	14.08	0.24	4.41	6.23
出口	亿美元	137.91	14.47	5.41	22.56	5.46
当年实际使用外资金额	亿美元	61.99	5.50	1.80	3.12	5.69
邮电业务收入(全市)	亿元	185.28	21.78	21.71	31.13	30.76
固定电话	万户	255.00	38.70	49.00	57.50	61.90
移动电话	万户	1644.00	233.64	301.00	384.24	441.90
国际互联网	万户	390.00	42.85	63.00	72.00	47.80
全年用电量	亿千瓦小时	445.22	110.41	86.56	216.51	126.28
#城乡居民生活用电	亿千瓦小时	76.26	11.65	12.65	18.26	21.78
工业废水排放量	万吨	17097	5812	2112	17763	8412
工业二氧化硫排放量	万吨	8.5	6.6	1.8	7.2	3.7
工业固体废物综合利用率	%	98.7	93.4	39.8	62.9	97.7
污水处理厂集中处理率	%	93.0	90.6	90.8	90.7	75.9
生活垃圾无害化处理率	%	100.0	100.0	100.0	92.9	99.1
全体居民人均可支配收入	元	29627	19358	14350	18683	18554
城镇常住居民人均可支配收入	元	33270	25208	22143	25025	25863
农村常住居民人均可支配收入	元	16160	10957	7046	11837	12534
城镇常住居民人均消费性支出	元	22002	15459	12508	15516	15433
#医疗保健	元	1445	1123	832	1319	1469
#交通和通讯	元	2264	1605	1765	1771	1360
#娱乐、教育、文化服务	元	2130	1982	1404	1552	1722
#居住	元	5669	2443	2160	3674	2495
人均住房建筑面积	平方米	35.8	32.4	32.8	47.7	53.7
市辖区居民消费价格指数	上年=100	101.9	102.2	101.5	102.2	101.5
高等学校在校学生数	万人	96.21	3.69	4.97	5.92	5.26
从事科技活动人员数	人	0.00	13267	14476	27818	29721
公共图书馆图书总藏量	万册	1274.62	128.50	118.60	207.52	174.05
医院、卫生院数	个	266	74	173	170	211
医院、卫生院床位数	万张	6.42	1.26	2.51	2.31	2.86
执业(助理)医师	万人	2.95	0.50	0.87	0.98	1.14

1-5 续表4

指 标	单 位	鄂州	荆门	孝感	荆州
#居民储蓄存款	亿元	267.60	836.25	1083.16	1345.24
年末金融机构人民币各项贷款余额	亿元	303.51	653.25	785.56	954.50
社会消费品零售总额	亿元	230.28	451.78	689.33	831.44
进出口总额	亿美元	5.19	9.67	11.96	16.51
进口	亿美元	3.15	1.99	2.57	3.55
出口	亿美元	2.04	7.68	9.39	12.96
当年实际使用外资金额	亿美元	2.11	2.96	3.11	1.22
邮电业务收入(全市)	亿元	10.19	19.48	24.82	35.15
固定电话	万户	22.39	36.25	47.48	63.03
移动电话	万户	100.23	212.28	307.77	386.41
国际互联网	万户	17.24	34.68	44.39	82.81
全年用电量	亿千瓦小时	64.10	82.71	105.70	98.37
#城乡居民生活用电	亿千瓦小时	5.06	10.75	18.31	22.64
工业废水排放量	万吨	1710	3825	4900	9923
工业二氧化硫排放量	万吨	3.3	3.5	4.0	4.7
工业固体废物综合利用率	%	88.8	91.1	61.8	38.2
污水处理厂集中处理率	%	82.0	84.9	80.9	88.4
生活垃圾无害化处理率	%	100.0	100.0	77.6	42.0
全体居民人均可支配收入	元	18773	18851	17305	17294
城镇常住居民人均可支配收入	元	22763	26498	22912	25930
农村常住居民人均可支配收入	元	12692	13481	11597	12625
城镇常住居民人均消费性支出	元	14545	19669	15380	15484
#医疗保健	元	1396	1542	946	1076
#交通和通讯	元	1107	1875	1395	1655
#娱乐、教育、文化服务	元	1177	1956	1663	1725
#居住	元	2321	4215	1540	1821
人均住房建筑面积	平方米	53.5	43.1	40.8	45.0
市辖区居民消费价格指数	上年=100	102.1	101.9	102.0	102.1
高等学校在校学生数	万人	1.48	2.04	3.92	11.18
从事科技活动人员数	人	3213	7255	58116	10082
公共图书馆图书总藏量	万册	41.00	114.10	81.00	117.20
医院、卫生院数	个	464	102	159	167
医院、卫生院床位数	万张	0.51	1.45	1.71	2.32
执业(助理)医师	万人	0.18	0.67	0.78	1.02

1-5 续表5

指 标	单 位	黄冈	咸宁	随州
#居民储蓄存款	亿元	1404.99	516.34	585.73
年末金融机构人民币各项贷款余额	亿元	811.10	533.30	396.58
社会消费品零售总额	亿元	715.65	361.77	354.37
进出口总额	亿美元	6.12	4.67	14.31
进口	亿美元	0.78	0.70	1.56
出口	亿美元	5.34	3.97	12.74
当年实际使用外资金额	亿美元	0.87	0.59	1.00
邮电业务收入(全市)	亿元	31.45	16.41	13.22
固定电话	万户	84.61	43.22	37.54
移动电话	万户	377.92	248.06	258.55
国际互联网	万户	64.90	43.31	33.88
全年用电量	亿千瓦小时	91.49	56.56	30.96
#城乡居民生活用电	亿千瓦小时	20.70	11.61	7.76
工业废水排放量	万吨	3011	1918	1700
工业二氧化硫排放量	万吨	1.5	2.4	0.4
工业固体废物综合利用率	%	91.4	54.7	99.9
污水处理厂集中处理率	%	85.0	91.0	61.5
生活垃圾无害化处理率	%		100.0	99.8
全体居民人均可支配收入	元	13574	15681	15604
城镇常住居民人均可支配收入	元	23242	23758	22939
农村常住居民人均可支配收入	元	9388	10891	11984
城镇常住居民人均消费性支出	元	18566	15525	16285
#医疗保健	元	2114	1408	941
#交通和通讯	元	1294	1987	2100
#娱乐、教育、文化服务	元	1655	1824	2115
#居住	元	2018	3571	2225
人均住房建筑面积	平方米	49.7	44.9	42.9
市辖区居民消费价格指数	上年=100	101.3	101.8	101.9
高等学校在校学生数	万人	4.64	4.02	0.62
从事科技活动人员数	人	9261	18000	6685
公共图书馆图书总藏量	万册	173.00	90.13	232.62
医院、卫生院数	个	286	93	103
医院、卫生院床位数	万张	2.77	1.10	0.92
执业(助理)医师	万人	2.89	0.64	0.36

1-6 分年荆州城区基本情况

Basic Statistics on Jingzhou City Proper by Year

指　标	单　位	2005 年	2010 年	2011 年	2012 年	2013 年	2014 年
一、人口、劳动力及土地面积							
年末总人口	万人	120.49	112.76	112.72	112.95	111.91	111.28
其中：城镇人口	万人	80.04	90.42	93.67	96.73	97.43	98.29
年平均人口	万人	110.80	114.81	112.64	112.84	112.43	111.6
年出生人口	人	7863	8951	8632	9212	9114	9266
年死亡人口	人	3412	17115	3937	7244	4940	9158
年末总户数	万户	37.20	38.84	39.18	39.31	39.51	39.08
单位从业人员	万人	14.80	18.29	13.93	15.80	18.37	18.87
第一产业	万人	1.65	3.04	0.22	0.08	0.10	0.10
第二产业	万人	6.80	8.63	6.82	8.88	10.66	10.82
（1）采掘业	万人	0.12					
（2）制造业	万人	5.26	7.07	3.28	6.26	7.25	7.7
（3）电力、煤气、水生产供应业	万人	0.60	0.51	0.28	0.29	0.35	0.18
（4）建筑业	万人	0.82	1.05	3.26	2.33	3.06	2.94
第三产业	万人	6.35	6.62	6.89	6.84	7.61	7.77
（1）交通运输、仓储及邮政业	万人	0.63	0.65	0.53	0.61	0.91	0.76
（2）信息传输、计算机服务和软件业	万人	0.16	0.24	0.27	0.26	0.33	0.32
（3）批发和零售业	万人	0.49	0.18	0.54	0.67	0.7	0.81
（4）住宿、餐饮业	万人	0.15	0.06	0.08	0.11	0.12	0.17
（5）金融、保险业	万人	0.44	0.52	0.79	0.57	0.63	0.71
（6）房地产业	万人	0.10	0.13	0.24	0.22	0.23	0.24
（7）租赁和商业服务业	万人	0.03	0.02	0.04	0.02	0.06	0.08
（8）科学研究、技术服务和地质勘查业	万人	0.16	0.17	0.10	0.10	0.16	0.22
（9）水利、环境和公共设施管理业	万人	0.48	0.26	0.22	0.24	0.26	0.27
（10）居民服务和其他服务业	万人	0.01	0.01	0.02	0.01	0.01	
（11）教育	万人	1.60	1.68	1.43	1.47	1.54	1.57
（12）卫生、社会保障和社会福利业	万人	0.76	0.95	0.98	1.01	1.07	1.09
（13）文化、体育和娱乐业	万人	0.15	0.19	0.16	0.18	0.20	0.20
（14）公共管理和社会组织	万人	1.20	1.56	1.49	1.35	1.39	1.50
私营和个体从业人员	万人	10.61	10.11	13.65	15.51	20.81	26.14
年末城镇登记失业人员数	万人	2.52	3.02	3.25	3.38	3.42	3.35
行政区域土地面积	平方公里	1576	1576	1576	1576	1566	1689
其中：建成区面积	平方公里	62	66	68	69	72	74
城市建设用地面积	平方公里	60	66	68	69	72	74
其中：居住用地面积	平方公里	17	18	19	19	19	20

1-6　续表1

指　标	单　位	2005 年	2010 年	2011 年	2012 年	2013 年	2014 年
公共设施用地面积	平方公里	10	10	8	8	8	9
工业用地面积	平方公里	14	16	17	18	20	20.34
二、综合经济							
（一）国内生产总值	亿元	128.99	297.58	367.61	412.98	449.61	494.05
第一产业增加值	亿元	18.30	36.09	39.46	43.51	46.55	50.87
第二产业增加值	亿元	55.80	154.33	202.96	225.67	243.66	264.98
其中：工业增加值	亿元	47.53	144.30	188.19	211.04	227.00	246.18
第三产业增加值	亿元	54.89	107.16	125.19	143.80	159.40	178.2
国内生产总值（2010年价）	亿元	124.02	230.54	341.67	381.19	422.81	466.59
人均国内生产总值	元	11153	25829	31288.00	34111	36941	40379
国内生产总值增长率	%	10.1	14.8	14.8	11.6	10.9	9.9
地方财政一般预算内收入	万元	50861	151552	255274	319846	402419	474978
其中：各项税收	万元	35630	119714	200291	242948	303337	368095
其中：企业所得税	万元	2616	12187	29892	35520	40025	51515
个人所得税	万元	1727	4084	8276	9555	11488	14193
地方财政一般预算内支出	万元	122915	394647	641337	744689	830162	844077
科学支出	万元	435	2169	8071	10442	15173	15950
教育支出	万元	19644	47466	65359	113256	112576	120364
医疗卫生支出	万元	6861	17429	49220	41126	52805	58835
年末金融机构存款余额	亿元	204.85	427.90	493.06	583.38	697.67	775.57
其中：城乡居民储蓄年末余额	亿元	112.86	275.83	316.05	368.69	424.85	473.64
年末金融机构各项贷款余额	亿元	155.46	238.89	284.66	335.18	420.87	504.39
三、工业							
规模以上工业企业主要经济指标：							
工业企业数	个	229	487	294	322	389	447
其中：1、内资企业	个	205	450	268	294	361	422
其中：国有企业	个	11	11	9	6	5	4
私营企业	个	76	223	116	111	116	133
2、港、澳、台商投资企业	个	12	21	14	16	16	14
3、外商企业	个	12	16	12	12	12	11
工业总产值（当年价）	亿元	130.43	424.55	547.63	627.29	748.92	830.03
其中：1、内资企业	亿元	111.51	339.08	461.63	525.37	631.6	701.38
其中：国有企业	亿元	30.54	44.8	86.32	54.11	46.01	35.05
私营企业	亿元	15.76	142.48	116.29	141.11	155.29	194.10
2、港、澳、台商投资企业	亿元	9.58	42.32	37.33	44.96	53.06	59.75

1-6　续表2

指　标	单　位	2005 年	2010 年	2011 年	2012 年	2013 年	2014 年
3、外商企业	亿元	9.34	43.15	48.67	56.96	64.25	68.90
从业人员年平均人数	万人	6.85	7.66	6.87	6.86	7.63	7.44
流动资产合计	亿元	78.89	147.58	183.48	191.72	226.06	195.11
固定资产合计	亿元	85.94	167.63	148.54	144.78	207.49	199.20
主营业务收入	亿元	145.09	345.80	493.62	565.98	678.06	649.20
主营业务税金及附加	亿元	0.54	1.61	2.01	2.25	2.87	2.90
本年应交增值税	亿元	4.01	9.55	9.62	9.50	14.06	10.61
利润总额	亿元	0.88	23.87	25.21	24.46	36.37	36.35
四、邮电通讯及能源电力：							
年末邮政局（所）数	处	35	35	35	35	36	36
全年用电量	万千瓦时	266536	279168	303480	328220	397891	421260
其中：工业用电	万千瓦时	211605	196956	214414	262519	261408	288069
城乡居民生活用电	万千瓦时	30639	54610	57887	67844	64942	117746
五、贸易、外经、							
限额以上批发零售贸易业商品销售总额	万元	461241	911986	1075169	1235985	1982860	2373935
社会消费品零售额	万元	780835	1721464	2087008	2417850	2776800	2964380
限额以上批发零售贸易企业数	个	30	51	56	95	176	257
当年实际使用外资金额	万美元	5000	2203	7429	3950	4991	5628
六、固定资产投资							
全社会固定资产投资总额	万元	525143	2532376	3309856	4484748	5679900	
其中：固定资产投资完成额（不含农村）	万元	508378	2515752		4393967	5599475	6770440
其中：房地产开发投资完成额	万元	136648	188982	303485	279598	363945	827225
其中：住宅	万元	80196	148808	245694	212750	265632	741533
全年新增固定资产	万元	261269	1574521	2656730	2850000	3135000	3512467
商品房屋销售面积	万平方米	35.66	60.75	71.77	57.06	66.84	53.99
其中：住宅	万平方米	32.61	60.15	69.54	55.75	64.64	48.17
商品房屋销售额	万元	58607	216065	288514	258588	335131	246409
其中：住宅	万元	45480	212608	278403	248358	309895	226047
商品房屋空置面积	万平方米	5.60	22.05	43.41	24.31	34.75	80.62
七、教育、科技、文化、卫生							
学校数：							
高等学校	所	9	9	8	8	8	8
中等职业学校	所	18	14	11	11	10	7
普通中学	所	61	53	52	53	53	54
小学	所	96	69	67	61	61	61

1-6 续表3

指 标	单 位	2005年	2010年	2011年	2012年	2013年	2014年
专任教师数：							
高等学校	人	3987	4937	4593	4653	4555	4499
中等职业学校	人	1011	1382	1397	1335	979	915
普通中学	人	4433	4166	4420	4342	4463	4512
小学	人	3226	2785	2333	2213	2366	2493
在校学生数：							
高等学校	人	98049	117840	111397	113638	113476	111829
高中阶段在校学生数	人	43581	81034	69617	29100	27798	27179
中等职业学校	人	38763	49510	38530	28083	22172	17363
普通中学	万人	7.57	6.74	6.46	5.69	5.45	5.3
小学	万人	6.94	5.29	5.22	4.95	4.93	4.91
小学毕业生升学率	%	100	100	100	100	100	100
初中毕业生升学率	%	98	99	91	92	93	94
成人高等教育学校在校学生数	人	25752	27192	34898	28051	29612	34212
体育场馆数	个	6	2	1	1	3	8
剧场.影剧院数	个	4	1	0	1	5	6
公共图书馆图书藏量	千册	778	644	692	662	674	685
医院卫生院数	个	21	37	38	40	42	44
医院卫生院床位数	张	3949	6822	7714	8226	10058	9603
医生数（执业医师+执业助理医师）	人	2255	2642	3459	3647	3709	3893
注册护士	人	2221	3347	3925	4316	4684	4951
八、人民生活							
在岗职工平均人数	万人	13.40	12.44	16.88	13.00	15.22	15.87
在岗职工工资总额	万元	146093	329755	399610	446348	623598	715247
居民人均可支配收入	元	8094	14708	16509	18211	20861	25930
居民人均消费支出	元	5848	10583	11693	12771	14062	15484
其中：（1）食品	元	2347	4448	4912	5429	5819	6275
（2）衣着用品	元	664	1066	1148	1330	1446	1533
（3）家庭设备、用品及服务	元	344	672	517	622	1605	843
（4）医疗保健	元	411	914	1665	1103	722	1076
（5）交通和通讯	元	549	619	757	1037	921	1655
（6）娱乐、教育、文化服务	元	804	1196	1041	1344	1482	1725
（7）居住	元	585	1245	1293	1483	1527	1821
每百户拥有家用电脑	台	39	61	60	63	77	79
人均住房使用面积	平方米	19	29.98	35.81	37.35	40.00	45

1-6 续表4

指 标	单 位	2005年	2010年	2011年	2012年	2013年	2014年
居民消费品价格指数	%	101.5	102.4	105.3	102.1	103.1	102.1
基本养老保险参保职工	人	159725	343748	342226	355656	375771	410320
基本医疗保险参保人数	人	160378	746438	268300	304628	332232	770065
失业保险参保人数	人	136864	169755	174752	127474	143634	153274
社会福利院数	个	16	17	3	3	3	5
社会福利院床位数	个	1890	1914	1077	800	800	851
居民最低生活保障线以下人数	人	57052	54816	55546	50413	47085	36682
九、社会治安							
交通事故死亡人数	件				65	66	58
交通事故损失额	万元	41	42	44.22	13	13	16.12
火灾事故死亡人数	人	2	2				6
火灾事故损失额	万元	70	105	98	124	928	229
刑事案件立案数	件	3294	3855	5255	7320	7319	7556
犯罪人数	人	853	688	953	1558	1149	1043
其中：青少年人数（年龄25周岁及以下）	人	361	131	247	506	286	226
十、市政公共事业							
城市维护建设资金支出	万元	22239	33135	43269	65140	45920	70823
年末实有铺装道路面积	万平方米	748	755	760	865	891	992.58
排水管道长度	公里	370	385	394	433	465	559
供水综合生产能力（包括自备水源））	万吨/日	74	72	72	57	55	55
供水总量量	万吨	8841	7493	7520	7592	7812	8130
其中：居民家庭用水量	万吨	4687	5639	3117	3408	3436	3683
用水人口	万人	83.13	67.7	69.8	74.57	70.55	66.26
煤气（人工.天然气）供气总量	万平方米	300	6803	8061	8505	12631	13964
其中：家庭用量	万平方米	72	948	1354	2475	2996	3209
用煤气人口	人	87000	330000	360000	430000	459000	458500
液化石油气供气总量	吨	13800	8200	7960	7758	5034	5959
其中：家庭用量	吨	12200	8200	7960	7758	5034	5959
用液化气人口	人	382000	318000	305600	283800	240000	220000
年末实有公共汽车营运车辆数	辆	499	1103	1185	729	763	728
全年公共汽车客运总量	万人次	8044	14000	19037	13042	14875	15674
年末实有出租汽车数	辆	1588	1588	2930	1588	1588	1988
园林绿地面积	公顷	1549	2333	2340	2431	2487	2578
其中：公共绿地面积	公顷	479	677	677	734	760	777
建成区绿化覆盖面积	公顷	1720	2642	2649	2747	2803	2894

1-7 私营企业与个体工商户

Main Statistics on Private Enterprises and Self-Employed Industry and Commerce Enterprises by County

指　标	单　位	合　计	荆州区	沙市区	荆州开发区	江陵县
私营企业户数	户	29324	4440	5186	2420	1295
私营企业从业人数	万人	19.40	2.00	2.34	1.09	1.51
#第一产业	万人	2.64	0.30	0.36	0.17	0.14
第二产业	万人	6.00	0.37	0.43	0.20	0.58
第三产业	万人	10.76	1.33	1.55	0.72	0.79
个体工商户户数	万户	25.21	2.60	4.18	0.67	1.06
个体从业人员	万人	77.38	6.99	12.01	1.71	2.02
#第一产业	万人	3.42	0.03	0.21	0.00	0.31
第二产业	万人	5.44	0.91	0.55	0.49	0.15
第三产业	万人	68.52	6.05	11.25	1.22	1.56

指　标	单　位	松滋市	公安县	石首市	监利县	洪湖市
私营企业户数	户	3274	4347	2081	2618	3663
私营企业从业人数	万人	1.72	4.37	2.71	1.77	1.89
#第一产业	万人	0.09	1.01	0.19	0.13	0.25
第二产业	万人	0.40	1.50	1.11	0.52	0.89
第三产业	万人	1.23	1.86	1.41	1.12	0.76
个体工商户户数	万户	3.94	3.71	2.00	3.28	3.77
个体从业人员	万人	10.72	10.97	7.56	13.75	11.65
#第一产业	万人	0.26	0.23	0.56	1.19	0.63
第二产业	万人	0.42	0.36	0.31	1.58	0.67
第三产业	万人	10.04	10.38	6.69	10.98	10.35

指 标 解 释

Explanatory Notes on Statistical lndicators

【户籍人口】 指根据户籍登记情况统计的人口，以派出所办理的户籍登记和监狱管理局、劳教工作管理局掌握的服刑人员的情况为基础进行汇总而成。

【暂住人口】 指不具有本市常住户口，来自市行政区划以外的，在本市暂住三日以上，并向公安机关申报暂住登记以及领取暂住证件的人员。

【常住人口】 指在本市地区实际居住半年以上的人口。

【出生率】 指在一定时期内（通常为一年）出生人数与同期平均人数（或期中人数）之比，一般用千分比表示。计算公式：

$$出生率=\frac{年出生人数}{年平均人数}\times 1000‰$$

出生人数是指活产，即脱离母体时（不管怀孕月数），有过呼吸或其他生命现象的活婴儿总和。年平均人数是年初、年底人口数的平均数，也可用年中人口数代替。

【死亡率】 指在一定时期内（通常为一年）死亡人数与同期平均人数（或期中人数）之比，一般用千分比表示。计算公式：

$$死亡率=\frac{年死亡人数}{年平均人数}\times 1000‰$$

【自然增长率】 指在一定时期内（通常为一年）人口自然增加数（出生人数减死亡人数）与该时期内平均人数（或期中人数）之比，一般用千分比表示。计算公式：

$$自然增长率=\frac{本年出生人数-本年死亡人数}{年平均人数}\times 1000‰$$

人口自然增长率=人口出生率-人口死亡率

二、国民经济核算

National Accounts

资料整理：李永乐

2–1 分年支出法地区生产总值

GDP by Year Calculated by Expenditure Approach

单位：亿元

指　标	2000 年	2001 年	2002 年	2003 年	2004 年
支出法地区生产总值	260.35	282.34	303.83	326.00	355.87
一、资本形成总额	89.10	97.43	107.33	105.09	116.05
固定资本形成总额	81.28	90.28	100.57	96.58	108.23
第一产业	4.49	6.56	5.20	5.34	4.47
第二产业	21.86	29.35	30.19	30.53	34.56
工业	21.04	28.20	27.31	27.38	34.40
建筑业	0.82	1.15	2.88	3.21	0.16
第三产业	54.92	54.37	65.18	60.71	69.20
存货增加	7.82	7.15	6.76	8.51	7.82
二、最终消费	185.86	196.10	212.66	223.16	246.93
居民消费	143.30	148.82	164.38	171.54	191.20
农村	73.92	75.72	76.95	77.70	90.61
城镇	69.38	73.10	87.43	93.84	100.59
政府消费	42.56	47.28	48.28	51.61	55.73
投资率	34.2	34.5	35.3	32.2	32.6
消费率	71.4	69.5	70.0	68.5	69.4

2-1 续表1

单位：亿元

指 标	2005 年	2006 年	2007 年	2008 年	2009 年
支出法地区生产总值	393.04	438.06	519.63	623.98	709.58
一、资本形成总额	125.39	158.81	220.43	301.74	446.09
固定资本形成总额	116.78	149.66	210.75	291.46	435.16
第一产业	6.49	7.76	6.31	20.28	26.3
第二产业	37.14	58.88	96.22	141.99	206.66
工业	37.11	58.83	96.22	141.74	206.49
建筑业	0.03	0.05		0.25	0.17
第三产业	73.15	83.02	108.21	129.19	202.20
存货增加	8.61	9.15	9.69	10.28	10.93
二、最终消费	267.27	291.46	340.35	377.59	401.30
居民消费	203.65	221.48	264.41	292.26	310.80
农村	99.04	109.76	120.57	138.53	133.74
城镇	104.61	111.72	143.84	153.73	177.06
政府消费	63.62	69.98	75.94	85.33	90.50
投资率	31.9	36.3	42.4	48.4	62.9
消费率	68	66.5	65.5	60.5	56.6

2-1　续表2　　单位：亿元

指　标	2010 年	2011 年	2012 年	2013 年	2014 年
支出法地区生产总值	837.10	1043.12	1196.02	1334.93	1480.49
一、资本形成总额	564.75	717.81	962.13	1184.13	1387.49
固定资本形成总额	554.94	707.37	951.10	1172.68	1375.73
第一产业	32.59	23.63	45.27	53.42	52.18
第二产业	281.18	371.56	528.15	593.34	606.60
工业	281.07	367.56	523.29	572.71	591.48
建筑业	0.11	4.00	4.86	20.63	15.12
第三产业	241.17	312.18	377.68	525.93	716.96
存货增加	9.81	10.44	11.03	11.45	11.76
二、最终消费	436.55	511.54	584.33	630.75	684.49
居民消费	339.05	401.36	461.93	498.25	542.69
农村	141.23	166.97	207.39	221.78	226.72
城镇	197.82	234.39	254.54	276.48	315.97
政府消费	97.50	110.18	122.40	132.50	141.80
投资率	67.5	68.8	80.4	88.70	93.7
消费率	52.2	49.0	48.9	47.2	46.2

2–2 分年地区生产总值

Gross Domestic Product of Jingzhou by Year

单位：亿元

年 份	地区生产总值（当年价）	第一产业	第二产业	工业	建筑业	第三产业
1978年	17.66	9.00	5.38	5.13	0.25	3.28
1979年	21.86	11.60	6.22	5.88	0.34	4.04
1980年	19.74	8.14	7.25	6.80	0.45	4.35
1981年	23.90	11.06	8.28	7.91	0.37	4.56
1982年	26.47	12.47	8.51	8.12	0.39	5.49
1983年	29.39	13.81	9.41	8.98	0.43	6.17
1984年	37.22	18.83	11.03	10.49	0.54	7.36
1985年	41.62	20.45	13.08	12.35	0.73	8.09
1986年	44.84	21.44	14.70	13.81	0.89	8.70
1987年	52.18	23.67	16.60	15.49	1.11	11.91
1988年	67.21	31.76	21.03	19.70	1.33	14.42
1989年	73.63	33.08	22.53	21.68	0.85	18.02
1990年	79.14	39.28	21.86	20.97	0.89	18.00
1991年	80.01	36.03	24.93	22.73	2.20	19.05
1992年	93.67	41.22	30.07	27.54	2.53	22.38
1993年	116.35	51.87	36.39	32.83	3.56	28.10
1994年	159.89	79.93	39.87	36.23	3.64	40.09
1995年	190.51	96.69	45.84	40.41	5.43	47.97
1996年	215.94	100.54	53.11	46.20	6.91	62.30
1997年	241.08	109.44	61.48	53.45	8.03	70.16
1998年	240.65	94.82	68.84	59.56	9.28	76.99
1999年	245.22	90.72	72.68	62.32	10.37	81.82
2000年	260.35	88.30	81.44	69.74	11.69	90.61
2001年	282.34	93.50	87.32	74.50	12.82	101.52
2002年	303.83	96.71	94.16	80.10	14.06	112.96
2003年	326.00	100.70	101.30	86.49	14.80	124.00
2004年	355.87	109.00	110.26	93.31	16.95	136.61
2005年	393.04	118.43	124.37	105.90	18.47	150.24
2006年	438.06	126.67	141.78	124.11	17.67	169.61
2007年	519.63	154.20	174.15	152.97	21.18	191.28
2008年	626.06	187.91	213.20	192.21	20.99	224.95
2009年	709.58	207.22	254.09	228.99	25.10	248.27
2010年	837.10	231.07	325.33	293.27	32.06	280.70
2011年	1043.12	265.15	448.83	407.41	41.42	329.14
2012年	1196.02	292.8	522.54	475.34	47.2	380.68
2013年	1334.93	319.09	596.20	539.84	56.36	419.64
2014年	1480.49	347.00	659.58	594.54	65.04	473.91

2–3 地区生产总值指数

Indices of Gross Domestic Product

单位：%

年 份	地区生产总值	第一产业	第二产业			第三产业
				工业	建筑业	
1978年	110.9	104.90	118.32	118.40	116.8	115.1
1979年	115.8	114.7	113.54	112.3	135.0	122.2
1980年	90.4	78.7	119.59	119.3	123.9	100.0
1981年	117.6	121.7	116.76	118.5	80.1	101.9
1982年	115.0	111.5	101.14	101.0	104.3	120.4
1983年	109.6	104.9	118.46	119.1	105.0	107.4
1984年	118.1	128.1	117.87	117.7	121.2	115.5
1985年	109.8	104.4	120.50	120.5	120.6	107.9
1986年	108.2	104.8	116.35	116.4	115.6	102.9
1987年	106.3	100.1	118.67	119.0	114.1	124.0
1988年	110.9	102.1	118.55	119.6	103.0	104.2
1989年	104.7	103.0	103.07	104.6	64.0	109.8
1990年	103.9	109.9	100.59	100.6	100.5	96.3
1991年	98.4	94.7	122.59	118.3	167.0	101.0
1992年	111.1	110.5	112.58	113.0	108.0	110.2
1993年	113.7	109.3	124.15	124.6	120.0	107.1
1994年	118.5	121.9	121.4	124.0	88.7	109.7
1995年	109.8	111.1	109.4	107.5	143.1	108.4
1996年	103.4	89.9	106.2	104.7	125.7	121.2
1997年	114.4	119.1	116.5	116.6	115.8	105.9
1998年	104.4	90.9	112.3	111.9	117.4	111.7
1999年	106.4	107.9	110.2	109.7	114.9	99.3
2000年	108.7	101.0	113.3	113.1	115.1	110.7
2001年	109.0	104.5	110.8	110.9	109.9	110.9
2002年	109.0	102.1	112.2	112.3	112.0	111.0
2003年	107.8	101.8	110.3	110.6	107.3	109.5
2004年	108.5	104.2	110.4	110.2	112.5	109.2
2005年	108.1	103.0	110.9	111.5	107.4	109.7
2006年	109.2	103.9	111.9	114.9	94.5	111.0
2007年	112.4	107.8	119.4	120.1	114.6	110.1
2008年	112.6	108.4	116.8	120.7	88.3	112.0
2009年	113.5	106.2	121.0	120.7	123.5	111.4
2010年	113.2	104.3	121.3	121.3	120.6	110.6
2011年	113.4	104.4	121.6	122.0	118.2	111.4
2012年	111.1	104.7	114.6	115.5	106.3	111.5
2013年	110.4	104.9	113.5	113.0	118.8	110.2
2014年	109.8	105.2	110.9	110.6	113.8	111.5

2-4 地区生产总值

Gross Domestic Product of Jingzhou City

单位：亿元

指　标	按当年价格计算		按可比价格计算		
	2014 年	2013 年	2014 年	2013 年	2014 年为 2013 年的 %
地区生产总值	1480.49	1334.93	1278.06	1164.27	109.8
第一产业	347.00	319.09	278.74	264.96	105.2
农、林、牧、渔业	342.93	315.46	275.49	261.92	105.2
农、林、牧、渔服务业	4.07	3.63	3.25	3.04	106.8
第二产业	659.58	596.20	570.79	514.80	110.9
工业	594.54	539.84	516.31	466.93	110.6
建筑业	65.04	56.36	54.48	47.87	113.8
第三产业	473.91	419.64	428.53	384.50	111.5
交通运输、仓储和邮政业	36.47	33.49	35.46	32.70	108.5
交通运输、仓储业	35.18	32.29	34.21	31.53	108.5
邮政业	1.29	1.20	1.25	1.17	107.2
信息传输、计算机服务和软件业	24.17	21.19	23.99	21.04	114.0
批发和零售业	105.27	95.20	95.39	87.04	109.6
批发业	49.84	44.35	45.28	40.65	111.4
零售业	55.43	50.85	50.11	46.39	108.0
住宿和餐饮业	38.47	34.84	33.05	30.85	107.1
住宿业	7.78	7.12	7.39	6.79	108.8
餐饮业	30.69	27.72	25.66	24.06	106.6
金融业	51.21	42.22	46.84	39.16	119.6
银行业	40.87	33.70	37.38	31.25	119.6
证券业	6.05	4.99	5.54	4.63	119.6
保险业	4.24	3.49	3.88	3.24	119.8
房地产业	51.97	47.75	43.06	40.32	106.8
房地产开发经营业	7.51	6.37	6.05	5.29	114.3
物业管理业	3.83	3.28	3.08	2.72	113.1
房地产中介服务业	0.73	0.64	0.59	0.53	112.0
其他房地产活动	2.28	2.14	1.84	1.77	103.6
居民自有住房服务业	37.62	35.34	31.50	30.00	105.0
租赁和商务服务业	8.40	7.31	7.79	6.84	113.8
科学研究、技术服务和地质勘查业	4.74	3.89	4.26	3.56	119.8
水利、环境和公共设施管理业	4.67	3.99	4.20	3.65	114.9
居民服务和其他服务业	24.95	21.03	23.12	19.68	117.5
教育	32.48	29.66	29.20	27.15	107.6
卫生、社会保障和社会福利业	22.16	19.39	19.92	17.75	112.3
文化、体育和娱乐业	11.50	9.59	10.66	8.97	118.8
公共管理和社会组织	57.44	50.09	51.58	45.79	112.6

2-5 地区生产总值构成（当年价）

Composition of Gross Domestic Product（Current Prices）

单位：万元

指　标	增加值	劳动者报酬	生产税净额	固定资产折旧	营业盈余
地区生产总值	1480.49	810.25	174.53	126.51	369.20
第一产业	347.00	323.59	6.85	3.87	12.69
农、林、牧、渔业	342.93	320.12	6.76	3.62	12.43
农、林、牧、渔服务业	4.07	3.46	0.10	0.26	0.26
第二产业	659.58	284.19	86.95	70.95	217.49
工业	594.54	248.18	76.81	66.68	202.87
建筑业	65.04	36.01	10.15	4.27	14.62
第三产业	473.91	202.48	80.72	51.69	139.02
交通运输、仓储和邮政业	36.47	12.17	2.39	4.26	17.65
交通运输、仓储业	35.18	11.44	2.35	4.04	17.36
邮政业	1.29	0.73	0.04	0.22	0.29
信息传输、计算机服务和软件业	24.17	3.41	1.13	10.14	9.49
批发和零售业	105.27	21.40	23.61	7.46	52.81
批发业	49.84	7.86	10.44	2.62	28.92
零售业	55.43	13.53	13.17	4.84	23.88
住宿和餐饮业	38.47	11.74	4.60	6.61	15.52
住宿业	7.78	2.30	0.80	2.36	2.32
餐饮业	30.69	9.45	3.80	4.25	13.20
金融业	51.21	24.38	6.56	4.38	15.90
银行业	40.87	16.94	5.37	3.75	14.81
证券业	6.05	3.06	0.80	0.56	1.64
保险业	4.24	4.36	0.38	0.06	-0.56
房地产业	51.97	5.24	38.92	4.12	3.69
房地产开发经营业	7.51	2.40	0.82	3.36	0.92
物业管理业	3.83	1.71	0.26	0.36	1.49
房地产中介服务业	0.73	0.31	0.05	0.06	0.32
其他房地产活动	2.28	0.82	0.17	0.34	0.96
居民自有住房服务业	37.62	0.00	37.62	0.00	0.00
租赁和商务服务业	8.40	3.35	0.80	0.59	3.67
科学研究、技术服务和地质勘查业	4.74	3.26	0.22	0.34	0.93
水利、环境和公共设施管理业	4.67	3.26	0.09	1.26	0.05
居民服务和其他服务业	24.95	13.25	1.01	1.05	9.65
教育	32.48	28.64	0.06	3.59	0.19
卫生、社会保障和社会福利业	22.16	14.44	0.27	1.64	5.81
文化、体育和娱乐业	11.50	6.80	0.71	0.96	3.03
公共管理和社会组织	57.44	51.15	0.35	5.29	0.65

2-6 总 产 出
Total Output

单位：亿元

指 标	按当年价格计算		按可比价格计算		
	2014 年	2013 年	2014 年	2013 年	2014 年为 2013 年的 %
总产出	3775.92	3321.17	3271.33	2889.63	113.2
第一产业	616.16	578.34	506.28	484.78	104.4
农、林、牧、渔业	608.33	571.36	500.01	478.91	104.4
农、林、牧、渔服务业	7.83	6.98	6.26	5.87	106.8
第二产业	2411.39	2083.31	2087.08	1799.04	116.0
工业	2183.50	1897.32	1896.19	1641.07	115.5
建筑业	227.89	185.99	190.89	157.97	120.8
第三产业	748.37	659.52	677.97	605.81	111.9
交通运输、仓储和邮政业	69.23	63.28	67.31	61.78	109.0
交通运输、仓储业	65.27	59.59	63.46	58.18	109.1
邮政业	3.96	3.68	3.85	3.59	107.2
信息传输、计算机服务和软件业	37.87	33.21	37.59	32.96	114.0
批发和零售业	132.52	119.86	120.08	109.58	109.6
批发业	62.30	55.43	56.60	50.82	111.4
零售业	70.22	64.42	63.48	58.76	108.0
住宿和餐饮业	83.76	75.85	71.80	67.06	107.1
住宿业	15.56	14.24	14.78	13.58	108.8
餐饮业	68.20	61.61	57.02	53.48	106.6
金融业	100.46	82.83	91.89	76.82	119.6
银行业	78.60	64.80	71.89	60.10	119.6
证券业	7.64	6.30	6.99	5.85	119.6
保险业	14.10	11.61	12.90	10.77	119.8
房地产业	60.55	55.31	49.98	46.61	107.2
房地产开发经营业	9.10	7.72	7.33	6.42	114.3
物业管理业	7.16	6.14	5.77	5.10	113.1
房地产中介服务业	1.62	1.40	1.31	1.17	112.0
其他房地产活动	5.04	4.72	4.06	3.92	103.6
居民自有住房服务业	37.62	35.34	31.50	30.00	105.0
租赁和商务服务业	15.91	13.84	14.74	12.95	113.8
科学研究、技术服务和地质勘查业	10.73	8.79	9.64	8.04	119.9
水利、环境和公共设施管理业	6.52	5.57	5.86	5.10	115.0
居民服务和其他服务业	39.66	33.09	36.75	30.98	118.6
教育	43.98	40.17	39.55	36.77	107.6
卫生、社会保障和社会福利业	43.52	38.08	39.13	34.86	112.2
文化、体育和娱乐业	19.68	16.41	18.24	15.36	118.8
公共管理和社会组织	83.99	73.25	75.42	66.95	112.6

2-7 支出法地区生产总值

Gross Domestic Product Calculated by Expenditure Approach

单位：亿元

指 标	按当年价格计算		按可比价格计算		
	2014 年	2013 年	2014 年	2013 年	2014 年为 2013 年的 %
支出法地区生产总值	1480.49	1334.93	1277.95	1164.26	109.8
一、最终消费支出	684.49	630.75	590.85	550.11	107.4
居民消费支出	542.69	498.25	468.44	434.55	107.8
农村居民	226.72	221.78	195.70	193.42	101.2
城镇居民	315.97	276.48	272.75	241.13	113.1
政府消费支出	141.80	132.50	122.40	115.56	105.9
二、资本形成总额	1387.49	1184.13	1197.68	1032.74	116.0
固定资本形成总额	1375.73	1172.68	1187.53	1022.75	116.1
存货增加	11.76	11.45	10.15	9.99	101.7
三、货物和服务净流出	–591.49	–479.95	–510.57	–418.59	122.0

2-8 县市区地区生产总值

Gross Domestic Product in Each County

县（市、区）名 称	按当年价格计算（万元）					比上年增长 %
	地区生产总 值	第一产业	第二产业	工业	第三产业	
荆州区	2167173	346448	1090419	1037028	730305	10.3
沙市区	2773305	162228	1559370	1424832	1051707	10.4
江陵县	622134	209663	211497	173946	200975	10.2
松滋市	2008146	390155	976714	850761	641277	10.5
公安县	1948895	591459	839924	774552	517512	10.1
石首市	1362889	326827	604946	569935	431116	10.3
监利县	2147843	873844	681244	622806	592755	9.0
洪湖市	1824208	569412	637874	533094	616922	10.1

指 标 解 释

Explanatory Notes on Statistical lndicators

【地区生产总值】 是按市场价格计算的地区生产总值的简称。它是一个地区所有常住单位在一定时期内生产活动的最终成果。地区生产总值有三种表现形式，即价值形态、收入形态和产品形态。从价值形态看，它是所有常住单位在一定时期内所生产的全部货物和服务价值超过同期投入的全部非固定资产货物和服务价值的差额，即所有常住单位的增加值之和；从收入形态看，它是所有常住单位在一定时期内所创造并分配给常住单位和非常住单位的初次分配收入之和；从产品形态看，它是最终使用的货物和服务减去进口货物和服务。在实际核算中，地区生产总值的三种表现形态表现为三种计算方法，即生产法、收入法和支出法。三种方法分别从不同的方面反映地区生产总值及其构成。

【三次产业】 根据社会生产活动历史发展的顺序对产业结构的划分，产品直接取自自然界的部门称为第一产业，对初级产品进行再加工的部门成为第二产业。为生产和消费提供各种服务的部门称为第三产业。它是世界上通用的产业结构分类，但各国的划分不尽一致。我国2003年前的三次产业划分是：

【第一产业】 农、林、牧、渔业（包括农业、林业、畜牧业和渔业）。

【第二产业】 工业（包括采掘工业、制造业、电力、煤气及水的生产及供应业）和建筑业。

【第三产业】 除第一、第二产业以外的其他各业。

2003年后的三次产业划分是：

【第一产业】 农、林、牧、渔业（包括农业、林业、畜牧业、渔业和农、林、牧、渔服务业）。

【第二产业】 工业（包括采矿业、制造业、电力、燃气及水的生产及供应业）和建筑业。

【第三产业】 除第一、第二产业以外的其他各业。

三、从业人员与职工工资

Employment and Wage

资料整理：陈以艳
张　帅

3-1 分行业城镇单位从业人员期末人数

The Final Number of Employed Persons in Urban Units by Sector

单位：人

指 标	合 计	国有单位	集体单位	其他单位
总 计	432695	221949	12912	197834
按国民经济行业分组（GB/T 4754-2011）				
（一）农、林、牧、渔业	14839	14777	62	
（二）采矿业	525	119		406
（三）制造业	123333	19735	795	102803
（四）电力、热力、燃气及水生产和供应业	5516	3085	352	2079
（五）建筑业	69722	6688	6656	56378
（六）批发和零售业	15027	2956	139	11932
（七）交通运输、仓储和邮政业	13748	8953	356	4439
（八）住宿和餐饮业	4220	174	48	3998
（九）信息传输、软件和信息技术服务业	5597	2053		3544
（十）金融业	12732	4552	1891	6289
（十一）房地产业	3955	849	54	3052
（十二）租赁和商务服务业	2045	1202	68	775
（十三）科学研究和技术服务业	5298	5107	11	180
（十四）水利、环境和公共设施管理业	7363	7272		91
（十五）居民服务、修理和其他服务业	727	727		0
（十六）教育	53420	51009	883	1528
（十七）卫生和社会工作	31231	29520	1597	114
（十八）文化、体育和娱乐业	3612	3396		216
（十九）公共管理、社会保障和社会组织	59785	59775		10

3-2 分行业城镇单位在岗职工期末人数

The Final Number of Employed Staff and Workers by Sector

单位：人

指 标	合 计	国有单位	集体单位	其他单位
总 计	377783	191187	10243	176353
按国民经济行业分组（GB/T 4754-2011）				
（一）农、林、牧、渔业	11210	11180	30	
（二）采矿业	520	119		401
（三）制造业	117295	15099	795	101401
（四）电力、热力、燃气及水生产和供应业	5348	2975	341	2032
（五）建筑业	47165	2461	4361	40343
（六）批发和零售业	13974	2266	139	11569
（七）交通运输、仓储和邮政业	12278	7668	355	4255
（八）住宿和餐饮业	4048	70	48	3930
（九）信息传输、软件和信息技术服务业	4679	1865		2814
（十）金融业	9487	3827	1833	3827
（十一）房地产业	3761	806	54	2901
（十二）租赁和商务服务业	1852	1039	52	761
（十三）科学研究和技术服务业	4412	4221	11	180
（十四）水利、环境和公共设施管理业	5461	5370		91
（十五）居民服务、修理和其他服务业	532	532		
（十六）教育	49135	46744	872	1519
（十七）卫生和社会工作	29402	27936	1352	114
（十八）文化、体育和娱乐业	3257	3052		205
（十九）公共管理、社会保障和社会组织	53967	53957		10

3–3 分行业城镇单位从业人员工资总额

Total Wages of Employes in Urban Units by Sector

单位：万元

指 标	合 计	国有单位	集体单位	其他单位
总 计	1712597	892504	470816	773012
按国民经济行业分组（GB/T 4754–2011）				
（一）农、林、牧、渔业	31851	31614	2363	
（二）采矿业	1746	344		1402
（三）制造业	488123	52813	22740	433037
（四）电力、热力、燃气及水生产和供应业	24316	14355	15590	8402
（五）建筑业	236947	22909	198317	194207
（六）批发和零售业	57755	18473	3348	38948
（七）交通运输、仓储和邮政业	42857	31316	7256	10816
（八）住宿和餐饮业	10698	360	1200	10219
（九）信息传输、软件和信息技术服务业	26174	7782		18392
（十）金融业	81348	31647	135589	36142
（十一）房地产业	15061	3204	2725	11584
（十二）租赁和商务服务业	6184	3776	2199	2188
（十三）科学研究和技术服务业	19239	18192	203	1026
（十四）水利、环境和公共设施管理业	25265	24994		277
（十五）居民服务、修理和其他服务业	2902	2902		
（十六）教育	230031	222036	24287	5566
（十七）卫生和社会工作	146138	140422	5500	216
（十八）文化、体育和娱乐业	13866	133100		556
（十九）公共管理、社会保障和社会组织	252097	2520556		41

3–4 分行业城镇在岗职工工资总额

Total Wages of Staff and Workers by Sector

单位：万元

指　标	合　计	国有单位	集体单位	其他单位
总　计	1561577	816339	39188	706051
按国民经济行业分组（GB/T 4754–2011）				
（一）农、林、牧、渔业	24014	23844	170	
（二）采矿业	1737	344		1392
（三）制造业	473673	42420	2274	428978
（四）电力、热力、燃气及水生产和供应业	23766	14045	1528	8193
（五）建筑业	164536	6977	12473	145086
（六）批发和零售业	52576	14865	335	37376
（七）交通运输、仓储和邮政业	39161	28085	721	10355
（八）住宿和餐饮业	10213	157	120	9936
（九）信息传输、软件和信息技术服务业	21338	70300		14308
（十）金融业	72177	29307	13379	29491
（十一）房地产业	14493	3086	273	11135
（十二）租赁和商务服务业	5405	3057	181	2167
（十三）科学研究和技术服务业	17775	16731	20	1023
（十四）水利、环境和公共设施管理业	21606	21336		271
（十五）居民服务、修理和其他服务业	2401	2401		
（十六）教育	221937	213983	2405	5548
（十七）卫生和社会工作	142073	136549	5308	216
（十八）文化、体育和娱乐业	13135	12600		535
（十九）公共管理、社会保障和社会组织	239562	239521		41

指 标 解 释

Explanatory Notes on Statistical Indicators

【从业人员】 指从事一定社会劳动并取得劳动报酬或经营收入的人员。包括：

（1）全部职工

（2）再就业的离退休人员

（3）私营业主

（4）个体户主

（5）私营和个体从业人员

（6）乡镇企业从业人员

（7）农村从业人员

（8）其他从业人员（包括民办教师、宗教职业者等）。这一指标反映了一定时期内全部劳动力资源的实际利用情况，是研究我国基本国情国力的重要指标。

【各单位的从业人员】 指在各级国有机关、政党机关、社会团体及企业、事业单位中工作，并取得劳动报酬的全部人员。包括职工、再就业的离退休人员、民办教师以及在各单位中工作的外方人员和港、澳、台方人员。

各单位的从业人员反映了各单位实际参加生产或工作的全部劳动力。

【在岗职工】 指在本单位工作并由单位支付工资的人员，以及有工作岗位，但由于学习、病伤、产假等原因暂未工作，仍由单位支付工资的人员。

【在岗职工工资总额】 指各单位在一定时期内直接支付给本单位全部在岗职工的劳动报酬总额，包括计时工资、计件工资、奖金、津贴、补贴、加班加点工资和其他工资（如附加工资、保留工资以及增加工资补发的上年工资等）。

【职工平均工资】 指企业、事业、机关单位的职工在一定时期内平均每人所得到货币工资额。它表明一定时期职工工资收入的高低程度，是反映职工工资水平的主要指标。

四、固定资产投资

Investment in Fixed Assets

资料整理：林祖春

4-1 分年全社会固定资产投资完成额

Total Investment in Fixed Assets by Year

单位：万元

指　标	2005 年	2010 年	2011 年	2012 年	2013 年	2014 年
一、全社会固定资产投资完成额	1117026	6009331	7737115	10428870	13556001	16516313
1. 按报表种类分						
50万元以上项目投资	944204	5338414	7335396	9954907	12874028	15710897
#：房地产	161876	355346	580854	548855	767853	1341739
农村私人	172822	315571	401719	473963	681973	805416
2. 按资金来源分						
国家预算	109415	582918	472203	495599	438464	689938
国内贷款	120157	246085	431484	760390	794011	911301
利用外资	20553	12668	21340	3251	12560	13314
自筹资金	866901	5167660	6812088	9169630	12310966	14901760
3. 按县市区分						
中省属	157823	170252	30032	123359	1223768	815011
市县属	959203	5168162	7305364	9831548	12332233	15701302
#市直	250195	697818	1007309	1443790	1703048	2087593
荆州区	73182	871097	1178886	1638105	1645305	2572370
沙市区	76914	646614	1049404	1301438	1303198	2109857
江陵县	42189	117641	195562	303565	432804	575170
松滋市	112881	649894	1767047	1277500	1608696	1999994
公安县	103418	602450	928133	1262566	1835651	2091082
石首市	111262	559554	1179722	912627	1207208	1432310
监利县	115634	558434	708582	956192	1454777	1547720
洪湖市	124272	464660	1182841	735765	1141546	1285206

4-2 固定资产投资完成分类

Investment in Fixed Assets of Economy

单位：万元

指 标	合 计
一、计划投资（万元）	
1. 计划总投资	38686435
其中：本年新开工项目	15422703
2. 自开始建设累计完成投资	25053782
二、自年初累计完成投资（万元）	15710897
其中：本月完成投资	1381455
其中：国有经济控股	3468287
其中：住宅	1300814
1. 按登记注册类型分	
内资企业	15443085
国有企业	3252339
集体企业	332079
股份合作企业	33447
联营企业	8380
国有联营企业	2820
集体联营企业	5060
其他联营企业	500
有限责任公司	4136028
国有独资公司	141225
其他有限责任公司	3994803
股份有限公司	1257232
私营企业	5281234
私营独资企业	484772
私营合伙企业	103321
私营有限责任公司	4390658
私营股份有限公司	302483
其他企业	1142346
港、澳、台商投资企业	19246
港、澳、台商独资经营企业	4976
港、澳、台商投资股份有限公司	5070
其他港、澳、台商投资	9200
外商投资企业	214092
中外合资经营企业	10720
外资企业	171526
外商投资股份有限公司	11346
其他外商投资	20500
个体经营	34474
个体户	26074
个人合伙	8400
2. 按建设性质分	
（1）新建	9928012
（2）改建	1824150
（3）改建和技术改造	2534831
3. 按构成分	
建筑工程	10742611
安装工程	648978

4-2 续表 1

单位：万元

指 标	合 计	指 标	合 计
设备工器具购置	2420759	纺织业	381480
其中：用于更新的设备	663633	纺织服装、服饰业	200387
其他费用	1898549	皮革、毛皮、羽毛及其制品和制鞋业	53951
4. 按国民经济行业分		木材加工及木、竹、藤、棕、草制品业	134064
（一）农、林、牧、渔业	521809	家具制造业	135547
农业	126628	造纸和纸制品业	267714
林业	11240	印刷业和记录媒介复制业	93255
畜牧业	201431	文教、工美、体育和娱乐用品制造业	39768
渔业	104034	石油加工、炼焦及和核燃料加工业	82232
农、林、牧、渔服务业	78476	化学原料及化学制品制造业	597909
（二）采矿业	30378	医药制造业	319643
煤炭开采和洗选业	3400	橡胶和塑料制品业	162139
石油和天然气开采业	2884	非金属矿物制品业	575096
黑色金属矿采选业	8100	黑色金属冶炼及压延加工业	12860
有色金属矿采选业	500	有色金属冶炼及压延加工业	130138
非金属矿采选业	13828	金属制品业	403108
开采辅助活动	666	通用设备制造业	360608
其他采矿业	1000	专用设备制造业	313722
（三）制造业	6478812	汽车制造业	290257
农副食品加工业	839808	铁路、船舶、航空航天和其他运输设备制造业	53572
食品制造业	213499	电气机械和器材制造业	175702
酒、饮料和精制茶制造业	269017	计算机、通信和其他电子设备制造业	210207
烟草制品业	1830	仪器仪表制造业	9575

4-2　续表 2　　单位：万元

指　标	合　计	指　标	合　计
其他制造业	94749	餐饮业	29480
废弃资源综合利用业	56975	（九）信息传输、软件和信息技术服务业	66567
（四）电力、燃气及水的生产和供应业	377403	电信、广播电视和卫星传输服务业	48998
电力、热力生产和供应业	188015	互联网和相关服务业	1100
燃气生产和供应业	71271	软件和信息技术服务业	16469
水的生产和供应业	118117	（十）金融业	24098
（五）建筑业	151201	货币金融业	7098
房屋建筑业	13810	其他金融业	17000
土木工程建筑业	128763	（十一）房地产业	2922966
建筑安装业	2874	房地产业	2922966
建筑装饰和其他建筑业	5754	（十二）租赁和商务服务业	252822
（六）批发和零售业	571246	租赁业	2762
批发业	208866	商务服务业	250060
零售业	362380	（十三）科学研究和技术服务业	57624
（七）交通运输、仓储和邮政业	1438502	研究和试验发展	10745
铁路运输业	28600	专业技术服务业	11294
道路运输业	1025970	科技推广和应用服务业	35585
水上运输业	264620	（十四）水利、环境和公共设施管理业	1688043
装卸搬运和运输代理业	38301	水利管理业	523553
仓储业	79506	生态保护和环境治理业	118447
邮政业	1505	公共设施管理业	1046043
（八）住宿和餐饮业	140571	（十五）居民服务和其他服务业	211972
住宿业	111091	居民服务业	9976

4–2　续表 3　　单位：万元

指　标	合　计
机动车、电子产品和日用产品修理业	8165
其他服务业	193831
（十六）教育	116552
教育	116552
（十七）卫生和社会工作	132068
卫生	109381
社会工作	22687
（十八）文化、体育和娱乐业	97690
新闻和出版业	
广播、电视、电影和影视录音制作业	11015
文化艺术业	48578
体育	32577
娱乐业	5520
（十九）公共管理、社会保障和社会组织	430573
中国共产党机关	
国家机构	244504
人民政协、民主党派	
社会保障	1800
群众团体、社会团体和其他成员组织	15159
基层群众自治组织	169110
三、新增固定资产（万元）	10251878
四、项目个数（个）	
1. 施工项目个数	2399
其中：本年新开工	1827
2. 本年投产项目个数	1628
五、房屋建筑面积（平方米）	
1. 施工面积	27674175
其中：住宅	11618220
2. 竣工面积	6228763
其中：住宅	1157834
六、本年资金来源合计（万元）	17404885
1. 上年末结余资金	405404
2. 本年资金来源小计	16999481
（1）国家预算内资金	689938
其中：中央预算资金	98417
（2）国内贷款	911301
（3）利用外资	13314
其中：外商直接投资	12814
（4）自筹资金	14697556
其中：企、事业单位自有资金	1135391
其中：股东投入资金	183579
其中：借入资金	53407
（5）其他资金来源	687372
七、各项应付款合计（万元）	337067
其中：工程款	240085

4–3 县市区全社会投资完成情况

Total Investment in Fixed Assets by County

单位：万元

地 区	全社会合计		500 万以上项目投资		# 房地产投资		农村农户（建房和购买生产性）	
	2014 年	2013 年	2014 年	2013 年	2014 年	2013 年	2014 年	2013 年
荆州市	16516313	13556001	15710897	12874028	1341739	767853	805416	681973
开发区	2044761	1703048	2044761	1703048	371563			
荆州区	2650822	2206115	2615822	2176115	61135	105755	35000	30000
沙市区	2177857	1770786	2109857	1720312	394527	259030	68000	50474
江陵县	578250	432804	576750	431804	65134	35843	1500	1000
松滋市	2070828	1695817	2038912	1669817	91216	97230	31916	26000
公安县	2194759	1793900	2061759	1685900	75224	40647	133000	108000
石首市	1474610	1207208	1430610	1170709	67013	9013	44000	36499
监利县	1779220	1454777	1547220	1264777	124262	89040	232000	190000
洪湖市	1395206	1141546	1285206	1051546	91665	131295	110000	90000

4-4 房地产开发投资基本情况

Main Statistics on Real Estate Development

单位：万元

指　标	总计	#城区	指　标	总计	#城区
计划总投资	6782093	4673626	一、本年资金来源合计	1819181	1082248
自开始建设累计完成投资	3086772	1829837	1. 上年末结余资金	271790	183090
本年完成投资	1341739	827225	2. 本年资金来源小计	1547391	899158
其中：本月完成投资	176468	128623	（1）国内贷款	157490	111300
配套工程投资	0	0	银行贷款	157090	111300
国有经济控股	86908	69789	非银行金融机构贷款	400	0
1. 按登记注册类型分			（2）自筹资金	943937	573522
内资企业	1341739	827225	其中：自有资金	165043	51975
国有企业	35808	31148	（3）其他资金来源	445964	214336
股份合作企业	300		其中：定金及预收款	219858	99432
有限责任公司	941954	733014	其中：个人按揭贷款	157661	66057
其他有限责任公司	941954	733014	二、本年各项应付款合计	323608	168116
股份有限公司	48894	35377	其中：工程款	231276	139256
私营企业	314783	27686	项目规划情况		
私营有限责任公司	314783	27686	项目规划占地面积	6639776	3293071
2. 按构成分			项目规划建筑面积	16879984	8561042
建筑工程	899039	557169	其中：住宅	13682403	6903574
安装工程	63747	28740	商业营业用房	1967176	884445
设备工器具购置	4198	3355	办公楼	78435	70909
其他费用	374755	237961	其他	1151970	702114
其中：旧建筑物购置费	1392	150	规划住宅套数	118211	61306
土地购置费	242073	115695	其中:90 平方米以下	35568	25114
3. 按工程用途分			144 平方米以上	7546	5281
住宅	1124809	741533	其中：别墅、高档公寓	649	641
其中：90 平方米以下	417126	355900	项目个数	176	63
其中：144 平方米以上	65114	45877	待开发土地面积	1438285	1293220
别墅、高档公寓	9112	8262	本年土地购置面积	1757124	854303
办公楼	6281	5405	本年土地成交价款	265532	148927
商业营业用房	126412	48603	其中：拆迁补偿费	3383	2500
其他	84237	31684	土地使用权出让金	229106	144777
本年新增固定资产	283681	59898	契税	15994	4747

4–5 房地产施工销售及空置情况综合表

Major Indicaotrs of Investment in Real Estate Development

单位：平方米、万元、套

指标名称	合计	住宅			别墅、高档公寓	办公楼	商业营业用房	其他房屋
			90平米及以下	144平米以上				
房屋施工面积	11405154	9295184	1789046	490789	30819	73275	1383058	653637
其中：新开工面积	5715184	4827280	991708	262341	29819	35321	610190	242393
房屋竣工面积	764945	593707	99511	34945		300	167002	3936
其中：不可销售面积	52107						51923	184
商品住宅竣工套数		5680	1234	189				
竣工房屋价值	174785	132141	20043	7727		50	41573	1021
批准预售面积	2784012	2391339	296008	68772	29819	2481	329126	61066
批准预售住宅套数		23457	3869	440	168			
出租房屋面积	500						500	
商品房销售面积	1625040	1509300	178545	65273	12119		58661	57079
其中：本月销售面积	240723	229752	31202	9601	172		10181	790
其中：现房销售面积	334926	303033	52801	25529			23617	8276
其中：期房销售面积	1290114	1206267	125744	39744	12119		35044	48803
商品房销售额	638222	568169	73445	26337	10849		56588	13465
其中：本月销售额	73983	66884	10119	2069	100		6974	125
其中：现房销售额	120682	97793	17176	7351			16627	6262
其中：期房销售额	517540	470376	56269	18986	10849		39961	7203
商品住宅销售套数		13439	2175	371	62			
其中：现房销售套数		2656	639	145				
其中：期房销售套数		10783	1536	226	62			
空置面积	1681516	1291566	200707	95431	19773	2390	290625	96935
其中：空置1–3年面积	946606	741184	93426	60277			150330	55092
其中：空置3年以上面积	75055	9115	9115				48303	17637

4-6 荆州城区房地产施工销售及空置情况综合表

Major Indicaotrs of Investment in Real Estate Development in City Proper

单位：平方米、万元、套

指标名称	合计	住宅	90 平米及以下	144 平米以上	别墅、高档公寓	办公楼	商业营业用房	其他房屋
房屋施工面积	6145306	4946156	1095729	236009	29819	67488	696065	435597
其中：新开工面积	3128385	2691903	534517	97701	29819	34830	222928	178724
房屋竣工面积	100481	66708	28238	3099			32895	878
其中：不可销售面积	7104						6920	184
商品住宅竣工套数		722	408	18				
竣工房屋价值	34557	25376	5550	2057			8800	381
批准预售面积	994546	923327	141771	49251	29819	2390	68501	328
批准预售住宅套数		9543	1810	318	168			
出租房屋面积								
商品房销售面积	539991	481655	94189	18124	12119		14883	43453
其中：本月销售面积	61879	59456	8268	1669	172		2423	
其中：现房销售面积	32409	28529	2904	3564			3880	
其中：期房销售面积	507582	453126	91285	14560	12119		11003	43453
商品房销售额	246409	226047	45281	11546	10849		14343	6019
其中：本月销售额	27680	25924	3504	802	100		1756	
其中：现房销售额	17492	15246	1512	2226			2246	
其中：期房销售额	228917	210801	43769	9320	10849		12097	6019
商品住宅销售套数		4631	1135	102	62			
其中：现房销售套数		253	37	21				
其中：期房销售套数		4378	1098	81	62			
空置面积	806216	653597	95162	58846	19773	2390	103388	46841
其中：空置1-3年面积	569780	459513	59566	39073			63791	46476
其中：空置3年以上面积	14499	566	566				13568	365

4–7 房地产开发企业财务状况主要指标对比表

Main Financial Indicators of Real Estate Enterprises

单位：万元

指标名称	年初存货	累计折旧	本年折旧	资产总计	负债合计	所有者权益合计
总　计	1299258	20778	3520	3628490	2997318	631172
一、按控股情况分组						
国有控股	169785	3218	256	449646	404958	44688
集体控股	29759	694	138	99077	85987	13091
私人控股	925938	15331	2754	2735680	2189165	546515
其他	173775	1536	373	344087	317209	26878
二、按资质等级						
一级	4975	624	27	16715	24198	–7483
二级	140132	2352	354	262915	223200	39715
三级	312853	9248	777	693482	513445	180037
四级	187957	5361	1464	712289	602308	109981
暂定	653340	3193	899	1943090	1634168	308922
三、按机构类型分组						
企业	1299258	20778	3520	3628490	2997318	631172
四、按地区分组						
沙市区	634884	8103	1282	1460593	1256204	204390
荆州区	133895	1265	176	354107	315754	38353
公安县	34302	1041	157	205253	191066	14187
监利县	59393	307	115	162574	123176	39399
江陵县	52759	1189	247	232116	180214	51902
石首市	61546	4014	346	120958	82556	38403
洪湖市	171925	3206	920	364122	268804	95318
松滋市	91250	1243	167	274951	147799	127152

4-7　续表1　　单位：万元

指标名称	主营业务收入	土地转让收入	商品房屋销售收入	房屋出租收入	主营业务成本	主营业务税金及附加
总　计	661178	10153	626697	2654	482587	57339
一、按控股情况分组						
国有控股	62177	8079	49605	371	44844	3765
集体控股	4405	270	4065		3452	309
私人控股	536321	1805	515770	1315	367165	47555
其他	58275		57257	967	67126	5710
二、按资质等级						
一级	6579		6360	219	5368	326
二级	81964		81812	152	54766	4296
三级	151079	359	146396	199	109095	12394
四级	198851	270	180565	805	167002	15784
暂定	222706	9524	211565	1278	146355	24539
三、按机构类型分组						
企业	661178	10153	626697	2654	482587	57339
四、按地区分组						
沙市区	191216		183801	2426	155808	23470
荆州区	36400	90	36240		28410	2843
公安县	80108	1282	78798	27	67928	8207
监利县	70048		69848	200	7512	3295
江陵县	27620	8079	19542		23705	2020
石首市	54833	359	42877		41449	3612
洪湖市	120493	343	119035		95269	8204
松滋市	80460		76557		62508	5688

4-7 续表2

单位：万元

指标名称	销售费用	管理费用		财务费用	营业利润	利润总额	应付职工薪酬（贷方累计发生额）
			税金				
总　　计	26490	30819	1208	25067	6791	8730	21921
一、按控股情况分组							
国有控股	4910	5741	62	2305	−2067	1632	1677
集体控股	743	632	50	258	−3383	−3334	547
私人控股	18881	21778	964	20588	8100	6185	17843
其他	1956	2667	134	1916	4141	4248	1854
二、按资质等级							
一级	82	787	1		−17	−17	217
二级	1344	2238	39	6068	18071	17427	881
三级	8160	9998	360	2382	5808	5794	6370
四级	5719	6685	390	6740	−1320	−1767	5451
暂定	11186	11111	418	9876	−15750	−12707	9001
三、按机构类型分组							
企业	26490	30819	1208	25067	6791	8730	21921
四、按地区分组							
沙市区	10681	13681	375	9563	2721	1468	6052
荆州区	1024	2064	22	1431	648	679	1032
公安县	1427	1823	8	4274	−4917	−4855	3090
监利县	2173	844		460	1588	1561	661
江陵县	1132	1786	104	1948	−2222	1110	2053
石首市	1360	1264	177	661	6488	6487	881
洪湖市	3248	4097	270	3628	7234	7156	4301
松滋市	2229	3252	54	1353	2056	2169	2941

4-8 建筑业企业财务状况

Main Finamcial Indicators of Construction Enterprises

单位：万元

指标名称	一、年初存货	二、年末资产负债				
		流动资产合计	应收工程款	其中：存货	固定资产合计	固定资产原价
总计	160847	893800	256238	215092	290242	357886
其中：国有及国有控股企业	19730	151758	40556	20824	48678	59669
一、按登记注册类型分组						
内资企业	160847	893800	256238	215092	290242	357886
国有企业	9622	46904	4169	10875	17067	17933
集体企业	2851	20455	9138	3865	23555	21167
有限责任公司	99096	527631	158519	131017	142837	183303
国有独资公司		1420			3168	3845
其他有限责任公司	99096	526211	158519	131017	139669	179458
股份有限公司	10828	60336	7115	13038	16373	15590
私营企业	38451	238474	77298	56297	90410	119893
私营合伙企业		193			489	651
私营有限责任公司	37600	230655	74982	53548	85766	113893
私营股份有限公司	851	7627	2316	2749	4155	5349
二、按国民经济行业分组						
房屋建筑业	84075	460169	143412	133103	155037	166507
土木工程建筑业	62013	346668	78831	70157	114627	166771
铁路、道路、隧道和桥梁工程建筑	14988	112213	55751	25405	39715	70373
铁路工程建筑	349	2186	1851	181	140	200
公路工程建筑	9446	87756	44159	17666	30389	57030
市政道路工程建筑	5155	21614	9741	7545	8863	12241
其他道路、隧道和桥梁工程建筑	38	656		13	324	903
水利和内河港口工程建筑	10262	80039	4035	7042	30220	30986
水源及供水设施工程建筑	4580	21873	1831	1578	17427	13872
河湖治理及防洪设施工程建筑	4375	54723	2137	3940	10148	12816
港口及航运设施工程建筑	1307	3444	66	1525	2645	4298
工矿工程建筑	8	1598	954	84	316	321
架线和管道工程建筑	22986	98057	1556	29153	32027	47729
架线及设备工程建筑	22218	84222	1556	28374	16706	22663
管道工程建筑	768	13835		779	15321	25066
其他土木工程建筑	13771	54761	16535	8473	12349	17362
建筑安装业	7290	36310	4761	7302	6142	5609
电气安装	4534	30463	2801	4443	5644	4942
其他建筑安装业	2756	5847	1959	2859	498	667
建筑装饰和其他建筑业	7468	50654	29235	4531	14435	18999
建筑装饰业	1989	11724	4179	1848	2968	3620
工程准备活动	612	7906	2772	600	2375	5283
其他工程准备活动	612	7906	2772	600	2375	5283
提供施工设备服务	661	5209	1335	203	4107	5010
其他未列明建筑业	4206	25815	20948	1880	4985	5087
三、按企业资质等级分组						
施工总承包	144392	756517	204396	190018	249255	299783
一级	32073	228579	89667	39433	52500	72850
二级	65711	286566	75262	93236	116488	133620
三级以下	46608	241372	39467	57350	80266	93312
专业承包	16455	137282	51842	25074	40987	58104
一级	3917	12316	2400	9361	1339	1550
二级	3277	77749	40128	3261	16393	28328
三级以下	9262	47218	9314	12452	23255	28226

4-8 续表1

单位：万元

指标名称	二、年末资产负债					
	累计折旧	其中：本年折旧	在建工程	资产合计	流动负债合计	应付账款
总计	118012	20305	35786	1312138	501545	115572
其中：国有及国有控股企业	22968	4089	7110	215560	78273	6187
一、按登记注册类型分组						
内资企业	118012	20305	35786	1312138	501545	115572
国有企业	6162	741	4958	72436	31851	4138
集体企业	6357	1083	7672	49994	10025	1064
有限责任公司	56374	8937	8011	716302	294056	56667
国有独资公司	1412	31		4588		
其他有限责任公司	54962	8905	8011	711714	294056	56667
股份有限公司	3288	576	2689	94605	48408	3211
私营企业	45830	8969	12457	378803	117206	50492
私营合伙企业	162	52		752		
私营有限责任公司	44384	8768	12457	366016	113114	47875
私营股份有限公司	1284	148		12034	4092	2617
二、按国民经济行业分组						
房屋建筑业	41070	7452	24217	684786	247804	55618
土木工程建筑业	68975	10479	10764	513352	209691	44047
铁路、道路、隧道和桥梁工程建筑	34901	5729	2555	164102	34210	9929
铁路工程建筑	60			2841	1928	
公路工程建筑	30125	5026	2239	128492	22373	4477
市政道路工程建筑	4137	615	315	31788	9667	5452
其他道路、隧道和桥梁工程建筑	579	87		980	243	
水利和内河港口工程建筑	10202	1304	6646	118239	60353	3524
水源及供水设施工程建筑	3403	416	6646	41537	16290	658
河湖治理及防洪设施工程建筑	5147	623		70613	42727	2866
港口及航运设施工程建筑	1652	265		6089	1336	
工矿工程建筑	20	14		1915	1171	
架线和管道工程建筑	17644	2664	1136	157412	83308	23052
架线及设备工程建筑	6769	1148	5	104369	78278	22608
管道工程建筑	10875	1517	1131	53043	5030	443
其他土木工程建筑	6208	769	427	71685	30648	7542
建筑安装业	1804	413	70	45298	13640	467
电气安装	1634	351	70	38953	11534	330
其他建筑安装业	169	62		6345	2106	137
建筑装饰和其他建筑业	6164	1962	735	68703	30410	15440
建筑装饰业	787	171	60	15846	6800	2105
工程准备活动	2907	339		10717	3874	2746
其他工程准备活动	2907	339		10717	3874	2746
提供施工设备服务	903	154		11131	7433	1073
其他未列明建筑业	1566	1297	675	31010	12303	9516
三、按企业资质等级分组						
施工总承包	94330	15788	33008	1121682	438988	103202
一级	30210	4262	5881	320937	119692	24976
二级	35245	6801	14296	440408	155941	37550
三级以下	28875	4725	12831	360337	163355	40676
专业承包	23682	4517	2778	190456	62558	12370
一级	298	147	87	14122	5816	1738
二级	15637	3137	2288	99851	21032	4870
三级以下	7748	1233	403	76484	35710	5763

4-8 续表2

单位：万元

指标名称	二、年末资产负债					
	非流动负债合计	负债合计	所有者权益合计	实收资本	国家资本	集体资本
总计	53591	628626	683513	486231	54695	55968
其中：国有及国有控股企业	1536	125800	89760	72379	41590	8630
一、按登记注册类型分组						
内资企业	53591	628626	683513	486231	54695	55968
国有企业	1490	34348	38088	26766	18490	1276
集体企业	1204	16054	33940	22546	7466	12590
有限责任公司	2614	354205	362097	259817	23322	42052
国有独资公司		321	4267	4267		4267
其他有限责任公司	2614	353884	357830	255551	23322	37785
股份有限公司	850	53009	41596	35848	5367	
私营企业	47433	171010	207792	141254	50	50
私营合伙企业	120	120	632	600		
私营有限责任公司	47313	166799	199217	138526	50	50
私营股份有限公司		4092	7943	2128		
二、按国民经济行业分组						
房屋建筑业	21744	284357	400429	292563	11424	36769
土木工程建筑业	31570	297493	215858	151689	43070	18397
铁路、道路、隧道和桥梁工程建筑	1412	85615	78486	58656	13742	5772
铁路工程建筑		1928	914	600	600	
公路工程建筑		69742	58750	46081	10984	4594
市政道路工程建筑	1412	13703	18085	10967	2158	1178
其他道路、隧道和桥梁工程建筑		243	737	1008		
水利和内河港口工程建筑	456	64748	53491	47743	25091	2148
水源及供水设施工程建筑		19052	22486	21306	14286	
河湖治理及防洪设施工程建筑	456	44359	26253	22785	10805	1497
港口及航运设施工程建筑		1336	4752	3651		651
工矿工程建筑		1177	737	691		
架线和管道工程建筑	28400	112367	45045	22202		9002
架线及设备工程建筑		78937	25432	16202		9002
管道工程建筑	28400	33430	19613	6000		
其他土木工程建筑	1302	33586	38098	22397	4238	1474
建筑安装业		15923	29375	21003		802
电气安装		13817	25136	19603		802
其他建筑安装业		2106	4239	1400		
建筑装饰和其他建筑业	278	30853	37851	20977	200	
建筑装饰业		6965	8881	7145	200	
工程准备活动	120	3994	6723	3414		
其他工程准备活动	120	3994	6723	3414		
提供施工设备服务	158	7591	3540	2500		
其他未列明建筑业		12303	18707	7918		
三、按企业资质等级分组						
施工总承包	53002	515873	605809	427539	48698	49330
一级	18731	142009	178928	125001	5167	15000
二级	5108	180394	260015	187120	35017	20275
三级以下	29163	193471	166866	115419	8515	14055
专业承包	589	112752	77704	58692	5997	6638
一级		5981	8141	6250	200	
二级	431	65823	34028	25116	5477	1771
三级以下	158	40948	35536	27326	320	4867

4-8 续表3

单位：万元

指标名称	法人资本	个人资本	三、损益及分配 营业收入	主营业务收入	营业成本
总计	128950	246619	1977491	1826106	1703371
其中：国有及国有控股企业	15524	6635	327458	327409	284325
一、按登记注册类型分组					
内资企业	128950	246619	1977491	1826106	1703371
国有企业	2000	5000	138109	138069	120138
集体企业	2090	400	104972	104972	88217
有限责任公司	55385	139059	1060699	1050194	921392
国有独资公司			2025	2025	1169
其他有限责任公司	55385	139059	1058674	1048168	920223
股份有限公司	2285	28196	173303	69943	146032
私营企业	67191	73964	500408	462929	427593
私营合伙企业		600	1352	1352	1112
私营有限责任公司	65563	72864	484965	447486	413767
私营股份有限公司	1628	500	14091	14091	12714
二、按国民经济行业分组					
房屋建筑业	60118	184252	1173801	1065411	1025562
土木工程建筑业	43946	46276	695642	660634	590836
铁路、道路、隧道和桥梁工程建筑	8723	30419	322576	322566	283834
铁路工程建筑			607	607	550
公路工程建筑	5160	25343	273109	273109	241787
市政道路工程建筑	2556	5076	46995	46985	39740
其他道路、隧道和桥梁工程建筑	1008		1865	1865	1759
水利和内河港口工程建筑	17734	2770	135586	135486	116446
水源及供水设施工程建筑	5020	2000	41209	41209	35513
河湖治理及防洪设施工程建筑	9714	770	79013	78914	67459
港口及航运设施工程建筑	3000		15363	15363	13474
工矿工程建筑	91	600	3166	3166	2818
架线和管道工程建筑	6000	7200	145990	112287	119374
架线及设备工程建筑		7200	113567	106071	97401
管道工程建筑	6000		32424	6216	21973
其他土木工程建筑	11398	5287	88326	87129	68365
建筑安装业	12820	7380	60105	52669	49163
电气安装	12620	6180	48323	40887	39755
其他建筑安装业	200	1200	11782	11782	9409
建筑装饰和其他建筑业	12066	8711	47943	47392	37809
建筑装饰业	2103	4842	15239	14688	12367
工程准备活动	1495	1919	13283	13283	11046
其他工程准备活动	1495	1919	13283	13283	11046
提供施工设备服务	550	1950	3618	3618	3117
其他未列明建筑业	7918		15802	15802	11279
三、按企业资质等级分组					
施工总承包	101758	227753	1714582	1572547	1480826
一级	26225	78610	546973	439762	481375
二级	32294	99534	698045	697750	600025
三级以下	43240	49609	469565	435035	399425
专业承包	27192	18866	262908	253559	222545
一级	5000	1050	12685	12685	10152
二级	10774	7094	150466	149823	128378
三级以下	11418	10722	99757	91051	84016

4-8　续表4

单位：万元

指标名称	三、损益及分配				
	主营业务成本	营业税金及附加	主营业务税金及附加	其他业务利润	管理费用
总计	1516221	78483	69580	1936	85339
其中：国有及国有控股企业	248387	11410	9084	41	19724
一、按登记注册类型分组					
内资企业	1516221	78483	69580	1936	85339
国有企业	89155	6325	4119	40	8078
集体企业	88217	5704	5594		3369
有限责任公司	897654	38515	37800	968	46841
国有独资公司	1169	49			251
其他有限责任公司	896485	38465	37800	968	46590
股份有限公司	57842	8153	2515	6	11486
私营企业	383353	19786	19552	922	15565
私营合伙企业	1112	42	42		23
私营有限责任公司	369527	19320	19086	922	15285
私营股份有限公司	12714	424	424		257
二、按国民经济行业分组					
房屋建筑业	892967	49676	41348	1720	45241
土木工程建筑业	549879	24036	23622	182	36443
铁路、道路、隧道和桥梁工程建筑	275313	9726	9676	6	14334
铁路工程建筑	550	8	8		45
公路工程建筑	240897	7130	7081		12231
市政道路工程建筑	32109	2537	2537	6	2023
其他道路、隧道和桥梁工程建筑	1759	51	51		35
水利和内河港口工程建筑	116285	5651	5413	92	7185
水源及供水设施工程建筑	35513	1562	1324		1450
河湖治理及防洪设施工程建筑	67298	3557	3557	92	5054
港口及航运设施工程建筑	13474	532	532		681
工矿工程建筑	2818	104	104		104
架线和管道工程建筑	93072	3707	3583	52	9880
架线及设备工程建筑	91074	3371	3371	75	8808
管道工程建筑	1998	336	213	-23	1072
其他土木工程建筑	62391	4848	4845	32	4939
建筑安装业	42491	2240	2101		1612
电气安装	33082	1829	1690		1250
其他建筑安装业	9409	411	411		362
建筑装饰和其他建筑业	30884	2530	2510	35	2042
建筑装饰业	11874	611	592	35	675
工程准备活动	10316	619	619		684
其他工程准备活动	10316	619	619		684
提供施工设备服务	3102	22	21		208
其他未列明建筑业	5592	1278	1278		475
三、按企业资质等级分组					
施工总承包	1307859	68870	60131	1703	70085
一级	391924	22576	16851	1567	23020
二级	556936	28106	25505	-20	26673
三级以下	359000	18187	17775	156	20392
专业承包	208362	9613	9450	233	15254
一级	10127	505	505		496
二级	125889	5003	4984	127	8352
三级以下	72346	4105	3961	106	6406

4-8 续表5

单位：万元

指标名称	三、损益及分配				
	税　金	财务费用	利息收入	利息支出	营业利润
总计	4805	13506	459	9992	85606
其中：国有及国有控股企业	818	1431	7	661	9975
一、按登记注册类型分组					
内资企业	4805	13506	459	9992	85606
国有企业	112	461		129	2621
集体企业	1382	879	106	334	5597
有限责任公司	2230	5930	168	4659	43938
国有独资公司	9	161			254
其他有限责任公司	2220	5769	168	4659	43684
股份有限公司	201	1581	3	1455	5586
私营企业	881	4655	182	3415	27863
私营合伙企业	3	17		17	146
私营有限责任公司	848	4623	182	3393	27148
私营股份有限公司	30	16		6	570
二、按国民经济行业分组					
房屋建筑业	2533	9596	202	7683	36307
土木工程建筑业	2039	2505	242	1358	39332
铁路、道路、隧道和桥梁工程建筑	779	1108	164	704	12613
铁路工程建筑		1		1	1
公路工程建筑	663	1032	161	668	10119
市政道路工程建筑	115	75	3	35	2473
其他道路、隧道和桥梁工程建筑	1				21
水利和内河港口工程建筑	328	449	5	167	5880
水源及供水设施工程建筑	237	73	2	68	2516
河湖治理及防洪设施工程建筑	87	342	3	99	2723
港口及航运设施工程建筑	4	33			642
工矿工程建筑	3	23	1	22	110
架线和管道工程建筑	600	104	26	146	11912
架线及设备工程建筑	571	-22	44	38	3701
管道工程建筑	29	126	-18	108	8211
其他土木工程建筑	330	821	47	318	8818
建筑安装业	97	693	11	291	6025
电气安装	97	531	10	130	4928
其他建筑安装业	1	163		162	1097
建筑装饰和其他建筑业	136	712	5	660	3942
建筑装饰业	64	61		24	1091
工程准备活动	11	44		43	653
其他工程准备活动	11	44		43	653
提供施工设备服务	26	161		162	85
其他未列明建筑业	35	447	4	431	2113
三、按企业资质等级分组					
施工总承包	3394	11590	410	8518	73812
一级	199	4506	181	4173	14638
二级	1592	5069	167	3123	33936
三级以下	1602	2016	61	1222	25238
专业承包	1411	1915	50	1474	11794
一级	101	279		279	1181
二级	821	938	11	527	6878
三级以下	490	698	38	669	3735

4-8　续表6　　单位：万元

指标名称	三、损益及分配				
	营业外收入	营业外支出	利润总额	应交所得税	应付职工薪酬（贷方累计发生额）
总计	1458	1002	84785	18832	253522
其中：国有及国有控股企业	251	86	10089	1828	41305
一、按登记注册类型分组					
内资企业	1458	1002	84785	18832	253522
国有企业	250	17	2851	827	24846
集体企业	203	196	5656	1171	19719
有限责任公司	931	710	42835	9056	137046
国有独资公司			254	1	624
其他有限责任公司	931	710	42581	9055	136422
股份有限公司	6	16	5576	1443	23004
私营企业	68	64	27867	6335	48908
私营合伙企业			146	7	858
私营有限责任公司	68	32	27184	6184	47226
私营股份有限公司		32	538	145	825
二、按国民经济行业分组					
房屋建筑业	266	596	34752	8412	190154
土木工程建筑业	1192	372	40149	8638	49794
铁路、道路、隧道和桥梁工程建筑	5	70	12544	1853	21848
铁路工程建筑			1		306
公路工程建筑		55	10063	1229	16298
市政道路工程建筑	5	15	2459	604	4768
其他道路、隧道和桥梁工程建筑			21	19	476
水利和内河港口工程建筑	211	208	5883	1634	13721
水源及供水设施工程建筑	210	195	2530	579	3489
河湖治理及防洪设施工程建筑	1	13	2711	883	9373
港口及航运设施工程建筑			642	173	860
工矿工程建筑	1		110	72	127
架线和管道工程建筑	775	80	12607	3054	5546
架线及设备工程建筑	714	54	4360	993	4655
管道工程建筑	62	26	8247	2062	891
其他土木工程建筑	200	13	9005	2025	8552
建筑安装业		2	6023	1137	5087
电气安装		2	4926	904	4698
其他建筑安装业			1097	233	390
建筑装饰和其他建筑业		33	3862	645	8487
建筑装饰业		32	1059	313	2264
工程准备活动			653	97	2023
其他工程准备活动			653	97	2023
提供施工设备服务		1	84	3	255
其他未列明建筑业			2065	232	3945
三、按企业资质等级分组					
施工总承包	1400	892	73090	16712	225682
一级	6	415	12953	2820	66113
二级	523	397	34059	7588	102983
三级以下	870	80	26079	6304	56585
专业承包	59	110	11695	2121	27840
一级			1181	299	1726
二级		82	6797	1026	10159
三级以下	59	28	3718	796	15955

4–9 建筑业生产情况

Indicators on Construction Enterprises

单位：个、万元、平方米、人

指标名称	企业个数	合同情况	建筑业总产值	竣工产值	房屋建筑施工面积	年末从业人数
总计	210	4129683	2278902	1863060	16556609	76562
其中：国有及国有控股企业	35	428933	339979	285272	1095166	10366
一、按登记注册类型分组						
内资企业	210	4129683	2278902	1863060	16556609	76562
国有企业	16	203186	136847	111968	1007036	4965
集体企业	20	143448	133780	98111	1000210	6829
有限责任公司	98	2170189	1330028	1062323	11224485	42259
国有独资公司	2	16449	11032	10018		230
其他有限责任公司	96	2153740	1318996	1052305	11224485	42029
股份有限公司	14	202519	171451	121952	1096782	5343
私营企业	62	1410342	506796	468705	2228096	17166
私营独资企业	1	16336	14205	14205		120
私营合伙企业	1	834	834	834		308
私营有限责任公司	56	1280116	479359	451581	2228061	16156
私营股份有限公司	4	113056	12398	2086	35	582
二、按企业资质等级分组						
企业资质等级(施工总承包)	144	3755166	1931468	1545452	16204998	67751
特级						
一级	13	1772687	744501	476808	5612006	18283
二级	57	1215103	796340	707336	7621541	30466
三级及以下	74	767376	390627	361307	2971451	19002
企业资质等级(专业总承包)	66	374517	347434	317608	351611	8811
一级	3	12967	12967	12577	77082	532
二级	26	155855	151179	140665		4180
三级及以下	37	205695	183289	164366	274529	4099
三、按地区分组						
荆州市	209	4115794	2269956	1852436	16386965	76097
沙市区	65	1823814	573637	479582	6670078	23197
荆州区	26	745890	482878	348353	3112605	11828
公安县	23	507729	266584	174213	2179148	11362
监利县	11	65811	50654	47303	214675	2299
江陵县	11	179133	158540	151521	686604	4289
石首市	16	125714	121302	121302	396307	4808
洪湖市	31	256827	220967	171295	1448396	7679
松滋市	26	410877	395393	358867	1679152	10635

指 标 解 释

Explanatory Notes on Statistical Indicators

【全社会固定资产投资】 包括城镇固定资产投资（含房地产开发投资）和农村固定资产投资。

【全市固定资产投资】 指全社会固定资产投资中扣除房地产开发投资。

【固定资产投资】 是指各种登记注册类型的企业、事业、行政单位及个体户进行的计划总投资在50万元及以上的建设项目投资。县及县以上各级政府及主管部门直接领导、管理的建设项目和企事业单位的投资均为城镇固定资产投资。

【农村固定资产投资】 指发生在农村区域范围内、用于改变农村面貌的投资在50万元及以上的固定资产投资项目完成的投资。县以下各级政府及企事业单位完成的投资额计入农村固定资产投资。

【基础设施】 是指能够为企业提供作为中间投入用于生产的基本需求；能够为消费者提供所需的基本消费服务；能够为社区提供用于改善不利的外部环境的服务等建设的投资，包括固定资产投资中用于市政工程、电信工程、公共设施和水利环保等建设的投资。具体包括：电力、燃气和水的生产和供应业；交通运输业；邮政业；信息传输业；水利、环境和公共设施管理业等。

【住宅建设投资】 是指专供居住使用的房屋，包括职工家属宿舍、职工单身宿舍、学生宿舍和经济适用房等建设单位自己建造的住宅，不包括购置的商品住宅。

【建安投资（建筑安装工作量）】 是指各种房屋、建筑物的建造工程，各种设备、装置的安装工程。又称建筑安装工作量。建筑工程投资必须经过兴工动料，通过施工活动才能实现。在安装工程中，不包括被安装设备本身价值。

【设备、工具、器具购置】 是指把工业企业生产的产品转为固定资产的购置活动，包括建设单位或企、事业单位购置或自制达到固定资产标准的设备、工具、器具的价值。新建单位及扩建单位的新建车间，按照设计或计划要求购置或自制的全部设备、工具、器具，不论是否达到固定资产标准均计入”设备、工具器具购置”中。

【其他费用】 指在固定资产建造和购置过程中发生的，除建筑安装工程和设备、工器具购置投资完成额以外的费用，不指经营中财务上的其他费用。包括旧房屋购置，基本畜禽支出，林木支出，退耕还林还草、土壤改良、城市绿化，办公生活用家具、器具购置，建设单位管理费、土地征用、购置及迁移补偿费，政府收费，勘察设计费，研究实验费，可行性研究费，临时设施费，施工机械转移费，设备检验费，负荷联合试车费，土地占用、使用费，建设期应付利息，包干节余，企业债券发行费，合同公证费及工程质量监测费，国外借款手续费及承诺费，汇兑损益，调整器材调拨价格折价，坏帐损失，固定资产资产亏损及损失等。

【本年新增固定资产】 是指报告期内交付使用的固定资产价值。包括本年内建成投入生产或交付使用的工程投资和达到固定资产标准的设备、工具、器具的投资及有关应摊入的费用。属于增加固定资产价值的其他建设费用，应随同交付使用的工程一并计入新增固定资产。

【房屋施工面积】 是指报告期内施工的全部房屋建筑面积。包括本期新开工的面积和上年开工跨入本期继续施工房屋面积，以及上期已停建在本期恢复施工的房屋面积。本期竣工和本期施工后又停建、缓建的房屋面积仍包括在施工面积中，多层建筑应填各层建筑面积之和。

【房屋竣工面积】 是指报告期内房屋建筑按照设计要求已全部完工，达到住人和使用条件，经验收鉴定合格（或达到竣工验收标准），可正式移交使用的各栋房屋建筑面积的总和。

【销售面积】 是指报告期已竣工的房屋面积中已正式交付给购房者或已签订正式销售合同的商品房屋面积。不包括已签订预售合同正在建设的商品房屋面积。但包括报告期或报告期以前签订了预售合同，在报告期又竣工的商品房屋面积。

【建筑业总产值】 指建筑业企业自行完成的以工程预（概）算为依据，按工程进度计算的建筑安装总价值。它包括建筑工程产值、设备安装工程产值、其他产值三部分内容。

（1）建筑工程产值：指列入建筑工程预算内的各种

工程价值；

（2）*安装工程产值*：指设备安装工程价值，包括：生产、动力、起重、运输、传动和医疗、实验等各种需要安装设备的装配和安装与设备相连的工作台、梯子、栏杆等装设工程，附属于被安装设备的管线敷设工程、被安装设备的绝缘、防腐、保温、油漆等工作，以及为测定安装工作质量，对单个设备、系统设备进行单机试运和系统联动无负荷试运工作。在设备安装产值中，不得包括被安装设备本身价值。

（3）*其他产值*：指建筑业总产值中除建筑工程、安装工程以外的产值。包括房屋构筑物修理产值、非标准设备制造产值、总包企业向分包企业收取的管理费、以及不能明确划分的施工活动所完成的产值。

【装修装饰产值】 指为了使建筑物、构筑物的室内空间和外表达到一定的标准和环境质量，使用建筑材料对建筑物或构筑物的室内和外表进行修饰的一系列建筑施工活动所完成的产值。可分为装修和装饰两部分产值。

【装修产值】 指对新建房屋及构筑物经施工活动后，达到设计文件所规定的全部内容，且完全具备使用条件，其施工活动中的地面、天棚、内外墙面、门窗、非承重的隔墙、隔断和保温等。

【装饰产值】 指对新建房屋及构筑物经施工活动后主体工程已完，尚未达到使用条件交付给建设单位，需二次施工后才能达到使用条件所完成的产值；对原有房屋经使用若干年后，在不改变原有建筑物主体结构的情况下而进行施工活动所完成的产值。建筑装饰工程的范围，包括抹灰、门窗、玻璃、吊顶、隔断、饰面板（砖）、涂料、裱糊、刷浆、花饰等十项工程。

【年末自有机械设备净值】 指本企业自有机械设备经过使用、磨损后实际存在的价值，既原值减去累计折旧后的净额。

【年末自有机械设备年末总台数】 指年末本企业（或单位）自有的直接用于工程施工的各种机械设备的台数。不包括附属辅助生产机械设备、运输机械设备、生产试验机械设备的台数。

【年末自有机械设备年末总功率】 指年末本企业（或单位）自有的直接用于工程施工的各种机械设备年末总功率，按设定能力或查定能力计算。包括施工机械本身的动力和为该机械服务的单独动力设备，如电动机等。但不包括附属辅助生产机械设备、运输机械设备、生产试验机械设备的功率。计量单位用千瓦，动力换算可按 1 马力 =0.735 千瓦折合成千瓦数。电焊机、变压器、锅炉不计算动力。

五、财政、税收、金融与保险

Local Goverment Finance, Taxation, Banking and Insurance

资料整理：刘家鹏　李　颖
吴　涛　赵　娟

5-1 分年财政收入

Financial Revenue by Year

单位：万元

指　标	2010 年	2011 年	2012 年	2013 年	2014 年
地方财政总收入	736719	744974	918225	1131701	1338113
#增值税	226774	246411	276868	341884	360682
营业税	90901	131675	170763	185430	215010
企业所得税	69533	104852	136010	160822	208080
个人所得税	24562	32478	36648	41841	56657
地方公共财政预算收入	276032	443269	567632	719525	881683
各项税收	199944	336515	424625	533941	655553
#增值税	38551	61603	69338	97062	111248
营业税	63631	131675	170763	185430	215010
企业所得税	17383	41940	54404	64329	83231
个人所得税	6141	12991	14659	16736	22664
资源税	691	827	1875	3904	5220
城市维护建设税	17854	22690	28138	33673	41726
房产税	5814	7827	9023	10980	16036
印花税	2575	3254	4146	5664	7421
城镇土地使用税	5840	6698	8850	10019	11645
车船使用税	3052	3882	4545	5642	9707
耕地占用税	14224	8787	15626	25001	25659
契　税	18366	19781	28349	46411	63869
国有资本经营收入	2547	–31	197	50	68
基金收入	144464	289615	353903	528505	806558
上划中央收入合计	256267	301705	350593	412176	456430
#消费税	29438	34499	39468	45756	48154

5-2 县市区财政收入与支出

Financial Revenue and Expenditures in Each County

单位：万元

指　标	荆州市	荆州区	沙市区	开发区	江陵县
地方财政总收入	1338113	199028	285091	179415	35415
各项税收	1111983	178134	271390	174228	27024
地方公共财政预算收入	881683	131998	182864	93015	24413
各项税收	655553	111104	169163	87828	16022
增值税	111248	13486	21114	22226	4436
营业税	215010	37743	64282	10866	6147
企业所得税	83231	13520	23484	14511	1697
个人所得税	22664	3521	5522	5150	423
地方基金收入	806558	102478	5231	877	30611
地方公共财政预算支出	2762949	230208	154633	59543	169419
一般公共服务	289075	34451	22450	6401	22491
公共安全	137743	13229	12517	957	8835
教育	440998	35082	30434	5725	19767
科学技术	38787	3152	2525	1098	1637
文化体育与传媒	25570	1257	488		970
社会保障和就业	509728	46616	43677	5489	27232
医疗卫生	298526	23237	8965	3677	18208
节能环保	30144	983	290	653	6226
城乡社区事务	77902	4271	10520	2136	6098
农林水事务	384836	27638	11585	1451	30471
交通运输	195045	21644	5138		13404
住房保障	125334	10367	1402	1795	5887
资源勘探电力信息事务	61762	290	2187	29564	1708
粮油物资储备事务	48304	3743	1854	4	4757
金融监管支出	1308				

5-2 续表

单位：万元

指　标	松滋市	公安县	石首市	监利县	洪湖市
地方财政总收入	188146	123257	96361	74857	89442
各项税收	152809	93449	77567	66462	70920
地方公共财政预算收入	108000	92008	61868	54213	66203
各项税收	72663	62200	43074	45818	47681
增值税	16089	9149	9816	7252	7680
营业税	17801	21423	15089	20506	21153
企业所得税	14034	5307	3932	3059	3687
个人所得税	2165	2289	1937	851	806
地方基金收入	166619	13909	42238	102024	24971
地方公共财政预算支出	356814	340745	230369	456818	364707
一般公共服务	36436	32951	21322	33836	32162
公共安全	15134	16489	12446	16690	17482
教育	58896	56094	34166	88082	63629
科学技术	4354	4181	4902	4207	3556
文化体育与传媒	2505	2753	2432	4423	1945
社会保障和就业	42247	70065	42372	71330	68869
医疗卫生	39884	42726	28339	64980	45554
节能环保	3413	3137	3812	3988	4714
城乡社区事务	11598	2077	7294	8696	6366
农林水事务	51342	56705	36029	93882	60036
交通运输	35495	23298	17725	23277	17364
住房保障	9780	8004	4856	16444	19958
资源勘探电力信息事务	11447	791	4546	3510	2263
粮油物资储备事务	5241	9946	3554	11439	6959
金融监管支出	65			26	

5-3 地税收入

Main Statistics on Local Taxation

指 标	2013 年	2014 年	比上年 ±%
合 计	1055527	1197429	13.44
税收合计	467349	596455	27.63
#营业税	185430	215010	15.95
企业所得税	69695	101385	45.47
个人所得税	41840	56661	35.42
资源税	3905	5221	33.70
城市维护建设税	33673	41727	23.92
房产和城市房地产税	10980	16035	46.04
印花税	5664	7421	31.02
土地使用税	10019	11645	16.23
土地增值税	29090	42117	44.78
车船使用和牌照税	5643	9706	72.00
农业两税	71410	89527	25.37
社保五费	547937	553185	0.96
其它收入	40241	47789	18.76
#教育附加	14782	18682	26.38
文化事业建设费	134	150	11.94
堤防维护费	8894	10344	16.30
地方教育发展费	9174	11233	22.44
残疾人就业保障基金	1263	1322	4.67
排污费	5011	5095	1.68
其他	983	963	-2.03

5-4 县市区地税收入

Main statistics on Local Taxation by County

指 标	2013 年	2014 年	比上年 ±%
合 计	1197429	1055527	13.44
市 直	141906	124344	14.12
荆 州 区	150162	129765	15.72
沙 市 区	195511	172207	13.53
荆州开发区	93999	82644	13.74
江 陵 县	38594	33150	16.42
松 滋 市	133456	107971	23.60
公 安 县	137451	115052	19.47
监 利 县	116899	134362	-13.00
石 首 市	86201	68973	24.98
洪 湖 市	103250	87059	18.60

5–5 县市区国税收入

Main Statistics on State Taxation by County

单位：万元

指　标	合计	市直	荆州区	沙市区	荆州开发区
合　　计	568593	133022	50089	59899	87514
按税种分					
消费税	48154	31867	58	416	0
增值税	364155	25779	39904	44353	73168
企业所得税	106948	38183	10044	14845	14346
个人所得税	4	1			
车辆购置税	49332	37192	83	285	0
按隶属关系分					
中央级	413218	106796	33825	39434	61790
省级	774	773			
市级					
县（市、区）级	154601	25453	16264	20465	25724

指　标	江陵县	松滋市	公安县	石首市	监利县	洪湖市
合　　计	16172	84876	38018	40781	27973	30249
按税种分						
消费税	155	14157	966	382	134	19
增值税	13095	57781	28037	35126	21895	25017
企业所得税	2557	9034	6344	3588	4519	3488
个人所得税		1	1		1	
车辆购置税	365	3903	2670	1685	1424	1725
按隶属关系分						
中央级	10466	65172	26331	29529	18915	20960
省级		1				
市级						
县（市、区）级	5706	19703	11687	11252	9058	9289

5-6 县市区金融机构存贷款

Deposits and Loans of Financial Institutions in Each County

单位：万元

指 标	荆州市	荆州城区	江陵县	松滋市
金融机构本外币存款	19709352	7788351	892489	2499481
金融机构人民币存款	19670198	7755723	892473	2496703
单位存款	5645585	2703768	252850	677532
个人存款	13506755	4777819	616779	1790091
#储蓄存款	13452373	4736377	616650	1785047
财政性存款	507042	265942	21714	28138
临时性存款	10325	7703	1130	941
其他存款	490	490		
金融机构本外币贷款	9569643	5065613	301725	839577
金融机构人民币贷款	9545016	5043926	301725	839575
境外贷款	109	96		
境内贷款	9544906	5043829	301725	839575
短期贷款	4726915	2319710	158869	429612
#个人贷款及透支	1317702	536418	33673	177714
单位贷款	3023945	1606450	105873	187218
银团贷款	122768	7210	18323	13030
贸易融资	262501	169632	1000	51650
中长期贷款	4683471	2615567	134482	408564
个人贷款	1966672	1003666	57149	202408
单位贷款	2229139	1439777	36959	161638
银团贷款	472659	157124	40374	44518
有价证券	340021	141741	32706	15407

5-6 续表

单位：万元

指　标	公安县	石首市	监利县	洪湖市
金融机构本外币存款	2393629	1836994	2528192	1770217
金融机构人民币存款	2392376	1836065	2527367	1769492
单位存款	503191	474874	642501	390870
个人存款	1852581	1308691	1845606	1315188
#储蓄存款	1850752	1305495	1843927	1314126
财政性存款	36598	52480	39124	63046
临时性存款	6	22	135	388
其他存款	0			
金融机构本外币贷款	816103	556963	1001267	988396
金融机构人民币贷款	816044	556961	1001266	985519
境外贷款			13	
境内贷款	816044	556961	1001253	985519
短期贷款	479995	297008	453631	588089
#个人贷款及透支	199071	145798	103093	121934
单位贷款	241380	123905	327520	431600
银团贷款	25094	24906	15250	18955
贸易融资	14450	2400	7768	15600
中长期贷款	330790	257803	544657	391609
个人贷款	167483	112342	226170	197454
单位贷款	95708	86781	258681	149596
银团贷款	67599	58680	59805	44559
有价证券	31502	45915	31000	41750

5–7 县市区保险事业

Main Statistics on Insurance by County

指 标	单位	2010 年	2012 年	2013 年	2014 年
保险机构数	个	32	39	44	46
年末职工人数	人	1353	13462	15116	15222
保费收入	万元	557228	637537	651479	752684
财产保险	万元	85767	108122	131242	157260
人身保险	万元	471461	529415	520237	595424
人身意外伤害保险	万元	6877	10532	13514	16079
健康险	万元	18412	25986	35701	64538
寿险	万元	500599	492897	471022	514807
赔款及给付	万元	63696	114530	158112	194701
财产保险	万元	34904	63363	67011	90014
人寿保险	万元	28792	51167	91101	104687

指 标 解 释

Explanatory Notes on Statistical Indicators

【地方公共财政预算收入】 是通过一定的形式和程序，由各级财政部门组织并纳入预算管理的各项收入，也就是会计制度改革以前所称的”预算收入”。

【基金预算收入】 是按规定收取，转入或通过当年财政安排，由财政管理并具有指定用途的政府性基金预算收入等。

【地方公共财政预算支出】 是各级财政部门对集中的一般预算收入有计划地分配和使用而安排的支出。

【基金预算支出】 是各级财政部门用基金预算收入安排的支出。

【信贷资金】 国家银行用于发放贷款的资金叫信贷资金。中国人民银行信贷资金的来源有各项存款、对国际金融机构负债、流通中货币、银行自有资金及当年结益等。信贷资金的运用有各项贷款、黄金占款、外汇占款、财政借款及在国际金融机构中的资产等。

【存款】 企业、机关、团体或居民根据可以收回的原则，把货币资金存入银行或其他信用机构保管并取得一定利息的一种信用活动形式。根据存款对象的不同可划分为企业存款、财政存款、机关团体存款、城镇储蓄存款、农村存款等科目。它是银行信贷资金的主要来源。

【贷款】 银行或其他信用机构根据必须归还的原则，按一定利率，为企业、个人等提供资金的一种信用活动形式。我国银行贷款分为流动资金贷款、固定资产贷款、城乡个体工商户贷款以及农业贷款等科目。

【保费】 又叫保险费。是投保人根据保险合同的有关规定，为被保险人取得因约定危险事故发生所造成的经济损失补偿（或给付）权利，付给保险人的代价。包括财产险和人身险收入。

六、价格指数

Price Indices

资料整理：朱　燕
贺　怡

6–1 居民消费、商品零售价格指数

Price Indices of Circulation and Consumption

（上年同期=100）

指　标	2010 年	2011 年	2012 年	2013 年	2014 年
居民消费价格总指数	102.4	105.3	102.7	103.1	102.1
一、食品	106.8	111.5	106.2	105.1	102.2
二、烟酒及用品	102.4	102.3	102.8	102.8	101.5
三、衣着	97.6	101.2	98.6	99.4	101.2
四、家庭设备用品及维修服务	97.5	101.2	102.6	106.1	105.8
五、医疗保健和个人用品	101.5	102.7	103.1	104.7	100.9
六、交通和通信	100.1	102.4	99.4	98.6	102.2
七、娱乐教育文化用品及服务	100.5	101.5	99.8	103.1	104.8
八、居住	102.3	104.9	102.3	101.7	100.0
商品零售价格总指数	102.0	105.2	102.4	102.0	100.7
一、食品	107.0	111.6	106.3	105.2	102.3
二、饮料、烟酒	102.5	102.3	102.9	102.0	101.2
三、服装、鞋帽	97.5	100.2	98.5	99.0	101.1
四、纺织品	97.5	112.4	100.6	100.5	102.1
五、家用电器及音像器材	95.8	99.2	97.5	98.6	99.4
六、文化办公用品	93.3	94.5	97.2	99.2	100.0
七、日用品	99.5	101.5	103.6	101.0	98.5
八、体育娱乐用品	98.4	99.9	100.4	100.0	99.4
九、交通、通信用品	95.3	98.0	97.5	97.6	98.6
十、家具	96.1	101.1	100.2	99.8	98.8
十一、化妆品	99.1	99.5	103.6	102.5	97.5
十二、金银珠宝	118.6	113.3	100.7	92.2	92.6
十三、中西药品及医疗保健用品	101.8	103.8	101.0	105.4	102.7
十四、书报杂志及电子出版物	100.1	100.5	99.9	100.0	98.5
十五、燃料	111.0	113.1	103.3	100.4	99.7
十六、建筑材料及五金电料	101.5	106.5	105.3	103.5	98.8

6-2 工业生产者出厂价格指数

Products Price Indices for Industrial Products

（以上年价格指数为100）

指 标	2010 年	2011 年	2012 年	2013 年	2014 年
全部工业品	105.6	108.5	100.7	99.6	98.5
其中：轻工业	109.8	117.1	99.0	99.8	98.4
以农产品为原料	111.9	119.5	98.7	100.1	98.2
以非农产品为原料	104.1	101.1	101.2	97.7	99.6
重工业	100.5	102.8	101.9	99.4	98.6
采掘	89.7	104.3	89.8	82.5	95.5
原料	101.4	102.9	103.6	97.9	99.5
加工	100.2	102.7	101.2	100.2	98.2
其中：生产资料	105.5	106.1	100.0	99.2	98.1
（01）采掘	89.7	104.3	89.8	82.5	95.5
（02）原料	103.3	102.7	103.9	97.3	99.2
（03）加工	105.9	107.2	98.9	99.8	97.8
生活资料	106.1	114.4	102.5	100.6	99.5
（01）食品	106.4	116.8	102.6	100.4	99.5
（02）衣着	106.4	110.8	107.8	104.0	100.4
（03）一般日用品	104.8	113.1	102.0	103.8	100.3
（04）耐用消费品	105.0	98.5	100.3	95.6	98.4
按工业行业分					
煤炭开采和洗选业	88.5	103.8	89.0	81.0	95.1
黑色金属矿采选业	102.8	110.9	101.1	100.0	100.0
农副食品加工业	109.1	121.2	102.1	100.8	99.4
食品制造业	104.8	116.9	101.8	100.9	101.2
饮料制造业	100.0	88.1	101.3	100.4	100.2
烟草制品业					
纺织业	129.0	139.4	90.1	98.3	94.1
纺织服装、鞋、帽制造业	107.1	110.6	107.9	104.2	100.6
皮革、毛皮、羽毛（绒）及其制品业	98.4	111.9	106.5	101.8	99.0
木材加工及木、竹、藤、棕、草制品业	98.5	85.6	97.0	98.7	93.2
家具制造业	96.7	95.0	107.0	111.4	101.5
造纸及纸制品业	102.5	98.0	96.8	98.2	98.5
印刷业和记录媒介的复制	96.2	99.6	100.0	100.0	100.0
文教体育用品制造业	102.9	117.0	98.0	118.5	106.7
石油加工、炼焦及核燃料加工业				98.5	101.8
化学原料及化学制品制造业	101.5	106.3	102.5	95.4	101.3
医药制品业		104.1	106.9	100.4	97.6
橡胶制品业	101.3	103.0	106.1	100.8	93.2
塑料制品业	106.5	102.6	103.5	99.1	98.9
非金属矿物制品业	102.5	101.2	100.6	102.0	100.3
黑色金属冶炼及压延加工业	87.4	101.2	97.5	97.1	96.5
有色金属冶炼及压延加工业	136.5	141.8	103.4	93.3	93.4
金属制品业	102.7	101.3	99.8	106.7	95.6
通用设备制造业	99.8	102.7	100.6	101.6	99.7
专用设备制造业	103.1	100.1	100.6	100.3	100.0
交通运输设备制造业	101.6	103.1	102.2	99.9	98.3
电气机械及器材制造业	111.3	100.6	99.0	96.6	96.1
通信设备、计算机及其他电子设备制造业	100.3	100.2	100.1	97.2	99.2
工艺品及其他制造业	100.0	100.0	100.0	104.4	98.9
电力、热力的生产和供应业	100.1	102.0	106.2	101.1	98.6
水的生产和供应业	111.7	102.5	104.9	100.0	100.0

6–3 工业生产者购进价格指数

Purchasing Price Indices for Industrial Producess

（以上年价格指数为100）

指 标	2010 年	2011 年	2012 年	2013 年	2014 年
全部原材料	111.7	113.8	101.4	100.3	99.0
（一）燃料、动力类	113.2	110.5	102.9	99.2	98.6
（二）黑色金属材料类	106.9	111.7	105.7	98.5	99.6
其中：钢材	107.1	111.7	106.1	98.7	99.8
其它	105.1	110.9	97.8	96.0	94.1
（三）有色金属材料和电线类	110.1	98.8	99.4	108.5	99.8
（四）化工原料类	110.6	120.0	97.4	99.8	97.8
（五）木材及纸浆类	113.6	114.8	95.2	100.4	100.4
（六）建筑材料及非金属矿类	102.4	104.5	113.6	98.5	97.9
（七）其它工业原材料及半成品类	115.5	106.4	100.4	100.4	94.4
（八）农副产品类	113.9	120.5	105.6	99.6	101.8
（九）纺织原料类	117.2	110.2	85.2	101.0	95.5
按行业分（企业法）：					
（06）煤炭开采和洗选业	89.5	113.9	102.5	97.5	97.9
（10）非金属矿采选业	105.5	106.1	117.4	97.5	97.2
（13）农副食品加工业	109.3	111.3	108.1	106.6	103.0
（14）食品制造业	111.6	101.5	103.3	107.5	100.0
（15）饮料制造业	98.0	115.4	95.6	96.3	97.9
（16）烟草制品业					
（17）纺织业	120.3	110.2	85.2	101.0	95.5
（18）纺织服装、鞋、帽制造业	108.2		107.9		
（19）皮革、皮毛、羽毛（绒）及其制品业	121.9	105.3	105.9	109.5	99.5
（20）木材加工及木、竹、藤、棕、草制品业	102.3	114.5	106.3	105.2	96.4
（21）家具制造业	106.0		107.0		
（22）造纸及纸制品业	105.0	104.9	91.7	98.2	100.5
（23）印刷业和记录媒介的复制	116.1		100.0		
（24）文教体育用品制造业	96.4		99.6		
（25）石油加工、炼焦及核燃料加工业	105.5	116.6	99.4	102.4	100.0
（26）化学原料及化学制品制造业	106.3	124.3	98.2	100.3	97.3
（27）医药制造业	110.5	102.3	100.0	100.0	100.0
（28）化学纤维制造业		113.4	80.1	91.6	91.9
（29）橡胶制品业	138.0	91.5	98.1	100.0	
（30）塑料制品业	106.0	100.5	94.5	97.5	100.7
（31）非金属矿物制品业	103.5	98.9	100.0	102.1	100.3
（32）黑色金属冶炼及压延加工业	112.4	111.9	105.8	98.5	99.6
（33）有色金属冶炼及压延加工业	121.5	98.8	99.4	108.5	99.8
（34）金属制品业	101.1	106.9	101.3	102.8	102.0
（35）通用设备制造业	104.3	105.3	101.3	101.0	100.2
（36）专用设备制造业	103.8		100.6		
（37）交通运输设备制造业	104.8	104.6	100.0	98.8	101.2
（39）电气机械及器材制造业	108.5	98.3	100.0	100.4	85.2
（40）通信设备、计算机及其他电子设备制造业	103.9		100.1		
（42）工艺品及其他制造业	100.0				
（43）废弃资源和废旧材料回收加工业		122.1		94.4	95.8
（44）电力、热力的生产和供应业	142.7	102.8	103.9	102.7	99.9
（45）燃气生产和供应业					
（46）水的生产和供应业	100.0	101.0	101.0	100.6	98.6

指 标 解 释

Explanatory Notes on Statistical Indicators

【商品零售价格指数】 是反映城乡商品零售价格变动趋势的一种经济指数。零售物价的调整变动直接影响到城乡居民的生活支出和国家的财政收入，影响居民购买力和市场供需平衡，影响消费与积累的比例。

【居民消费价格指数】 是反映一定时期内城乡居民所购买的生活消费品价格和服务项目价格变动趋势和程度的相对数。利用居民消费价格指数，可以观察和分析消费品的零售价格和服务价格变动对城乡居民实际生活费支出的影响程度。

【工业生产者出厂价格指数】 是反映全部工业产品出厂价格总水平的变动趋势和程度的相对数，包括工业企业售给本企业以外所有单位的各种产品和直接售给居民用于生活消费的产品。通过工业品出厂价格指数能观察出厂价格变动对工业总产值的影响。

七、人民生活

People's Livelihood

资料整理：王鹏飞

彭建兵

7-1 荆州市全体居民主要收入支出

Avreage Income and Expenditures of Households in City Proper

单位：元/人

指　标	2010 年	2011 年	2012 年	2013 年	2014 年
荆州市全体居民可支配收入	10730	12328	14022	15629	17294
（一）工资性收入	4515	5086	5561	6372	7064
（二）经营净收入	3314	3904	4462	4923	5410
（三）财产净收入	563	641	761	858	952
（四）转移净收入	2338	2698	3015	3476	3867
消费支出	6728	7690	8693	9470	10465
1、食品烟酒	2684	3006	3359	3566	3698
2、衣着	676	763	876	904	933
3、居住	1013	1093	1295	1461	1801
4、生活用品及服务	419	462	523	586	639
5、交通和通讯	474	563	722	838	1020
6、教育、文化和娱乐	842	918	1069	1198	1372
7、医疗保健	415	688	629	688	756
8、其他用品及服务	204	198	220	228	246

7-2 荆州市城镇常住居民主要收入支出

Avreage Income and Expenditures of Households in City Proper

单位：元/人

指　标	2010 年	2011 年	2012 年	2013 年	2014 年
城镇常住居民可支配收入	14959	16830	19154	21063	23128
（一）工资性收入	7799	8656	9693	10460	11492
（二）经营净收入	2405	2832	3390	3763	4119
（三）财产净收入	1064	1204	1452	1617	1789
（四）转移净收入	3691	4138	4619	5223	5728
消费支出	10143	11009	12220	12967	14172
1、食品烟酒	4129	4522	5062	5120	5247
2、衣着	1163	1254	1451	1481	1507
3、居住	1552	1572	1789	1957	2365
4、生活用品及服务	615	565	641	735	793
5、交通和通讯	675	731	939	1081	1371
6、教育、文化和娱乐	1062	1010	1190	1358	1557
7、医疗保健	675	1124	864	918	1009
8、其他用品及服务	273	231	284	317	324

7-3 荆州市农村常住居民主要收入支出

Avreage Income and Expenditures of Households in City Proper

单位：元/人

指 标	2010 年	2011 年	2012 年	2013 年	2014 年
农村常住居民可支配收入	7346	8724	9915	11280	12625
（一）工资性收入	1887	2228	2254	3101	3520
（二）经营净收入	4042	4761	5320	5852	6444
（三）财产净收入	161	190	208	250	282
（四）转移净收入	1256	1545	1732	2078	2378
消费支出	3994	5033	5870	6671	7497
1、食品烟酒	1528	1792	1997	2323	2458
2、衣着	287	370	416	443	473
3、居住	582	709	900	1064	1350
4、生活用品及服务	262	379	427	466	515
5、交通和通讯	313	429	548	643	739
6、教育、文化和娱乐	666	845	973	1071	1224
7、医疗保健	207	339	440	505	554
8、其他用品及服务	149	171	169	157	184

7-4 荆州市居民收支

Basic Conditions of Sampled Urban Households by County

单位：元/人

指 标	全体居民		城镇常住居民		农村常住居民	
	2013 年	2014 年	2013 年	2014 年	2013 年	2014 年
可支配收入（不含自产自用）	15306	16736	21189	23207	10597	11557
一、工资性收入	6372	7064	10459	11492	3101	3520
二、经营净收入	4604	4853	3898	4198	5168	5377
（一）第一产业经营净收入	2680	2718	307	384	4579	4586
1.农业	2274	2246	244	282	3900	3819
2.林业	10	26	0	0	18	47
3.牧业	62	110	29	94	89	123
4.渔业	334	336	35	8	573	598
（二）第二产业经营净收入	271	230	483	311	102	166
（三）第三产业经营净收入	1652	1904	3108	3502	487	625
三、财产净收入（成本法）	858	952	1617	1789	250	282
四、转移净收入	3473	3868	5215	5728	2078	2378
现金可支配收入	14664	15929	19939	21661	10443	11342
一、现金工资性收入	6343	6990	10402	11358	3093	3493
二、现金经营净收入	4604	4853	3898	4198	5168	5377
（一）第一产业现金经营净收入	2680	2718	307	384	4579	4586
1.农业	2274	2247	244	282	3900	3819
2.林业	10	26	0	0	18	47
3.牧业	62	110	29	94	89	123
4.渔业	334	336	35	8	573	598
（二）第二产业现金经营净收入	271	230	483	311	102	166
（三）第三产业现金经营净收入	1652	1904	3108	3502	487	625
三、现金财产净收入	446	465	691	694	250	282
四、现金转移净收入	3272	3622	4948	5411	1931	2190
实物可支配收入（不含自产自用）	641	807	1250	1546	154	215
现金收入（未扣除生产费用）	17430	19124	21419	23663	14237	15492
一、现金工资性收入	6343	6990	10402	11358	3093	3493
二、现金经营性收入	6928	7506	4669	5305	8737	9268
（一）第一产业现金经营收入	4782	4876	648	647	8091	8261
1.农业	3579	3440	417	436	6111	5845
2.林业	16	30		0	29	54
3.牧业	339	778	189	197	460	1244
4.渔业	848	628	42	14	1492	1119
（二）第二产业现金经营收入	273	283	487	325	102	250
（三）第三产业现金经营收入	1873	2346	3534	4333	543	757
三、现金财产性收入	448	466	693	694	251	284
四、现金转移性收入	3711	4162	5655	6306	2155	2447
现金支出	17563	16909	20285	18619	15385	15540
一、现金消费支出	8325	9080	11704	12164	5621	6611

7-4 续表

单位：元/人

指 标	全体居民		城镇常住居民		农村常住居民	
	2013 年	2014 年	2013 年	2014 年	2013 年	2014 年
（一）食品烟酒	3043	3249	4957	5040	1511	1816
（二）衣着	902	930	1480	1507	439	469
（三）居住	986	1044	1123	878	877	1176
（四）生活用品及服务	585	638	735	793	465	514
（五）交通通信	838	1020	1081	1371	643	739
（六）教育文化娱乐	1198	1372	1358	1557	1071	1224
（七）医疗保健	546	581	654	695	459	491
（八）其他用品和服务	228	245	316	323	157	183
二、生产经营现金费用支出	2325	2653	771	1107	3568	3891
三、现金财产性支出	2	1	3	0	2	2
四、现金转移性支出	439	541	707	895	224	257
五、部分商业保险支出	41	26	74	48	15	8
六、购置资产及非经常性转移支出	3687	3852	3789	3740	3605	3942
七、借贷性支出	2745	756	3238	665	2351	829
支出（不含自产自用）						
一、生活消费支出	8934	10166	12860	14308	5792	6850
（一）食品烟酒	3071	3322	5013	5170	1517	1843
（二）衣着	902	930	1481	1507	439	469
（三）居住	1422	1786	1957	2364	995	1322
（四）生活用品及服务	586	639	735	793	466	515
（五）交通通信	838	1020	1081	1371	643	739
（六）教育文化娱乐	1198	1372	1358	1557	1071	1224
（七）医疗保健	688	756	918	1009	505	554
（八）其他用品和服务	228	248	317	324	157	187
二、生产经营现金费用支出	2325	2654	771	1107	3569	3892
可支配收入	15629	17294	21063	23128	11280	12625
一、工资性收入	6372	7064	10460	11492	3101	3520
二、经营净收入	4923	5411	3763	4119	5851	6444
（一）第一产业经营净收入	3112	3389	378	463	5299	5731
1.农业	2620	2871	306	361	4472	4880
2.林业	48	43	0	0	86	77
3.牧业	107	137	41	97	161	170
4.渔业	337	337	33	4	581	604
（二）第二产业经营净收入	243	224	420	301	101	162
（三）第三产业经营净收入	1569	1798	2965	3355	451	551
三、财产净收入	858	952	1617	1789	250	282
四、转移净收入	3476	3868	5223	5728	2078	2378
实物可支配收入	965	1364	1124	1467	837	1282

7-5 荆州市居民总收入总支出

Basic Conditions of Sampled Urban Households by County

单位：元/人

指 标	全体居民		城镇常住居民		农村常住居民	
	2013 年	2014 年	2013 年	2014 年	2013 年	2014 年
总收入（未扣除生产费用）	18097	20711	21590	25307	15300	17033
一、工资性收入	5978	7045	9573	11450	3101	3520
二、经营性收入	7541	8286	4908	5403	9648	10594
（一）第一产业经营收入	5408	5656	917	745	9003	9587
（1）农业	4059	4118	665	521	6775	6997
（2）林业	55	47	0	1	98	85
（3）牧业	435	856	209	209	616	1374
（4）渔业	860	635	43	14	1514	1132
（二）第二产业经营收入	273	283	487	325	102	250
（三）第三产业经营收入	1859	2346	3504	4333	543	757
三、财产性收入	834	953	1563	1789	250	284
四、转移性收入	3744	4427	5547	6665	2302	2635
五、非收入所得	1396	1423	932	1549	1767	1322
六、借贷性所得	2110	1317	2414	1234	1867	1384
总支出	18755	18336	21551	20630	16517	16500
一、消费支出	9470	10465	12967	14172	6671	7497
（一）食品烟酒	3566	3698	5120	5247	2323	2458
（二）衣着	904	933	1481	1507	443	473
（三）居住	1461	1801	1957	2365	1064	1350
（四）生活用品及服务	586	639	735	793	466	515
（五）交通通信	838	1020	1081	1371	643	739
（六）教育文化娱乐	1198	1372	1358	1557	1071	1224
（七）医疗保健	688	756	918	1009	505	554
（八）其他用品和服务	228	246	317	324	157	184
二、生产经营费用支出	2371	2696	773	1109	3651	3965
三、财产性支出	2	1	3	0	2	2
三、转移性支出	439	541	707	895	224	257
四、部分商业保险支出	41	26	74	48	15	8
五、购置资产及非经常性转移支出	3687	3852	3789	3740	3605	3942
六、借贷性支出	2745	756	3238	665	2351	829
住房拥有情况						
现住房建筑面积（平方米）	47.18	48.61	46.37	47.87	47.84	49.21
拥有房屋面积（平方米）	47.98	48.97	47.83	48.14	48.11	49.62
拥有房屋价值（万元）	6.33	6.69	9.15	9.36	4.07	4.54

7-6 荆州市居民食品消费量

Basic Conditions of Sampled Urban Households by County

单位：公斤/人

指标	全体居民		城镇常住居民		农村常住居民	
	2013年	2014年	2013年	2014年	2013年	2014年
食品消费情况（含自产自用）						
一、粮食消费量	158.25	143.50	108.58	115.46	198.00	165.95
（一）谷物消费量	152.35	135.67	100.35	105.77	193.98	159.60
1.小麦	4.55	3.73	4.68	4.01	4.44	3.50
2.稻谷	146.70	130.61	94.28	100.13	188.66	155.01
（二）薯类消费量	0.52	0.57	0.86	0.94	0.26	0.27
（三）豆类消费量	5.37	7.27	7.38	8.75	3.77	6.08
二、油脂类消费量	12.94	13.10	12.05	13.25	13.65	12.98
（一）植物油	12.77	12.88	11.91	13.07	13.46	12.72
（二）动物油	0.17	0.22	0.14	0.18	0.19	0.26
三、蔬菜及菜制品消费量	142.41	153.87	120.90	150.33	159.62	156.70
（一）鲜菜	140.51	151.61	118.11	147.27	158.44	155.09
（二）干菜及菜制品	1.37	1.59	1.90	2.07	0.94	1.20
四、肉类	27.63	23.74	31.07	25.91	24.87	22.00
（一）猪肉	19.06	19.50	20.27	20.14	18.08	19.00
（二）牛肉	1.23	1.17	2.03	1.98	0.60	0.52
（三）羊肉	0.19	0.16	0.30	0.30	0.10	0.04
（四）其他肉类及制品	7.43	2.91	9.10	3.49	6.09	2.44
五、禽类	4.86	5.76	5.93	6.93	4.00	4.82
鸡	3.62	4.05	3.62	4.62	3.62	3.58
六、水产品	19.85	19.67	20.70	22.52	19.18	17.39
鱼类	18.36	18.04	18.13	19.72	18.54	16.69
七、蛋类及蛋制品	5.34	5.71	5.11	6.41	5.52	5.15
鲜蛋	4.42	5.09	4.58	5.58	4.30	4.69
八、奶和奶制品	3.22	2.77	5.04	4.24	1.76	1.60
九、干鲜瓜果类	21.92	29.88	26.78	39.68	18.04	22.04
鲜瓜果	19.66	27.66	23.49	36.49	16.60	20.60
十、糖果糕点类	3.78	3.05	4.33	3.73	3.34	2.50
十一、饮料	1.32	1.47	1.90	2.11	0.87	0.95
茶叶	0.11	0.14	0.13	0.11	0.10	0.15
十二、烟叶消费量	37.15	39.14	28.58	28.36	44.00	47.78
十三、酒	8.52	9.04	6.33	6.53	9.64	11.04
白酒	4.33	4.87	3.18	3.38	5.07	6.07
啤酒	3.89	4.14	3.00	3.10	4.57	4.97

7-7 荆州市居民能源消费量

Basic Conditions of Sampled Urban Households by County

指标	单位	全体居民		城镇常住居民		农村常住居民	
		2013 年	2014 年	2013 年	2014 年	2013 年	2014 年
住户能源消费情况	*						
1. 天然气	立方米	7.06	7.59	15.88	17.01	0.01	0.05
金额	元	17.46	18.86	39.25	42.25	0.02	0.14
2. 液化石油气	公斤	14.04	15.28	14.13	14.33	13.97	16.03
金额	元	125.54	140.31	125.18	130.62	125.83	148.07
3. 汽油	升	16.72	20.02	19.29	22.67	14.66	17.90
金额	元	123.66	149.76	142.92	170.16	108.24	133.43
4. 柴油	升	4.96	4.14	0.36	0.43	8.64	7.11
金额	元	36.15	29.95	2.64	3.18	62.97	51.38
5. 电	度	530.66	512.23	629.07	573.02	451.91	463.57
金额	元	304.11	294.63	361.49	329.55	258.19	266.69
6. 煤炭	公斤	14.10	9.50	18.25	12.69	10.78	6.95
金额	元	12.99	8.04	15.40	10.05	11.07	6.44

7–8 分县市区全体居民收支

Basic Conditions of Sampled Urban Households by County

单位：元/人

指 标	沙市区		荆州区		公安县	
	2013 年	2014 年	2013 年	2014 年	2013 年	2014 年
可支配收入（不含自产自用）	22054	24229	20776	22838	13962	15286
一、工资性收入	9995	11028	9082	10022	5218	5783
二、经营净收入	3133	3361	4578	4970	5329	5650
（一）第一产业经营净收入	938	997	1498	1622	3579	3619
（二）第二产业经营净收入	82	90	449	273	18	20
（三）第三产业经营净收入	2113	2274	2631	3075	1732	2011
三、财产净收入（成本法）	1977	2173	1772	1961	568	633
四、转移净收入	6949	7666	5345	5885	2847	3221
现金可支配收入	20224	21865	19543	21215	13715	14925
一、现金工资性收入	9839	10847	9035	9657	5217	5773
二、现金经营净收入	3133	3361	4578	4970	5329	5650
（一）第一产业现金经营净收入	938	997	1498	1622	3579	3619
（二）第二产业现金经营净收入	82	90	449	273	18	20
（三）第三产业现金经营净收入	2113	2274	2631	3075	1732	2011
三、现金财产净收入	953	744	879	886	356	425
四、现金转移净收入	6299	6913	5051	5702	2812	3077
现金收入（未扣除生产费用）	22344	2364	22374	1623	16508	361
一、现金工资性收入	9839	24299	9035	24274	5217	17433
二、现金经营性收入	4261	10847	6224	9657	7847	5773
（一）第一产业现金经营收入	1550	4271	2554	6619	5951	7669
（二）第二产业现金经营收入	83	0	449	57	18	587
（三）第三产业现金经营收入	2627	91	3221	273	1879	51
三、现金财产性收入	961	2851	881	3968	361	2024
四、现金转移性收入	7284	744	6234	888	3083	430
实物可支配收入（不含自产自用）	1830	8437	1234	7110	248	3561
现金支出	22195	17438	21712	21110	15834	18790
一、现金消费支出	11470	12605	10785	11814	7081	7936
（一）食品烟酒	5137	5548	4588	4609	2709	2876
（二）衣着	1115	1213	1200	1270	574	655
（三）居住	702	823	715	871	851	1022

7-8 续表1 单位：元/人

指 标	沙市区		荆州区		公安县	
	2013 年	2014 年	2013 年	2014 年	2013 年	2014 年
（四）生活用品及服务	650	722	677	771	548	665
（五）交通通信	1383	1571	1257	1536	773	904
（六）教育文化娱乐	1377	1536	1355	1545	952	1113
（七）医疗保健	890	953	529	727	468	470
（八）其他用品和服务	216	241	465	485	205	232
二、生产经营现金费用支出	1128	909	1647	1649	2519	2019
三、现金财产性支出	7	0	2	2	5	5
四、现金转移性支出	985	1524	1183	1409	270	484
五、部分商业保险支出	112	69	174	168	21	0
六、购置资产及非经常性转移支出	2975	1982	3818	5859	4025	5888
七、借贷性支出	535	348	977	210	875	2458
支出（不含自产自用）						
一、生活消费支出	13868	15249	12499	13907	8106	9088
（一）食品烟酒	5294	5716	4629	4960	2713	2902
（二）衣着	1117	1214	1202	1275	574	656
（三）居住	2295	2552	2091	2427	1840	2028
（四）生活用品及服务	650	722	680	773	548	665
（五）交通通信	1383	1571	1257	1536	773	904
（六）教育文化娱乐	1377	1536	1355	1545	952	1113
（七）医疗保健	1536	1699	817	907	500	580
（八）其他用品和服务	216	241	468	485	205	241
二、生产经营现金费用支出	1128	909	1648	1650	2519	2019
可支配收入	21967	24172	20728	22845	14690	16288
一、工资性收入	10000	11028	9082	10022	5218	5783
二、经营净收入	3019	3305	4527	4977	6056	6651
（一）第一产业经营净收入	1008	1073	1727	1871	4318	4692
（二）第二产业经营净收入	82	90	226	245	18	20
（三）第三产业经营净收入	1929	2142	2573	2862	1720	1939
三、财产净收入	1977	2173	1772	1961	568	633
四、转移净收入	6971	7666	5347	5885	2847	3221
实物可支配收入	1743	2307	1185	1630	976	1362

7-8 续表2 单位：元/人

指 标	监利县		江陵县		石首市	
	2013年	2014年	2013年	2014年	2013年	2014年
可支配收入（不含自产自用）	13018	13601	12434	14231	14432	15727
一、工资性收入	5083	5660	5397	6013	6544	7299
二、经营净收入	4927	4578	4196	5038	4493	4650
（一）第一产业经营净收入	3013	2424	2659	3472	2511	2278
（二）第二产业经营净收入	181	187	34	37	230	247
（三）第三产业经营净收入	1733	1967	1503	1529	1752	2125
三、财产净收入（成本法）	533	594	649	728	680	752
四、转移净收入	2476	2769	2192	2452	2715	3026
现金可支配收入	12714	13240	11915	13572	14095	15321
一、现金工资性收入	5079	5637	5370	6012	6544	7263
二、现金经营净收入	4927	4578	4196	5038	4493	4650
（一）第一产业现金经营净收入	3013	2424	2659	3472	2511	2278
（二）第二产业现金经营净收入	181	187	34	37	230	247
（三）第三产业现金经营净收入	1733	1967	1503	1529	1752	2125
三、现金财产净收入	248	271	222	142	430	510
四、现金转移净收入	2460	2753	2127	2380	2628	2898
现金收入（未扣除生产费用）	14422	361	14940	659	16406	407
一、现金工资性收入	5079	17386	5370	16579	6544	18745
二、现金经营性收入	6384	5637	6973	6012	6527	7263
（一）第一产业现金经营收入	4403	8474	5404	7564	4058	7830
（二）第二产业现金经营收入	182	397	34	317	230	111
（三）第三产业现金经营收入	1799	187	1535	37	2239	535
三、现金财产性收入	249	2058	222	1650	430	4275
四、现金转移性收入	2709	271	2375	142	2905	510
实物可支配收入（不含自产自用）	304	3003	519	2862	336	3142
现金支出	11780	14926	15274	14390	14790	16470
一、现金消费支出	6399	7079	6751	7754	7494	8610
（一）食品烟酒	2679	2945	2723	3154	3060	3284
（二）衣着	517	575	700	766	695	773
（三）居住	693	614	622	721	719	1111

7-8 续表3 单位：元/人

指 标	监利县		江陵县		石首市	
	2013年	2014年	2013年	2014年	2013年	2014年
（四）生活用品及服务	525	601	540	607	645	724
（五）交通通信	654	749	722	841	856	1014
（六）教育文化娱乐	683	840	800	933	851	996
（七）医疗保健	482	539	418	479	525	551
（八）其他用品和服务	166	216	226	253	143	158
二、生产经营现金费用支出	1457	3896	2777	2526	2034	3180
三、现金财产性支出	1	0	0	0	0	0
四、现金转移性支出	249	250	248	482	277	244
五、部分商业保险支出	0	35	14	9	37	0
六、购置资产及非经常性转移支出	2440	3323	2958	2868	4599	4011
七、借贷性支出	602	343	2440	616	306	424
支出（不含自产自用）						
一、生活消费支出	7286	8258	7327	8402	8753	9856
（一）食品烟酒	2683	2959	2739	3155	3060	3321
（二）衣着	517	575	700	766	695	773
（三）居住	1562	1766	1106	1302	1892	2198
（四）生活用品及服务	525	601	540	607	645	724
（五）交通通信	654	749	722	841	856	1014
（六）教育文化娱乐	683	840	800	933	851	996
（七）医疗保健	497	551	483	543	611	672
（八）其他用品和服务	166	216	237	254	143	158
二、生产经营现金费用支出	1457	3896	2777	2526	2034	3180
可支配收入	13519	14973	12852	14262	14483	16052
一、工资性收入	5083	5660	5397	6013	6544	7299
二、经营净收入	5428	5950	4614	5069	4544	4975
（一）第一产业经营净收入	3606	3866	3202	3506	2663	2883
（二）第二产业经营净收入	168	182	34	37	227	240
（三）第三产业经营净收入	1653	1902	1378	1526	1653	1851
三、财产净收入	533	594	649	728	680	752
四、转移净收入	2476	2769	2192	2452	2715	3026
实物可支配收入	804	1733	937	690	388	731

7-8　续表4　　单位：元/人

指　标	洪湖市		松滋市	
	2013 年	2014 年	2013 年	2014 年
可支配收入（不含自产自用）	14214	15639	13809	16029
一、工资性收入	5591	6153	5852	6533
二、经营净收入	5374	5824	3945	5036
（一）第一产业经营净收入	3703	3826	2382	3239
（二）第二产业经营净收入	50	56	223	234
（三）第三产业经营净收入	1622	1942	1340	1563
三、财产净收入（成本法）	614	695	597	664
四、转移净收入	2635	2966	3415	3796
现金可支配收入	13891	15198	13528	14945
一、现金工资性收入	5568	6140	5852	6442
二、现金经营净收入	5374	5824	3945	5036
（一）第一产业现金经营净收入	3703	3826	2382	3239
（二）第二产业现金经营净收入	50	56	223	234
（三）第三产业现金经营净收入	1622	1942	1340	1563
三、现金财产净收入	338	402	385	405
四、现金转移净收入	2611	2832	3345	3062
现金收入（未扣除生产费用）	19188	441	15452	1084
一、现金工资性收入	5568	21461	5852	17045
二、现金经营性收入	10363	6140	5648	6442
（一）第一产业现金经营收入	8662	11723	3843	6754
（二）第二产业现金经营收入	50	5801	241	138
（三）第三产业现金经营收入	1651	56	1565	297
三、现金财产性收入	338	2014	386	1749
四、现金转移性收入	2920	413	3566	406
实物可支配收入（不含自产自用）	323	3186	281	3443
现金支出	22968	22453	13727	16110
一、现金消费支出	7031	7701	6952	7350
（一）食品烟酒	2855	3089	2546	3108
（二）衣着	644	751	667	718
（三）居住	613	683	542	554

7-8 续表5 单位：元/人

指 标	洪湖市		松滋市	
	2013 年	2014 年	2013 年	2014 年
（四）生活用品及服务	663	748	664	739
（五）交通通信	854	935	857	955
（六）教育文化娱乐	755	863	777	883
（七）医疗保健	478	451	670	146
（八）其他用品和服务	168	181	230	246
二、生产经营现金费用支出	4988	5899	1703	1718
三、现金财产性支出	0	11	0	1
四、现金转移性支出	309	353	220	382
五、部分商业保险支出	7	58	14	1
六、购置资产及非经常性转移支出	5049	6707	3728	5216
七、借贷性支出	4604	1725	427	1443
支出（不含自产自用）				
一、生活消费支出	7750	8755	7948	9227
（一）食品烟酒	2878	3101	2546	3196
（二）衣着	644	751	667	718
（三）居住	1288	1603	1469	1666
（四）生活用品及服务	663	749	664	740
（五）交通通信	854	935	857	955
（六）教育文化娱乐	755	863	777	883
（七）医疗保健	500	572	738	822
（八）其他用品和服务	168	181	230	246
二、生产经营现金费用支出	4989	5899	1703	1718
可支配收入	14110	15643	14598	16204
一、工资性收入	5591	6153	5852	6533
二、经营净收入	5268	5828	4732	5212
（一）第一产业经营净收入	3730	4125	3225	3510
（二）第二产业经营净收入	43	50	214	232
（三）第三产业经营净收入	1494	1654	1294	1469
三、财产净收入	614	695	597	664
四、转移净收入	2638	2966	3417	3796
实物可支配收入	218	445	1070	1260

7-9 分县市区全体居民总收入总支出

Basic Conditions of Sampled Urban Households by County

单位：元/人

指 标	沙市区		荆州区		公安县	
	2013 年	2014 年	2013 年	2014 年	2013 年	2014 年
总收入（未扣除生产费用）	24173	26754	23916	26187	17598	19021
一、工资性收入	9995	11028	9082	10022	5218	5783
二、经营性收入	4267	4362	6535	6908	8694	8896
（一）第一产业经营收入	1639	1420	2865	2666	6798	6821
（1）农业	972	1000	2485	2233	5736	5843
（2）林业	1	2	8	28	22	39
（3）牧业	665	418	291	336	401	331
（4）渔业	0	0	70	68	639	608
（二）第二产业经营收入	83	91	449	273	18	51
（三）第三产业经营收入	2544	2851	3221	3968	1879	2024
三、财产性收入	1977	2173	1772	1963	568	638
四、转移性收入	7934	9190	6527	7294	3117	3705
五、非收入所得	897	1535	1282	1929	1764	1806
六、借贷性所得	3944	681	4503	3605	1677	2609
总支出	24689	20168	23920	23566	17675	20781
一、消费支出	13963	15335	12948	14240	8858	9862
（一）食品烟酒	5389	5800	5027	5268	3463	3662
（二）衣着	1117	1214	1204	1284	575	658
（三）居住	2296	2553	2141	2443	1840	2040
（四）生活用品及服务	650	722	680	773	548	665
（五）交通通信	1383	1571	1257	1536	773	904
（六）教育文化娱乐	1377	1536	1355	1545	952	1113
（七）医疗保健	1536	1699	817	907	500	580
（八）其他用品和服务	216	241	468	485	205	241
二、生产经营费用支出	1128	910	1691	1679	2583	2084
三、财产性支出	7	0	2	2	5	5
三、转移性支出	985	1524	1183	1409	270	484
四、部分商业保险支出	112	69	174	168	21	0
五、购置资产及非经常性转移支出	2975	1982	3818	5859	4025	5888
六、借贷性支出	5518	348	4104	210	1913	2458
住房拥有情况						
现住房建筑面积（平方米）	44.82	45.94	47.54	48.30	46.84	48.59
拥有房屋面积（平方米）	46.40	49.49	46.76	49.68	46.06	49.07
拥有房屋价值（万元）	11.19	12.05	8.53	10.44	4.16	4.14

7-9 续表1 单位：元/人

指 标	监利县		江陵县		石首市	
	2013 年	2014 年	2013 年	2014 年	2013 年	2014 年
总收入（未扣除生产费用）	15461	19281	15990	17359	16921	19801
一、工资性收入	5083	5660	5397	6013	6544	7299
二、经营性收入	7121	10008	7504	7685	6706	8479
（一）第一产业经营收入	5141	7762	6041	5998	4237	3669
（1）农业	4231	4730	5478	5575	3302	3384
（2）林业	68	71	55	4	3	3
（3）牧业	422	2564	126	98	834	172
（4）渔业	384	398	244	321	96	111
（二）第二产业经营收入	182	187	34	37	230	535
（三）第三产业经营收入	1799	2058	1429	1650	2239	4275
三、财产性收入	533	594	649	728	680	752
四、转移性收入	2725	3019	2440	2934	2991	3270
五、非收入所得	529	579	377	823	3013	1183
六、借贷性所得	132	22	881	793	1239	4503
总支出	13261	16623	16221	15041	16277	17827
一、消费支出	7840	8743	7689	8536	8973	9953
（一）食品烟酒	3204	3415	3089	3281	3229	3418
（二）衣着	518	578	704	767	702	773
（三）居住	1594	1793	1113	1310	1935	2198
（四）生活用品及服务	525	601	540	607	645	724
（五）交通通信	654	749	722	841	856	1014
（六）教育文化娱乐	683	840	800	933	851	996
（七）医疗保健	497	551	483	543	611	672
（八）其他用品和服务	166	216	237	254	143	158
二、生产经营费用支出	1497	3929	2787	2530	2043	3195
三、财产性支出	1	0	0	0	0	0
三、转移性支出	249	250	248	482	277	244
四、部分商业保险支出	0	35	14	9	37	0
五、购置资产及非经常性转移支出	2440	3323	2958	2868	4599	4011
六、借贷性支出	1234	343	2527	616	348	424
住房拥有情况						
现住房建筑面积（平方米）	51.04	54.18	46.51	47.18	41.89	39.69
拥有房屋面积（平方米）	50.91	54.79	47.62	47.72	40.54	40.53
拥有房屋价值（万元）	6.51	7.38	6.55	6.99	5.11	5.39

7-9 续表3 单位：元/人

指 标	洪湖市		松滋市	
	2013 年	2014 年	2013 年	2014 年
总收入（未扣除生产费用）	19659	22333	16803	18670
一、工资性收入	5591	6153	5852	6533
二、经营性收入	10511	12154	6718	7295
（一）第一产业经营收入	8810	10083	4913	5250
（1）农业	3729	3865	3635	3918
（2）林业	19	13	45	56
（3）牧业	240	341	1102	1137
（4）渔业	4662	5865	131	139
（二）第二产业经营收入	50	56	241	297
（三）第三产业经营收入	1651	2014	1565	1749
三、财产性收入	614	706	597	664
四、转移性收入	2944	3320	3635	4178
五、非收入所得	1778	2246	1424	2807
六、借贷性所得	3969	1560	917	1446
总支出	24292	23931	15757	18601
一、消费支出	8334	9172	8839	9687
（一）食品烟酒	3326	3498	3432	3648
（二）衣着	645	751	667	718
（三）居住	1422	1624	1474	1674
（四）生活用品及服务	663	749	664	740
（五）交通通信	854	935	857	955
（六）教育文化娱乐	755	863	777	883
（七）医疗保健	500	572	738	822
（八）其他用品和服务	168	181	230	246
二、生产经营费用支出	5009	5905	1847	1872
三、财产性支出	0	11	0	1
三、转移性支出	309	353	220	382
四、部分商业保险支出	7	58	14	1
五、购置资产及非经常性转移支出	5049	6707	3728	5216
六、借贷性支出	5584	1725	1109	1443
住房拥有情况				
现住房建筑面积（平方米）	50.44	52.53	56.66	53.10
拥有房屋面积（平方米）	50.90	52.72	56.62	53.19
拥有房屋价值（万元）	5.44	5.62	4.57	6.02

7-10 分县市区全体居民食品消费量

Basic Conditions of Sampled Urban Households by County

单位：公斤/人

指 标	沙市区		荆州区		公安县	
	2013 年	2014 年	2013 年	2014 年	2013 年	2014 年
食品消费情况（含自产自用）						
一、粮食消费量	115.46	118.62	130.72	135.18	196.83	146.85
（一）谷物消费量	103.39	103.22	123.78	128.09	192.15	140.94
1.小麦	7.40	9.35	3.62	1.49	2.04	1.72
2.稻谷	94.05	90.59	118.57	126.26	189.76	138.61
（二）薯类消费量	1.82	2.17	1.41	1.24	0.01	0.00
（三）豆类消费量	10.26	13.23	5.53	5.86	4.67	5.91
二、油脂类消费量	14.96	14.66	12.39	12.08	14.32	16.23
（一）植物油	14.88	14.42	12.21	11.88	14.10	15.80
（二）动物油	0.08	0.24	0.18	0.20	0.22	0.44
三、蔬菜及菜制品消费量	128.91	146.85	137.19	159.15	144.40	177.91
（一）鲜菜	125.41	142.57	135.76	157.40	143.27	177.06
（二）干菜及菜制品	2.18	2.64	0.88	1.04	0.93	0.64
四、肉类	34.36	30.05	34.37	27.81	32.94	28.76
（一）猪肉	22.05	24.52	23.78	23.85	23.03	24.30
（二）牛肉	3.50	2.81	2.22	2.49	0.89	0.90
（三）羊肉	0.37	0.31	0.45	0.38	0.11	0.12
（四）其他肉类及制品	8.43	2.41	7.93	1.10	8.91	3.43
五、禽类	7.11	8.25	7.83	6.97	5.80	8.11
#鸡	3.90	4.69	6.02	5.45	4.66	5.99
六、水产品	20.70	23.79	15.68	15.74	15.02	20.02
#鱼类	17.23	18.73	14.53	14.04	13.60	19.03
七、蛋类及蛋制品	6.63	8.29	7.04	6.44	5.52	6.26
#鲜蛋	6.07	6.99	6.28	5.63	4.99	5.56
八、奶和奶制品	6.50	5.33	4.48	4.48	2.47	1.56
九、干鲜瓜果类	32.00	57.30	30.19	38.21	27.41	33.80
#鲜瓜果	28.15	52.61	28.02	35.52	25.20	31.32
十、糖果糕点类	5.35	6.90	3.82	3.46	6.09	2.60
十一、饮料	3.70	3.97	2.13	2.52	0.24	0.76
#茶叶	0.18	0.13	0.02	0.04	0.07	0.08
十二、烟叶消费量	31.36	35.68	27.32	26.65	54.63	56.39
十三、酒	6.53	6.57	7.38	7.34	10.94	13.19
#白酒	2.32	2.50	3.32	3.68	5.10	7.19
啤酒	4.09	3.95	4.02	3.62	5.83	6.01

7-10　续表1　　　　单位：公斤/人

指　标	监利县		江陵县		石首市	
	2013 年	2014 年	2013 年	2014 年	2013 年	2014 年
食品消费情况（含自产自用）						
一、粮食消费量	189.32	172.96	163.28	152.94	154.29	148.34
（一）谷物消费量	184.31	163.17	159.19	147.78	148.93	144.16
1.小麦	0.82	1.02	13.28	3.19	3.52	4.66
2.稻谷	183.06	161.97	141.11	143.74	144.81	139.25
（二）薯类消费量	0.01	0.03	0.22	0.10	0.00	0.00
（三）豆类消费量	5.00	9.76	3.87	5.06	5.36	4.18
二、油脂类消费量	16.46	16.44	12.54	12.31	12.45	12.24
（一）植物油	16.19	16.27	12.36	12.16	12.16	11.96
（二）动物油	0.28	0.17	0.18	0.15	0.29	0.28
三、蔬菜及菜制品消费量	146.55	162.28	135.75	152.63	149.78	168.94
（一）鲜菜	144.25	160.05	133.70	150.82	148.04	168.53
（二）干菜及菜制品	1.58	1.56	1.06	1.04	1.40	0.24
四、肉类	23.06	21.03	23.36	22.69	26.66	22.71
（一）猪肉	13.47	15.23	15.75	20.60	20.95	17.88
（二）牛肉	0.78	0.50	1.39	1.35	0.58	0.56
（三）羊肉	0.02	0.01	0.24	0.21	0.02	0.08
（四）其他肉类及制品	8.80	5.29	5.98	0.53	5.10	4.19
五、禽类	3.72	4.18	5.44	5.93	3.40	4.21
#鸡	3.00	2.37	4.47	4.46	2.77	3.12
六、水产品	22.01	24.10	22.74	14.01	19.40	16.78
#鱼类	20.27	22.44	21.24	11.99	18.62	16.56
七、蛋类及蛋制品	5.06	5.63	4.59	3.94	4.41	3.08
#鲜蛋	4.51	4.98	4.08	3.56	3.65	3.06
八、奶和奶制品	3.63	2.95	5.23	5.68	2.58	1.61
九、干鲜瓜果类	18.90	19.16	21.06	27.55	17.35	17.13
#鲜瓜果	16.79	17.47	19.55	26.36	15.59	16.00
十、糖果糕点类	2.24	0.98	6.15	5.52	6.10	0.78
十一、饮料	0.96	1.01	1.47	1.46	1.07	1.03
#茶叶	0.10	0.22	0.20	0.14	0.09	0.03
十二、烟叶消费量	25.75	36.46	23.73	25.77	35.52	29.66
十三、酒	10.14	9.74	8.70	5.62	9.49	7.27
#白酒	4.96	4.93	3.12	3.08	3.83	4.44
啤酒	5.14	4.81	5.50	2.47	5.65	2.82

7-10 续表2 单位：公斤/人

指 标	洪湖市		松滋市	
	2013 年	2014 年	2013 年	2014 年
食品消费情况（含自产自用）				
一、粮食消费量	158.56	151.85	201.79	140.97
（一）谷物消费量	152.32	145.10	198.50	135.11
1.小麦	8.86	4.58	3.76	5.43
2.稻谷	142.40	136.50	194.15	127.84
（二）薯类消费量	0.74	0.87	0.35	0.49
（三）豆类消费量	5.50	5.88	2.93	5.37
二、油脂类消费量	12.14	13.16	14.16	14.16
（一）植物油	12.08	13.07	14.09	14.02
（二）动物油	0.06	0.09	0.07	0.14
三、蔬菜及菜制品消费量	150.35	162.23	156.46	165.05
（一）鲜菜	148.64	159.86	153.53	160.31
（二）干菜及菜制品	1.36	1.81	1.60	3.95
四、肉类	21.17	21.18	31.71	25.80
（一）猪肉	14.10	17.84	27.17	24.38
（二）牛肉	0.41	0.48	1.07	1.01
（三）羊肉	0.01	0.10	0.57	0.30
（四）其他肉类及制品	6.66	2.76	2.89	0.11
五、禽类	4.87	5.30	3.50	4.63
#鸡	4.19	3.59	2.77	4.06
六、水产品	31.19	29.68	11.82	12.24
#鱼类	29.69	28.30	11.32	11.69
七、蛋类及蛋制品	6.70	7.99	3.84	2.54
#鲜蛋	5.70	7.37	3.37	2.30
八、奶和奶制品	3.38	4.65	2.20	1.87
九、干鲜瓜果类	21.93	26.83	19.94	22.59
#鲜瓜果	18.79	24.32	18.17	21.20
十、糖果糕点类	3.44	5.08	2.94	2.91
十一、饮料	1.16	1.20	0.87	1.04
#茶叶	0.06	0.09	0.30	0.35
十二、烟叶消费量	45.77	40.69	42.16	48.44
十三、酒	10.44	6.25	12.33	13.29
#白酒	4.20	3.93	5.34	6.15
啤酒	6.22	2.31	6.99	7.14

7-11 荆州市城区居民收支

Basic Conditions of Sampled Urban Households by County

单位：元/人

指 标	全体居民		城镇常住居民		农村常住居民	
	2013 年	2014 年	2013 年	2014 年	2013 年	2014 年
可支配收入（不含自产自用）	21454	23576	23814	26033	12173	13912
一、工资性收入	9566	10556	10937	12032	4176	4754
二、经营净收入	3811	4116	3306	3484	5797	6605
（一）第一产业经营净收入	1201	1290	381	395	4425	4811
（二）第二产业经营净收入	254	176	280	175	154	181
（三）第三产业经营净收入	2356	2650	2646	2914	1218	1613
三、财产净收入（成本法）	1881	2073	2275	2506	332	372
四、转移净收入	6196	6830	7296	8012	1868	2182
现金可支配收入	19904	21560	21904	23639	12040	13383
一、现金工资性收入	9462	10289	10823	11782	4109	4417
二、现金经营净收入	3811	4116	3306	3484	5797	6605
（一）第一产业现金经营净收入	1201	1290	381	395	4425	4811
（二）第二产业现金经营净收入	254	176	280	175	154	181
（三）第三产业现金经营净收入	2356	2650	2646	2914	1218	1613
三、现金财产净收入	918	811	1067	922	332	372
四、现金转移净收入	5713	6344	6708	7452	1802	1990
现金收入（未扣除生产费用）	22358	2016	1910	2394	133	529
一、现金工资性收入	9462	24287	24054	26117	15691	17093
二、现金经营性收入	5182	10289	10823	11782	4109	4417
（一）第一产业现金经营收入	2022	5373	4287	4365	8702	9335
（二）第二产业现金经营收入	255	27	2	1	100	128
（三）第三产业现金经营收入	2906	177	280	176	154	181
三、现金财产性收入	923	3375	3182	3555	1823	2669
四、现金转移性收入	6791	812	1073	923	332	372
实物可支配收入（不含自产自用）	1550	7814	7870	9047	2549	2969
现金支出	21968	19162	23492	20107	15975	15445
一、现金消费支出	11148	12234	12504	13701	5818	6463
（一）食品烟酒	4879	5108	5588	5830	2092	2265
（二）衣着	1155	1240	1318	1411	514	567
（三）居住	708	845	706	856	718	802
（四）生活用品及服务	662	745	696	777	530	617
（五）交通通信	1324	1554	1482	1721	702	900
（六）教育文化娱乐	1367	1540	1571	1763	564	663

7-11 续表 单位：元/人

指 标	全体居民		城镇常住居民		农村常住居民	
	2013 年	2014 年	2013 年	2014 年	2013 年	2014 年
（七）医疗保健	721	847	774	947	510	451
（八）其他用品和服务	333	356	370	396	186	199
二、生产经营现金费用支出	1371	1257	981	882	2905	2731
三、现金财产性支出	5	1	6	1	0	0
四、现金转移性支出	1078	1470	1163	1595	746	979
五、部分商业保险支出	141	116	163	128	53	67
六、购置资产及非经常性转移支出	3371	3802	3518	3534	2791	4854
七、借贷性支出	742	283	5157	266	3662	351
支出（不含自产自用）						
一、生活消费支出	13226	14619	15004	16469	6230	7342
（一）食品烟酒	4982	5361	5702	6077	2151	2544
（二）衣着	1157	1242	1319	1414	520	567
（三）居住	2199	2493	2504	2814	1002	1232
（四）生活用品及服务	664	746	696	778	537	621
（五）交通通信	1324	1554	1482	1721	702	900
（六）教育文化娱乐	1367	1540	1571	1763	564	663
（七）医疗保健	1199	1327	1360	1508	563	617
（八）其他用品和服务	334	356	371	396	191	199
二、生产经营现金费用支出	1372	1257	981	882	2909	2734
可支配收入	21385	23549	23603	25930	12664	14188
一、工资性收入	9569	10556	10940	12032	4176	4754
二、经营净收入	3727	4090	3075	3380	6288	6881
（一）第一产业经营净收入	1346	1447	436	452	4922	5363
1.农业	1127	1216	336	349	4240	4627
2.林业	4	4	1	1	15	16
3.牧业	186	196	99	101	528	568
4.渔业	29	32	1	1	139	153
（二）第二产业经营净收入	150	163	148	162	154	167
（三）第三产业经营净收入	2231	2480	2491	2767	1211	1351
三、财产净收入	1881	2073	2275	2506	332	372
四、转移净收入	6209	6830	7313	8012	1868	2182
实物可支配收入	1481	1989	1699	2291	624	805

7-12 荆州市城区居民总收入总支出

Basic Conditions of Sampled Urban Households by County

单位：元/人

指　标	全体居民		城镇常住居民		农村常住居民	
	2013 年	2014 年	2013 年	2014 年	2013 年	2014 年
总收入（未扣除生产费用）	24052	26488	25972	28578	16503	18266
一、工资性收入	9566	10556	10937	12032	4176	4754
二、经营性收入	5331	5557	4302	4432	9381	9980
（一）第一产业经营收入	2215	2005	895	702	7403	7130
（1）农业	1683	1579	471	448	6446	6026
（2）林业	4	14	1	1	18	65
（3）牧业	489	380	418	251	770	886
（4）渔业	33	32	5	1	144	154
（二）第二产业经营收入	255	177	280	176	154	181
（三）第三产业经营收入	2862	3375	3126	3555	1823	2669
三、财产性收入	1881	2074	2275	2507	332	372
四、转移性收入	7274	8300	8459	9607	2614	3161
五、非收入所得	1077	1720	1039	1693	1229	1828
六、借贷性所得	4207	2054	4274	1740	3944	3286
总支出	24328	21763	26068	22940	17489	17136
一、消费支出	13487	14821	15078	16534	7228	8085
（一）食品烟酒	5219	5550	5775	6140	3031	3229
（二）衣着	1158	1247	1319	1414	523	588
（三）居住	2223	2502	2504	2815	1117	1268
（四）生活用品及服务	664	746	696	778	537	621
（五）交通通信	1324	1554	1482	1721	702	900
（六）教育文化娱乐	1367	1540	1571	1763	564	663
（七）医疗保健	1199	1327	1360	1508	563	617
（八）其他用品和服务	334	356	371	396	191	199
二、生产经营费用支出	1393	1271	982	882	3009	2800
三、财产性支出	5	1	6	1		
三、转移性支出	1078	1470	1163	1595	746	979
四、部分商业保险支出	141	116	163	128	53	67
五、购置资产及非经常性转移支出	3371	3802	3518	3534	2791	4854
六、借贷性支出	4854	283	5157	266	3662	351
住房拥有情况						
现住房建筑面积（平方米）	46.10	47.05	44.49	45.38	52.42	53.59
拥有房屋面积（平方米）	46.57	49.58	44.41	47.67	55.07	57.11
拥有房屋价值（万元）	9.94	11.29	11.30	12.71	4.61	5.72

7-13 荆州市城区居民食品消费量

Basic Conditions of Sampled Urban Households by County

单位：公斤/人

指 标	全体居民		城镇常住居民		农村常住居民	
	2013 年	2014 年	2013 年	2014 年	2013 年	2014 年
食品消费情况（含自产自用）						
一、粮食消费量	122.63	126.39	105.35	110.74	190.58	187.96
（一）谷物消费量	112.96	114.89	94.69	98.39	184.79	179.77
1.小麦	5.63	5.66	5.38	5.59	6.59	5.95
2.稻谷	105.56	107.34	87.38	90.69	177.05	172.80
（二）薯类消费量	1.62	1.73	1.79	1.88	0.98	1.17
（三）豆类消费量	8.04	9.77	8.86	10.47	4.81	7.02
二、油脂类消费量	13.75	13.45	13.19	13.07	15.96	14.91
（一）植物油	13.63	13.23	13.08	12.88	15.80	14.59
（二）动物油	0.13	0.22	0.12	0.20	0.17	0.32
三、蔬菜及菜制品消费量	132.80	152.62	125.21	146.04	162.66	178.52
（一）鲜菜	130.27	149.53	122.46	142.77	160.98	176.13
（二）干菜及菜制品	1.57	1.89	1.69	1.95	1.11	1.66
四、肉类	34.36	29.00	34.50	28.49	33.82	31.01
（一）猪肉	22.86	24.20	22.59	23.10	23.92	28.53
（二）牛肉	2.90	2.66	3.23	3.10	1.60	0.92
（三）羊肉	0.41	0.34	0.45	0.41	0.23	0.06
（四）其他肉类及制品	8.19	1.80	8.22	1.87	8.08	1.50
五、禽类	7.45	7.65	7.59	7.95	6.86	6.48
#鸡	4.90	5.04	4.78	5.14	5.37	4.68
六、水产品	18.34	20.01	19.13	21.51	15.25	14.12
#鱼类	15.96	16.53	16.44	17.48	14.09	12.77
七、蛋类及蛋制品	6.82	7.42	6.58	7.48	7.79	7.19
#鲜蛋	6.17	6.35	5.97	6.36	6.94	6.31
八、奶和奶制品	5.55	4.93	6.06	5.35	3.55	3.28
九、干鲜瓜果类	31.15	48.34	33.34	53.87	22.55	26.55
#鲜瓜果	28.09	44.58	29.88	49.86	21.03	23.84
十、糖果糕点类	4.63	5.29	4.91	5.41	3.51	4.78
十一、饮料	2.96	3.29	3.34	3.64	1.49	1.91
#茶叶	0.11	0.08	0.11	0.08	0.08	0.10
十二、烟叶消费量	29.46	31.44	25.96	26.70	43.24	50.06
十三、酒	6.93	6.93	6.30	6.46	9.41	8.78
#白酒	2.79	3.06	2.37	2.51	4.42	5.20
啤酒	4.06	3.79	3.84	3.86	4.93	3.53

7-14 分市州居民人均可支配收入

Basic Conditions of Sampled Urban Households by County

单位：元

地 区	全体居民		城镇常住居民		农村常住居民	
	2013 年	2014 年	2013 年	2014 年	2013 年	2014 年
全 国	18317	20167	26462	28844	9433	10489
湖 北	16471	18283	22675	24852	9695	10849
武 汉	26901	29627	30286	33270	14390	16160
黄 石	17555	19358	22968	25208	9781	10957
十 堰	12971	14350	20185	22143	6212	7046
宜 昌	16878	18683	22826	25025	10458	11837
襄 阳	16781	18554	21957	24113	11176	12534
鄂 州	17048	18773	20813	22763	11309	12692
荆 门	17086	18851	22470	24627	12082	13481
孝 感	15677	17305	21439	23491	10360	11597
荆 州	15629	17294	21063	23128	11280	12625
黄 冈	12249	13574	18851	20729	8385	9388
咸 宁	14169	15681	19671	21591	9709	10891
随 州	14102	15604	19132	20959	10702	11984
恩施州	10256	11440	18329	20245	6364	7194
仙 桃	16059	17783	20429	22503	11809	13193
潜 江	15851	17582	20541	22609	11448	12862
天 门	14399	15967	18703	20622	10809	12086
神农架	11452	12529	18133	19810	6305	6920

7-15 荆州市分县市居民人均可支配收入

Basic Conditions of Sampled Urban Households by County

单位：元

地 区	全体居民		城镇常住居民		农村常住居民	
	2013 年	2014 年	2013 年	2014 年	2013 年	2014 年
荆州市	15629	17294	21063	23128	11280	12625
沙市区	21967	24172	23660	25995	12730	14232
荆州区	20728	22845	23529	25846	12618	14158
公安县	14690	16288	20011	21991	11793	13182
监利县	13519	14973	18802	20609	11021	12308
江陵县	12852	14262	18856	20644	10026	11258
石首市	14483	16052	19689	21621	11140	12476
洪湖市	14110	15643	19502	21414	11045	12364
松滋市	14598	16204	20022	21995	11295	12678

7-16 县市城镇居民每百户耐用消费品拥有量

Financial Revenue and Expenditures in Each County

指　标	单　位	荆州市	沙市区	荆州区	公安县
1.家用汽车	辆	13	17	16	13
2.摩托车	辆	25	19	21	36
3.助力车	台	29	28	23	27
4.洗衣机	台	96	96	96	98
5.电冰箱（柜）	台	98	98	97	100
6.微波炉	台	60	76	75	54
7.彩色电视机	台	125	130	129	127
8.其中：接入有线电视	台	98	95	95	99
9.空调	台	138	164	160	134
10.热水器	台	97	97	96	99
11.其中：太阳能热水器	台	22	22	25	19
12.消毒碗柜	台	23	37	35	18
13.洗碗机	台	0	1	1	0
14.排油烟机	台	55	77	67	43
15.固定电话	线	31	39	37	23
16.移动电话	部	215	222	217	216
17.其中：接入互联网	部	141	136	130	130
18.计算机	台	70	76	83	71
19.其中：接入互联网	台	51	67	60	46
20.摄像机	台	4	7	6	3
21.照相机	台	24	25	25	25
22.中高档乐器	架	4	7	7	4
23.健身器材	台	3	3	3	2
24.组合音响	套	8	14	13	13

7-16 续表

指 标	单 位	监利县	江陵县	石首市	洪湖市	松滋市
1.家用汽车	辆	11	12	12	10	12
2.摩托车	辆	20	10	35	30	41
3.助力车	台	50	53	49	35	19
4.洗衣机	台	97	95	98	93	98
5.电冰箱（柜）	台	97	100	98	97	100
6.微波炉	台	38	75	55	45	72
7.彩色电视机	台	120	132	123	128	118
8.其中：接入有线电视	台	117	113	100	110	106
9.空调	台	128	142	135	130	140
10.热水器	台	98	95	99	96	96
11.其中：太阳能热水器	台	17	33	24	30	15
12.消毒碗柜	台	16	27	20	20	17
13.洗碗机	台	0	0	0	0	0
14.排油烟机	台	60	53	58	45	46
15.固定电话	线	23	21	25	27	25
16.移动电话	部	250	221	245	205	208
17.其中：接入互联网	部	150	163	165	158	161
18.计算机	台	70	68	72	65	68
19.其中：接入互联网	台	60	52	49	53	48
20.摄像机	台	4	2	4	2	4
21.照相机	台	25	26	20	26	28
22.中高档乐器	架	5	3	3	3	4
23.健身器材	台	5	2	3	2	2
24.组合音响	套	15	11	12	9	16

7-17 分县市区农村住户每百户耐用消费品拥有量

Financial Revenue and Expenditures in Each County

指 标	单 位	荆州市	沙市区	荆州区	公安县
1.家用汽车	辆	8	10	9	8
2.摩托车	辆	79	77	65	82
3.助力车	台	41	50	40	21
4.洗衣机	台	72	92	85	66
5.电冰箱（柜）	台	90	92	96	92
6.微波炉	台	16	20	18	15
7.彩色电视机	台	128	140	120	139
8.其中：接入有线电视	台	109	124	106	114
9.空调	台	59	85	55	58
10.热水器	台	65	95	65	71
11.其中：太阳能热水器	台	32	40	50	28
12.消毒碗柜	台	4	7	6	5
13.洗碗机	台	0	0	0	0
14.排油烟机	台	14	26	25	13
15.固定电话	线	20	10	16	18
16.移动电话	部	230	280	200	239
17.其中：接入互联网	部	88	150	135	79
18.计算机	台	27	50	35	19
19.其中：接入互联网	台	20	50	35	16
20.摄像机	台	0	0	0	0
21.照相机	台	4	18	4	2
22.中高档乐器	架	0	0	0	0
23.健身器材	台	0	0	0	0
24.组合音响	套	6	8	7	3

7-17　续表

指　标	单　位	监利县	江陵县	石首市	洪湖市	松滋市
1.家用汽车	辆	9	8	8	7	7
2.摩托车	辆	56	70	91	80	86
3.助力车	台	67	43	53	43	24
4.洗衣机	台	67	81	67	66	64
5.电冰箱（柜）	台	90	86	89	87	91
6.微波炉	台	7	10	10	21	6
7.彩色电视机	台	121	140	127	124	133
8.其中：接入有线电视	台	102	115	103	110	101
9.空调	台	54	53	72	59	60
10.热水器	台	60	61	71	66	67
11.其中：太阳能热水器	台	29	35	33	33	40
12.消毒碗柜	台	2	3	3	2	3
13.洗碗机	台	0	0	0	0	0
14.排油烟机	台	18	6	13	7	13
15.固定电话	线	19	21	5	30	30
16.移动电话	部	208	190	262	236	271
17.其中：接入互联网	部	83	38	99	96	60
18.计算机	台	18	29	28	40	24
19.其中：接入互联网	台	18	26	28	36	23
20.摄像机	台	0	0	0	0	0
21.照相机	台	4	1	2	6	4
22.中高档乐器	架	0	0	0	0	0
23.健身器材	台	0	0	0	0	0
24.组合音响	套	6	4	5	7	6

指 标 解 释

Explanatory Notes on Statistical Indicators

【家庭总收入】 指调查户中生活在一起的所有家庭成员在调查期得到的工薪收入、经营净收入、财产性收入、转移性收入的总和，不包括出售财物和借贷收入。收入的统计标准以实际发生的数额为准，无论收入是补发还是预发，只要是调查期得到的都应如实计算，不作分摊。

【可支配收入】 指调查户可用于最终消费支出和其他非义务性支出以及储蓄的总和，即居民家庭可以用来自由支配的收入。它是家庭总收入扣除交纳的所得税、个人交纳的社会保障费以及调查户的记账补贴后的收入。计算公式为：

可支配收入 = 家庭总收入 – 交纳所得税 – 个人交纳的社会保障支出 – 记账补贴

【工薪收入】 指就业人员通过各种途径得到的全部劳动报酬，包括所从事的主要职业的工资以及从事第二职业、其他兼职和零星劳动得到的其他劳动收入。

【经营净收入】 指家庭成员从事生产经营活动所获得的净收入。是全部生产经营收入中扣除生产成本和税金后所得的收入。如当期收入小于生产费用的开支，其差额记入”其他借贷支出”中。

【财产性收入】 指家庭拥有的动产（如银行存款、有价证券）、不动产（如房屋、车辆、土地、收藏品等）所获得的收入。包括出让财产使用权所得的利息、租金、专利收入;财产营运所获得的红利收入、财产增值收益等。

【转移性收入】 指国家、单位、社会团体对居民家庭的各种转移支付和居民家庭间的收入转移。包括政府对个人收入转移的离退休金、失业救济金、赔偿等；单位对个人收入转移的辞退金、保险索赔、住房公积金、家庭间的赠送和赡养等。

【出售财物收入】 指调查户出售家庭财物所得到的收入。由于出售财物是家庭财产从实物形态转为货币形态，家庭财产总量不变，因此不计入可支配收入中。

【家庭总支出】 指家庭除借贷支出以外的全部实际支出。包括消费支出、购房建房支出、转移性支出、财产性支出、社会保障支出。支出统计是以实际购得的商品或服务的总价值填报，不论其付款方式是一次付清、分期付款、还是赊购，只要商品或服务已被消费就要按其总价值计算。如果采用分期付款或赊购形式，则要在借贷收入类相应的项目填入实付款与总的应付款的差额。

【消费支出】 指调查户用于本家庭日常生活的全部支出，包括食品、衣着、家庭设备用品及服务、医疗保健、交通和通信、娱乐教育文化服务、居住、杂项商品和服务八大类等。包括用于赠送的商品或服务的支出。消费支出按商品（服务）的用途分类。

【服务性消费支出】 指调查户用于本家庭支付社会提供的各种文化和生活方面的非商品性服务费用。不包括为别人付款的服务。

【购房与建房支出】 指包括居民家庭购买住房、建房时的全部支出。

【转移性支出】 指居民家庭对国家、单位、住户、个人的转移支付。包括交纳的税款、捐赠和赡养支出等。

【财产性支出】 指家庭购买或维护财产所支付的利息等有关费用。

【社会保障支出】 指调查户成员参加国家法律、法规规定的社会保障项目中由个人交纳的保障支出。不包括职工所在单位交纳的那部分社会保障金。

【平均每一就业者负担系数】 是由家庭人口数与退休人口数之差，再除以就业人口数计算得到的。计算公式为：

平均每一就业者负担系数 =（家庭人口数 – 退休人口数）/ 就业人口数

【农村居民家庭生活消费支出】 指农村住户用于物质生活和精神生活方面的支出。包括食品、衣着、居住、家庭设备用品及服务、医疗保健、交通和通讯、文化教育娱乐用品及服务、其他商品和服务等消费支出。

【农民人均总收入】 是指调查期内每个农村住户成员从各种来源渠道得到的收入总和。按收入的性质划分为工资性收入、家庭经营收入、财产性收入和转移性收入。

【农民人均现金收入】 是指每个农村住户成员在调查期内得到以现金形态表现的收入。按来源分成工资性收入、家庭经营现金收入、财产性收入、转移性收入。

【农民人均纯收入】 是指农村住户当年从各个来源得到的总收入相应地扣除所发生的费用后的收入总和。纯收入主要用于再生产投入和当年生活消费支出，也可用于储蓄和各种非义务性支出。计算公式：

农民人均纯收入 = 农民人均总收入 – 家庭经营费用支出 – 税费支出 – 生产性固定资产折旧 – 赠送农村内部亲友。

心系百姓冷暖 情奔广厦万千

中心党组书记、主任 熊鹰

荆州住房公积金管理中心（简称“中心”）始建于1994年，是直属市政府的不以营利为目的的独立的正县级事业单位，负责荆州市行政区域内住房公积金的统一管理与运作，具体承办职工住房公积金汇缴、核算、提取及贷款审批等工作。

截止2014年12月底，全市累计有43.19万职工及个人参与了住房公积金缴存，历年累计归集公积金92.29亿元，归集余额58.03亿元；累计办理职工按政策提取个人公积金34.26亿元；共向3.5万户职工家庭发放公积金个人贷款45.50亿元；累计为个人公积金账户计付利息5.47亿元。2005—2014年间，共从公积金增值收益中提取并上交政府廉租房建设补充资金2.38亿元。中心上交的廉租房建设补充资金已成为我市廉租住房建设资金的主要来源。

二十年来，中心以服务广大群众，保障资金安全，维护职工权益为已任，认真贯彻执行国务院《住房公积金管理条例》，坚持规范管理，开展优质服务，实行阳光操作，广泛接受监督。通过积极探索，改革创新，兼收并蓄，逐步形成了独具特色的公积金中心文化品牌：以实现资金、数据、干部成长安全为着力点，加强风险防控，强化廉政教育，廉政文化深入人心；以率先开发导入CIS管理体系、创立并实施“常青树要素工作法”为契机，推行规范化、一体化管理，管理文化别具一格；以回应群众诉求、切实便民利民为宗旨，倡导优质服务，提升服务质量，服务文化尽显魅力；以开展竞进提质、争创一流为出发点，开展创先争优，精品文化特色鲜明；以倡导政治性德、个人品德、职业道德、社会公德、家庭美德，克服思想、行为上的贪、嗔、痴、慢为目的，实施“EAP德能双馨员工援助计划”，传统文化旗帜高扬。

到2014年底，中心连续九年获省住建厅、财政厅授予的“全省住房公积金管理先进单位”称号；2008年以来，连续六年获“全省住建系统先进集体”称号；多次获得市级文明单位、党建先进单位、综治优胜单位、绩效考核先进单位等荣誉。中心营业厅先后获全国巾国文明示范岗、省青年文明号；2013年，中心还作为全省住房公积金行业及荆州市的唯一单位荣获国家人力资源与社会保障部、住建部授予的“全国住建系统先进集体”殊荣。

荣誉证书

授予湖北省荆州住房公积金管理中心全国住房城乡建设系统先进集体荣誉称号。

市委书记李新华检查荆州公积金工作

2015年荆州市住房公积金管理委员会会议

公积金走进党校课堂

开展公积金走进社区活动

举办预防职务犯罪讲座

荆 州 市

副省长、公安厅长曾欣调研荆州公安工作

省公安厅副厅长郭唐寅督导省运会安保工作

2014年，全市公安机关在市委、市政府和省公安厅的坚强领导下，按照“三年见成效、五年新跨越”的总体构想和“打基础、谋长远，抓规范、求创新，促发展、创满意”的工作思路，以“三个严防”为底线，以平安建设为主题，紧紧围绕省厅“三五”工作思路和打造“六张名片”的总体要求，强化“七项机制”，坚持“六个导向”，夯实“五个能力”，着力提升公安机关履职能力和水平，不断深化平安荆州建设，主动服务“壮腰工程”，有效维护了全市社会政治和治安稳定。

全市八类严重刑事案件同比下降16.6%，现行命案发43起破43起，实现荆州建市以来首次全破的工作目标。中心城区抢劫、抢夺、扒窃案件同比分别下降48.3%、64.2%和12%。成功侦办了洪湖市“9.29”绑架勒索案、“7.12”系列食品安全案等一批有影响的大要

市局组织开展“大练兵”活动

市局举办“110宣传日”活动

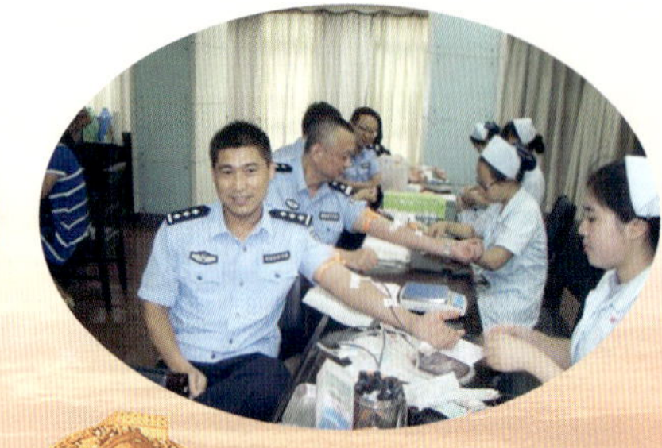

市局组织参加无偿献血活动

公 安 局

副市长、市委政法委副书记、公安局长周振武检查督导中心城区除夕夜安全保卫工作

市领导调研公安工作

案件。打假、打传、禁毒会战等专项打击行动“走在前列”，位居全省前三名。安保活动“零失误”，事故压降“大幅度”。行风评议工作综合得分 94.21 分位排名全市第一；参加第 14 届省运会，夺取奖牌总数分列全省第二；涌现出郭军、刘义军等一批先进典型。推动视频监控“天网”工程建设列入 2014 年政府为民所办“十件实事”之一，全市投入 1.86 亿元开展视频监控“天网”工程建设，共整合各类社会治安视频监控终端 58502 个，建成省际、市际、县际三道高清治安卡口 73 处 183 个。在 2014 年度全省“一感两度”测评工作中，全市公众安全感、治安满意度从 2011 年的全省垫底逐年攀升至全省第 5、第 5 位，增幅全省第一，创历史最佳成绩。新华社、人民日报、中央电视台、湖北日报等中省主流媒体聚焦荆州公安，集中报道了荆州公安工作和队伍建设发生的显著变化，省、市主要领导给予了高度肯定。

市局民警李扬帆当选荆州市“十大杰出青年”

第三届“湖北最美警察”范正茂与战友并肩战斗在一线

市局参赛选手在“省运会”游泳比赛中创佳绩

中共荆州市委党校

市委书记李新华在我校作专题报告

省社会主义学院院长黄利鸣来我校指导工作

常务副校长别少波带头参加驻村入户活动

常务副校长别少波慰问困难群众

曹市镇教学基地挂牌仪式

青干班驻村入户活动合影

中共荆州市委党校创办于1953年，走过了63年风雨历程，现为“一校两院”体制，兼挂荆州市行政学院、荆州市社会主义学院两块牌子。学校实行校务委员会领导体制和“一校两院”的办学形式。党校校长由市委组织部部长兼任；行政学院院长由市委常委、常务副市长兼任；社会主义学院院长由市委常委、统战部长兼任。日常工作由常务副校（院）长主持，内设21个职能科室，现有在职职工81人。学校坐落于历史悠久、人文底蕴深厚的全国历史文化名城——荆州，学校占地面积3.5万平方米，建筑面积3.3万平方米，绿化面积占全校总面积的40%以上，被评为市级“花园式”单位。

2014年，教学质量方面，市委党校在开展“质量建设年”活动中，牢固确立“质量立校”意识，抓住“魅力教师、魅力课堂”这条主线，形成了重视教学工作，重视质量建设的良好氛围。学风建设方面，继去年多项措施并举、开展“学风建设年”活动之后，今年继续巩固其成果，做到学风建设常抓不懈。全年举办春秋两季主体班16个，培训567人（含荆、沙两区）。社会培训方面，在聚精会神办好春秋两季主体班的同时，充分利用我校师资、校产资源，加强与各部门、单位联合办班，努力实现干部主体培训、社会培训、学历培训“一主两翼”齐头并进，协调发展。承办各类培训班47个，培训人数10154人，主要班次有：荆州市党的群众路线教育实践活动培训班、妇联干部培训班、入党积极分子培训班、人大代表培训班、省江南高速员工岗前培训班、省地质局青年干部培训班、市政法系统干部培训班等。

近年来，中共荆州市委党校以“打造魅力党校、建设一流学府”为目标，以学风建设年、质量建设年、管理创新年为载体，加强学风建设、提升培训质量、尊重办学规律、创新工作理念、严格奖惩兑现，实现了整体工作争先进位、单项工作争创一流，取得了较好的工作业绩，发挥了党校培训干部的主阵地、主渠道作用，为荆州市建设高素质干部队伍做出了积极贡献。

市政法委系统学习贯彻十八届四中全会精神培训班开班仪式

荆州市妇联干部培训班在我校开班

市延安精神研究会第三届会员代表大会在我校举行

荆州市总工会

施政慰问沙市区劳模代表

省总马主席到荆州调研工会工作

市委常委、宣传部长王守卫向荆州火车站执勤民警赠送慰问物资并亲切握手

市政府与市总召开第十三次联席会议

全省工会工资集体协商交流会在荆州举行

荆州市委召开工会工作会议

2014年，市总工会在市委和省总的正确领导下，在施政、王守卫主席的直接带领下，全会以十八届三中、四中全会精神为指引，认真贯彻落实省、市委工会工作会议精神，各项工作取得新的业绩。市总工会获得省总表彰的年度工作优秀单位，荣获绩效考核“优秀单位”、党建工作“优秀单位”、综治工作“优秀单位”等多项荣誉。

着力服务中心，工人阶级主力军作用充分彰显。劳动竞赛蓬勃开展。围绕重点工程项目，广泛开展了“同心壮钢腰、跨越争先锋”百万职工劳动大竞赛活动。搭建社会化平台，与荆州电视台合作举办“师傅登场”活动，开展“金牌工人”评选。荆州市选手张文军在第六届全国交通运输行业筑路机械职业技能大赛上代表湖北省荣获压路机操作竞赛二等奖。省运竞赛实绩突出。组建了46人的代表队，代表荆州市参加职工类三个大项全部小项的比赛，共夺得所有40枚金牌中的16枚。

着力服务职工，合法权益得到有效维护。开展了工资集体协商“春风公示行动”和秋季“双要约”行动，在新闻媒体上对开展“双要约”行动的500多家企业进行了张榜公布，有效促进了协商谈判顺利开展。认真实施《荆州市厂务公开民主管理质效提升计划》，全市实行厂务公开民主管理的企事业单位达6000多家。同时，具有荆州特色的职工议事制度建设也取得了新的进展和成效。

着力改善民生，职工群众普遍受益。持唱响工会组织服务职工的“四季歌”。开展“关爱留守家庭，服务就业创业”活动。举办“相约开发区、务工在荆州”关爱留守家庭，促进女职工就业创业活动；开展夏季“三送”活动，筹资300多万元，为职工送清凉、送安全、送法规；开展了“爱心成就梦想”主题金秋助学活动，募集助学金280余万元，为2600多名困难职工家庭子女提供了上学资助。元旦春节期间筹集713.41万元，走访慰问困难职工9560名。

着力服务基层，工作环境进一步优化。8月19日市委召开工会工作会议。省总马主席、市委李书记参加会议，并作重要讲话。通过积极争取和沟通，市委在会上下发了含金量很高的《关于在实施壮腰工程中进一步发挥工会组织作用的实施意见》。《意见》最大的亮点是强化了工会干部的配备。

市总联合荆州电视台举办“爱心成就梦想”金秋助学活动

荆州市总工会荆江之春艺术节暨新春音乐会

市总承办第十四届省运会职工类比赛项目

荆州市

省环保厅吕文艳厅长调研荆州水环境保护工作

省人大调研荆州环保工作

省人大委员视察企业治理扬尘

2014年，荆州市环保工作在市委、市政府坚强领导下，在省环保厅的特别支持下，紧紧围绕服务壮腰工程和生态文明建设，深化环保体制改革，创新环保工作机制，在全省率先开展秸秆禁烧和全面推动“煤改气”等工作，综合治理“雾霾”；在全市率先进行大科室制改革，提高管理效能；在全省环保系统率先推进网上审批，打造阳光政务，实行高效服务；在全省环保系统率先完成市环科所环评业务剥离改革，激发环评市场活力。同时，进一步强化环境保护法制观念，强化环境执法监管，强化环保基础建设，强化环境保护促进经济发展理念，推进了生态文明建设，促进了社会经济和生态环境保护协调发展。

（一）污染防治取得新进展

在大气污染防治方面，坚持“三禁三治”，赢得广泛好评。1. 强力开展秸秆垃圾禁烧控“烟气”（禁烧）。2. 扎实抓好清洁能源替代降“煤气”（禁煤）。3. 重新启动中心城区禁止燃放烟花爆竹（禁鞭）。4. 推进机动车环保检测治理“尾气”（治尾气）。5. 加强道路和建筑工地扬尘管控治理“浊气”（治扬尘）。

在水污染防治方面，坚持“六措并举”，努力改善水环境质量。1. 切实加强荆州开发区印染工业园环境管理。2. 积极推进重点涉水企业污水治理设施的升级改造和深度治理工作，提升污水治理能力。3. 加强污水处理设施运行监管。

4. 全面落实新建涉水项目主要污染物总量替代制度，促进产业结构升级。5. 加强饮用水源地环境保护。6. 全面配合“江河湖”连通工程。

（二）行政审批服务取得新成效

1. 推进网上审批，缩短审批时限。
2. 精简审批事项，下放审批权限。
3. 优化服务流程，试行负面清单制度。
4. 完成事企分开改革，培育环评市场主体。

（三）环境执法取得新成效

1. 狠抓环保专项执法。开展环境违法行为“零容忍”行动，全市共限期治理22家，关闭取缔53家，停产整顿26家，立案查处37家。开展未批先建建设项目清理，督促26家企业办理了试生产、“三同时”验收手续，对33家企业下达了限期改正通知。

2. 开展“零点行动”。深入贯彻落实《湖北省水污染防治条例》，按照省环保厅统一部署，联合公安、检察等部门及市内各媒体、行风政风监督员启动了“零点行动”，用连续一周时间，出动近700人次，现场检查企业140家，重点是严格检查环境违法企业和环境违法行为，以及国家、省、市领导批示督办（转办）案件等。

环保局

市委书记李新华调研科研所成功转企

时任市长李建明调研中心城区水环境状况

万卫东常委调研秸秆禁烧工作

副市长张万超调研秸秆收储情况

3. 严格排污费稽查。按照“应核尽核、应征尽征”的原则，依法规范征缴排污费，市本级排污费逐年大幅提升。

（四）环境宣传和信访应急工作取得新成效

1. 加大环保宣传投入，开辟多种宣传形式，和党校、共青团、妇联、总工会、公众媒体进行深度合作，让环保进学校（党校）、进社区、进村组、进企业，做到环保宣传家喻户晓、人人皆知。

2. 建立完善机制，保障信访诉求平台高效运行，确保 12369 热线 24 小时畅通。2014 年共受理各类环境信访投诉 2205 件。及时受理率、现场到达率、按期回复率均为 100%，努力提高满意率，无群体性上访事件发生。

3. 加强联动，及时处置突发环境事件。加强与地方、部门联动，及时应对处置了 13 起突发环境事件，污染事态均得到有效控制，无人员伤亡未造成严重后果。

“六·五”世界环境日宣传活动

环保执法零点行动

煤改气推进大会

荆州市安全生

市委常委、副市长曹松在松滋检查安全生产工作

市委常委、副市长曹松率市安监局局长陈观鑫等安监部门人员，开展安全生产督办检查

荆州市安全生产监督管理局位于荆州市沙市区北京西路440号，是市政府正县级工作部门，担负着全市安全生产综合监管、煤矿非煤矿山及危险化学品烟花爆竹安全监管职责。局机关及执法支队内设机构共12个，班子成员7名，在职干部职工36人。

2014年，在市委、市政府的正确领导和省局的科学指导下，市安监局认真贯彻落实党的十八大、十八届三中四中全会精神，强化安全生产红线意识，在预防和治本上下功夫，进一步减少了事故总量，杜绝了重特大事故发生，促进了全市安全生产形势持续稳定好转。统计生产安全事故的“四项”指标继续全面下降，重点行业和领域安全状况良好。2014年全市发生各类生产安全事故共717起，死亡178人，受伤131人，直接经济损失1257.78万元，同比分别下降6.88%、7.77%、19.63%和7.68%。其中工矿企业事故9起，同比下降30.77%，死亡15人，同比上升7.14%；道路交通事故194起，同比下降13.39%，死亡160人，同比下降9.60%；消防火灾事故513起，同比下降3.75%，死亡2人；水上交通1起，死亡1人，全市地方铁路交通、农业机械领域未发生事故。

提高本质安全水平，全力推进隐患排查“两化”体系建设。截止2014年底，全市已注册运行企业4360家，已完成分类分级企业4318家，企业隐患清单编制496家，已登录系统企业2992家，已完成必须项企业2060家，已登记隐患企业2010家，排查各类一般隐患16715起，整改16489起，整改率为98.65%，企业排查隐患平均3.83个。

强化依法治理，从严执法监管。2014年全市共组织执法检查组213个，参加执法检查人员570人次，参加执法检查专家47人次，检查企事业单位和场所2867家次，组织开展跨地区、跨部门联合

安监局组织沙隆达公司进行危化品泄露应急演练

产监督管理局

省安监局纪检组长邓楚祥在市安监局局长陈观鑫陪同下到荆州行政服务中心安监局窗口督导检查工作

荆州市、松滋市两级安监局向葛洲坝水泥松滋有限公司负责人赠送《职业病防治法》等相关书籍

执法 119 次，采取“四不两直”方式对重点地区和单位实施暗查暗访 129 次，责令停产整顿 15 家，向社会公告列入“黑名单”企业 3 家。共打击矿山企业（含粘土砖瓦厂）无证开采、超越批准的矿区范围采矿行为，整治图纸造假、图不符实问题 37 起；打击破坏损害油气管道行为，整治管道周边乱建乱挖乱钻问题 9 起；打击危化品非法运输行为，整治无证经营、充装、运输，非法改装、认证，违法挂靠、外包，违规装载等问题 11 起；打击无资质施工行为，整治层层转包、违法分包问题 70 起；打击客车客船非法营运行为，整治无证经营、超范围经营、挂靠经营及超速、超员、疲劳驾驶和长途客车夜间违规行驶等问题 15 起；打击“三合一”、“多合一”场所违法生产经营行为，整治违规住人、消防设施损坏、安全出口疏散通道堵塞封闭等问题 66 起；整治违反《严防企业粉尘爆炸五条规定》的安全隐患 56 项。

2014 年，市安监局被评为全省安全生产先进单位、全省职业病防治知识竞赛先进单位、全市三万活动先进工作组、全市综合治理优胜单位、绩效考核合格单位、消防工作先进单位、党建工作先进单位及市级文明单位。

全市行政执法文书规范培训班

荆州市特种作业人员在标准化机考室参加考核

荆州市城乡规划局

市人大常委会副主任段昌奉带队调研中心城区规划实施情况

时任党委书记、局长伍昌军现场指导互联共建社区建设

2014 年，荆州市城乡规划局认真贯彻落实党的十八大和十八届三中、四中全会精神，坚持以科学发展观为统领，全面服务市委、市政府中心工作，充分发挥城乡规划的引导调控作用，在攻坚克难中开拓创新，在砥砺前行中争创业绩，为城乡建设和经济社会发展做出了积极贡献。年内共组织编制了 9 个重大项目规划，配合有关部门开展了 6 个专项规划的组织编制工作，完成了 31 个单元控规的修改。截至 12 月上旬，共办理《建设项目选址意见书》74 项，用地面积 240.7 万平方米；办理《建设用地规划许可证》141 项，用地面积 699.49 平方米；办理《建设工程规划许可证》485 项，建筑面积 1099.94 万平方米；依规代收城市基础设施配套费 15731.75 万元。市规划院完成各类项目 600 项，完成产值 8000 万元，已拥有城乡规划编制、建筑行业（建筑工程设计）、工程咨询、岩土工程勘察、风景园林工程设计 5 个甲级证书。市测绘院完成生产项目 428 项，完成产值 650 万元，并通过了 ISO9001 质量管理体系认证。招商引资工作成效显著，已引进落地的 2 个项目总投资 4.3 亿元。较好地完成了年度工作计划和上级交办的各项工作任务。

局干部职工观看“红星照耀中国”档案展

局干部职工参加义务植树活动，为创建森林城市贡献自己的力量

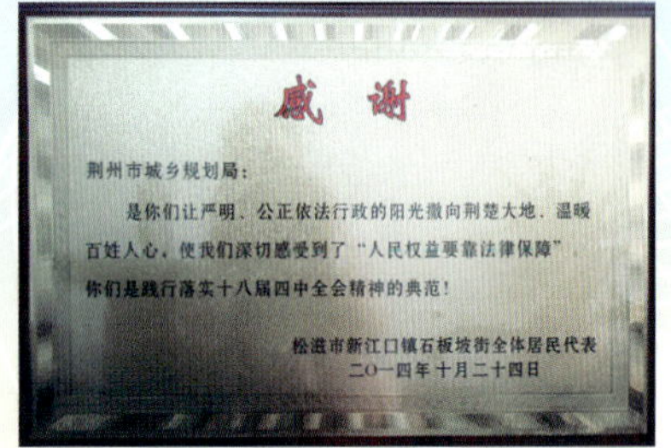

感谢

荆州市城乡规划局：

是你们让严明、公正依法行政的阳光撒向荆楚大地，温暖百姓人心，使我们深切感受到了“人民权益要靠法律保障”，你们是践行落实十八届四中全会精神的典范！

松滋市新江口镇石板坡街全体居民代表

二〇一四年十月二十四日

依法行政受到群众肯定

荆州古城保护国际交流活动在荆开展

开展为期2个月的“城乡规划法律法规全员学习培训活动”系列讲座

积极开展测绘法宣传日活动

荆州市物价局

时任市委常委、常务副市长吴方军在市物价局时任局长周正斌的陪同下巡查菜价

时任市物价局党组书记、局长周正斌在“三万”驻点村义诊现场与村民交流

荆州市物价局作为市政府价格主管部门，主要担负着贯彻执行国家价格法律法规、制定调整价格和收费标准、开展价费监督检查、开展定价成本监审、开展价格鉴证等职责。近几年来，我们始终坚持依法治价，稳妥推进价格改革，着力解决价格难题，切实加强价格监管，保持了荆州价格总水平的基本稳定，为服务壮腰工程、促进荆州振兴营造了良好价格环境。我局先后被评为全国收费统计工作先进单位、全国价格认证工作先进单位，连续两次获得全省物价系统先进单位称号，连续四届被评为市级文明单位。

2014 年，我们聚焦难题疏导价格矛盾，妥善化解了出租车运价、供热销售价格、物业服务收费、城区二次供水价格等矛盾。划分网格开展价格检查，在中心城区开展“衣食住行”价费检查，公开曝光了七起价格违法典型案件，全市共查处价格违法案件 349 件，实施经济制裁 1235 万元。依法行政监管民生价费，全年共制定或调整天然气价格、绿地金沙湾经济适用房销售价格等 34 个。我市 CPI 累计涨幅 2.1%，大大低于年初确定的 4% 的调控目标。

维护良好的市场价格秩序，维护合法的价格权益，是我们的职责所在。当您需要了解有关价格政策时，请登录荆州市物价局政务网 www.jzpic.gov.cn; 当您的价格权益受到侵害时，请拨打价格举报咨询电话 12358！

市物价局与荆州人民广播电台在沙市区胜利街办举办《行风热线》社区直播节目

荆州市国税局

2014年，荆州市国税局在市委、市政府和省国税局的正确领导下，各项工作有序推进，有力开展，有效落实，圆满完成了目标任务。

大力组织税收收入。面临经济下行压力增大、支撑性税源增幅放缓等不利因素，全市国税系统迎难而上，认真贯彻组织收入原则，细化税收分析，深化评估稽查，强化收入督导，圆满完成了各项收入目标。全年共组织各项税收收入568593万元，同比增收44777万元，增长8.5%，为省分年度计划的100.4%，超收2093万元。完成地方公共财政预算收入154599万元。

持续优化纳税服务。着眼最大限度便利纳税人，最大限度规范税务人，扎实开展"便民办税春风行动"，落实《全国县级税务机关纳税服务规范》，市局推出了优化服务的30条措施。推行"同城通办"，覆盖城区2.4万户纳税人。简并28项涉税事项，将53项备案事项全部改为即办事项。推行午间办税，实行"7日审批办结制"和小微企业按季申报纳税。举办118期培训，辅导纳税人万余人次。全年办理增值税、企业所得税、出口退税等各项减免（退）税达7.17亿元，不断提高了纳税人的满意度和遵从度。

有效加强税收管理。以清理、规范、整改为重点加强税收法制基础工作，积极创建"依法行政示范单位"和"优秀法治单位"。推进风险管理和征管改革试点，纳税评估入库税款9373万元。顺利完成"营改增"扩围，实施货运行业管理创新。所得税汇算清缴入库税款21952万元，同比增收9645万元，增长78.37%。完成反避税结案，入库税款907万元。开展税收稽查，查补入库税款9657万元。推广网上申报和网络发票，信息管税和信息化建设取得新成效。

切实抓好队伍建设。扎实开展第二批党的群众路线教育实践活动，班子带头示范，全员积极参与，各环节稳步推进，征求各类意见建议602条，涉及领导班子"四风"方面意见131条。市、县两级领导班子召开专题民主生活会13场，班子成员开展批评与自我批评共计1386条。全面整改落实，市、县两级领导班子完成整改任务212个，班子成员完成整改任务561个，开展"三清三察三审三治"专项整治，清退超标面积1872平方米，腾退11处超面积用房。加强政风行风建设，系统10个单位被地方政府授予"民主评议政风行风优胜单位"，市局机关获得全市第一名。

2014年，市国税局被评为"全省'六五'普法中期先进单位"、"湖北省首批法治创建活动先进单位"，3个单位被评为"湖北省首批法治创建示范单位"，1个单位获得"湖北五一劳动奖状"。还有一批单位和个人获得了地方党委政府的表彰。

2014年4月15日，市国税局与省国税局联合举办"税制改革与壮腰工程"主旨论坛

2014年5月13日至15日，省行评第二督查组组长高全明一行实地检查国税部门行评工作

2014年10月13日，国家税务总局财务管理司长伍舫一行调研荆州国税系统财务管理工作

2014年12月9日，荆州市委常委、常务副市长吴方军一行到市国税局开展工作调研

举办"庆十一、迎省运"趣味运动会

开展"法制宣传进乡村"主题活动

举办纳税服务规范知识竞赛

稳步推进网上申报系统的运行使用

荆 州 市 地 税 局

市地税局局长雷浩（右三）为工业企业现场解决涉税难题，以实际行动服务“壮腰工程”

荆州市地税局对最新税收政策法规落实情况开展调研

2014 年，荆州市地税局紧紧围绕党的十八大和十八届三中、四中全会精神，牢牢把握组织收入中心工作，实现了税费收入同步增长，收入总额创历史新高。

全市地税系统完成税费收入总额 119.74 亿元，同比增长 13.44%。分收入项目看：税收收入 59.65 亿元，同比增长 27.63%，体现了实施“壮腰工程”以来地方税收实现“三年翻番”目标的显著成效；其中，地方公共财政预算收入 50.16 亿元，同比增长 25.27%。社保费收入 55.32 亿元，同比增长 0.96%。规费收入 4.78 亿元，同比增长 18.76%。从排名来看，税费收入总量、税收收入和地方公共财政预算收入在全省排名分列四、五、六名。税收收入增幅全省第一，高于全省平均增幅近 10 个百分点；地方公共财政预算收入增幅全省第三，高于全省平均增幅 8 个百分点。

2014年11月26日，荆州市地税局纳税服务局揭牌

抓收入工作的同时，荆州市地税局其他各项工作也争先进位，先后荣获全国“六五”普法中期先进单位、全省首批法治创建活动示范单位、全省地税系统税政管理工作先进单位、征管资料电子化系统上线工作先进单位、市直绩效考核先进集体等荣誉。

荆州市地税局局长雷浩（右二）到“三万”联系点走访慰问困难群众

省地税局在荆州市地税局召开民主评议政风行风纳税人代表座谈会

荆州市地税局在荆州市电视台录播以楚文化为主题的“道德讲堂”

荆州市人力资源和社会保障局

省人社厅厅长翟天山调研荆州市“大众创业，万众创新”工作

荆州市被人社部确定为第二批开展社会保险基金社会监督的试点地区

荆州市人力资源和社会保障局作为政府工作部门，负责全市“就业、社保、人才、人事、收入分配、劳动关系”六大板块工作，关系着群众切身利益与福祉。近年来，全市人力资源和社会保障工作在市委、市政府的坚强领导下，坚持“民生为本、人才优先”工作主线，锐意进取，开拓创新，取得了显著成绩。

组织省专家博士后荆州服务行

2014 年，全市新增城镇就业 8.93 万人，城镇登记失业率控制在 4.5%以内，开展创业培训 5300 人，扶持创业 6288 人，带动就业 24110 人，发放小额担保贷款 5186 笔 4.4 亿元。“五险”参保人数达到 379.97 万人次，社会保险费征收 45.74 亿元。城乡居民社会养老保险参保人数达到 226.01 万人，综合参保率达到 99%，续保率 98.39%。全年新增专业技术人才 14780 人，高技能人才 10176 人。专业技术人才知识更新工程快速推进，全市共培训 33679 人，其中市直 10679 人。劳动关系和谐有序，劳动监察案件结案率达到 97.9%，全市查处农民工工资拖欠案件 623 件，为 2.2 万余名农民工清欠工钱 16529.23 万元。受理劳动人事争议仲裁案件 1029 件，结案 968 件，结案率 94%。社会保障卡持卡人数达到 263.48 万人。全年共争取中、省各类资金 40.35 亿，同比增长 22%，其中，市直 9.86 亿元，较 2013 年增加 1.78 亿元。不断加强作风建设，广泛深入开展党的群众路线教育实践活动和窗口单位改进作风专项行动。被表彰为 2014 年度全市绩效考核工作优秀单位、社会管理综合治理优胜单位、党建工作先进单位、文明单位。

关爱服务行动招聘会现场

2015 年，荆州市人力资源和社会保障局将继续以十八大、十八届三中、四中全会精神为指导，加强谋划，强化举措，适应新常态，全力推进各项重大改革，为实现荆州经济振兴、民生事业发展作出新的更大贡献。

市直人社系统运动会之“荆州动起来”

荆州市文化广电局

开展第十七届荆州市"小太阳"读书节

第十五届荆州市社区消夏文化节开幕式

在全国第九个文化遗产日，举办"非遗与城镇化同行"活动

2014 年，在市委市政府的领导下，市文化广电系统深入开展党的群众路线教育实践活动，围绕"繁荣文化事业，推进文化产业，规范市场秩序"三大任务，全面推动文化新闻出版广电工作呈现新进展、显现新成果。

中心工作完成出彩。出色完成了湖北省第十四届运动会开闭幕式文体展演、"荆州动起来"全民健身广场舞展演两项任务，受到市政府嘉奖，系统多人被市委市政府评为突出贡献个人及先进个人。

在国家图书馆举办的"大漆的记忆"非遗作品展上，市政府向国家图书馆捐赠国家级楚式漆器髹饰技艺传承人代表作《虎座鸟架鼓》

公共文化服务体系建设。市图书馆新馆正式开工建设。率先在全省建成市域农村智能广播网。小太阳读书节暨全民阅读活动、社区消夏文化节尝试与新闻媒体合作，扩大社会关注度和影响力，吸引市民 20 万人次参与。组织"文化力量 · 民间精彩"群众广场舞展演活动，推选出的公安县闸口镇双潭村代表队、松滋市新江口镇林园社区代表队在全省展演活动中获得行政村组一等奖、社区组二等奖。在全国全省各类群众文化交流活动中，获得省级以上金奖（一等奖）103 个、银奖（二等奖）125 个、铜奖（三等奖）278 个。

2014 年市图书馆新馆建设正式开工

专业艺术呈现亮点。编辑制作出版了《民歌荆州》音乐专辑，收录 15 首具有代表性的荆州民歌。举办了"汉剧展演周"暨"荆州市 2014 湖北汉剧名曲名段演奏演唱会"。在第二届湖北地方戏曲艺术节上，选送的汉剧《活捉三郎》、荆州花鼓戏《蜈蚣岭》在汉进行了惠民展演，其中在小戏折子戏类，获得 1 个表演一等奖，3 个表演、伴奏三等奖。

非遗保护传承成效明显。"石首跳三鼓"、参与推荐的"三国传说"，被国务院公布为第四批国家级非遗代表性项目。荆州市唯楚木艺有限公司被文化部命名为第二批国家级非遗生产性保护示范基地。12 人成为第四批省级非遗传承人，21 人成为第二批市级非遗传承人。

依法行政能力逐步增强。依法履行审批监管职责，认真清理、及时承接、下放行政审批事项。组织实施新闻采编人员岗位培训考试，培训人员 823 人，考试 444 人。持续开展各类专项整治，查处违规经营单位 193 家，拆除非法"卫星锅"3120 口，收缴非法出版物 25000 余册（盘）。

文化产业多样发展。电影产业健康发展，全市 14 家电影院，2014 年实现电影票房 6257 万元。广播电视产业加快转型，全年发展广电宽带用户 25126 户、数字电视用户 34072 户，实现农村有线广播电视传输服务收入 2.48 亿元。印刷出版图书发行持续增长，出版物发行行业实现收入近 3 亿元，印刷行业实现总产值近 8.5 亿元。

荆州市城市管理局

2014 年全省城管检查

市委书记李新华、时任市长李建明慰问环卫工人

中心城区城市综合考核讲评会

2014 年，市城管局在市委、市政府的正确领导下，结合党的群众路线教育实践活动和民主评议行风政风工作，以迎接省运会为契机，通过实施大城管体制及相关配套体系建设，全面深化环卫作业市场化改革，着力开展城市环境综合整治和城市综合管理考核，加快推进城市管理相关基础设施项目建设，圆满地完成了 2014 年度各项工作目标和任务。

一、扎实开展教育实践活动，强化队伍素质建设

根据市委统一安排，全市城管系统围绕作风建设，聚焦“四风”问题，扎实推进群众路线教育实践活动各阶段工作。一是高度重视，精心组织，确保教育实践活动有序开展；二是深入学习，广泛听议、确保教育实践活动质量过硬；三是从严要求、深刻查摆，确保教育实践活动达成目标；四是分类整改，建章立制，确保教育实践活动取得实效。

二、理顺机制，构建大城管格局

（一）事权全面下放。根据市委、市政府关于城管体制改革的工作部署，按费随事转和属地管理原则，将市中心城区主次干道的环卫清扫保洁、垃圾清运、机械化清扫等城市管理事权下放到区。（二）相对集中行政处罚权稳步推进。按照专业管理相对集中、综合管理重心下移的思路，针对城乡规划、市政园林、工商、公安交管、环保等 7 个部门涉及城市管理的部分行政处罚权，已集中归并到城市管理部门行使，执法联动、案件移交等工作联系机制已基本建立。（三）城市综合管理考核机制全面建立。《荆州市中心城区城市综合管理考核暂行办法》经市政府常务会议讨论通过，并正式启动。坚持实行日巡、周检、月考核等综合检查制度，健全基础台帐、统计报表等各项基础数据，实行量化管理，实现了“考核到街办，奖惩要过万”的目标。（四）城市管理机制不断创新。坚持保洁市场化、清运机械化、垃圾袋装化、整治常态化、参与全员化、责任网格化、管理规范化、考核精细化的“八化同步”工作思路，推行城管市容巡查、交管秩序规范、社区网络监管、业主门前三包、公司环卫保洁的“五位一体”管理模式。（五）相关问题和困难逐步得到解决。就环卫改制遗留问题，市政府主要领导高度重视，多次召开协调会专题研究，对深化环卫作业市场化改革和原环卫转制人员安置明确了一系列政策和措施，巩固了城管体制改革成果。

各区城市管理职能不断加强，各部门协同意识全面提高，全民参与热情全面高涨，“市级管总，以区为主，部门联动，街办、社区为基础”的大城管格局基本形成。

三、开展环境综合整治，改善城市环境面貌

（一）开展专项治理，破解城市管理难题。

1、开展渣土整治和扬尘治理。

一是立足长效开展对渣土撒漏、超载超高不覆盖运载车辆的治理工作；二是联合交管、运管、建管等部门加强对建筑工地的管理，有效改善了城区环境。

2、开展市容环境专项整治和校园周边环境整治。

一是针对占道经营、门店外延、一店多招等行为开展专项整治行动 60 余次，拆除违章搭建 151 处，规范违章占道 2976 处，清理乱张贴“牛皮癣”11232 张，处罚道路遗撒运输车辆 458 辆。二是针对校园周边环境整治，各区城管部门组建工作专班，实行错时管理，采取“定人员、定路段、定时间、定责任、定奖惩”的五定工作措施，确保校园周边秩序井然。

3、日常监管与集中治理结合，全面提升环卫保洁质量。

一是通过加强检查督办，环卫作业大扫、保洁、收运、洒水频次明显增加；二是全面落实主次干道“全扫全保”、背街小巷“两扫一保”制度；三是实施“城市洁净”工程，开展万人洁城迎省运活动。

4、结合领导包路，开展“洗脸整容”及“市容环境美好示范路”创建工作。

5、落实“门前三包”，助推“四城同创”。以推行门前三包制度为切入点，不断提高环卫作业的档次，降低环卫工人劳动程度。

6、严管违法建设，规划拆控违工作开局良好。

一是专门成立了拆违控违指挥部，依法开展拆违控违工作；二是以网格员、信息员为主体构建控违网络，制止违建行为；三是针对省运会场馆周边、城市出入口违建现象突出的问题实施专项整治。

四、推进项目建设，提升城市管理基础设施建设水平

（一）城市管理资金纵深投放，加快推进环卫设施的项目建设。（二）继续推进城市重点区域亮化项目，提升城市品味。（三）加快数字城管项目建设，搭建城市管理信息化平台，开创责任更明确、反应更快速、处置更高效、监督更有力城市管理新局面。

2015 年，市城管局将继续巩固大城管体制的格局，以提高城市管理水平为目标，以建立长效、常态考评机制为手段，全面树立荆州城管新形象，为“荆州建起来”服好务、把好关，确保在全省城管检查中跻身第一方阵。

荆州路灯管理局

火车站

沙隆达广场新灯

荆南路

节能型路灯成为道路照明主力军

荆州路灯管理局成立于 1996 年 8 月，主要负责荆州市中心城区路灯的规划、设计、建设、运行、维护和管理，拥有路灯高低压专用线路 390 公里，专用配电台区 242 台，功能照明路灯 37000 余盏。

2014 年，该局完成 24 条道路共计 3747 盏路灯安装任务，参与完成 6 项亮化工程。省运会召开前夕，该局倒排工期，开展“百日大奋战”活动，确保了省运会主会场荆州体育中心周边 7 条道路 571 盏路灯 9 月中旬亮灯。

该局把亮化城市的背街小巷当做为民办实事的主要抓手之一，白天抓紧路灯新建，晚上全面巡视维修，努力为市民创造亮堂、安全的夜间照明环境。2014 年完成背街小巷补灯工程 77 项，装灯 1147 盏，维修路灯 2054 盏，点亮了一批群众反映强烈的“盲点”，塔桥花园、胜利街、沿江路等照明老大难问题得以解决，沙市中学、荆州中学周边照明质量得以提升，沙隆达广场、御河广场市民休闲健身照明环境明显改善。在上级大力支持下，该局全体干部员工共同努力，不断改善城市照明环境，为城市经济建设和人民生活安定做出了贡献。

社区装灯

社区居民送锦旗

荆州市烟草

省局领导参加荆州市局党的群众路线教育实践活动调研座谈会

2014年，荆州市局（公司）在荆州市委、市政府的坚强领导下，积极谋划行业“三大课题”，认真落实省局“三个不动摇”工作要求和市局“三提三实三保”工作思路，以践行群众路线为契机，加强作风建设、促力改革创新，各项工作取得了较好成绩，经济运行保持了良好发展态势。

局长马力为零售客户送货

全年销售卷烟185763箱，同比增长4.3%，实现销售收入52亿元，同比增长20.1%。实现入库税收6.02亿元，同比增长20.58%；查获涉烟案件4009起，查获“三烟”3375件，案值1577万元。破获网络案件22起，其中国标案件5起，省标案件17起。打击涉烟违法犯罪分子134人。

群教活动全面开展，全市系统32个基层党支部、

全市系统深入开展廉政警示教育活动

对假烟进行销毁现场

专卖局（公司）

开展"知音·贴心人"杯——说身边事学身边人演讲比赛

2014 年全市卷烟打假市场整顿工作会议

410 名党员干部深受教育；全年共组织培训班 126 个，培训 5300 人次，组织 3 批次行业技能鉴定考试及考务工作。第二届全省烟草系统专卖管理岗位技能竞赛中，1 人被授予"国家级烟草技术能手"，2 人被省局授予"省级烟草技术能手"；完成科技项目研究 3 个，组织申报科技项目 3 个，在国家级专业期刊发表科技论文 2 篇；先后荣获"省烟草商业系统知音行 · 万名员工进万户入万店活动先进单位"、"省首批法治创建活动示范单位"、"烟草商业系统安全生产先进单位"等荣誉称号，获得全省烟草商业系统领导工作业绩考核二等奖。

烟草工作人员为广大市民讲解真假卷烟辨别知识

烟草工作人员深入零售客户家中指导服务

荆州市卫生和

市委书记李新华在全市计划生育工作会上讲话

时任市长李建明在全市血防和爱国卫生工作电视电话会议上讲话

全市卫生计生系统隆重召开纪念建党93周年表彰大会

荆州市卫生和计划生育委员会位于荆州古城荆东路18号，是市政府工作部门，正县级机构，挂荆州市血吸虫病防治领导小组办公室牌子。机关内设机构17个，班子成员8人，在职干部52人。

近年来，市卫生计生委以深化医疗卫生体制改革和落实国家计划生育政策为重点，以缓解群众"看病难、看病贵"为出发点，以机构整合改革为契机，以精神文明建设为动力，大力深化党的群众路线教育实践活动，推动各项工作取得新的突破。全市无重大传染病暴发流行，无重大疫情发生，突发疫情得到及时有效处置，血吸虫病、艾滋病等重大疾病得到有效控制。

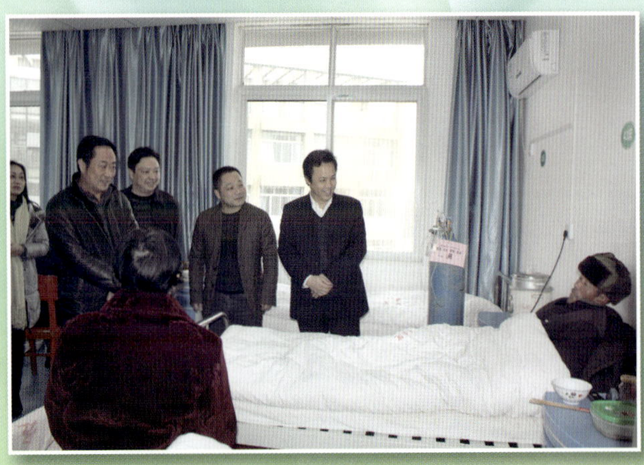
市卫生计生委党组书记、主任向华祥主任在监利汪桥中心卫生院调研基层卫生工作

第27个"世界无烟日"主题宣传活动

计划生育委员会

市委常委、宣传部长王守卫（左一）调研部署监利洪湖出生人口性别比治理工作

市政府副市长、市红十字会会长徐朝平在7.11世界人口日慰问产妇和新生儿

县级公立医院综合改革稳步推进，基层医疗卫生服务体系不断完善。“单独二孩”政策宣传落实到位，继续保持低生育水平，计划生育奖励政策和流动人口基本公共卫生计生服务得到有效落实。切实保障医疗安全，持续改进医疗质量，全面提升医疗服务水平。卫生计生事业得到长足发展，为保护人民群众健康和营造良好的人口环境作出了重要贡献。市卫生计生委先后荣获湖北省计划生育党政领导线目标管理一等奖、省级文明单位、全省“幸福计生 关爱关怀”十大行动先进单位、湖北省首批法治创建活动示范单位、机关档案工作目标管理省一级等荣誉称号。

举办无偿献血知识竞赛

到马山镇为群众进行义诊及健康知识宣传

组织在职党员开展进社区服务群众活动

荆　州　市

市委书记李新华带队广东招商

时任市长李建明带队北京招商

局长周汉中在华中农高区调研

2014年，在市委、市政府的正确领导和各地、各部门的共同努力下，全市招商引资工作逆势而上、奋力作为，超额完成了各项目标计划。全市新引进投资2000万元以上工业和生产性服务业项目281个，其中亿元以上项目255个，亿元以上工业项目237个，10亿元以上项目35个。按照省统计口径，全市招商引资实际到位资金突破千亿元大关，达到1040亿元（其中工业项目到位资金730亿元），占年度计划的100.4%，同比增长40.5%。2013年引进亿元以上工业项目开工率为83%，履约率70.9%，2014年引进亿元以上工业项目开工率为41.8%。市招商局自加压力，坚持驻点，既做好统筹协调，又当好运动员，全年引进亿元以上工业项目7个，其中2个10亿元以上工业项目，总投资近50亿元。为实现“壮腰工程”三年见成效预定目标的圆满完成贡献了重要力量。

2014年全市招商引资呈现以下特点：一是招商氛围愈加浓厚。招商理念成为共识，招商服务成为自觉，招商行动成为常态。二是招商重点更加明确。突出主导产业，突出工业项目，突出项目质量，突出新兴产业。三是招商方式渐形特色。驻点招商全面落实，

招　商　局

局长周汉中督办项目开工情况

通宇（荆州）产业园项目签约仪式

小分队招商务实高效，产业招商有序推进，以商招商、网络招商等取得明显实效。四是招商机制逐步完善。健全了跟踪对接机制，建立了科学评审机制，坚持了定期督办机制，完善了合理考核机制。2015 年的工作重点是做好“四个坚持”：坚持抓驻点招商；坚持抓工业招商；坚持抓产业招商；坚持抓项目落地。

高田汽配项目进入试生产

华讯方舟竺桥工业园项目建成投产

建设中的五方光电项目

荆　州　市

农业部副部长陈晓华到监利县新沟镇横台村调研

省长王国生视察襄大农牧（松滋）食品工业园

荆州市农业局（市委农办）是市委、市政府农业农村工作主管部门。2014年，荆州市各级农业部门认真贯彻落实中省一系列强农惠农政策，以“农业强、农村美、农民富”为目标，以改革为先、以粮食和农产品质量安全为重、以投资为要、以农业工业化为本，狠抓各项工作措施的落实，推动了我市传统农业向现代农业、农业大市向农业强市的加快转变，全市农业农村经济保持了快速健康发展态势，为“壮腰工程”三年见成效做出了突出贡献。

省政府副秘书长吕江文、省农业厅厅长戴贵洲、省水产局局长李胜强、市委常委万卫东参观第十二届中国国际农产品交易会荆州水产展区

2014年全市粮食产量80亿斤，比上年增产2.8亿斤、增长3.6%，总量创历史新高，增量增幅居全省市州之首；油菜籽收获面积383万亩，总产1202万担，连续6年超过千万担，继续保持全国市州第一；水产品产量129.6万吨，连续20年位稳居全国市州第一；生猪出栏513.6万头、增14.1万头，家禽出笼8000万只、增281.1万只。全市农产品加工全口径产值1296亿元，与农业总产值之比达到2.1∶1。农村常住居民人均可支配收入达到12625元，增长11.9%，连续9年实现两位数增长，连续11年超过全省平均水平，连续8年超过全国平均水平。

荆州市水产业技术创新战略联盟成立

荆州市畜牧兽医局

荆州市人大常委会视察生猪产业发展情况

学习畜产品质量安全检测技术

学习宣传动员会暨动物检疫电子出证推进会

检疫监督

荆州市畜牧兽医局隶属市农业局领导，为市政府行使畜牧兽医行政管理职能的参照公务员管理正县级事业单位，挂“荆州市防治重大动物疫病指挥部办公室”牌子，主要职能是发展畜牧业生产、防控动物疫病和开展生产环节畜产品质量安全监管。

监利猪

峪口禽业

标准化猪场

现代化鸡舍

峪口禽业孵化车间一角

荆州市林业局

市领导参加义务植树

市政协调研绿满荆州行动及环荆州古城湿地公园建设

荆州市林业局内设办公室、计财科、造林科、林政科、产业科、野保科、监察室、老干科等8个机构，下属市森林公安局、省林科院荆州分院、市森保站、市野保站、荆州长湖湿地管理局、市木材公司等单位。全市现有8个县市区林业局、41个基层林业工作站、5个木材检查站、11个森林公安机构。

2014年，全市林业工作紧紧围绕省委、省政府绿满荆楚行动决策部署，制定实施了绿满荆州行动和省级森林城市创建活动，大力开展植树造林，发展林业产业，推进湿地公园创建，成绩突出、亮点纷呈。

全市共造林37.6万亩，同比增长82.8%，林产品加工业年产值120.39亿元，同比增长18%；拍马纸业晋升国家级林业产业化龙头企业，湖北旺膳生态科技有限公司、新启元农林科技有限公司等入选林业产业化省级重点龙头企业，海富家具等6家企业参展产品获首届绿交会“金奖”，监利首期26家森工家具企业进驻香港国际家具产业园；全市湿地公园实现了从无到有、从有到多的跨越式发展，创建国家级、省级湿地公园共10个，其中3个（环荆州古城、松滋洈水和公安崇湖）已成功纳入国家级湿地公园试点，7个（荆州菱角湖、石首山底湖、三菱湖、洪湖新滩、公安淤泥湖、江陵龙渊湖、监利汇智湖）成功创建为省级湿地公园。

荆州市林业局荣获2014年度“全省绿化模范单位”称号。2015年，全市林业系统干部职工将紧紧围绕绿满荆州行动，森林城市创建，林业产业发展和湿地生态建设，以“建设美丽中国”为目标，继续拼搏进取，开拓创新，不断取得荆州林业生态建设新成效。

国家林业局考察评估环荆州古城湿地公园

市林业局党组书记杨少华将亲自打印的证件交给服务对象

市领导参加全省绿满荆楚行动动员电视电话会议

市林业局招商引资项目签约仪式

绿满荆州行动松滋现场推进会

招商引资企业考察中山杉试验林

荆州市水利局

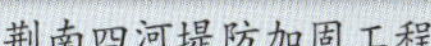
荆南四河堤防加固工程

引水抗旱

荆江大堤综合整治工程

荆州市水利局是全市水行政主管部门，主要工作职责包括：水法律法规的组织实施与监督检查，水资源的开发、利用和节约、保护，组织、指导全市水政监察和水行政执法，全市防汛抗旱、河道、水库、湖泊、泵站、分蓄洪区的建设与管理，组织实施水土保持、农田水利基本建设、农村饮水安全、农村水电电气化等工作。

2014 年，全市水利系统紧紧围绕“发展”和“民生”两大主题，紧扣“抓机遇、抓项目、抓建设、抓管理”的工作思路，坚持防汛与抗旱两手抓、水资源开发利用与节约保护并重、水利建设与管理并举的工作理念，深入开展党的群众路线实践教育活动，奋力开创水利改革发展新局面，为全市经济社会发展提供强有力的支撑和保障。

年内取得了防汛抗旱的全面胜利，在防汛上有效应对了长江上游三次洪峰；在排涝上，全市 21 处 800 千瓦以上的骨干排涝泵站累计排水 12.28 亿方；在抗旱上，累计引水 5.6 亿立方米。圆满完成年度农田水利基本建设任务，完成土方 4500 余万立方米。顺利完成了以荆江大堤综合整治工程和荆南四河堤防加固工程为代表的中省投资重点工程建设年度任务，完成了 5000 公里“最后一公里”渠道疏挖任务。全市共落实水利建设综合投资计划 21.6 亿元，创年度投资历史新高。认真落实最严格的水资源管理制度，有序推进依法治水。按照水资源开发利用控制，用水效率控制和水功能区纳污限制“三条红线”，建立了相应的控制指标体系。严格项目建设水资源论证、取水许可、计划用水、入河排污口设置管理。深入推进重要饮用水源地安全保障达标建设。2014 年，全市共查处水事违法案件 56 起，结案 54 起，维护了全市正常的水事秩序。严厉打击非法采砂，全市共出动执法人员近 6000 人次，开展执法巡查 195 多次，集中打击活动 50 多次，现场查获违法采砂船舶 15 艘。通过依法打击，有力震慑了长江非法采砂的违法行为。

引江济汉工程荆江大堤防洪闸

荆州

水利部部长陈雷检查监利长江防汛工作

湖北省委常委、常务副省长王晓东察看荆江大堤监利窑圻垴施工现场

2014年，全市长江河道系统广大干部职工认真贯彻中、省、市治水兴水决策部署，凝心聚力，奋力拼搏，各项工作有序推进，圆满完成既定目标任务。被评为全市文明单位、社会管理综合治理优胜单位、绩效考核工作优秀单位、党建工作优秀单位。

一是防汛抗洪谱写新篇章。2014年汛前，认真做好各项防汛准备工作。进入9月后，长江流域出现了罕见的秋汛。面对汛情，市长江防办主动应对，坚持每天召开防汛会商会，对汛情紧急的县市区派出督查组，并及时发现和有效处置险情，确保了安全度汛。

二是堤防工程建设取得新进展。市长江局精心组织协调，加强现场管理，克服重重困难，举全局之力大打堤防建设攻坚战，确保了工程质量、进度及安全。荆南四河2013年度工程的18个标段全部完工，荆江大堤2013年度工程累计完成土方399.92万立方米，石方10.38万立方米，混凝土20104立方米，防渗墙43.41万平方米，锥探灌浆117.55公里。

三是堤防管理开创新局面。积极推进品牌创建，树立堤防形象，石首分局于2014年5月下旬通过了水利部组织的专家组的考核验收，成为长江干流首家国家级水管单位。突出工作重点，坚持做到每月对近千公里堤防全面巡查一次。不断强化堤防设施的管护，确保堤防安全运行。规范涉河项目建设管理，

荆江大堤塑性防渗墙施工

荆江

长江河道管理局召开党的群众路线教育实践活动动员大会

长江河道管理局召开守纪律讲规矩暨党风廉政建设教育培训大会

履行监管职责，加大执法力度，配合查处了多起水事违法事件。

四是党风廉政建设再添新举措。认真落实党风廉政建设党委主体责任和纪委监督责任，积极开展“深入学习党章，严明党的纪律”为主题的党风廉政建设宣教月活动，组织党员干部参加《楚廉文化讲坛》《廉政书画比赛》《党风廉政知识测试》等活动，观看《廉政中国》《四风之害》《警钟长鸣》等宣传教育片和警示片，筑牢遵纪守法思想防线。

五是基层组织、领导班子和干部队伍建设注入新活力。以机关党建为抓手，充分发挥党组织的战斗堡垒作用和党员干部的先锋模范作用。坚持完善“三会一课”和党员评议党组织等制度，增强透明度。认真落实党内组织生活制度，经常性开展思想教育与交心谈心活动。认真贯彻执行民主集中制，严格规范“三重一大”事项的决策程序和监管机制，推进科学民主依法决策。

2015 年全市长江堤防工作的总体思路：深入学习贯彻全国全省水利工作会议精神，认真落实市委、市政府和省水利厅、省河道堤防建设管理局的工作部署，巩固和拓展教育实践活动成果，发扬“献身、求真、务实”水利行业精神，以防汛抗洪、工程建设、堤防管理三大业务为抓手，以作风建设为突破口，以创先争优为引领，攻坚克难，敢于担当，主动把握堤防事业发展新常态，努力新作为，为全市经济社会发展提供安全保障，为加快推进壮腰工程，实现荆州振兴崛起宏伟目标作出新贡献。

修整

荆南四河公安花大堰闸施工

荆 州 市

荆州市委书记李新华到统计局调研指导工作

湖北省统计局党组书记、局长李克勤到荆州调研

荆州市统计局获企业赠送锦旗

2014 年，荆州市普查办被评为第三次全国经济普查国家级先进集体；8 个专业科室在全省获得优良等次；继荆州区、洪湖市之后，公安县又获得了全省县级统计基础工作规范化建设的先进单位。

全面加强统计基础工作。2014 年，市政府办公室下发《关于印发统计基础工作规范化建设标准的通知》(荆政办发 [2014]16 号)，以此为契机，全市集中精力，市、县、乡、村、企业五级联动，全面推进统计基础工作的规范化建设。市统计局制定了《荆州市统计业务工作具体评价标准》，落实到分管领导和科室责任人；突出加强市直部门统计工作“五化”建设，推进部门统计人才专业化、业务规范化、信息共享化、管理秩序化、服务优质化建设；加强对县级指导和督办。各县市区抢抓机遇，加快推进县级基础工作规范化建设，统计内外部环境明显改观。

狠抓统计数据质量。2014 年，按照省局正本清源、狠抓数据质量的新要求，市统计局通过加强统计法制建设、加强数据分析评估、加强督办检查，全方位开展数据质量整治工作，数据质量进一步提高。

高质量完成第三次经济普查工作。2014 年元月 1 日份成功举办第三次经济普查登记启动仪式，通过多种形式宣传经济普查知识，解答公众疑问，提高普查对象和社会各界对经济普查的支持和配合意识。全市共选聘普查指导员 1908 人，普查员 4488 人，对全市 124 个乡镇场办、2858 个普查区、3566 个普查小区开展普查登记工作。又通过多种形式对经济

荆州市统计局召开 2014 年度荆州经济形势新闻发布会

荆州市统计局党组召开党的群众路线教育实践活动专题民主生活会

统 计 局

市委常委、常务副市长曹松到统计局调研并看望全局干部职工

荆州市统计局新局长肖家浩上任

普查数据进行仔细审核验收和事后数据质量抽查，最后认真开展第三次全国经济普查总结评比表彰和普查资料开发应用准备工作。

拓宽服务渠道、提高服务水平。全年编印《荆州统计》9 期，《荆州统计—信息专报》12 期。撰写统计分析报告和专题分析报告 30 余篇，及时为党政领导和社会各界提供经济运行情况和社会热点问题，其中被市委市政府领导签批 13 篇次。向市委、市政府上报各类政务信息 90 余篇，采用 30 余篇，被省局内网采用 255 篇，国家统计信息网采用 9 篇，中国信息报采用 1 篇。开展了重点企业、重点项目监测、科技考核、荆州新型城镇化发展评价体系研究、县域经济考核指标研究等；认真完成 2014 年检察公信力测评调查和荆州市绩效民意调查任务；定期发布统计公报，召开新闻发布会，向社会发布统计数据；开通了“荆州统计”微信，及时提供最新统计数据服务和开展统计宣传。

扎实开展教育实践活动，努力加强统计队伍建设。认真贯彻落实中央、省委、市委关于开展教育实践活动的部署要求，结合统计工作实际，紧紧围绕“为民务实清廉”的主要内容，精心组织学习教育，认真听取意见建议，领导班子查找“四风”问题，并逐步整改落实。

荆州市统计局到“三万”驻村点石首市高基庙镇马家垸村走访

荆州市统计局举办乡镇统计干部培训会

荆州市统计局组织 2014 年度统计从业培训考试

荆州市南水北调局

2014年是南水北调引江济汉工程通水年。一年来，市南水北调局在市委、市政府坚强领导和省南水北调局具体指导下，紧紧围绕保通水、促发展两大主题，锐意进取、开拓创新，各项工作取得了新成效。

一、履行职能，确保通水目标圆满实现。年初，省南水北调办确定了引江济汉工程于9月26日正式通水运行。围绕这一节点目标，市南水北调局一班人坚持“各炒一盘菜、同办一桌席”的工作理念，实行分段分工负责，先后化解了80余件矛盾纠纷，解决了10kv电力线路迁改煞尾、进水泵站110kv电力线路接入等影响施工的瓶颈问题，使荆州段工程建设进度在确保质量的同时不断提档加速，提前2个月具备通水运行条件。

二、注重研究，推动问题合理解决。一是围绕依托引江济汉工程促进经济社会发展，梳理出恳请国家、省支持解决的堤顶公路、绿化带建设、旅游线路建设、桥梁外观优化、水运码头、东荆河闸站改造和航道整治等方面的合理化建议，并配合省、市人大代表在省“两会”上提出相关建议，引起了各级领导和社会各界的广泛关注。二是围绕解决引江济汉工程建设带来的生态影响问题，编制出《荆州市南水北调汉江中下游受影响区生态修复补偿概要》，使荆州区成功纳入到汉江生态经济带规划范围。三是围绕推进江汉运河生态文化旅游带建设，加强与引江济汉沿线的潜江、沙洋、天门等地联系，促进了引江济汉绿化带等规划的落地。同时，江汉运河生态文化旅游带也荣获第十四届中国经济论坛“中国创新榜样”年度大奖。四是围绕生态补水需要，在引江济汉工程调度运行方案尚未出台，沿线分水口门均未启用的情况下，争取到省南水北调局同意应急启用港南渠分水闸，于9月27日顺利将长江水引入到护城河，使护城河护城河清水常态化的梦想照进现实，为第十四届省运会营造了良好的水生态环境。

三、积极争取，不断优化投资环境。一是争取了引江济汉堤顶公路提档升级。引江济汉荆州段渠顶道路由原先的右岸（靠近城区一面）泥结石路面、左岸5米宽硬化路面变更为左岸泥结石路面、右岸（靠近城区一面）7米宽的限制性二级公路，并布置了若干连接点与城区主干道对接，在荆州城郊增加了一条便捷通道。二是争取了华中农高大桥建设。全长1067米、宽33米、双向六车道的华中农高大桥获准跨引江济汉渠开工建设，将显著提升华中农高区核心区与荆州主城区之间的通行能力。三是争取了省南水北调局追加乡村损毁道路的恢复建设投入，部分损毁道路已动工修复。四是318国道改道线路跨引江济汉渠建设争取成功，减少投资2000余万元。

四、全力以赴，保证应急调水安全。8月8日，省委、省政府决定引江济汉应急调水支持汉江中下游地区抗旱。由于渠道边坡较陡，防护栏等安全防护配套设施尚未完工，调水水量较大，流速较急，加之调水后渠坡湿滑，存在一些安全隐患，特别是溺水事故发生的可能性较大。市南水北调局按照市政府部署，勇于担当起保应急调水安全的责任，迅速在27公里渠道两岸密布了安全警示牌和永久性警示标语，印制了2000份《关于加强引江济汉工程应急调水抗旱期间安全工作的紧急通告》，使应急调水期间保安全禁止性要求人人皆知。同时成立专班，每天进行全线巡查，对沿线各地巡逻不到位问题进行督办，发现危险情况立即进行劝阻，确保了应急调水期间无一起事故发生。

后南水北调时期，面临着争取国家、省政策、项目、资金支持，解决因南水北调中线调水和引江济汉工程建设带来的现实和长远问题的关键机遇。市南水北调局将以促进引江济汉工程综合效益最大化为目标，重点抓好以下几个方面工作，促进全市经济社会发展。一是配合省南水北调局，狠抓工程煞尾工作。进一步加大服务协调工作力度，配合抓好堤顶公路建设、渠道运行防护措施安装等煞尾工作。二是运用工程成果，发挥工程效益。积极向省南水北调办争取建立有利于我市的引江济汉工程管理调度运行机制，充分运用好港南渠分水闸、庙湖分水闸、拾桥河枢纽等水利工程，以利于沿线生态补水、防汛、抗旱等方面需要。三是配合抓好工程运行管理。加强与省引江济汉工程管理局的联系，配合解决好工程运行管理中的问题，使引江济汉工程荆州段既要建设的好，也要管理的好。四是立足实际编制出项目争取规划，有理有据地向国家、省争取南水北调后续工程项目。五是争取建立水生态补偿中央财政转移支付机制。六是配合推进江汉运河生态文化旅游带建设。加强与沿线地区的联系，及时向省南水北调局反映、争取，推进江汉运河生态文化旅游带建设。

港南渠分水闸

荆堤大闸

湖北省洪湖分蓄洪区工程管理局

水利部部长陈雷（左二）视察洪湖分蓄洪工程，副省长梁惠玲（左一）陪同视察

省水利厅党组成员、省防办专职副主任徐少军（前排左三）检查福田寺防洪闸整险施工现场

湖北省洪湖分蓄洪区工程管理局（简称“省洪工局”），隶属省水利厅与荆州市政府双重领导的正县级事业单位，下辖5个直属单位，现有干部职工449人。主要职责是负责洪湖分蓄洪区工程的建设与管理。

闸管所职工维修涵闸

洪湖分蓄洪区位于洪湖、监利境内，由长江干堤、东荆河堤和分洪主隔堤围成，围堤总长334.51公里，自然面积2797平方公里，有效蓄洪容积160亿立方米，是长江中下游整体防洪规划的一个重要组成部分，也是全国集中控制容积最大的分蓄洪工程。其主要作用是当长江出现1954年型大洪水时，运用该区蓄滞洪水，确保武汉和江汉平原的防洪安全。并运用所属工程为四湖流域地区的防汛抗灾和社会经济发展服务。

主隔堤“一堤两林”

洪湖分蓄洪区工程分两期建设，一期主要修筑了64.82公里主隔堤及其配套建筑物，使分洪区形成了完整的封闭圈；二期主要完成了分蓄洪区部分配套建设工程。98年大洪水后，为解决长江城陵矶附近地区超额洪水，国务院以国发〔1999〕12号文决定兴建洪湖东分块蓄洪工程（简称“东分块工程”，总投资约100亿元）。2014年5月，东分块工程被国务院常务会议研究确定为国家172个重大水利工程项目，并明确要求在今明两年开工建设。目前，该项目前期工作正在抓紧推进中。

近年来，省洪工局始终以科学发展观为指导，全面贯彻落实党的十八大和十八届三中、四中全会精神，按照“竞进提质、持续高效”的总要求，以文明创建总揽全局，内强素质，外塑形象，积极践行新思想，主动适应新常态，全力争取新作为，各项工作得到了均衡、协调、快速发展。先后荣获“荆州市先进基层党组织”、“全省水利工作先进集体”、“湖北五一劳动奖状”、“湖北省最佳文明单位”、“全国精神文明建设工作先进单位”和“全国文明单位”等荣誉称号。

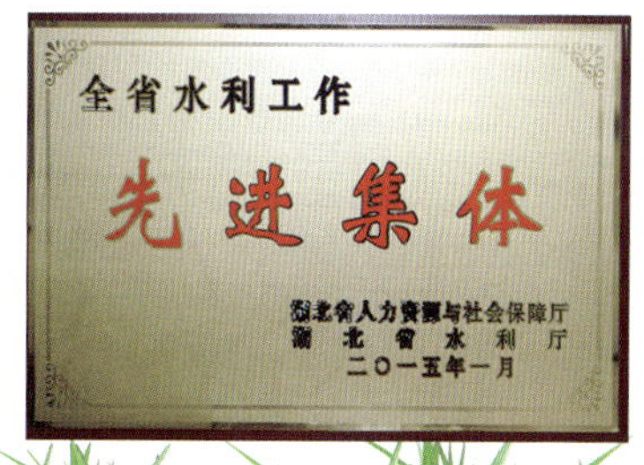

荆州市四湖工程管理局

长湖

洪湖

高潭口泵站

新滩口泵站

荆州市四湖工程管理局为纯公益性正县级事业单位。主要负责四湖流域水利规划、建设、管理及防汛抗旱调度协调，承担湖北省四湖流域管理委员会办公室、荆州市四湖东荆河防汛指挥部办公室日常工作，指导流域各县（市、区）管理局业务工作。现有在岗干部职工 232 人。

四湖流域地跨荆州、荆门、潜江三个地市，现有国土面积 11547.5 平方公里。按照统一规划，经过近 60 年的治理和建设，基本形成了较为完整的防洪、排涝、灌溉体系。排水系统主要由长湖和洪湖两个调蓄湖泊、六大干渠和流域性泵站涵闸组成。流域水利工程对于保障四湖地区人民生命财产安全、促进区域经济社会发展发挥了重要作用。

近年来，在中央、省、市各级党委、政府及有关部门的高度重视和大力支持下，四湖流域顺利实施了总干渠疏挖整治、西干渠水利血防、高潭口泵站更新改造、新滩口泵站更新改造及拾桥河治理等重点工程，工程效益十分显著。四湖局党委一班人带领广大干部职工团结拼搏、锐意进取，在改革发展各方面都取得了较好成绩，先后获得“湖北省水管体制改革先进单位”、“荆州市防汛抗灾先进单位”、“荆州市园林式单位”、“荆州市计划生育先进单位”、“荆州市卫生先进单位”等荣誉称号。

总干渠疏挖

荆州市长江河道管理局直属分局

荆州市长江河道管理局直属分局现内设 2 室 4 科，即办公室、水利经济办公室、政工科、计划财器科、工程技术科、工程管理科。下属单位有城区堤防管理段、柳林堤防管理段、盐卡堤防管理段、水政监察大队，荆州市长河工程公司。共有干部职工 126 人，其中高级职称 11 人，中级职称 35 人，大专以上文化程度 55 人，离退休人员 46 人，合同制职工 17 人。

管理堤防为黑窑厂至蔡垴渊 20 公里（其中沙市区 7 公里，开发区 13 公里），柳林洲围堤 6.5 公里。主要职能是荆江大堤的工程建设、工程整险、防洪保安、堤防管理。负责堤外及堤内脚 1000 米河道管理范内建设项目的审查、申报、监督以及宣传、贯彻《中华人民共和国水法》、《中华人民共和国防洪法》、《中华人民共和国河道管理条例》等水法规，处理水事违法事件。

2012 年 8 月 11 日荆州市长江河道管理局沙市分局正式更名为“荆州市长江河道管理局直属分局”。

2014 年，在分局党委的正确领导下，全体干部职工同心同德，开拓创新，坚持保平安、稳队伍、谋发展，坚持廉政建设与业务工作两手抓、两不误，扎实开展群的群众路线教育活动，取得实效，在防洪保安，堤防管理建设等各方面工作面貌焕然一新。

沙市区长江防汛抢险知识培训

直属分局首届长河杯职工运动会

美丽堤防

新植堤防防护林

移植草皮

景观堤防

沙市区长湖管理局

时任区委书记段昌林检查长湖防汛工作

四大家领导调研在建工程施工现场

长湖位于四湖流域中区上游，横跨荆州、荆门、潜江三市交界处，是我省第三大湖泊，江汉平原著名的湿地。湖泊最大面积约160平方公里，最大库容量近7亿立方米。正常水位下（31.00米）湖泊面积为129.70平方公里，库容近3.34亿立方米。主要汇集荆州区、荆门市等地近2265平方公里丘陵岗地雨洪渍水，是集防洪、灌溉、养殖、航运、生态补水等多功能为一体的综合性水利枢纽工程，历年来为四湖地区的农业生产、生态环境、经济发展、社会稳定发挥了巨大作用。长湖堤防为国家二级堤防，全长49.4公里，西起雷家垱，东至荆门蝴蝶嘴，是荆州城区和四湖中下区400万人民、近7000平方公里国土面积防洪安全的重要屏障。其中我区责任堤段45.94公里，占堤防总长的93%。2014年，区长湖管理局强化工程管理，坚持防汛抗旱两手抓，精心组织、科学调度，确保了一方安澜和农业丰收。

义务参加社区洁城活动

新建的新阳管理段

观音垱新阳闸

长湖库堤

洪湖市水利局

水利部副部长、国家防总秘书长刘宁（中）在湖北省副省长梁惠玲（左3）、长江水利委员会主任刘雅鸣（左5）、湖北省水利厅厅长王忠法（左2）、荆州市委常委万卫东（右2）、洪湖市领导黄勇（右1）、王振彬（左4）陪同下，冒雨检查洪湖市备汛工作

市水利局局长李治平（中）检查泵站维修工作

洪湖市水利局是洪湖市政府水行政主管部门，负责全市水资源的统一监督管理，农村饮水安全工程建设与管理，防治水旱灾害，农田水利基本建设，水利设施的管理与保护，水行政执法等工作。

2014，洪湖市水利局抢抓机遇、积极作为，各项工作成绩显著，先后获得全省水利工作先进集体、全省水政监察工作先进集体、荆州市“三万”活动先进集体、荆州市河道采砂管理先进单位等荣誉。

农田水利基本建设稳步推进。全市完成农田水利建设土方 800 万方，并对全市 1664 公里骨干渠道开展清障捞草。防汛抗旱保障有力。精心调度，有效应对洪、涝、旱情，全市累计排涝 6 亿 m3, 灌溉供水 9000 万 m3，战胜了长江干堤超设防水位汛情。农村饮水安全工程惠及群众。新建日供水 20000 吨的戴家场中心水厂，并向沙口、瞿家湾镇供水，同时建设螺山、万全，黄家口等 3 处工程，解决农村饮水安全 14.04 万人，23.47 万人由吃地下水改吃地表水。水利重点项目建设顺利推进。隔北灌区工程，更新改造 5 座泵站，整治加固 23 座涵闸，重建 4 座机耕桥。小农水重点县项目，改造 4.7 万亩农田水利设施。水土保持工程，治理水土流失面积 32km2。内荆河峰口至新堤段综合治理工程，疏挖整治河道 23.2 公里。依法治水管水有力有序。大力宣传水法规，加强水生态教育。加强长江河道采砂管理，在查处非法采砂船的同时，加大对岸上非法采砂组织者的打击力度，水上岸上两手抓，维护长江河道采砂总体可控。水利管理进一步加强。建议提案办理见面率、答复率、满意率均达 100%。大力推进机关作风建设，加强工作纪律，规范“三公”经费管理。扎实开展“三万”活动，组织机关干部到“三万”活动村开展送温暖、送肥料、送岗位活动。严格实行水利工程建设“六制”管理，确保工程质量和进度。加强基层水管单位能力建设，规范农民用水户协会建设，加强小型水利工程管理体制改革。

查处非法采砂船只

打草船除草现场

内荆河整治工程汉河镇万红村垮方治理

戴家场水厂

河渠疏挖

荆州市城市规

荆州市城市规划设计研究院成立于1978年，为自收自支事业单位，是国家首批甲级规划院。主要承担城乡规划编制，包括城镇体系规划，城市（镇）总体规划、分区规划、详细规划、乡及村庄建设规划，风景园林、市政工程规划；参与社会经济发展战略和城乡建设公共政策研究，为政府及部门提供规划咨询、规划研究、规划编制、工程咨询等技术服务；为城乡建设、规划管理提供技术支持。现拥有城乡规划编制、工程咨询、风景园林工程设计专项、市政行业（道路工程）、建筑行业（建筑工程设计）、工程勘察专业类岩土工程（勘察）甲级；市政行业（给水工程、排水工程、桥梁工程）、岩土工程设计、工程测量乙级；市政行业（城镇燃气工程）专业丙级，三级建筑装修装饰和地基与基础工程专业承包资质。通过ISO9001：2008质量管理体系认证，建立工程设计质量责任保险。已发展成以城乡规划编制为主业，集工程勘察设计、工程咨询服务、工程专业承包为一体的综合科技实体。

荆州市塔桥路与江津路交叉口城市设计

全院现有在岗人员198人（包括各类各级专业技术人员162人），其中：正高13人、副高级33人、中级66人、初级50人；国家注册城市规划师，建筑、结构、公用设备、电气（供配电）、岩土、咨询、造价、建造等各类注册工程师74人次，人才配备达到资质管理的要求。已建立起结构合理、专业齐全、业务精湛的人力资源队伍。内设城市规划、城市景观规划、风景园林规划、市政工程规划设计室；下辖建筑工程设计事务所、楚原城市规划技术咨询服务中心、城市建设技术开发公司；在重庆、新疆设有分院。业务范围拓展到湖北及重庆、广东、广西、海南、浙江、江苏、安徽、河南、河北、贵州、西藏、新疆等省市区。两百多项规划编制、工程勘察设计与研究成果获部、省、市级优秀设计和科技进步奖。

院多次荣获省、市行业先进单位，市级文明单位，现为湖北省省级文明单位。同时涌现出一批先进个人：院长秦振芝获“全国建设系统先进工作者”，当选为中共荆州市第三次党代会代表、荆州市第四届人大代表，荆州市第二批、第三批专业技术拔尖人才；副院长司永华被评为“全国优秀城市规划工作者”；副院长秦军获“湖北省青年岗位能手”荣誉称号、荆州市第四批专业技术拔尖人才，多名高级技术人员为长江大学兼职教授和全国、省市行业协会专家库成员。

荆州奥体中心外场电力专线路由规划

划设计研究院

荆州市规划院在荆州市生态建设、旅游发展、产业布局、综合交通、机场火车站选址、新区建设、省运会配套工程等方面做到高标准、高起点，统筹规划和研究，建言献策，当好参谋，发挥了良好的技术支撑作用，为荆州加快推进“壮腰工程”，奋力打造湖北经济增长“第四极”提供了高效优质的服务。

长阳清江画廊游客服务中心建筑设计

2014年完成的城乡规划设计重点项目主要有：关沮镇镇域总体规划、华中农高区总体规划纲要、荆州市城南片区控规单元更新规划、荆州市东、西堤街历史街区保护规划、荆州区美丽乡村专项规划、荆当旅游公路沿线产业布局概念规划、各乡镇的控制性详细规划、楚天凤凰城控制性详细规划、城市重点区域的城市设计以及众多的控制性详细规划和修建性详细规划等；荆州市西干渠路沿线控规调整、荆州市塔桥路与江津路交叉口城市设计、荆州开发区高新技术产业园概念规划及可研报告、荆州开发区3个乡镇（岑河农场、沙市农场、滩桥镇）的总体规划和控制性详细规划、江陵县城乡统筹规划及4个乡镇（熊河、资市、沙岗、马家寨）的总体规划和6个乡镇的控规，石首桃花山镇总体规划、石首桃花山镇李花山村美丽乡村规划，荆州纪南生态文化旅游区高岳片区（棚改还迁）修建性详细规划、草市街棚户区住宅改造规划、尚上名筑小区规划等一批修建性详细规划。

2014年重点获奖项目：长阳清江画廊武落钟离山景区景观建筑及环境工程设计（省优秀工程勘察设计三等奖，市级二等奖）、长阳清江画廊游客服务中心建筑工程设计（省优秀工程勘察设计二等奖，市级二等奖）。工程咨询：荆州古城疏散项目——古城内环水系整治环境工程可行性研究报告（省优秀工程咨询三等奖）、荆州市城郊水生态保护及水环境整治工程可行性研究报告（省优秀工程咨询优秀奖）、洪湖市汽车客运站工程可行性研究报告（省优秀工程咨询优秀奖）。

荆州古城疏散项目———内环水系整治环境工程可行性研究报告

荆州市城市规划设计研究院竭诚为社会各界客户及各级政府部门提供优质高效的规划编制、工程咨询和工程勘察设计等技术服务，让我们携手并进、互利共赢、再创辉煌！

地　址：湖北省荆州市沙市区塔桥路20号
邮　编：434000　　传　真：0716-8265364
电　话：0716-8254123　8253071　8250131　8517844
信　箱：hbjzghvip.sina.com
网　址：www.hbjzghy.com

荆州市城市

荆州市城市建设档案馆为全民所有制正科级事业单位，现有在编在岗职工 13 人，馆库面积近 3000 平方米，主要承担着全市城市建设档案的收集、整理、保管、查阅利用等工作。

自开展履职尽责督促检查工作以来，我馆领导班子高度重视，带领业务科室分三组下到 30 多个在建工地，面向社会广泛征求意见，针对服务对象提出的意见建议，重点问题馆领导现场拍板，立即答复，坚持以问题为导向，立行立改。为了记录建设工程的各个环节，其中声像档案的收集尤为艰巨、艰苦和艰辛，声像科人手少、任务重，他们除了要用照相机和摄像机记录下全市每一个在建工程的多个规定的关键环节外，还承担着建设系统所有大型会议和综合活动的声像拍摄工作，同

明月公园

体育中心

碧波湖

建设档案馆

临江仙公园

楚天都市佳园

时，利用周末休息及节假日时间以城市建设为中心，记录城市日新月异的变化和风貌，留下城市影像记忆。

为了更进一步落实履职尽责工作实效，仅2014年就以多种形式对体育中心、火车站站前广场、临江仙公园、明月公园、万达广场等新建场馆进行了多角度、全方位拍摄。另外，还拍摄了一大批荆州市的标志性建设、园林绿化广场、历史建筑等能够展示荆州风光美景、良好人居环境、历史名城特色的照片，以记录城市发展变化的过程。

声像科工作人员正在施工现场拍摄

万达夜景

荆州市公安

市领导视察交管工作

局领导参与夜查酒驾行动

2014年，市公安交管局在市委、市政府和市公安局坚强领导下，以“迎省运、保平安、创满意”交通秩序整治“畅安”行动为主线，以党的群众路线教育实践、“正风肃纪，争做好干警”和民主评议政风行风三大活动为载体，以“抓住交通事故预防重点、破解治堵保畅长效机制难点、提升服务群众工作弱点、规范执法行为热点、提升队伍形象亮点”等“五大工程”建设为抓手，全力服务荆州建设大局，为省运会和建设平安荆州创造了良好的道路交通环境。

新落成车管所

事故预防工作成效显著。2014年，全市公安交警始终把防事故、保安全作为首要职责，持续开展交通安全大宣传、交通设施大建设、交通违法大整治、交通秩序大严管活动，确保了全市交通安全形势持续平稳，全市未发生重大以上事故，交通事故四项指数整体下降。

业务工作在全省有地位。2014年开展的全国“打四非、纠四违”专项行动、全省道路交通安全攻坚整治百日行动、全省酒驾查处专项行动，公安交管局均在全省排名第一。被表彰为全省公安交通管理工作

路面巡逻管控

交警执法服务站

校车安全整治

交通管理局

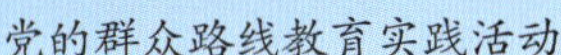
党的群众路线教育实践活动

开展报废机动车销毁行动

先进单位、承办第十四届省运会全市先进单位、第十四届省运会安保工作“特别贡献奖”。

交通社会化管理创新有新突破。争取党委政府重视，将道路交通安全管理工作纳入社会治理综合治理考评体系，与社会综合治理同考评同奖惩，全力推动了交通管理社会化进程。

交通安保工作指挥有方。强化节日和重大活动安保，圆满完成第14届省运会和120起警卫安保工作任务。

基层基础建设提档升级。中心城区安装近3万米硬质隔离护栏，安装标志标牌368块，施划标线面积近12万平方米。全市已建成8个交通安全执法服务站，建成了直属二大队数字化实战应用警务室。

服务群众水平明显提升。广泛开展一体化、一站式服务，推进窗口免费导办服务、延时服务、错时服务、企业预约上门服务等便民措施。下放业务权限。将驾驶人满分考试和可恢复考试业务、辖区内车辆转移登记业务、机动车抵押登记业务下放到各县市大队。推进县市小汽车考场建设，洪湖考场已投入使用。实行车辆全市范围内异地检测，城区新增三个车辆综合检测站。加大网上公安局交警27项业务建设，“网上公安局”建设被市局评为先进单位。

省运会交通安保组图

交管局局长方凤云当一天出租车司机

校园小交警

书包进校园

沙市区公安分局

春节期间市长李建明等市政府领导在市公安局局长周振武、区公安局局长黄万发陪同下到沙隆达警务站慰问执勤民警

施政、周振武、段昌林、黄万发等领导同志参加十一中“6.26”禁毒宣传活动

2014年，沙市区公安分局在区委、区政府和市公安局的领导下，以学习贯彻十八届四中全会精神为契机，以维护社会稳定为中心，紧盯年度目标任务，扎实开展党的群众路线教育实践和民主评议政风行风活动，严管队伍、严密防控、严厉打击，为促进经济发展、保障服务民生作出了应有的贡献。全年共破获各类刑事案件2217起，刑事拘留630人，逮捕301人，直诉265人；查处治安案件2330起，行政处罚2569人。

区委常委、公安分局局长黄万发、政委徐元访出席全局“第一综合党支部”大会

廉政教育铸警魂

网格化巡逻

荆州市公安局开发区分局

市政协主席雷中喜在联合派出所调研

市公安局长周振武调研分局信访工作

荆州市公安局开发区分局位于湖北省荆州市开发区江津东路 101 号。全区国土面积 209 平方公里，下辖联合街办、滩桥镇、沙市农场、岑河农场，区域人口 18 万，辖区企业 1300 余家。分局内设 4 个综合科室、8 个实战大队、7 个基层派出所，民警 158 人。

2015 年，分局以党的十八届三中、四中、五中全会和习近平总书记系列重要讲话精神为指引，坚持“打基础、抓规范、谋发展、创满意”导向，紧紧围绕“12345”工作思路(全力构建“一个规范”，积极开展“两项整治”，着力夯实“三个基础”，大力推进“四项建设”，努力实现“五个提升”)，全面助力“壮腰工程”，全力维护开发区社会大局稳定，竭力服务经济社会发展。全年共化解各类矛盾纠纷 1800 余起，破获刑事案件 300 余起，查办行政案件 1200 余起，查处打击各类违法犯罪嫌疑人 1000 余人，连续 9 年实现命案全破，圆满地完成了各项公安工作任务。

开发区工委委员、公安分局局长项戬

开发区公安分局时任政治委员严玥

警务实战技能训练

走访社区居民

与社区居民代表座谈

与村民代表座谈

荆州市建筑节能与装饰装修管理办公室

全市粘土砖瓦生产企业关闭工作推进会

全市预拌混凝土行业标准规范宣贯会

节能办负责人到新墙材生产企业指导工作

与交管部门一同为城区商混企业办理特种车辆运行手续

2014年，市节能装饰办紧紧围绕“十二五”建筑节能与墙材革新工作目标，以绿色建筑发展和可再生能源建筑应用示范为重点，通过规范建筑市场管理和调整产业结构两手抓，使“禁实”、“禁现”和新墙材推广工作成绩进一步巩固，绿色建筑、可再生能源规模应用、公共建筑能耗监测、既有建筑节能改造等工作进一步发展，新墙材、建筑节能产品、预拌混凝土、预拌砂浆行业生产行为进一步规范，粘土砖瓦生产企业关闭工作全面启动。

一年来，我市共完成可再生能源建筑应用面积63万平方米；4个新建项目获得绿色建筑标识，建筑面积37.91万平方米；申报绿色集中示范项目一个，建筑面积33万平方米；实施既有建筑节能改造面积18.41万平方米，新增节能能力6.54万吨标准煤。全年完成散装水泥推广324万吨，推广使用预拌混凝土514万立方米。生产使用预拌砂浆7.2万吨。

沙市区经济和信息化局

近两年，沙市区经信局紧紧围绕“工业壮腰”战略目标，把握“竞进提质，升级增效”总要求，加强工业运行监测分析，积极应对经济下行压力，促进了全区工业经济持续、快速发展，为加快“四个沙市”建设、厚实“沙市实力”做出了贡献。

2014年6月19日，时任市长李建明到沙市区调研重点项目建设和企业发展情况。图为李建明在小胡鸭公司调研。

主要指标稳中快进。2014年，我区实现规上工业总产值220.30亿元、同比增长21.06%；完成工业增加值58.3亿元、同比增长12.20%；规上工业企业达到126家、同比增长13.5%。其中工业增加值增幅12.20%，排名全市第一。

推进中小企业成长工程。联合工商、税务、财政、统计等职能部门，采取综合措施，做到规模企业“应进必进”，全区规模以上工业企业新增21家，总数达到126家。

2014年6月15日，市委副书记、政法委书记施政到江汉精细化工有限公司调研。

搭建“助保贷”融资平台。畅通银企对接渠道，扶持中小微企业发展。2014年，通过市、区两级“助保贷”融资平台，为8家企业投放金额2820万元，有效缓解中小企业融资难问题。

鼓励企业开展技术创新。广泛发动和鼓励企业建立研究与开发平台，推动国家、省级工程技术研究开发中心、校企共建研发中心等各类技术中心的建设和申报工作。我区现有高新技术企业11家，省级工程技术中心3个，博士后工作站1个，重点跟踪产学研项目15个。

2014年6月8日，时任沙市区区委书记段昌林调研观音垱新希望食品饲料公司。

积极淘汰落后和过剩产能。按照国家、省工业行业淘汰落后和过剩产能，以及钢铁行为严格落实等量或减量置换的要求，在省、市淘汰落后产能工作领导小组指导下，我局与环保、财政等部门多次深入企业走访、调查，逐项落实落后产能设备关停、拆除、废毁等工作事项。2014年，经省、市检查验收，沙市区淘汰落后和过剩产能目标已全面完成，淘汰落后针织印染生产线/设备16台套、印染年能3600万米/年；淘汰20吨电炉9座、炼钢产能162万吨/年。

加强项目“秘书制”服务。以项目策划为抓手，力求以大企业带动大项目，以大项目聚集配套企业，以企业群带动产业群，有效带动产业结构调整和产业技术升级。加强工业重点建设项目“秘书制”服务，对在建工业项目做到提早介入加强指导，推行容缺受理服务，为项目办理规划意见书，为企业办理土地抵押登记融资，促进项目早日建成投产。

荆州市长江河道管理局松滋分局

组织部长焦新强带队深夜进行防汛查险

获得的荣誉

已完工的采穴崩岸整险工程

荆州市长江河道管理局松滋分局为公益一类事业单位，隶属荆州市长江河道管理局，现有干部职工52人，内设办公室、工程技术科、堤防管理科、财务计划器材科、劳动人事科、堤防经济管理科五科一室；下设涴市管理段、采穴管理段、堤防养护中心、水政监察大队、宏业三公司五个二级单位。

主要职责：宣传贯彻落实《水法》、《防洪法》、《河道管理条例》等法律法规，依法对松滋境内29.48公里长江河道堤防进行建设和管理，同时作为松滋市长江防汛指挥部的日常办事机构，负责所辖堤段的防汛工作。

堤防管理成果

松滋市卫生和计划生育局

2014年1月7日，松滋市卫生和计划生育局正式挂牌

2014年5月12日，副市长秦明山在护士节庆祝活动上致词

2014年5月15日，召开荆州市人口健康信息化建设现场推进会

2014年以来，松滋市卫生计生工作以提高市民健康水平、促进家庭幸福为目标，以“稳定低生育水平，提高人口素质，促进人口长期均衡发展”为主线，以推进医药卫生、医疗服务、监管体制综合改革为核心，扎实抓好改革、发展、管理、服务四大重点，强化措施，狠抓落实，切实履行卫生计生各项工作职责，稳步推进各项工作。

在荆州市率先完成卫计机构改革，并优化整合妇幼保健计划生育技术服务和卫生计生综合监督执法资源；医药卫生体制改革稳步推进，“先看病后付费”模式得到一致好评，同时启动县级公立医院改革；计生基层基础工作不断夯实，综合监督执法力度加大，2014年全市符合政策生育率稳定在98%以上，出生人口性别比稳定在正常范围内；同时，有序开展血防综合治理，继续强化基本公共卫生和妇幼健康服务，狠抓医疗质量管理和医疗安全防范，扎实开展“四化”乡镇卫生院、“五化”卫生室和爱国卫生创建工作，政风行风建设得到切实加强。

公安县招商局

县领导到河北昊丰平衡车基地参观

县领导赴广海大集团参观考察

县领导到格林美公司参观考察

县领导赴格林美公司开展招商活动

2014年以来，公安县委、县政府把招商引资放在更突出、更紧要的位置，在方式方法上完善，在体制机制上创新，在工作督办上强责，全方位、纵深化推进招商引资，实现了招商引资撑杆跳，县域经济呈现出亮点增多、增速加快、项目档次提高的良好势头。全年招商引资实际到帐资金104.9亿元，完成年度目标计划的105.9%，同比增长47.8 %，2013年签约项目开工率100%，2014年新签约项目开工率56.7%。招商综合效益指标居全市第一，全省县域经济第二方阵县市排位第13名。全年引进棉丰国际、莘茂化工、飞和整车、昊丰平衡车、中电太阳能等投资亿元以上工业项目22个，项目个数达新签约项目总数的一半以上；协议投资151亿元，占新签约项目投资总额的84%。投资90亿元的国昌天宇包装纸项目，投资规模和带动效应居公安招商引资的历史之最。

局长薛华与客商洽谈

国昌天宇集团200万吨高档包装纸板项目签约仪式

台湾智超虹医疗器械项目在公安县成功签约

公安县社区矫正工作管理局

时任荆州市副市长康均心（图左）调研检查公安县社区矫正工作

春节期间，副县长王海军（右三）、县司法局局长朱宏章（左二）带队慰问困难社区矫正人员

公安县社区矫正工作管理局成立于2013年10月，属县司法局二级单位，现有在编工作人员10名，内设一室五股，分别为办公室、政工股、执法审批股、监督管理股、教育矫正股、社会帮扶股。其主要工作职责是：研究制定全县社区矫正工作方案和工作规划；制定全县社区矫正工作的相关政策、制度；沟通、协调相关部门，解决社区矫正工作中遇到的重大问题；监督、指导全县社区矫正工作；按照有关法律、法规和规章的规定，对社区服刑人员进行管理和监督；通过多种形式，加强对社区服刑人员思想教育、法制教育、社会公德教育，矫正其不良心理和行为，依法组织社区服刑人员参加适当的社区服务；帮助指导社区服刑人员再就业、解决生活、法律、心理等方面遇到的困难和问题。

局长　张官涛

教导员　龚重新

一直以来，公安县委、县政府高度重视社区矫正工作，将社区矫正工作纳入创新社会管理的重要内容，与全县社会治安综合治理工作同部署、同实施、同考核。建立起了领导小组具体指导、相关部门协同配合、司法行政机关具体实施的分工合作责任机制；构建了县、乡、村三级联动，部门齐抓共管，民营企业、社会组织积极参与的工作机制，为推动我县社区矫正工作深入、有序开展奠定了坚实的基础。

近年来，我县社区矫正工作通过抓规范、抓推进、抓创新，组织机构不断健全、制度体系更加完善、矫治途径逐步拓宽，在全省率先建设县级社区矫正办公业务大楼；率先试行社区矫正保证金管理制度；率先在全市启动“司法E通”电子监控平台；率先落实刑释人员临时生活救助。同时在适前调查、入矫宣告、三级处遇、计分考核、集中教育、档案管理等社区矫正环节探索改革、严格奖惩、规范监督管理。截止目前，全县共累计接受社区服刑人员898人，在矫350人；纳入“司法e通”平台监管313人；五年内累计接受刑释人员1282人，为352名刑释人员解决临时救助金共计17万元，安置帮教率达98%。

细水长流润万物，功到深处花自开。公安县社区矫正工作管理局将进一步加大对特殊人群的管理力度，大胆探索创新社区矫正工作的新方法、新举措，为维护我县社会和谐稳定，促进经济健康发展贡献力量。

办公大楼

合影

统一入矫宣告

公 安 县 商 务 局

县委书记向斌（右一）带队考察指导企业工作，局长熊善农（左一）陪同

县长刘忠诚（中）带队考察荆门市汽车后市场，局长熊善农（左四）陪同参加考察

省厅市场秩序处万其平处长（左一）、衡光力副处长（左三）、局长熊善农（右一）参加假酒公开销毁活动

商务部驻武汉特派员办事处特派员江帆（前排右一）一行调研外贸企业；市商务局局长姚锡发（后排左一）、副县长周全平（后排左二）、局长熊善农（后排左三）参加调研

公安县商务局为县政府组成部门，主要负责全县国内外贸易和对外经济技术合作等工作。局机关内设 7 科 1 室，负责管理二级单位 3 个—县商务执法大队、县市场开发服务中心、县福地商务有限公司。全系统现有干部职工 147 人。

局党组专题研究工作

近年来，该局在县委、县政府正确领导下，紧紧围绕全县经济社会发展大局，自加压力，创新方式，大力促进商务经济发展，取得显著成效。市场体系建设步伐加快，"公安 · 新天地"、恒盛汽配城、明珠家居建材城等多个专业市场顺利建设，城乡农贸市场进行了全面升级改造；社会消费持续稳定增长， 2014 年达到 125.53 亿元，总量及增速连续 3 年位居全市第二；外贸出口实现恢复性增长，2014 年出口 7644.6 万美元，同比增长 7.6%，扭转了自 2009 年以来的下滑趋势；市场监管工作卓有成效，工作经验先后被国家商务部和省商务厅推介，被确定为商务部市场监管服务体系项目试点县。

公 安 县 总 工 会

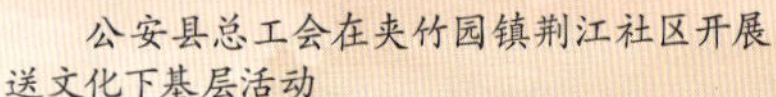
公安县总工会在夹竹园镇荆江社区开展送文化下基层活动

公安县总工会开展“十佳雇主、十佳员工”表彰活动

公安县总工会开展职工维权活动

近五年来，公安县总工会全力服务公安经济社会发展，大力发展和谐劳动关系，努力维护职工合法权益，加强工会自身建设，团结动员全县广大职工为建设富裕文明幸福美丽新公安作出了积极贡献。县总工会先后荣获：全省先进县市区工会、全省工会系统争先创优工作先进单位、连续5年被评为“荆州市工会工作优秀单位”。

服务经济建设。开展万名职工劳动竞赛和职业技能竞赛，举办了5期“金蓝领”培训班。开展县劳模、“五一劳动奖状（章）”、“十佳雇主、十佳员工”评选表彰活动。

和谐劳动关系。每年召开一次职工维权联席会议，全县95%的企业建立了民主管理制度，开展职工议事活动，全县集体合同建制企业944个。

时刻情系职工。发挥县总工会职工服务中心作用，深入开展“春送岗位、夏送清凉、秋送助学、冬送温暖”四季帮扶活动。

丰富职工生活。组建职工艺术团，举办庆“五一”劳动者之歌职工文艺汇演，开展“送文化进企业”慰问演出活动22场次，先后组织职工开展乒乓球、篮球、棋类等比赛活动。

强化自身建设。全县已建会1980家，建会率达到96%，全县共有工会会员11万人。开展“树百家示范工会”和工会干部“三亮”活动。

公 安 县 畜 牧 兽 医 局

省畜牧兽医局局长盖卫星（左二）到公安县调研

左：副局长沈学云、中：局长潘志军、右：副局长高培文

2014年，公安县畜牧兽医局以促进畜牧业增效、农民增收为主攻方向，以大力发展现代畜牧业、强化部门服务为着力点，以推广规模养殖和标准化养殖模式为突破口，积极争项目、引资金、建基地、抓培训、重服务、促发展，确保了全县畜牧经济的平稳快速发展。全年生猪出栏83.72万头，同比增长0.56%；存栏55.5万头，同比增长0.5%；家禽出笼653万只，同比增长3.6%；家禽存笼996.47万只，同比增长0.86%；牛出栏0.37万头，同比下降46.57%，存栏0.35万头，同比增长41.67%；羊出栏2.48万只，同比增长15.88%，存栏2.34万只，同比增长30%。2014年，公安县连续第七年被评为“全国生猪调出大县”；公安县畜牧兽医局被评为全省无规定动物疫病区创建工作先进单位；被县档案局评为档案工作先进单位。公安县动物卫生监督所职工李厚阳被省畜牧兽医局评为“中博杯2014年度最佳检疫员”。

公安县教育局

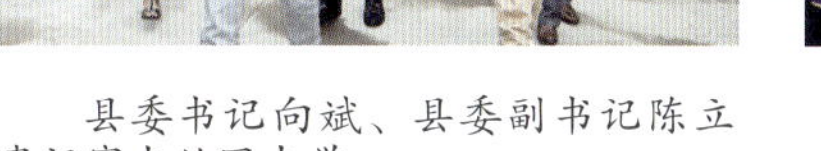

县委书记向斌、县委副书记陈立贵视察夹竹园中学

公安县青年教师“四达标”启动会

“两课两操两活动”全面开展

党委书记、局长　刘信科

2014 年，公安县教育局坚持“统筹规划、重点突出、规范管理、提高质量”的总体思路，不断更新管理理念，创新工作措施，突出环节监管，强化督办落实，形成了业务工作与中心工作齐头并进、内强基础和外树形象互促共赢的良好局面。

全面实施义务教育“学校标准化建设、教师队伍建设、教育质量提高、关爱学生”等四大工程；2014 年全县高考文理一本上线 894 人，录取清华 3 人，摘得荆州市理科状元桂冠，高考成绩连续 19 年位居荆州第一、全省领先；一年来共争取各级项目资金 7781 万元，维修改造 87 所城乡学校校舍 64 栋，新建 20 所农村中小学标准化运动场。

2014 年，我们将党的群众路线教育实践活动与环境创优效能提速、人大常委会工作评议、政协民主监督、“四城同创”、招商引资等工作有机结合，整体推进，成效显著，并荣获“三万工作先进单位”、“全县最佳文明单位”、“四城同创先进单位”、“全县招商引资先进单位”、“安全生产先进单位”、“消防工作先进单位”等称号。

公安县环境保护局

省环保厅副厅长李瑞勤调研公安县环保工作

荆州市环保局局长蒋茂芳到我县企业调研

县委书记向斌调研环保工作

县环保局全体干部职工开展“6.5”环境日宣传活动

近年来，公安县环境保护局在县委、县政府的正确领导和荆州市环保局的具体指导下，以改善环境质量为宗旨，以服务经济发展为重点，认真执行环保法律法规，切实履行环境监管职能，较好地维护了全县的发展大局和人民群众的环境权益，2012–2014 年连续三年被省环保厅表彰为全省环境保护目标责任制考核优胜单位，连续两年在荆州市环境保护目标责任制考核中排名第一。

认真履行环保职能。围绕省、市环保工作重点以及县委、县政府的工作大局，针对群众反映集中的问题，通过一次次的执法行动，全力改善环境质量，环保工作得到社会公众认可，被评为行风评议优秀单位。

努力化解环境矛盾。不断加大环境信访查处力度，从畅通信访渠道、规范信访程序、力争群众满意三个方面，妥善处理各种环境信访问题。2014 年共接到上级批转和群众投诉信访件 345 件，回复率和见面率均为 100%。

扎实改善环境质量。全力开展污染防治工作，加强集中式饮用水源水质监测，保障人民群众饮水安全；加强工业企业排污监测，确保达标排放；对空气实时监测，为群众及时提供科学数据。去年，我县环境监测工作在全市考核中被评为先进单位，在全市监测技术比武中名列第一名。

积极优化业务流程。依托环保审批等业务职能，以优化服务观念、优化服务方式、优化服务流程，全力实现为招商引资项目服务、为重点建设项目服务、为企业经营管理服务的目标，被评为公安县政务服务先进单位。

洪湖市交通运输局

洪湖市委书记邓应军调研交通工作

洪湖市交通运输局全体党委成员

市交通运输局内设“六科一室”。直属事业单位10个，分别为公路管理局（正科级），港航管理局、地方海事局一门两牌（正科级）、物流发展局（副科级），道路运输管理所、出租汽车管理所一门两牌（副科级）、农村公路管理办公室、5个交通运输分局。

2014年，在市委市政府的正确领导下，全市交通运输系统广大干部职工坚持省交通运输厅“竞进提质，升级增效”总要求，克难攻坚，圆满完成了各项工作指标，得到了市委市政府和省、荆州市交通运输主管部门的充分肯定。

（一）基础设施建设快速推进

全年完成交通建设投资达44.8亿元，是去年的2.6倍，“十一五”的4倍，创历史之最。其中高速公路完成投资40亿元，普通公路完成投资约4.8亿元。

（二）运输市场井然有序

运输安全态势平稳。全年未发生一例水陆交通运输安全责任事故。站场建设稳步推进。去年10月，市政府与天虎运业公司签约洪湖市汽车客运站项目，目前正在开展吹沙换填等基础处理。乡镇客运站、候车亭均按计划有序推进。监管难点整治见效。在公路治超、客运市场、出租车市场等行业监管难点上，我们对外争取市政府领导，对内创新监管方式，克服了重重困难，经受了严峻考验，取得了较好效果。

（三）中心工作落实到位

一是建议提案承办按时办结。市政府交办的人大、政协七届二次会议17件代表建议、13件政协委员提案，实现了回复率、见面率、满意率三个100%，得到了市人大、市政协的充分肯定，被评为2014年人大建议政协提案承办工作先进单位。二是新农村建设扎实开展。争取省市交通主管部门的支持，筹措22万元资金，帮助湘口村修建十二支沟桥涵，恢复了路面畅通；帮助大白林村重建二组到三组的生产生活桥；完成了驻带村广播“村村响”工程建设。三是内部管理明显加强。党的群众路线教育实践活动扎实推进，接待、公车、会务、绩效考核等方面的管理全面加强，“四风”问题得到了较好解决。

打非治违

港渡安全

公路治超

汉沙线城区绕城段（筑路）

洪湖大道蔡家河段（架桥）

荆州港洪湖新堤港区

洪湖市总工会

2014年，在市委和荆州市总工会的坚强领导下，全市各级工会胸怀大局，心系职工，在继承中创新，在巩固中提升，实现了工会工作新发展，展现了工会组织新作为。

一、服务经济发展，主力军作用不断彰显。广泛开展了“当好主力军，建功‘十二五’”主题竞赛活动，全市参与各类劳动竞赛的企事业单位200多家，职工3万余人次；共有60家单位，3500多名职工，211个班组参加了安康杯竞赛活动，职工群众的积极性和创造性得到充分释放。精心做好劳模管理和服务工作，出版了《劳模风采》画册，开展了“关爱劳模”活动，组织劳模疗休养24人次，积极争取困难劳模生活补助和特殊困难补助42人次。

二、不断参与创新社会管理，主动依法科学维权。深入贯彻落实省委《关于进一步推进和谐劳动关系建设的意见》和荆州市委工会工作精神，加强协调劳动关系三方配合，定期召开了协商劳动关系三方会议。创新建立集体合同和工资集体协商预报、履行监督和履约评估制度，在全市15重点企业开展了试点，推动工资集体协商工作提质扩面。职工200人以上企业厂务公开、职代会、职工议事制度建制率达到100%，工会工作法治化程度不断提高。

三、构建职工服务网络，真心帮扶职工群众。市级职工服务中心建设取得突破性进展，乡镇农民工维权服务站转型升级，企业职工服务中心（站）达标26家。编印下发《农民工维权服务手册》40000册。参与全市“关爱服务，就业先行”春风行动，吸引170家企业进场，提供岗位12000个，现场达成求职意向近3000人。完成技能培训（包含金蓝领培训）438人、家政服务培训96人、成功职业介绍415人、金秋助学318人的工作目标。积极推进会员普惠服务，发放工会会员服务卡10000余张。

四、切实转变作风，工会凝聚力不断增强。全市各级工会扎实开展党的群众路线教育实践活动，召开各类座谈会80多场次，走访企业320多家，与800多名企业经营者、一线职工、基层工会干部面对面交流，发放调查问卷1000多份，收集意见和建议100多条。持续抓好职工文体活动，举办了全市首届“职工杯”工间操表演比赛，为我市“创慢”工作发挥作用。各级工会文体活动异彩纷呈，职工文化建设欣欣向荣。

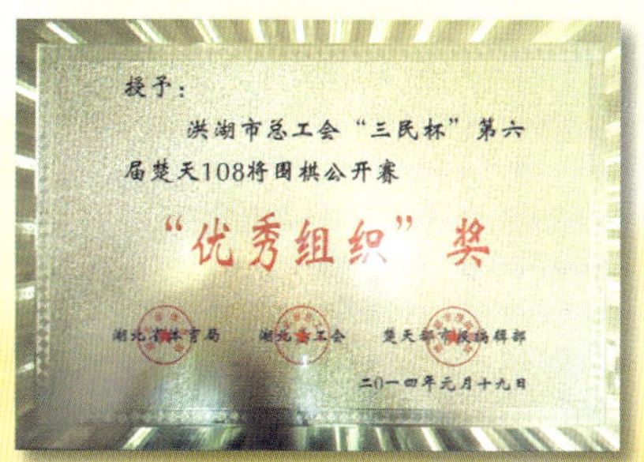
授予：
洪湖市总工会“三民杯”第六届楚天108将围棋公开赛
“优秀组织”奖
湖北省体育局 湖北省总工会 楚天都市报编辑部
二〇一四年元月十九日

五、统筹兼顾，协调并进。工会组织建设持续加固，工会经济实力持续增强，工会工作规范化建设持续推进。全面履行工作职责，招商引资、社会治安综合管理、计划生育、安全生产等工作顺利完成目标任务。“三万”工作出资12000元，为驻带村配置办公电脑，“两节”期间，深入驻带村送温暖，走访慰问32户，发放专项帮扶资金48600元。

洪 湖 市

洪湖市体育局班子（中：局党组书记、局长刘新洪；右：副局长涂萍；左：纪检组长张琼）

克难奋进的洪湖体育人

第十四届湖北省运动会“湖泊之灵”圣火采集仪式

第十四届湖北省运动会洪湖段火炬传递—洪湖市体育局局长刘新洪

洪湖市农民体育健身工程器材配发现场

棋圣聂卫平先生被授予洪湖市“荣誉市民”称号

体　育　局

已建成的包含“两馆一场”的洪湖市体育中心

每年一届的洪湖市男子篮球联赛

荆州市第四届运动会在洪湖举行

第二届全国红色老区城市篮球邀请赛在洪湖市举行

举办大型运动会的洪湖市体育中心

已建成的万全镇全丰村群众健身中心

湘鄂边老苏区品牌篮球赛事“贺龙杯”在洪湖举行

荆州端午龙舟赛洪湖体育局女子代表队

在洪湖市体育中心举行的中国女篮VS新西兰女篮挑战赛

江陵县水利局

局机关工作人员组织学习党的群众路线教育活动

马市水厂建后新貌

江陵县水利局为县政府工作部门、正科级机构，按“两块牌子一套班子”的建制设立，即：“江陵县水利局”、“江陵县防汛抗旱指挥部办公室”。

江陵县水利局是县水行政主管部门，主要负责全县防汛、排涝、抗旱指挥调度；水利工程规划、建设与运行管理；水资源保护、水政执法、水利规费征收；组织协调全县水利基本建设、乡镇供水和农村饮水安全工程建设与管理、水土保持工作。内设办公室（“防办”与局办合署办公）、工程建设管理与安全监督科、规划科技与财务科、政策法规与水资源科。辖二级事业单位16家（2006年乡镇综合配套改革后，按行政区划设置基层水利管理站11家，属水利局派驻延伸机构）。至2014年12月，全县水利系统共有干部职工306人，其中离退休78人。实有党员108人。

观总渠

渡佛寺渠

小农水斗渠

颜家台闸

江陵县内垸枢纽工程–彭家河滩闸

农村安全饮水项目

江陵县农业局

省农业厅种植业处处长肖长惜（左一）调研江陵县农业局农业信息化建设

省委办公厅纪检组长、机关党委书记钟喜英（中）调研指导益垄育秧工厂

2014年，江陵县农业局在县委县政府的正确领导下，在上级主管部门的大力支持下，深入贯彻党的十八大精神，深入开展党的群众路线教育实践活动。按照“农业强、农民富、农村美”的总目标，围绕“现代农业发展、龙头企业辐射带动能力、农业社会化服务体系、新型农业经营主体”四个重点工作，实施“粮油强农、渔牧富农、科技兴农、执法保农、产业壮农”“六农”行动。粮食生产实现“十一连增”，农机综合作业率达68%；畜禽生产实现逆势上涨；水产养殖持续向好，养殖水面增长57%突破10万亩；创新建设了农业信息综合服务平台；农业加工业总产值与农业总产值之比达到1.5:1；农民人均纯收入近万元。农业农村活力明显增强。

积极开展省级档案一级达标单位、市级卫生单位、县级文明单位、绩效考核先进单位、基层党建先进单位、社会管理综合治理先进单位等“六个争创”活动，机关形象得到明显提升。

践行党的群众路线教育实践活动开展挖三沟活动

设施大棚蔬菜长势喜人

团支部组织五四送温暖活动

江陵县卫生和计划生育局

国务院血防春查组来我县检查血吸虫病综合防治工作

召开全县计划生育工作大会

江陵县卫生和计划生育局（加挂县血防办牌子），于2014年初由原县卫生局和县人口计生局通过资源优化、机构合并组建。内设9个科室，辖县人民医院、疾控中心、血防所、合管办、妇幼保健计划生育服务中心、综合监督执法局和流管站7个县直属单位，县红十字会、县计划生育协会挂靠我局合署办公，垂直管理8个乡镇和2个管理区卫生院。同时我县属中国疾控中心、省疾控中心血吸虫病防治科研实验双基地。

代表江陵县参加全市省级巾帼文明示范岗文艺调演

一年来，在融合中攻坚克难，在发展中砥砺前行，实现了工作合力、人员合心的良好局面和1+1 > 2的改革目标。2014年度全县卫生计生工作获得中省市各类先进集体表彰达32项，血防、计划生育工作在全市目标管理考核分别荣获第一、二等奖的佳绩，在党风廉政建设、基层党建、绩效考核、综治、信访等工作被县委县政府评定为优胜（先进）单位。

实施县人民医院整体搬迁，成为江陵城区新坐标

江陵县公路管理局

江陵县公路管理局主要负责全县列养公路养护、路政管理及超限治理等职责。全局列养公路220.06公里，设有路政大队、超限检测站、机关等机构，其中局机关设有综合办公室、养护工程科、财务科、安全科、审计科、法规科、工会等科室。

省总工会副主席胡碧辉一行对江陵县公路管理局“省级模范职工之家”创建工作进行调研指导

近年来，江陵县公路管理局在县委、县政府和省市县行业主管部门的正确领导下，紧紧围绕“十二五”规划，改革创新，竞进提质，全面提升养管能力，深入推进机制改革，努力提高服务水平，各项工作成绩突出。先后筹集资金2600余万元，对汉沙线、秦黄线、新马线23公里路面进行大修、对6座危桥进行改造，每年投入小修保养、水毁修复资金260余万元，路容路貌全面提升。该局2001年至今已连续六届被省委、省政府评为最佳文明单位，两次被县委、县政府授予“县城建设先进单位”称号，先后获得“湖北省卫生先进单位”、“湖北省群众体育先进单位”、“省级模范职工之家”、“荆州市交通系统先进集体”等多项荣誉称号。局属各有关单位也先后被授予“荆州市青年文明号”、“荆州市公路系统先进集体”、“江陵县五四红旗团总支”等荣誉称号。全局有70%以上的职工受到上级表彰。

路政执法人员清除占道堆物

农村公路达标示范工程建设现场

桥梁防撞墙刷新

汉沙线路面大修工程

新河桥危桥加固改造工程

荆州市中小商贸流通企业服务中心

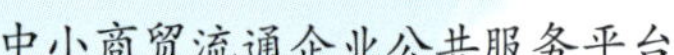
中小商贸流通企业公共服务平台

服务大厅

荆州市中小商贸流通企业服务中心（以下简称中心）于2012年成立，为隶属于荆州市商务局的副处级事业单位。依托中心，荆州被批准为国家中小商贸流通企业公共服务平台建设首批20个试点城市之一。中心通过服务平台，组织开展线上线下、多层次、多元化、全方位服务活动，借助服务大厅、网站、热线等服务网络以及工作站、联系点、专业平台、服务机构等服务渠道，搭建起面向全市中小商贸流通企业一站式、专业性、综合性服务平台，为全市中小商贸流通企业提供发展所需的信息咨询、管理提升、电子商务、市场开拓、融资对接、创业辅导、集采分销、商业特许经营等公益性服务。中心不断探索创新政府与服务机构、行业协会、企业密切配合的服务方式，重点解决中小微商贸流通企业“找不到服务”、“用不起服务”等问题，实现“企业提出需求、平台提供服务”的功能，彰显资源共享、优势互补、相互配合、共同发展的特色，在提高中小商贸流通企业发展质量、增强市场竞争能力、转变政府服务职能、提供优质服务资源等方面发挥重要作用。

全省中小商贸流通企业公共服务平台培训会

八、城市概况与环境保护

General Information of the City and Environmental Protection

资料整理：汤　奕
贺武辉

8–1 城区城市建设基本情况

Basic Statistics on Municipal Infra-Structure in City Proper

指　标	单位	2010 年	2011 年	2012 年	2013 年	2014 年
城市供水						
综合生产能力	万吨/日	71.5	73.50	57.00	55.00	55.00
供水总量	万吨	7493	7622	7592	7812	8130
#生活用水	万吨	3034	3219	3408	3436	3683
人均日常生活用水量	升	170	170	170	182	206
城市公共交通						
公共汽车营运车辆	辆	1103	1185	729	763	1210
公共汽车营运线路长度	里	252	3268	3268	981	1766
公共汽车客运总量	万人次	14000	19037	13042	14875	22588
出租汽车数	辆	1588	1588	1588	1588	3353
轮渡营运船数	艘	7	6		4	4
城市市政工程						
道路总长度	公里	774	775	802	814	850
道路总面积	万平方米	755	760	856	890	993
排水管道长度	公里	385	394	433	465	559
防洪堤长度	公里	224	224	224	224	224
路灯盏数	盏	50383	50423	50527	51898	54497
城市园林绿化						
绿化覆盖面积	公顷	2618	2649	2747	2803	2894
园林绿地面积	公顷	2147	2340	2431	2487	2578
建城区绿化覆盖率	%	39.4	39.1	38.4	39.1	39.3
公园个数	个	21	21	24	24	24
公园面积	公顷	316	677	734	760	760
城市供气						
天然气供应总量	万立方米	6803	8061	8505	12631	13964
天然气用气人数	万人	33.00	36.00	43.00	45.90	45.9
液化气供气总量	吨	8200	7960	7758	5034	5959
液化用气人口	万人	31.8	30.55	28.38	24.00	22.00
用气普及率	%	91	91.5	94.2	96.0	99.8
城市清洁卫生						
清运面积	万平方米	500	920	974	974	992
垃圾清运量	万吨	30	57.37	19.35	22.38	23.06
公共厕所	座	249	241	238	238	238
环卫机械数	台	95	156	160	147	151

8-2 城市建设基本情况

Basic Statistics on Municipal Infra-Structure

指　标	单　位	荆州市	市直	江陵县	松滋市	公安县	石首市	监利县	洪湖市
城市建成区面积	平方公里	211.16	73.70	12.50	15.67	19.56	22.54	27.62	39.57
城市建设用地面积	平方公里	200.63	73.70	12.20	14.45	19.56	19.25	27.41	34.06
#城市居住用地面积	平方公里	60.23	19.62	4.24	5.80	5.75	6.00	7.90	10.92
城市公共设施用地面积	平方公里	18.57	8.70	0.91	1.55	1.46	1.01	4.30	0.64
城市工业用地面积	平方公里	45.81	20.34	4.03	3.24	7.30	1.50	2.10	7.30
城市供水									
综合生产能力	万吨/日	102.00	55.00	2.00	5.00	7.50	10.00	6.50	16.00
用水人口	万人	161.06	66.26	5.10	11.98	17.50	14.64	14.58	31.00
用水普及率	%	97.82	99.71	97.95	99.03	94.59	99.93	100.00	93.37
售水量	万吨	12194	6627	384	700	875	1078	1082	1447
供水总量	万吨	15994.	8130	547	1200	1360	1689	1327	1742
#生活用水	万吨	7137	3683	249	590	600	513	622	880
城市市政工程									
道路总长度	公里	1857	850	58	145	96	120	136	452
道路总面积	千平方米	2594	993	102	263	183	240	308	506
排水管道长度	公里	1600	559	139	228	91	164	123	298
路灯盏数	盏	75056	54497	2202	4991	2300	3600	3181	4285
城市园林绿化									
园林绿地面积	公顷	6851	2578	259	537	650	713	582	1532
#公园绿地面积	公顷	1943	777	99	149	176	134	198	410
建成区绿化覆盖面积	公顷	7693	2894	294	618	744	820	662	1662
建城区绿化覆盖率	%	36.4	39.3	23.5	39.4	38.0	36.4	24.0	42.0
公园个数	个	46	24	4	2	5	2	3	6
公园面积	公顷	1256	760	54	50	190	117	55	30
城市维护建设资金支出	万元	155980	70823	7336	10512	6000	3860	25830	31619
城市供气									

8-2 续表

指 标	单 位	荆州市	市直	江陵县	松滋市	公安县	石首市	监利县	洪湖市
天然气供气总量	万立方米	16470	13964	125	870	809	301	111.5	291
#生活用	万立方米	5057	3209	67	810	573	58	96	244
天然气用气人口	万人	81.42	45.85	1.00	8.40	5.50	2.06	4.60	14.01
液化气供气总量	万立方米	20925	5959	830	867	2175	3626	4550	2918
#生活用	万立方米	19798	5959	590	865	2165	3361	3940	2918
液化气用气人口	万人	77.0	22.0	4.0	4.0	8.0	12.0	9.0	18.0
用气普及率	%	95.0	99.8	93.3	100.0	73.0	96.0	92.4	96.4
城市清洁卫生									
清扫面积	万平方米	2142	992	90	182	140	138	220	380
污水排放量	万吨	14323	6965	500	858	2075	1339	1193	1393
污水处理量	万吨	12661	6310	438	687	1764	1250	1014	1198
生活垃圾清运量	万吨	71.00	23.06	1.83	5.48	5.40	6.38	10.85	18.00
生活垃圾处理量	万吨	70.53	23.06	1.83	5.48	4.93	6.38	10.85	18.00
公共厕所	座	588	238	36	34	13	51	34	182
环卫机械数	台	385	151	84	24	25	16	22	63
污水处理厂数	座	10	3	1	1	1	2	1	1
垃圾处理站数	个	6	1	1	1		1	1	1
生活污水处理率	%	88.4	90.6	87.6	80.0	85.0	93.4	85.0	86.0
生活污水厂集中处理率	%	88.4	90.6	87.6	80.0	85.0	93.4	85.0	86.0
生活垃圾无害化处理率	%	42	100	100	0	91.22	0	0	0
城市公共交通									
公共汽车营运车辆	辆	1210	728	50	48	90	100	76	118
公共汽车营运线路长度	里	1766	1022	220	37	71	175	135	106
公共汽车客运总量	万人次	22588	15674	184	460	1290	1260	1920	1800
出租汽车数	辆	3353	1988	80	226	260	228	321	250
轮渡营运船数	艘	4				2		2	

8-3 "三废"排放和处理综合利用情况

"Three Wastes" Discharge and Treatment Utilization Situation

指 标	单 位	2014 年
废水排放总量	万吨	26788
工业废水排放总量	万吨	9923
废气排放总量	亿立方米	825.86
二氧化硫排放量	吨	53076
烟（粉）尘排放量	吨	20586
工业烟（粉）尘产生量	万吨	584116
工业烟（粉）尘去除量	万吨	567653
工业烟（粉）尘排放量	吨	16462
工业固定废物产生量	万吨	301
工业固定废物处置量	吨	186
工业固体废物综合利用量	吨	115
锅炉总数	个	334
锅炉蒸吨数	蒸吨	3290
工业炉窑	个	142
工业氮氧化物产生量	吨	28150
工业氮氧化物排放量	吨	19153
工业重金属产生量	吨	2999
工业重金属排放量	吨	1769
一般工业固体废物综合利用率	%	38.2
空气质量达到及好于二级的天数	天	174

8-4 工业企业废水处理设施情况

Statistics on Industrial Waste Water Treatment Facilites

指 标	单 位	2014 年
汇总企事业单位数	个	451
治理设施数量	套	488
实际处理废水量	万吨	4864
运行投资	万元	8226
六价铬化合物	吨	1.46
铅	千克	2.83
石油类排放量	吨	66
COD排放量	吨	23423

8-5 分县市区生活污染排放情况

Domestic Pollution Emissions by Country

地　区	生活污水排放量（万吨）	生活污水COD 排放量（吨）	生活二氧化硫排放量（吨）	生活烟尘排放量（吨）
荆州区	3593	7855	881	423
沙市区	4175	7249	791	380
开发区	161	1412	158	76
江陵县	609	2818	316	152
松滋市	1006	6443	745	358
公安县	2502	7655	859	412
石首市	1680	5036	565	271
监利县	1228	10273	1130	543
洪湖市	1906	6849	791	380

8-6 分县市区“三废”排放和处理综合利用

“Three Wastes” Dischargeand Treatment Utilization Situation by Country

指　标	总计	荆州区	沙市区	开发区	江陵县
汇总工业企业个数（个）	561	85	52	107	50
工业废水排放总量（万吨）	9923	1640	1129	2238	431
废水治理设施数（套）	115	19	9	41	1
废气治理设施数（套）	373	66	69	20	1
工业废气排放总量（亿立方米）	825.86	33.22	187.56	187.81	21.74
工业烟（粉）尘排放量（吨）	16462	633	1092	4373	1449
工业烟（粉）尘去除量（吨）	567653	4109	6390	173650	1848
工业固体废物产生量（万吨）	301	9	5	30	2
工业固体废物综合利用量（万吨）	115	9	5	30	2
主要污染物总量减排完成率（%）	100	100	100	100	100
城镇集中式饮用水源地水质过标率（%）	100	100	100	100	100

指　标	松滋市	公安县	石首市	监利县	洪湖市
汇总工业企业个数（个）	62	43	77	32	53
工业废水排放总量（万吨）	634	903	850	1384	713
废水治理设施数（套）	13	6	14	5	7
废气治理设施数（套）	74	33	52	29	29
工业废气排放总量（亿立方米）	93.99	47.44	166.48	58.02	29.59
工业烟（粉）尘排放量（吨）	2506	2479	1489	1817	624
工业烟（粉）尘去除量（吨）	308360	26373	23994	18155	4773
工业固体废物产生量（万吨）	223	6	12	8	5
工业固体废物综合利用量（万吨）	37	6	12	8	5
主要污染物总量减排完成率（%）	100	100	100	100	100
城镇集中式饮用水源地水质达标率（%）	100	100	100	100	100

指 标 解 释

Explanatory Notes on Statistical lndicators

【自来水生产能力】 指按供水设施取水、净化、送水、出厂输水干管等环节实际测定计算的综合生产能力。不包括供水高峰阶段，超负荷增加的生产能力。计算时，以四个环节中最薄弱的环节为主确定能力。

【自来水管道长度】 指供水设施的取水管道和供水管道长度之和。取水管道长度指水源地至地表水水厂净化设施（或地下水水厂清水池）之间所有管道的长度，包括水源井之间的井群联络管道长度。供水管道长度指从送水泵至用户水表之间所有管道的长度。不包括新安装尚未使用的管道。

【生产运营用水】 指在城市范围内生产、运营的农、林、牧、渔业、工业、建筑业、交通运输业等单位在生产、运营过程中的用水。

【公共服务用水】 指为城市社会公共生活服务的用水。包括行政事业单位、部队营区和公共设施服务、社会服务业、批发零售贸易业、旅馆饮食业以及社会服务业等单位的用水。

【居民家庭用水】 指城市范围内所有居民家庭的日常生活用水。包括城市居民、农民家庭、公共供水站用水。

【年末营运车数】 指公交企业（单位）用于运营业务的全部车辆数。

【运营线路总长度】 指全部运营线路长度之和。计算公式：

运营线路长度 = ∑各条运营线路长度 = ∑（上行起点至终点里程 + 下行起点至终点里程 + 上下行终点掉头里程）

【道路长度】 指道路长度和与道路相通的桥梁、隧道的长度，按车行道中心线计算。城市道路由车行道和人行道两部分组成。在统计时只统计路面宽度在 3．5 米（含 3．5 米）以上的各种铺装道路，包括开放型工业区和住宅区道路在内。

【公共绿地】 指向公众开放的市级、区级、居住区级各类公园、街旁游园，包括其范围内的水域。其中居住区级公园应不小于 1 万平方米，街旁游园的宽度不小于 8 米，面积不小于 400 平方米。

【绿化覆盖率】 指报告期末区域内绿化覆盖面积与区域面积的比率。计算公式：

$$绿化覆率=\frac{区域内绿化覆盖面积}{区域面积}\times 100\%$$

【下水道长度】 指所有排水总管、干管、支管、检查井及连接井进出口等长度之和。计算时应按单管计算，即在同一条街道上如有两条或两条以上并排的排水管道时，应按每条排水管道的长度相加计算。

【污水日处理能力】 指污水处理厂（或处理装置）每昼夜处理污水量的设计能力。

按污水处理的程度，一般可分为一级处理、二级处理和三级处理。

一级处理是以沉淀为主体的处理工艺。指去除污水中的漂浮物和悬浮物的净化过程，主要为沉淀。

二级处理是以生物处理为主体的处理工艺。指污水经一级处理后，用生物处理方法继续除去污水中胶体和溶解性有机物的净化过程。

三级处理也称高级处理或深度处理。指进一步去除二级处理不能完全去除的污水中的污染物的处理工艺。

【垃圾无害化处理能力】 指垃圾无害化处理场（厂）按工艺设计每天所能处理生活垃圾的数量。垃圾无害化处理场（厂）必须是按照有关技术、环境、卫生标准和规范进行设计、建设、运行、维护和管理的各种生活垃圾处理设施，主要包括卫生填埋场、堆肥厂和焚烧厂等。

九、农　　业

Agriculture

资料整理：张宗山

陈　风

9-1 分年农村主要经济指标

Main Economy Indicators of Rural Area by Year

指 标	单位	2010 年	2011 年	2012 年	2013 年	2014 年
一、农业总产值（当年价）	亿元	423.79	484.20	534.97	578.34	616.16
1. 农业	亿元	197.13	220.17	241.22	253.10	262.74
2. 林业	亿元	3.38	5.03	5.81	6.48	7.02
3. 牧业	亿元	95.26	121.51	131.02	138.58	142.39
4. 渔业	亿元	123.05	132.03	150.61	173.20	196.18
5. 服务业	亿元	4.97	5.46	6.31	6.98	7.83
二、农业增加值（当年价）	亿元	231.07	265.15	292.76	319.09	347.00
三、农作物种植情况						
总播种面积	千公顷	1032.52	1043.22	1067.28	1078.54	1087.60
1. 粮食作物面积	千公顷	539.45	547.05	574.75	583.99	608.41
#小麦	千公顷	108.29	113.38	119.83	120.75	121.51
早稻	千公顷	71.06	72.08	80.59	86.40	95.25
中稻	千公顷	239.34	240.45	245.70	244.23	238.64
双晚	千公顷	81.49	80.56	87.59	93.12	99.93
豆类	千公顷	17.44	17.57	17.36	16.61	21.23
2. 棉花	千公顷	108.18	112.12	104.81	99.61	83.32
3. 油料作物	千公顷	251.21	255.06	259.06	262.74	264.54
#油菜籽	千公顷	243.02	247.52	251.60	255.78	255.25
4. 麻类	千公顷	0.07	0.05	0.04	0.04	0.02
#黄红麻	千公顷	0.07	0.05	0.04	0.04	0.02
5. 糖料	千公顷	1.54	1.45	1.35	1.21	1.26
6. 蔬菜	千公顷	78.06	76.92	80.44	83.23	89.57
四、园林水果面积	千公顷	21.23	21.66	23.20	23.72	24.34
五、造林面积	千公顷	18.89	15.72	17.18	17.31	18.15
#育苗	千公顷	0.82	0.78	1.52	1.55	1.15
六、养殖水面	千公顷	146.62	150.71	156.86	159.34	163.45
#湖泊	千公顷	37.24	37.71	38.15	37.82	36.74
池塘	千公顷	97.26	101.49	107.75	110.28	116.37
水库	千公顷	4.58	4.71	3.46	3.40	3.21
河沟	千公顷	5.14	4.34	4.40	4.61	3.99
七、农作物产量						
1. 粮食总产量	万吨	337.94	363.05	371.06	386.06	400.02

注：2010年数据按农业普查进行了衔接，与当年年报数据不一致。

9-1 续表

指 标	单位	2010 年	2011 年	2012 年	2013 年	2014 年
#小麦	万吨	28.68	36.15	37.87	42.43	42.31
早稻	万吨	47.38	49.66	54.00	58.97	64.94
中稻	万吨	182.84	199.22	197.66	199.82	194.34
双晚	万吨	58.45	61.39	64.58	68.86	74.80
豆类	万吨	5.20	5.54	5.43	4.76	6.40
2. 棉花	万吨	13.76	14.86	15.36	13.88	9.64
3. 油料作物	万吨	54.78	55.82	57.55	62.75	62.33
#油菜籽	万吨	53.07	54.07	55.71	61.02	60.10
4. 麻类	万吨	0.03	0.03	0.02	0.01	0.01
#黄红麻	万吨	0.03	0.03	0.02	0.01	0.01
5. 糖料	万吨	6.04	5.70	5.01	4.31	5.18
6. 蔬菜	万吨	226.14	235.27	246.90	259.12	269.50
八、畜牧业生产						
1. 大牲畜存栏	万头	16.00	13.25	12.09	8.77	8.34
# 牛	万头	15.82	13.13	12.04	8.69	8.28
2. 牲猪						
出栏	万头	437.28	451.27	474.40	499.15	513.58
存栏	万头	305.76	325.34	364.82	376.52	357.83
3. 肉类产量	万吨	45.05	46.00	48.46	50.99	52.37
4. 禽蛋产量	万吨	15.79	17.40	17.64	18.62	19.55
九、水产品产量	万吨	104.30	108.05	115.69	122.40	129.58
十、水果产量（含果用瓜）	万吨	101.52	97.55	103.21	108.55	114.74
十一、农业生产条件						
1. 农业机械总动力	万千瓦	445.69	475.87	511.63	556.84	590.76
2. 有效灌溉面积	千公顷	405.51	411.03	414.93	416.46	419.31
3. 农村用电量	万千瓦时	121780	131176	138373	148723	158630
4. 化肥施用量（按折纯法计算）	万吨	37.37	38.13	35.80	36.00	35.75
①氮肥	万吨	17.70	18.20	16.21	16.04	15.89
②磷肥	万吨	7.07	7.11	6.59	6.51	6.56
③钾肥	万吨	4.55	4.47	4.46	4.52	4.48
④复合肥	万吨	8.05	8.35	8.54	8.93	8.82

注：2010年数据按农业普查进行了衔接，与当年年报数据不一致。

9–2 农村基层组织基本情况

Basic Conditions of Rural Grassroots Units and Agriculture

指　标	单位	荆州市	荆州区	沙市区	高新开发区	江陵县
一、农村基层组织情况						
1. 乡镇政府个数	个	102	7	5	1	9
（1）乡政府	个	13		1	1	2
（2）镇政府	个	89	7	4		7
2. 办事处	个	13	3	6		
3. 村民委员会	个	2418	122	80	11	199
4. 村民小组	个	20414	886	555	58	1551
二、农村社会基础设施						
自来水受益村数	个	2059	122	80	11	190
通汽车村数	个	2413	122	80	11	199
通电话村数	个	2418	122	80	11	199
三、乡村户数	万户	108.54	7.39	3.02	0.56	6.54
四、乡村人口数	万人	439.00	25.73	11.82	2.21	28.98
（1）男	万人	226.93	13.39	5.92	1.11	15.2
（2）女	万人	212.07	12.34	5.90	1.10	13.78
五、乡村从业人员数	万人	240.36	14.16	5.82	1.15	16.49
（1）男	万人	125.95	7.44	2.91	0.63	8.66
（2）女	万人	114.41	6.72	2.91	0.52	7.83
# 农林牧渔业从业人员	万人	100.68	6.37	1.76	0.26	9.48
六、国营农林牧渔场从业人员	万人	14.91	2.94	0.07	1.01	1.96
1.农业从业人员	万人	9.36	2.29	0.06	047	0.74
2.非农业从业人员	万人	5.55	0.65	0.01	0.54	1.22

9–2 续表

指　标	单位	松滋市	公安县	石首市	监利县	洪湖市
一、农村基层组织情况						
1. 乡镇政府个数	个	16	16	12	21	15
（1）乡政府	个	2	2	1	3	1
（2）镇政府	个	14	14	11	18	14
2. 办事处	个			2		2
3. 村民委员会	个	234	321	272	768	411
4. 村民小组	个	2467	3337	2628	6077	2855
二、农村社会基础设施						
自来水受益村数	个	175	283	248	550	400
通汽车村数	个	234	321	272	768	406
通电话村数	个	234	321	272	768	411
三、乡村户数	万户	17.94	18.64	11.68	25.65	17.12
四、乡村人口数	万人	65.87	74.83	46.64	116.18	66.74
（1）男	万人	33.75	38.29	24.30	60.10	34.87
（2）女	万人	32.12	36.54	22.34	56.08	31.87
五、乡村从业人员数	万人	36.89	41.96	24.79	60.59	38.51
（1）男	万人	19.36	21.82	13.11	31.57	20.45
（2）女	万人	17.53	20.14	11.68	29.02	18.06
# 农林牧渔业从业人员	万人	13.95	20.66	9.02	20.01	19.17
六、国营农林牧渔场从业人员	万人	0.36		0.54	3.85	4.18
1.农业从业人员	万人	0.36		0.41	2.07	2.96
2.非农业从业人员	万人			0.13	1.78	1.22

9–3 农村劳动力转移情况

Rural Labor Transfer Situation

指　标	单位	荆州市	荆州区	沙市区	高新开发区	江陵县
一、基本情况						
农村人口	万人	466.78	30.39	11.92	3.74	32.79
#男	万人	239.35	15.30	5.96	1.89	17.18
农村劳动力资源	万人	274.61	18.41	6.35	2.46	20.05
农村从业人数	万人	255.28	17.10	5.89	2.16	18.45
二、农村劳动力转移情况						
（一）在本乡镇内从业人员	万人	141.90	10.59	3.13	1.55	12.69
1.从事农林牧渔业人员	万人	107.02	8.61	1.82	0.73	10.14
2.从事二、三产业人员	万人	34.88	1.98	1.31	0.82	2.55
（二）外出从业情况						
1.外出从业人员	万人	113.38	6.51	2.76	0.61	5.76
#男	万人	61.43	3.34	1.55	0.36	3.12
①文化程度						
小学及以下	万人	12.63	0.36	0.30	0.04	0.70
初中	万人	63.22	3.51	0.81	0.35	2.89
高中及以上	万人	37.53	2.64	1.65	0.22	2.17
②按年龄状况分						
20岁以下	万人	18.30	0.90	0.76	0.05	0.82
21岁—49岁	万人	80.40	4.77	1.66	0.51	4.74
50岁以上	万人	14.68	0.84	0.34	0.05	0.20
2.外出渠道						
①自发	万人	90.33	4.86	1.86	0.50	5.02
②政府有关部门组织	万人	6.62	0.29	0.14	0.03	0.36
③中介组织介绍	万人	6.85	0.37	0.13	0.01	0.17
④企业招收	万人	9.58	0.99	0.63	0.07	0.21
3.外出时间						
1个月—3个月	万人	6.34	0.73	0.29	0.03	0.37
3个月—6个月	万人	17.11	1.38	1.06	0.09	0.86
6个月以上	万人	89.93	4.40	1.41	0.49	4.53
4.外出地点						
①县内乡外	万人	13.43	1.33	0.75	0.37	0.45
②省内县外	万人	22.77	1.71	0.53	0.12	1.25
③省外	万人	77.10	3.47	1.48	0.12	4.05
④港、澳、台	万人	0.06				
⑤境外	万人	0.02				0.01
5.从事行业						

9-3　续表1

指　标	单位	荆州市	荆州区	沙市区	荆州开发区	江陵县
①第一产业	万人	3.01	0.04			0.08
②第二产业	万人	63.32	3.43	2.18	0.44	3.83
③第三产业	万人	47.05	3.04	0.58	0.17	1.85
6.外出从业形式						
①务工	万人	83.88	5.20	1.96	0.51	4.67
②经商	万人	20.85	0.89	0.41	0.07	0.96
③其他	万人	8.65	0.42	0.39	0.03	0.13
7.外出从业人员职业技能培训情况						
①参加过职业技能培训	万人	24.22	1.88	0.33	0.12	0.77
#参加过政府举办技能培训	万人	11.28	0.95	0.09	0.02	0.51
②持有职业技术资格证书	万人	12.32	0.97	0.46	0.04	0.58
8.劳务总收入（年）	亿元	308.45	19.18	8.08	1.76	20.18
#月收入500元以下	万人	1.66	0.16	0.06		
501—1000元	万人	7.98	0.08	0.18	0.02	
1001—2000元	万人	33.51	1.60	0.53	0.17	1.01
2001—3000元	万人	44.71	2.70	1.25	0.30	4.08
3000元以上	万人	25.52	1.97	0.74	0.12	0.67
9.从业环境						
①雇主拖欠工资人数	万人	1.33				0.10
②从事高危、有害工作人数	万人	1.61	0.02			0.12
③致伤致残人数	万人	0.19				
④享受劳保补贴人数	万人	8.25	0.21	0.04	0.02	0.45
10、社会保障						
与雇主签定劳动合同	万人	37.22	3.12	0.64	0.14	4.32
参与养老保险人数	万人	37.36	2.29	0.63	0.08	1.03
参与医疗保险人数	万人	58.60	2.06	1.65	0.11	3.50
参与失业保险人数	万人	3.94	0.09	0.05	0.05	0.26
参与生育保险人数	万人	2.26	0.08	0.02	0.02	0.09
参与工伤保险人数	万人	15.36	1.45	0.55	0.04	1.48
三、返乡情况						
1、全年外出返乡人员	万人	11.45	1.72	0.47	0.09	0.12
2、返乡人员再就业						
本地务农	万人	5.73	1.03	0.02	0.02	0.05
在本地从事二、三产业	万人	1.98	0.11	0.21	0.03	0.04
再次外出	万人	3.74	0.58	0.24	0.04	0.03

9-3 续表2

指 标	单位	松滋市	公安县	石首市	监利县	洪湖市
一、基本情况						
农村人口	万人	66.43	74.83	47.56	123.35	75.77
#男	万人	34.04	38.11	24.03	63.66	39.18
农村劳动力资源	万人	39.39	44.10	28.24	70.59	45.02
农村从业人数	万人	37.25	41.96	25.34	64.44	42.69
二、农村劳动力转移情况						
（一）在本乡镇内从业人员	万人	17.75	23.76	14.13	30.17	28.13
1.从事农林牧渔业人员	万人	13.94	19.67	9.13	21.27	21.71
2.从事二、三产业人员	万人	3.81	4.09	5.00	8.90	6.42
（二）外出从业情况						
1.外出从业人员	万人	19.50	18.20	11.21	34.27	14.56
#男	万人	10.54	9.61	5.91	18.48	8.52
①文化程度						
小学及以下	万人	1.59	1.46	1.08	5.57	1.53
初中	万人	10.53	10.49	5.69	19.53	9.42
高中及以上	万人	7.38	6.25	4.44	9.17	3.61
②按年龄状况分						
20岁以下	万人	2.59	2.77	1.30	7.14	1.97
21岁—49岁	万人	14.81	13.09	8.34	21.70	10.78
50岁以上	万人	2.10	2.34	1.57	5.43	1.81
2.外出渠道						
①自发	万人	15.04	15.49	7.42	27.84	12.30
②政府有关部门组织	万人	1.01	1.33	1.23	1.76	0.47
③中介组织介绍	万人	1.66	0.65	0.69	2.51	0.66
④企业招收	万人	1.79	0.73	1.87	2.16	1.13
3.外出时间						
1个月—3个月	万人	1.10	1.00	0.94	1.32	0.56
3个月—6个月	万人	2.56	2.54	1.54	5.79	1.29
6个月以上	万人	15.84	14.66	8.73	27.16	12.71
4.外出地点						
①县内乡外	万人	2.31	1.80	1.56	3.95	0.91
②省内县外	万人	3.30	3.86	1.77	6.76	3.47
③省外	万人	13.88	12.52	7.85	23.56	10.17
④港、澳、台	万人	0.01	0.01	0.03		0.01
⑤境外	万人		0.01			
5.从事行业						

9-3 续表3

指 标	单位	松滋市	公安县	石首市	监利县	洪湖市
①第一产业	万人	0.37	0.98	0.31	0.81	0.42
②第二产业	万人	12.00	9.90	7.40	15.35	8.79
③第三产业	万人	7.13	7.32	3.50	18.11	5.35
6.外出从业形式						
①务工	万人	16.75	14.83	8.63	20.60	10.73
②经商	万人	2.39	2.31	1.63	9.91	2.28
③其他	万人	0.36	1.06	0.95	3.76	1.55
7.外出从业人员职业技能培训情况						
①参加过职业技能培训	万人	7.38	5.00	2.59	4.33	1.82
#参加过政府举办技能培训	万人	3.28	1.48	1.30	2.62	1.03
②持有职业技术资格证书	万人	2.95	1.93	1.79	2.25	1.35
8.劳务总收入（年）	亿元	69.14	43.69	37.15	69.84	39.43
#月收入500元以下	万人	0.06	0.08	0.27	0.95	0.08
501—1000元	万人	1.56	0.71	0.46	4.40	0.57
1001—2000元	万人	5.73	5.62	1.86	12.54	4.45
2001—3000元	万人	8.12	8.22	4.82	9.18	6.04
3000元以上	万人	4.03	3.57	3.80	7.20	3.42
9.从业环境						
①雇主拖欠工资人数	万人	0.03	0.12	0.19	0.70	0.19
②从事高危、有害工作人数	万人	0.26	0.30	0.29	0.45	0.17
③致伤致残人数	万人	0.01	0.01	0.02	0.13	0.02
④享受劳保补贴人数	万人	3.27	0.85	0.84	2.10	0.47
10、社会保障						
与雇主签定劳动合同	万人	11.84	8.22	4.82	1.26	2.86
参与养老保险人数	万人	5.60	7.93	3.70	10.21	5.89
参与医疗保险人数	万人	4.51	8.51	3.92	25.79	8.55
参与失业保险人数	万人	0.99	0.28	1.40	0.78	0.04
参与生育保险人数	万人	0.08	0.17	1.28	0.49	0.03
参与工伤保险人数	万人	4.47	1.65	2.42	2.63	0.67
三、返乡情况						
1、全年外出返乡人员	万人	0.50	1.17	1.13	4.96	1.29
2、返乡人员再就业						
本地务农	万人	0.10	0.36	0.21	3.05	0.89
在本地从事二、三产业	万人	0.16	0.15	0.16	1.02	0.10
再次外出	万人	0.24	0.66	0.76	0.89	0.30

9-4　农业生产条件
Basic Statistics on Agriculture Production

指　标	单位	荆州市	荆州区	沙市区	高新开发区	江陵县
一、常用耕地面积	千公顷	469.39	34.98	12.37	0.69	37.99
1.水田	千公顷	348.92	20.29	9.85	0.26	29.52
2.旱地	千公顷	120.47	14.69	2.52	0.43	8.47
二、农村主要能源及物资消耗						
1.农村用电量	万千瓦时	158630	16627	9742	2523	12245
2.农用化肥施用量（按折纯计算）	吨	357519	32997	12758	678	34002
（1）氮 肥	吨	158887	13148	3331	259	17153
（2）磷 肥	吨	65569	5389	2357	130	6714
（3）钾 肥	吨	44823	5222	2441	88	3544
（4）复合肥	吨	88240	9238	4629	201	6591
3.农用塑料薄膜使用量	吨	2467	288	136	16	129
#地膜使用量	吨	1557	194	82	13	91
地膜覆盖面积	千公顷	51.52	5.17	3.26	0.37	3.41
4.农用柴油使用量	吨	62080	4626	569	113	7098
5.农药使用量	吨	27718	1449	1348	44	2907
三、农田水利建设情况						
有效灌溉面积	千公顷	419.31	31.56	12.36	0.58	33.49
旱涝保收面积	千公顷	379.80	29.65	12.15	0.55	27.64
机电排灌面积	千公顷	362.61	25.11	12.15	0.33	29.15

9-4　续表

指　标	单位	松滋市	公安县	石首市	监利县	洪湖市
一、常用耕地面积	千公顷	59.63	80.38	41.47	137.69	64.19
1.水田	千公顷	33.59	52.68	29.22	120.23	53.28
2.旱地	千公顷	26.04	27.70	12.25	17.46	10.91
二、农村主要能源及物资消耗						
1.农村用电量	万千瓦时	24070	27604	11747	32237	21835
2.农用化肥施用量（按折纯计算）	吨	46188	69617	27905	81479	51895
（1）氮　肥	吨	20033	32201	10105	36217	26440
（2）磷　肥	吨	5042	12944	5069	17728	10196
（3）钾　肥	吨	5306	8699	3773	10873	4877
（4）复合肥	吨	15807	15773	8958	16661	10382
3.农用塑料薄膜使用量	吨	398	318	231	645	306
#地膜使用量	吨	175	230	145	411	216
地膜覆盖面积	千公顷	4.58	7.17	4.81	16.00	6.75
4.农用柴油使用量	吨	5437	11079	3508	19948	9702
5.农药使用量	吨	2659	6211	2594	6104	4402
三、农田水利建设情况						
有效灌溉面积	千公顷	48.11	78.57	38.22	112.23	64.19
旱涝保收面积	千公顷	38.59	71.56	37.17	98.30	64.19
机电排灌面积	千公顷	32.32	69.63	36.82	92.91	64.19

9-5 主要农作物面积及产量

Total Sown Areas and Yield of Major Farm Crops

指 标	单位	荆州市	荆州区	沙市区	荆州开发区	江陵县
农作物总播种面积	千公顷	1087.60	85.78	29.26	1.49	82.95
一、粮食作物面积	千公顷	608.41	45.66	15.96	0.33	49.21
总产量（包括谷物.大豆和薯类）	吨	4000200	227700	75300	1800	286300
（一）夏收粮食面积	千公顷	135.79	15.19	6.70	0.12	15.03
总产量	吨	474600	53300	21300	400	56800
1. 小麦面积	千公顷	121.51	12.76	6.70	0.08	14.47
总产量	吨	423093	41010	21300	259	54682
2. 蚕豌豆面积	千公顷	5.98	0.15			0.17
总产量	吨	15826	628		15	483
3. 杂粮面积	千公顷	3.36	0.23		0.04	0.30
总产量	吨	12577	1009		122	1115
4. 马铃薯面积	千公顷	4.94	2.05			0.09
总产量（五折一计算）	吨	23104	10653		4	520
（二）秋收粮食面积	千公顷	472.62	30.47	9.26	0.21	34.18
总产量	吨	3525600	174400	54000	1400	229500
1. 稻谷面积	千公顷	433.82	22.46	9.20	0.12	30.92
总产量	吨	3340781	118646	53595	1019	218471
（1）早稻面积	千公顷	95.25	1.36			1.45
总产量	吨	649423	8232			9075
（2）中稻（含一季晚）面积	千公顷	238.64	19.77	9.20	0.12	28.04
总产量	吨	1943405	101999	53595	1019	201042
（3）双季晚稻面积	千公顷	99.93	1.33			1.43
总产量	吨	747953	8415			8354
2. 玉米面积	千公顷	18.21	3.81	0.04	0.07	0.25
总产量	吨	104468	32063	360	263	1583
3. 大豆面积	千公顷	14.58	1.48	0.02	0.02	2.95
总产量	吨	46461	6242	45	94	9099
4. 薯类面积	千公顷	5.18	2.45			0.06

9–5 续表1

指　标	单位	荆州市	荆州区	沙市区	荆州开发区	江陵县
总产量（五折一计算）	吨	30991	16388		4	347
二、棉花面积	千公顷	83.32	5.31	2.94	0.16	6.03
总产量（皮棉）	吨	96354	7130	3522	193	7068
三、油料作物面积	千公顷	264.54	17.61	3.35	0.30	22.98
总产量	吨	623267	56257	8654	829	74949
# 油菜籽面积	千公顷	255.25	16.19	3.33	0.27	22.06
总产量	吨	600985	51105	8624	766	71230
四、麻类面积	千公顷	0.02				0.01
总产量	吨	126				62
五、糖料合计面积	千公顷	1.26	0.12			0.11
总产量	吨	51833	4948			5128
六、药材类播种面积	千公顷	0.16				0.01
七、蔬菜面积（含食用菌）	千公顷	89.57	14.19	6.21	0.59	3.38
总产量	吨	2694992	637620	257901	28742	134039
八、果用瓜面积	千公顷	16.47	2.76	0.79	0.10	1.17
产量	吨	672238	154062	38104	4156	68337
# 西瓜面积	千公顷	13.35	1.56	0.43	0.06	1.05
产量	吨	544601	89937	23448	2716	62727
甜瓜面积	千公顷	2.93	1.19	0.22	0.03	0.12
产量	吨	124485	63807	12477	1240	5476
草莓面积	千公顷	0.19	0.01	0.14	0.01	
产量	吨	3152	318	2179	200	134
九、花卉种植面积	千公顷	2.63	0.55			
十、其他作物播种面积	千公顷	23.85	0.13	0.01	0.01	0.05
1.青饲料面积	千公顷	10.19	0.10		0.01	0.02
2.绿肥面积	千公顷	9.74				0.02
3.其他作物面积	千公顷	3.92	0.03	0.01		

9-5 续表2

指　标	单位	松滋市	公安县	石首市	监利县	洪湖市
农作物总播种面积	千公顷	137.72	184.08	97.16	313.26	155.90
一、粮食作物面积	千公顷	72.93	100.56	42.94	186.95	93.87
总产量（包括谷物.大豆和薯类）	吨	356500	671200	232200	1435900	713300
（一）夏收粮食面积	千公顷	17.23	26.75	5.33	24.38	25.06
总产量	吨	49600	93200	15900	80300	103800
1. 小麦面积	千公顷	13.77	24.64	4.88	20.22	23.99
总产量	吨	37993	84629	14202	68095	100923
2. 蚕豌豆面积	千公顷	0.42	0.78	0.25	3.29	0.92
总产量	吨	781	2105	728	8728	2358
3. 杂粮面积	千公顷	1.41	0.98	0.14	0.24	0.02
总产量	吨	4014	4793	614	865	45
4. 马铃薯面积	千公顷	1.63	0.35	0.06	0.63	0.13
总产量（五折一计算）	吨	6812	1673	356	2612	474
（二）秋收粮食面积	千公顷	55.70	73.81	37.61	162.57	68.81
总产量	吨	306900	578000	216300	1355600	609500
1. 稻谷面积	千公顷	45.45	71.10	35.00	156.52	63.05
总产量	吨	261227	564011	205264	1332011	586537
（1）早稻面积	千公顷	11.87	19.64	9.02	40.56	11.35
总产量	吨	60280	125752	49802	306030	90252
（2）中稻（含一季晚）面积	千公顷	20.94	30.45	16.76	73.41	39.95
总产量	吨	130990	285126	102630	669806	397198
（3）双季晚稻面积	千公顷	12.64	21.01	9.22	42.55	11.75
总产量	吨	69957	153133	52832	356175	99087
2. 玉米面积	千公顷	8.19	0.47	1.22	1.56	2.60
总产量	吨	37756	3459	6622	8863	13499
3. 大豆面积	千公顷	0.58	1.52	0.90	4.12	2.99
总产量	吨	1501	6133	1787	12990	8570
4. 薯类面积	千公顷	1.25	0.51	0.45	0.36	0.10

9-5 续表3

指　标	单位	松滋市	公安县	石首市	监利县	洪湖市
总产量（五折一计算）	吨	6035	3253	2566	1736	662
二、棉花面积	千公顷	11.78	25.66	11.47	14.37	5.60
总产量（皮棉）	吨	11200	29815	13841	16787	6798
三、油料作物面积	千公顷	35.81	40.16	30.09	80.20	34.04
总产量	吨	74067	125553	71338	121523	90097
#油菜籽面积	千公顷	35.17	39.77	29.62	77.71	31.13
总产量	吨	72815	124351	70309	116178	85607
四、麻类面积	千公顷				0.01	
总产量	吨				64	
五、糖料合计面积	千公顷	0.13	0.28	0.22	0.26	0.14
总产量	吨	4592	11725	12588	8824	4028
六、药材类播种面积	千公顷	0.02	0.09	0.02		0.02
七、蔬菜面积（含食用菌）	千公顷	12.66	11.23	9.29	20.31	11.71
总产量	吨	218564	384761	314718	422461	296186
八、果用瓜面积	千公顷	4.04	1.76	1.85	2.19	1.81
产量	吨	148684	73725	72596	68746	43828
#西瓜面积	千公顷	3.88	1.46	1.29	1.91	1.71
产量	吨	145176	62300	61298	55599	41400
甜瓜面积	千公顷	0.16	0.30	0.53	0.28	0.10
产量	吨	3508	11407	10995	13147	2428
草莓面积	千公顷			0.03		
产量	吨		18	303		
九、花卉种植面积	千公顷	1.68	0.26	0.07		0.07
十、其他作物播种面积	千公顷	0.35	4.34	1.28	8.97	8.71
1.青饲料面积	千公顷	0.24	1.66	0.28	2.06	5.82
2.绿肥面积	千公顷	0.11	2.68	0.71	5.47	0.73
3.其他作物面积	千公顷			0.28	1.44	2.16

9-6 茶叶、水果产量及面积

Total Output and Total Sown Areas of Tea and Fruit

指　标	单位	荆州市	荆州区	沙市区	荆州开发区	江陵县
一、茶叶产量	吨	83				
二、园林水果产量	吨	475194	56828	1201	134	4280
#苹　果	吨					
柑　桔	吨	294383	35900	4	34	1305
梨　子	吨	8989	3048	32		115
其它园林水果	吨	171822	17880	1165	100	2860
#桃	吨	9132	4173			471
葡萄	吨	160789	13695	1165	100	2134
三、年末实有茶园面积	公顷	480				
#本年采摘面积	公顷	477				
四、年末果园面积	公顷	24335	1704	53	7	268
#苹果园	公顷					
柑桔园	公顷	18178	1001		1	124
梨　园	公顷	521	96	12		12
葡萄园	公顷	4217	442	41	6	78
桃　园	公顷	1124	133			35

9-6 续表

指　标	单位	松滋市	公安县	石首市	监利县	洪湖市
一、茶叶产量	吨	13	19	51		
二、园林水果产量	吨	166000	217182	23554	4555	1460
#苹　果	吨					
柑　桔	吨	155487	83889	14846	1952	966
梨　子	吨	1648	861	1141	2003	141
其它园林水果	吨	8865	132432	7567	600	353
#桃	吨	708	1350	1677	598	155
葡萄	吨	7855	130134	5508		198
三、年末实有茶园面积	公顷	41	36	403		
#本年采摘面积	公顷	38	36	403		
四、年末果园面积	公顷	14561	5625	1737	307	73
#苹果园	公顷					
柑桔园	公顷	13815	2147	914	128	48
梨　园	公顷	197	61	45	86	12
葡萄园	公顷	280	3043	318		9
桃　园	公顷	144	341	374	93	4

9–7 林业产量及面积

Output and Sown Areas of Major Forest Products

指标	单位	荆州市	荆州区	沙市区	江陵县
一、荒山荒（沙）地造林面积	公顷	18153	1217	1667	1502
用材林	公顷	13623	853	1567	1306
#速生丰产林	公顷	5494			1306
经济林	公顷	2798		100	196
防护林	公顷	1729	364	1667	1076
二、有林地造林面积	公顷	689	62		
三、更新造林面积	公顷	1838	148		
四、低产低效林改造面积	公顷	575		67	
五、四旁（零星）植树	万株	1521.32	93.17	64.00	89.36
六、幼林抚育作业面积	公顷	14154	575	513	1502
七、幼林抚育实际面积	公顷	11586	748	513	1502
八、成林抚育面积	公顷	24300	1181	1600	3454
九、育苗面积	公顷	1154	119	40	120
#本年新增育苗面积	公顷	287	49	7	20
十、年末实有母树林面积	公顷	310			
十一、年末实有种子园面积	公顷				
十二、主要林产品产量					
油桐籽	吨	26			
油茶籽	吨	83			
乌桕籽	吨	18			
松　脂	吨	25			
竹笋干	吨	30			
板　粟	吨	106			
花　椒	吨	7			
十三、竹木采伐					
1.木材	立方米	370735	24495	29910	39772
2.竹材	万根	73.60	7.30		
①楠竹	万根	53.30			
②杂竹	万根	20.30	7.30		

9-7 续表

指　标	单位	松滋市	公安县	石首市	监利县	洪湖市
一、荒山荒（沙）地造林面积	公顷	2866	1467	2522	3548	3364
用材林	公顷	2061	1158	1379	3010	2289
#速生丰产林	公顷	1930		121	475	1662
经济林	公顷	605	157	891	73	1072
防护林	公顷	200	152	252	465	
二、有林地造林面积	公顷	400		65		162
三、更新造林面积	公顷			579	877	234
四、低产低效林改造面积	公顷	450			15	43
五、四旁（零星）植树	万株	307.20	80.25	191.64	481.28	214.42
六、幼林抚育作业面积	公顷	4087	2133	329	1245	3770
七、幼林抚育实际面积	公顷	2688	2133	1259	1003	1740
八、成林抚育面积	公顷	5885	5333	2127	1348	3372
九、育苗面积	公顷	252	186	28	240	169
#本年新增育苗面积	公顷	50	25	10	14	112
十、年末实有母树林面积	公顷					310
十一、年末实有种子园面积	公顷					
十二、主要林产品产量						
油桐籽	吨	26				
油茶籽	吨	73		10		
乌桕籽	吨	18				
松　脂	吨	25				
竹笋干	吨	30				
板　栗	吨	86		20		
花　椒	吨	7				
十三、竹木采伐						
1.木材	立方米	32730	69700	89932	28967	55238
2.竹材	万根	14.50	0.80	48.00	3.00	
①楠竹	万根	1.50	0.80	48.00	3.00	
②杂竹	万根	13				

9-8 畜牧业生产情况

Statistics on Livestock

指 标	单位	荆州市	荆州区	沙市区	荆州开发区	江陵县
一、畜禽当年出栏（笼）数						
牛	头	54287	2422	163		8119
猪	万头	513.58	37.78	10.91	0.90	35.61
羊	只	181626	10059	716	50	9124
家禽	万只	8000.00	2160.23	196.57	30.97	726.54
二、畜禽期末存栏（笼）数						
牛	头	82757	2615	332		6328
猪	万头	357.83	24.15	5.31	1.02	27.17
#能繁殖的母猪	万头	33.27	2.45	0.47	0.15	2.82
羊	只	150115	8274	498		7258
家禽	万只	7012.87	765.51	212.50	33.49	687.30
三、畜禽肉产量	吨	523728	62110	11329	1158	39485
#牛	吨	8143	363	24		1218
猪	吨	392886	28905	8347	692	27240
羊	吨	2361	131	9	1	119
家禽	吨	120000	32403	2949	465	10898
四、禽蛋产量	吨	195453	21785	6406	1362	20026
鸡蛋	吨	140682	18402	6325	1243	12802
鸭蛋	吨	54044	3265	81	119	7209
鹅蛋	吨	724	118			15
五、其他动物及产品						
蜂蜜产量	吨	8793		528		325

9-8 续表

指　标	单位	松滋市	公安县	石首市	监利县	洪湖市
一、畜禽当年出栏（笼）数						
牛	头	10685	3650	12439	11649	5160
猪	万头	128.36	83.35	64.01	106.85	45.81
羊	只	124597	24769	8881	1633	1797
家禽	万只	840.63	653.00	785.13	2074.42	532.51
二、畜禽期末存栏（笼）数						
牛	头	14868	3518	13302	28466	13328
猪	万头	79.97	61.45	38.53	76.08	44.15
#能繁殖的母猪	万头	8.80	3.57	2.41	8.64	3.96
羊	只	88189	23385	17751	3373	1387
家禽	万只	550.61	996.47	1094.92	1716.54	955.53
三、畜禽肉产量	吨	114028	74424	62721	114642	43831
#牛	吨	1603	548	1866	1747	774
猪	吨	98192	63759	48963	81742	35046
羊	吨	1620	322	115	21	23
家禽	吨	12609	9795	11777	31116	7988
四、禽蛋产量	吨	14546	40050	34033	34548	22697
鸡蛋	吨	12285	26537	28934	22563	11591
鸭蛋	吨	2110	13268	5084	11805	11103
鹅蛋	吨	151	245	15	180	
五、其他动物及产品						
蜂蜜产量	吨	2931	2194	1238	915	662

9-9 水产品产量及面积

Output of Aquatic Products and Water Aquiculture Area

指　标	单位	荆州市	荆州区	沙市区	荆州开发区	江陵县
水产品产量	吨	1295795	131840	59986	1469	33522
（一）淡水捕捞产量	吨	57126	7802	3871	63	1197
1. 鱼　类	吨	39875	6394	2886	63	985
2. 甲壳类（虾蟹）	吨	12582	977	793		195
3. 贝　类	吨	3210	128	192		1
4. 其他类	吨	1459	303			16
（二）淡水养殖产量	吨	1238669	124038	56115	1406	32325
1. 鱼　类	吨	915939	113219	48865	1404	29427
2. 甲壳类（虾蟹）	吨	287941	6812	4568		2331
#螃蟹	吨	109122	675	578		61
小龙虾	吨	175069	6137	3170		2191
3. 贝　类	吨	2718			2	
4.其他类	吨	32071	4007	2682		567
#龟鳖类	吨	31941	4007	2682		567
珍　珠	吨	68				
淡水养殖面积	公顷	163451	10001	3801	112	6680
1. 池塘养殖	公顷	116370	6711	2318	112	6645
2. 湖泊养殖	公顷	36743	1211	1483		
3. 河沟养殖	公顷	3992	91			35
4. 水库养殖	公顷	3206	1922			
5. 其他养殖	公顷	3140	66			
附报：稻田养殖面积	公顷	101962	6050	1370		1393

9-9 续表

指 标	单位	松滋市	公安县	石首市	监利县	洪湖市
水产品产量	吨	37518	147594	135767	293017	455082
（一）淡水捕捞产量	吨	836	12348	10622	8433	11954
1. 鱼 类	吨	521	8534	8294	4479	7719
2. 甲壳类（虾蟹）	吨	278	2145	2211	2906	3077
3. 贝 类	吨		1102	1	849	937
4. 其他类	吨	37	567	116	199	221
（二）淡水养殖产量	吨	36682	135246	125145	284584	443128
1. 鱼 类	吨	29921	104848	101946	161769	324540
2. 甲壳类（虾蟹）	吨	5312	20440	22116	115667	110695
#螃蟹	吨	600	4048	1264	50638	51258
小龙虾	吨	4712	15807	20347	63467	59238
3. 贝 类	吨		1039	319	1200	158
4.其他类	吨	1449	8919	764	5948	7735
#龟鳖类	吨	1449	8851	756	5894	7735
珍 珠	吨		68			
淡水养殖面积	公顷	10133	20002	15692	39228	57802
1. 池塘养殖	公顷	6890	12168	7170	29039	45317
2. 湖泊养殖	公顷	1602	6870	8205	6151	11221
3. 河沟养殖	公顷	781	589	55	1788	653
4. 水库养殖	公顷	860	353	71		
5. 其他养殖	公顷		22	191	2250	611
附报：稻田养殖面积	公顷	4296	6973	11885	40110	29885

9-10 农林牧渔业总产值及增加值

Output Value and Value-Added of Farming, Forestry, Animal Husbandry and Fishery

指　标	单位	荆州市	荆州区	沙市区	荆州开发区	江陵县
农林牧渔业总产值（按当年现行价格计算）	万元	6161581	649816	243258	15175	353436
农业产值	万元	2627376	314237	104409	9192	181846
林业产值	万元	70163	4630	5307		6862
牧业产值	万元	1423953	156193	32661	3944	111319
渔业产值	万元	1961801	168442	92573	1509	47126
农林牧渔服务业产值	万元	78288	6314	8308	530	6283
农林牧渔业增加值（按当年现行价格计算）	万元	3470036	346448	150684	11544	209663
农业增加值	万元	1577387	183614	62871	7786	112063
林业增加值	万元	52331	3243	4163		5579
牧业增加值	万元	739625	70703	18167	2223	61721
渔业增加值	万元	1059983	85605	61163	1259	27033
农林牧渔服务业增加值	万元	40710	3283	4320	276	3267

指　标	单位	松滋市	公安县	石首市	监利县	洪湖市
农林牧渔业总产值（按当年现行价格计算）	万元	636806	1023284	590654	1558847	1090305
农业产值	万元	250910	535551	226975	654220	350036
林业产值	万元	7985	11023	15121	8342	10893
牧业产值	万元	305675	220008	180906	299804	113443
渔业产值	万元	64977	243650	160196	581079	602249
农林牧渔服务业产值	万元	7259	13052	7456	15402	13684
农林牧渔业增加值（按当年现行价格计算）	万元	390155	591459	326827	873844	569412
农业增加值	万元	156178	315370	139602	406842	193061
林业增加值	万元	5332	8920	13007	4277	7810
牧业增加值	万元	189738	108305	90881	143518	54369
渔业增加值	万元	35132	152077	79460	311198	307056
农林牧渔服务业增加值	万元	3775	6787	3877	8009	7116

9-11 农业机械化基本情况

Basic Statistics on Agricultural Mechanization

指　标	单位	荆州市	荆州区	沙市区	荆州开发区	江陵县
农业机械总动力合计	千瓦	5907559	346087	257356	100353	508832
柴油发动机动力	千瓦	4454304	266661	192411	93781	418998
汽油发动机动力	千瓦	198274	17987	8519	2402	21609
电动机动力	千瓦	1254980	61439	56425	4170	68224
一、耕作机械						
大中型拖拉机	台	21286	1757	696	740	2065
动　力	千瓦	1041230	86849	36462	36173	102026
小型拖拉机（包括手扶拖拉机）	台	107700	12041	7586	2645	16613
动　力	千瓦	847057	98580	59162	21430	122095
大中型拖拉机配套农具	台	42893	2482	2079	1179	7432
小型拖拉机配套农具	台	212281	20721	16684	3507	46397
二、农用排灌机械						
柴油机	台	56517		141	73	2040
动　力	千瓦	508653		1269	657	18360
电动机	台	71141	2450	3938	79	3750
动　力	千瓦	853692	29400	47256	948	45000
农用水泵	台	128156	8550	4345	1808	3839
节水喷灌机械	套	1361	470	340	6	5
三、收获机械						
联合收割机	台	14971	899	332	27	1654
动　力	千瓦	702961	38116	17013	1190	76461
机动脱粒机	台	3190				
四、运输机械						
农用载重汽车	辆	9612	365	1246	492	1211
动　力	千瓦	290605	11532	48538	14363	28812
农用运输车	辆	1064	88	35	37	103
动　力	千瓦	96930	10837	6827	2381	14952
五、其它农业机械						
推土机	台	1234	129	69	35	303
动　力	千瓦	74231	7640	4109	1823	15898
六、农业机械化项目水平						
当年机耕地面积	千公顷	824.08	65.17	19.73	13.48	60.95
当年机械播种面积	千公顷	319.63	15.15	6.30	4.60	22.70
当年机械收获面积	千公顷	642.78	35.40	16.15	8.10	53.04

9-11 续表

指 标	单位	松滋市	公安县	石首市	监利县	洪湖市
农业机械总动力合计	千瓦	682743	837387	504670	1560139	1109963
柴油发动机动力	千瓦	456388	565862	423738	1288682	747782
汽油发动机动力	千瓦	33187	45662	24298	26539	18050
电动机动力	千瓦	193169	225863	56634	244918	344131
一、耕作机械						
大中型拖拉机	台	2148	2846	1982	5665	3387
动 力	千瓦	90090	117738	96739	310460	164694
小型拖拉机（包括手扶拖拉机）	台	16205	8294	2531	15793	25992
动 力	千瓦	132933	61766	18800	141468	190824
大中型拖拉机配套农具	台	3670	6537	3703	10541	5270
小型拖拉机配套农具	台	13757	19698	5604	36247	49666
二、农用排灌机械						
柴油机	台	3614	8031	2952	19704	19962
动 力	千瓦	32526	72279	26568	177336	179658
电动机	台	10981	14915	2963	12616	19449
动 力	千瓦	131772	178980	35556	151392	233388
农用水泵	台	18379	14011	10315	27142	39767
节水喷灌机械	套		5	198	32	305
三、收获机械						
联合收割机	台	1556	2430	1762	4985	1326
动 力	千瓦	69721	93609	88743	254561	63547
机动脱粒机	台	15	1185	756	334	900
四、运输机械						
农用载重汽车	辆	2076	652	1404	1385	781
动 力	千瓦	61158	22556	36743	43508	23395
农用运输车	辆	107	142	99	283	169
动 力	千瓦	14585	7465	2278	14214	23393
五、其它农业机械						
推土机	台	76	150	171	191	110
动 力	千瓦	6034	7758	9621	15115	6233
六、农业机械化项目水平						
当年机耕地面积	千公顷	101.40	138.86	75.50	226.97	122.02
当年机械播种面积	千公顷	29.79	51.50	23.35	114.02	51.82
当年机械收获面积	千公顷	72.57	104.08	58.04	199.28	94.02

指 标 解 释

Explanatory Notes on Statistical Indicators

【农林牧渔业总产值】 是以货币表现的农林牧渔业的全部产品总量和对农林牧渔业生产活动进行的各种支持性服务活动的价值。

【农林牧渔业总产值的统计范围】 是辖区内各种经济组织类型、各个系统的全部农林牧渔业生产单位和非农行业单位附属的农林牧渔业生产活动单位。军委系统的农林牧渔业生产（除军马饲养外）也应包括在内，但不包括农业科学试验机构进行的农业生产。

【农林牧渔业总产值的核算方法】 根据农业生产特点，农林牧渔业总产值的核算采用“产品法”计算，即用产品产量乘以价格求出各种产品的产值，按产品产值类别分别汇总，计算出农林牧渔各业的产值，各业相加求出农林牧渔业总产值。

（1）农业：包括谷物和其他作物；蔬菜及园艺作物；水果、坚果、饮料、香料；中药材。

（2）林业：包括林木的培育和种植；木材、竹材采运；林产品的采集。

（3）牧业：包括除渔业养殖以外的一切动物饲养和放牧以及野生动物的捕猎和饲养。

（4）渔业：包括水生动物和海藻类植物的养殖和捕捞。

（5）服务业：产值等于农林牧渔服务业营业收入。

【年末耕地总资源】 指能够种植农作物的田地。包括当年实际耕种的熟地；新开荒且已种植的田地；“沿海”、“沿湖”地区已围垦利用三年以上的“海涂”、“湖田”；弃耕、休闲不满三年，随时可以复耕的地；因灾害或其他因素，虽然当年内未种植农作物但仍可复耕的田地；以种植农作物为主，附带种植桑树、果树和其他林的地；年年进行耕耘种草的地；南方小于1米、北方小于2米宽的沟、渠、路、田埂。不包括：因灾害或其他因素，已不能复耕的田地；弃耕、休闲满三年的地或者虽不满三年，但已经成为荒地的土地；不进行耕耘，种植牧草已成为永久性草地的土地；专业性的桑园、茶园、果园、果木苗圃地、芦苇地、天然草场等；以混凝土等铺设的温室、玻璃室，导致栽培的植物体与地面隔绝的基地。

【农作物播种面积】 指实际播种或移植有农作物的面积。凡是实际种植有农作物的面积，不论种植在耕地上还是种植在非耕地上，均包括在农作物播种面积中。在播种季节基本结束后，因遭灾而重新改种和补种的农作物面积，也包括在内。

【有效灌溉面积】 指具有一定的水源，地块比较平整，灌溉工程或设备已经配套，在一般年景下当年能够进行正常灌溉的耕地面积。

【设施农业】 指利用人造设施改变气候条件、改良生物特色，使生物在一般情况下不能生产的地域或季节，能够正常生产的农业。设施农业主要指种植业。

【农业机械总动力】 指主要用于农、林、牧、渔业的各种动力机械的动力总和。包括耕作机械、排灌机械、收获机械、农用运输机械、植物保护机械、牧业机械、渔业机械和其他农用机械内燃机按引擎马力折成瓦（特）计算，电动机按功率折成瓦（特）计算。不包括专门用于乡、镇、村、组办工业、基本建设、非农业运输、科学实验和教学等非农业生产方面用的动力机械与作业机械。

【乡村从业人员】 指全部乡镇及行政村人口中16岁以上实际参加生产经营活动并取得实物或货币收入的人员，既包括劳动年龄内经常参加劳动的人员，也包括超过劳动年龄但经常参加劳动的人员。但不包括户口在家的在外学生、现役军人和丧失劳动能力的人，也不包括待业人员和家务劳动者。从业人员年龄为16岁以上。从业人员按从事主业时间最长（时间相同按收入）分为农业从业人员、工业从业人员、建筑业从业人员、交运仓储及邮电通讯业从业人员、批零贸易及餐饮业从业人员、其它从业人员。

十、工　　业

Industry

资料整理：安　宇
李晓东
张　帅

10-1 规模以上工业企业主要经济指标

Main Economy Indicators of Industrial Enterprises above Designed Size

单位：万元

指标（地区）	企业单位数（个）	亏损企业	工业总产值（当年价格）	工业销售产值（当年价格）	出口交货值
总　计	1149	81	21835020	20988991	828311
一、按登记注册类型分组：					
内资企业	1113	75	20323142	19511844	678135
国有企业	6		381316	373155	190889
集体企业	3		66884	62565	
股份合作企业	1		5758	5758	
有限责任公司	423	39	6407299	6129975	108572
股份有限公司	63	2	3682540	3526124	297960
私营企业	608	33	9492701	9131764	80713
其他企业	9	1	286644	282503	1
港、澳、台商投资企业	18	3	741404	720015	37547
外商投资企业	18	3	770474	757132	112629
二、在总计中：亏损企业	81	81	847725	812703	54551
在总计中：国有控股企业	17	1	1510147	1491738	237912
在总计中：农村工业	8		457303	418450	
在总计中：轻工业	568	43	12020254	11574071	354286
重工业	581	38	9814766	9414920	474025
在总计中：大型企业	14		5086226	4870528	481862
中型企业	109	10	5793538	5578727	165657
小型企业	1026	71	10955256	10539736	180792
三、总计中：开发区	157	36	2744488	2667996	349318
沙市区	124	3	2183138	2082844	49579
荆州区	166	5	3372678	3146359	49192
公安县	141	9	2895143	2793277	109398
监利县	101	2	2335514	2237602	48803
江陵县	66	6	761304	746288	4829
石首市	135	4	2391181	2359519	91998
洪湖市	116	10	2289579	2196953	85939
松滋市	143	6	2861995	2758153	39255
四、按工业行业大类分					
采矿业	9		54156	55143	
煤炭开采和洗选业	6		30156	31968	
黑色金属矿采选业	1		7415	7415	
非金属矿采选业	1		7322	6497	
其他采矿业	1		9263	9263	

10-1　续表1　　单位：万元

指标（地区）	企业单位数（个）	亏损企业	工业总产值（当年价格）	工业销售产值（当年价格）	出口交货值
制造业	1128	80	21578203	20735631	828311
农副食品加工业	240	9	6430448	6233968	97186
食品制造业	32	2	394442	380071	5329
酒、饮料和精制茶制造业	18		802862	736096	49
纺织业	104	18	1474810	1436961	60787
纺织服装、服饰业	44	4	412547	399240	14859
皮革、毛皮、羽毛及其制品和制鞋业	6	1	29473	25314	2085
木材加工和木、竹、藤、棕、草制品业	25		494738	465716	
家具制造业	8		81349	79582	
造纸和纸制品业	26	1	901908	835105	
印刷和记录媒介复制业	7	2	88073	86809	
文教、工美、体育和娱乐用品制造业	4		27156	25907	293
石油加工、炼焦和核燃料加工业	2		124877	121932	
化学原料和化学制品制造业	86	6	2352384	2304324	328284
医药制造业	23	2	407908	382154	112619
橡胶和塑料制品业	57	2	1041058	1020328	42
非金属矿物制品业	89	7	991085	952160	407
黑色金属冶炼和压延加工业	14	1	305168	294736	
有色金属冶炼和压延加工业	8		164055	158486	
金属制品业	85	4	1132558	1064680	
通用设备制造业	43	5	462895	437641	15173
专用设备制造业	58	2	1022645	963334	38588
汽车制造业	82	7	1368370	1309312	51626
铁路、船舶、航空航天和其他运输设备制造业	4	1	26172	25432	
电气机械和器材制造业	37	2	756072	728662	31172
计算机、通信和其他电子设备制造业	10	1	176203	169180	69812
仪器仪表制造业	5	1	43580	40309	
其他制造业	5		16038	15777	
废弃资源综合利用业	5	2	44127	38924	
金属制品、机械和设备修理业	1		5202	3491	
电力、燃气及水的生产和供应业	12	1	202661	198217	
电力、热力生产和供应业	7		175003	172757	
燃气生产和供应业	2		6100	6456	
水的生产和供应业	3	1	21558	19004	

10-1　续表2　　　　单位：万元

指标（地区）	年初存货	产成品	资产总计	流动资产合计	应收账款
总　　计	1678902	727710	13644981	6577135	1719902
一、按登记注册类型分组：					
内资企业	1547474	653910	12509480	5832160	1497315
国有企业	33393	16747	330807	122490	20726
集体企业	3272	2079	43114	15038	2599
股份合作企业	1424	1097	4205	3447	578
有限责任公司	533347	237056	4337033	2264747	675775
股份有限公司	395477	148136	3699669	1480606	278019
私营企业	550191	226788	3990842	1881579	511589
其他企业	30370	22007	103810	64253	8029
港、澳、台商投资企业	85089	51274	497096	332379	86154
外商投资企业	46339	22526	638405	412596	136433
二、在总计中：亏损企业	143473	65067	782478	422498	89628
在总计中：国有控股企业	229122	93484	1517417	783008	143312
在总计中：农村工业	30653	22357	179400	125076	49772
在总计中：轻工业	881713	364762	6812361	2917246	634526
重工业	797189	362948	6832620	3659889	1085376
在总计中：大型企业	454452	167689	3886728	1746939	344955
中型企业	496507	264861	3463485	1749884	404703
小型企业	727943	295160	6294768	3080312	970244
三、总计中：开发区	327131	173603	3081842	1666733	514998
沙市区	85742	25086	1145285	456560	105668
荆州区	140041	87577	1180376	508727	190630
公安县	353419	145012	1774442	1131359	256007
监利县	163941	35886	949937	421236	70061
江陵县	62834	26429	415539	223378	54067
石首市	112648	40908	885719	427904	107297
洪湖市	229013	101797	2412901	719131	265920
松滋市	204133	91412	1798940	1022107	155254
四、按工业行业大类分					
采矿业	835	373	12089	5150	1024
煤炭开采和洗选业	303	191	7325	2974	569
黑色金属矿采选业	32	32	309	300	
非金属矿采选业	500	150	1800	1385	400
其他采矿业			2655	491	55

10-1　续表3　　　　单位：万元

指标（地区）	年初存货	产成品	资产总计	流动资产合计	应收账款
制造业	1657512	727300	13180182	6485078	1698557
农副食品加工业	421726	176516	3167582	963445	143149
食品制造业	18710	7261	153626	71120	17054
酒、饮料和精制茶制造业	113555	45475	937630	614861	51901
纺织业	145378	68840	874608	415037	76689
纺织服装、服饰业	14044	7114	207091	99606	44805
皮革、毛皮、羽毛及其制品和制鞋业	3585	123	35593	21776	5509
木材加工和木、竹、藤、棕、草制品业	40686	10514	302309	116663	13652
家具制造业	5477	3747	35257	16087	3910
造纸和纸制品业	52066	22525	254776	119023	25305
印刷和记录媒介复制业	2153	1058	57156	15003	3135
文教、工美、体育和娱乐用品制造业	1271	974	9901	3918	1081
石油加工、炼焦和核燃料加工业	16125	12389	40622	22401	3224
化学原料和化学制品制造业	167528	71498	1399577	696597	167999
医药制造业	32119	17576	378999	177221	63228
橡胶和塑料制品业	155843	48153	746083	523411	122019
非金属矿物制品业	45431	24668	652472	284636	84078
黑色金属冶炼和压延加工业	10061	5198	93634	35647	7273
有色金属冶炼和压延加工业	12226	1353	100496	66245	19574
金属制品业	89796	24295	827155	459611	210913
通用设备制造业	71254	41409	495202	273570	61904
专用设备制造业	50292	37171	434021	242100	121595
汽车制造业	125355	75166	1062783	692755	215615
铁路、船舶、航空航天和其他运输设备制造业	6307	3489	34335	26937	1227
电气机械和器材制造业	47507	17726	582242	351156	183253
计算机、通信和其他电子设备制造业	3613	1333	209318	132567	42123
仪器仪表制造业	678	438	13855	3216	1175
其他制造业	2382	218	10976	6915	3263
废弃资源综合利用业	2107	940	54742	28368	2070
金属制品、机械和设备修理业	237	133	8141	5186	1834
电力、燃气及水的生产和供应业	20555	37	452710	86907	20321
电力、热力生产和供应业	20445		338918	53269	15497
燃气生产和供应业			10670	6086	169
水的生产和供应业	110	37	103122	27552	4655

10-1 续表4

单位：万元

指标（地区）	资产总计				
	流动资产合计			固定资产合计	固定资产原价
	存 货	产成品	在产品		
总 计	1984864	976913	110454	5826747	21491595
一、按登记注册类型分组：					
内资企业	1850753	888912	106312	5550035	20369218
国有企业	48344	26412	9342	138601	268921
集体企业	3280	1777	1228	13028	102493
股份合作企业	2201	1821		641	1077
有限责任公司	571906	252854	38505	1601485	4827129
股份有限公司	498624	216949	7777	2128283	4033358
私营企业	691184	360823	49359	1632018	11094118
其他企业	35214	28276	101	35979	42122
港、澳、台商投资企业	87709	56734	955	95916	722618
外商投资企业	46402	31267	3187	180796	399759
二、在总计中：亏损企业	143993	68133	11796	238760	425624
在总计中：国有控股企业	274119	95745	12741	599214	877743
在总计中：农村工业	36053	26978	555	51954	836834
在总计中：轻工业	1009680	469108	43756	3312984	13435735
重工业	975184	507805	66698	2513763	8055860
在总计中：大型企业	553017	218610	17118	1952091	7025650
中型企业	526120	333005	39166	1347969	6684573
小型企业	905727	425298	54170	2526687	7781372
三、总计中：开发区	386910	197529	29735	979930	1397298
沙市区	100957	38914	2313	593993	2473422
荆州区	179048	134306	2667	651349	6466638
公安县	425809	177366	18824	512670	695957
监利县	189502	65109	8962	368635	4874043
江陵县	79042	42442	5327	149128	221581
石首市	154142	78051	14460	330116	981366
洪湖市	223262	140649	10436	1580013	3690094
松滋市	246192	102547	17730	660913	691196
四、按工业行业大类分					
采矿业	1129	482		5104	8381
煤炭开采和洗选业	584	287		3658	6151
黑色金属矿采选业	32	32		190	220
非金属矿采选业	500	150		400	800
其他采矿业	13	13		856	1210

指标（地区）	资产总计				
	流动资产合计			固定资产合计	固定资产原价
	存　货				
		产成品	在产品		
制造业	1967960	973622	110454	5481731	21062059
农副食品加工业	458261	205720	16393	1926834	8572549
食品制造业	21366	12295	754	70167	151978
酒、饮料和精制茶制造业	155493	47788	4668	303120	293755
纺织业	168197	90909	12162	389041	1636187
纺织服装、服饰业	24592	13669	1115	73369	201400
皮革、毛皮、羽毛及其制品和制鞋业	4746	1066	1386	4312	5668
木材加工和木、竹、藤、棕、草制品业	47196	19589	4322	116851	468732
家具制造业	8994	8485	5	13090	147810
造纸和纸制品业	44689	24463		108708	1628019
印刷和记录媒介复制业	3261	2332	33	40611	72281
文教、工美、体育和娱乐用品制造业	1983	1322	57	5040	5692
石油加工、炼焦和核燃料加工业	14270	12697	134	12378	14584
化学原料和化学制品制造业	174920	104476	18777	534501	1636775
医药制造业	48110	27007	3313	166225	313108
橡胶和塑料制品业	205924	62826	1650	184494	452568
非金属矿物制品业	65860	45562	3676	317560	805534
黑色金属冶炼和压延加工业	12551	5458	1114	41925	305606
有色金属冶炼和压延加工业	10084	6225	101	30501	91038
金属制品业	104228	60104	7229	309351	1152380
通用设备制造业	78822	44821	12459	126953	384232
专用设备制造业	64500	52828	2058	174645	1507445
汽车制造业	142260	88187	10219	262179	640690
铁路、船舶、航空航天和其他运输设备制造业	5908	3673	289	6264	30827
电气机械和器材制造业	52150	26183	8294	186636	414890
计算机、通信和其他电子设备制造业	42029	1970	26	49005	29325
仪器仪表制造业	546	373		7126	68175
其他制造业	2854	1059		3474	5385
废弃资源综合利用业	3744	2481	220	16362	23587
金属制品、机械和设备修理业	422	54		1009	1839
电力、燃气及水的生产和供应业	15775	2809		339912	421155
电力、热力生产和供应业	15338	2695		283989	358119
燃气生产和供应业	267	14		3471	4408
水的生产和供应业	170	100		52452	58628

10-1 续表6

单位：万元

指标（地区）	资产总计			负债合计	流动负债合计
	累计折旧	本年折旧	在建工程		
总计	16902215	2201244	480994	6352735	5251168
一、按登记注册类型分组：					
内资企业	16048505	2092736	459261	5752130	4670219
国有企业	130367	23440	42414	110823	65163
集体企业	90407	6054		26226	2877
股份合作企业	437	30		3257	3156
有限责任公司	3341406	501513	146718	2245449	1818641
股份有限公司	2812405	382934	134426	1564788	1281939
私营企业	9654109	1173568	132486	1757045	1454679
其他企业	19374	5197	3217	44542	43764
港、澳、台商投资企业	630954	80448	3783	244667	239125
外商投资企业	222756	28060	17950	355938	341824
二、在总计中：亏损企业	223929	30769	43236	641702	546198
在总计中：国有控股企业	285828	58129	57555	847718	533046
在总计中：农村工业	787262	95268	74	82987	65985
在总计中：轻工业	11226045	1358989	295904	2883830	2487029
重工业	5676170	842255	185090	3468905	2764139
在总计中：大型企业	5976684	635808	172610	1563705	1367113
中型企业	5472255	697286	120921	1619922	1311930
小型企业	5453276	868150	187463	3169108	2572125
三、总计中：开发区	515719	89333	146409	1776037	1432792
沙市区	1901519	279224	13010	430923	273912
荆州区	5819277	801596	4372	471133	430326
公安县	239353	55387	53397	845051	706458
监利县	4537204	436638	28042	490845	391920
江陵县	86831	32237	18319	241128	217669
石首市	668474	105577	17792	370484	307504
洪湖市	2929572	354022	49814	582550	473888
松滋市	204266	47230	149839	1144584	1016699
四、按工业行业大类分					
采矿业	3512	1082	56	6527	6479
煤炭开采和洗选业	2433	732	56	5646	5646
黑色金属矿采选业	334	223		88	40
非金属矿采选业	400	100		720	720
其他采矿业	345	27		73	73

10-1 续表7

单位：万元

指标（地区）	资产总计			负债合计	
	累计折旧	本年折旧	在建工程		流动负债合计
制造业	16809828	2178437	467348	6072096	5117845
农副食品加工业	7514988	838475	93693	906975	759393
食品制造业	84232	14481	5359	56792	43112
酒、饮料和精制茶制造业	130128	23059	102535	602010	555256
纺织业	1310547	174569	53603	467246	389229
纺织服装、服饰业	133236	21307	2892	98992	81230
皮革、毛皮、羽毛及其制品和制鞋业	1356	231	284	28456	9803
木材加工和木、竹、藤、棕、草制品业	351225	45108	9347	151902	89578
家具制造业	134720	17825	1214	15061	11236
造纸和纸制品业	1520472	193593	3885	115037	101462
印刷和记录媒介复制业	31677	7379	592	27133	25414
文教、工美、体育和娱乐用品制造业	828	315	3	4527	4343
石油加工、炼焦和核燃料加工业	2445	890	239	33076	33076
化学原料和化学制品制造业	1126639	175176	85188	833643	657283
医药制造业	160251	31087	4907	193417	173607
橡胶和塑料制品业	281403	45461	14130	329228	252509
非金属矿物制品业	498946	83667	12461	271979	236087
黑色金属冶炼和压延加工业	264038	31374		59022	15659
有色金属冶炼和压延加工业	64778	19029	3528	57310	56216
金属制品业	858615	120714	16491	297588	245756
通用设备制造业	262151	42931	8039	284642	247657
专用设备制造业	1336151	178476	1724	203051	192579
汽车制造业	405835	61568	23819	534762	488789
铁路、船舶、航空航天和其他运输设备制造业	24617	3719	54	29805	28497
电气机械和器材制造业	233662	34356	13719	275660	249009
计算机、通信和其他电子设备制造业	5708	3331	1705	137247	130998
仪器仪表制造业	61191	7892	43	9004	8683
其他制造业	1930	337	20	6205	4704
废弃资源综合利用业	7229	1906	6735	38857	23364
金属制品、机械和设备修理业	830	181	1139	3469	3316
电力、燃气及水的生产和供应业	88875	21725	13590	274112	126844
电力、热力生产和供应业	75298	19219	1618	224557	87719
燃气生产和供应业	955	240	19	6293	5956
水的生产和供应业	12622	2266	11953	43262	33169

10-1　续表8　　　　单位：万元

指标（地区）	应付账款	非流动负债合计	所有者权益合计	实收资本	国家资本
总　计	1360484	736706	7139578	2916475	154027
一、按登记注册类型分组：					
内资企业	1131000	724925	6607414	2545339	123683
国有企业	24099	45500	218872	66497	13753
集体企业	1540	23349	16888	8514	
股份合作企业	1536	101	949	280	
有限责任公司	614308	244853	2075521	1071911	45831
股份有限公司	203171	255840	2115685	344792	61100
私营企业	281795	155112	2120233	1037643	3000
其他企业	4551	170	59266	15702	-1
港、澳、台商投资企业	77183	5542	251437	91202	
外商投资企业	152301	6239	280727	279934	30344
二、在总计中：亏损企业	130951	40069	132608	316174	3810
在总计中：国有控股企业	182464	314512	668587	286520	116663
在总计中：农村工业	875		95313	37780	
在总计中：轻工业	524874	213231	3852136	1340292	29510
重工业	835610	523475	3287442	1576183	124517
在总计中：大型企业	328632	196592	2325200	323110	26306
中型企业	342006	235006	1798399	744541	104629
小型企业	689846	305108	3015979	1848824	23092
三、总计中：开发区	507890	264360	1265484	718119	68091
沙市区	46899	49613	713660	317068	25455
荆州区	47267	7509	697719	178010	9636
公安县	218376	108948	931906	418552	12332
监利县	66781	90989	456099	163033	11000
江陵县	59937	15390	167556	88481	
石首市	77541	34408	497818	279679	
洪湖市	122153	53035	1761644	387489	4688
松滋市	213640	112454	647692	366044	22825
四、按工业行业大类分					
采矿业	2978	13	5282	4589	
煤炭开采和洗选业	2622		1679	2918	
黑色金属矿采选业		13	221	221	
非金属矿采选业	350		800	800	
其他采矿业	6		2582	650	

指标（地区）	应付账款	非流动负债合计	所有者权益合计	实收资本	国家资本
制造业	1327410	589424	6956809	2778322	85672
农副食品加工业	146240	80347	2212125	515859	5968
食品制造业	12337	2742	95043	51705	
酒、饮料和精制茶制造业	96073	41949	335451	73871	
纺织业	70106	43716	400390	161890	1367
纺织服装、服饰业	21602	5626	102180	61807	
皮革、毛皮、羽毛及其制品和制鞋业	2061		3261	2114	
木材加工和木、竹、藤、棕、草制品业	12773	56750	145801	75638	10000
家具制造业	1189	2124	18736	4408	
造纸和纸制品业	17446	5106	135312	33461	
印刷和记录媒介复制业	2614	1215	24929	9278	
文教、工美、体育和娱乐用品制造业	689	84	5374	4560	
石油加工、炼焦和核燃料加工业	276		7546	8376	
化学原料和化学制品制造业	197730	133842	570229	367586	13296
医药制造业	55075	19343	185374	52278	
橡胶和塑料制品业	45335	69197	411197	152606	12232
非金属矿物制品业	50638	19826	378170	190034	27830
黑色金属冶炼和压延加工业	4168	24249	34612	36684	
有色金属冶炼和压延加工业	20924	1095	41341	12223	
金属制品业	44144	10854	507312	296849	5100
通用设备制造业	69160	19381	209794	82302	
专用设备制造业	36462	4491	228154	83223	8168
汽车制造业	223309	21165	522879	222787	
铁路、船舶、航空航天和其他运输设备制造业	2357	1171	4530	3344	
电气机械和器材制造业	89149	5201	301843	214859	
计算机、通信和其他电子设备制造业	98114	4750	45278	41329	
仪器仪表制造业	355		4621	5974	
其他制造业	876	352	4770	2430	
废弃资源综合利用业	4497	14695	15885	9347	1711
金属制品、机械和设备修理业	1711	153	4672	1500	
电力、燃气及水的生产和供应业	30096	147269	177487	133564	68355
电力、热力生产和供应业	28476	136838	114361	79500	46180
燃气生产和供应业	911	338	4377	1900	
水的生产和供应业	709	10093	58749	52164	22175

10-1 续表10

单位：万元

指标（地区）	集体资本	法人资本	个人资本	港澳台资本	外商资本
总计	127819	752269	1521268	9763	320980
一、按登记注册类型分组：					
内资企业	111419	724357	1498982	4008	52540
国有企业		4014	25730		23000
集体企业	6616	1898			
股份合作企业			280		
有限责任公司	35554	375357	567611		29540
股份有限公司	8560	72526	202606		
私营企业	60689	270314	687302	4008	
其他企业		248	15453		
港、澳、台商投资企业	11500	13272	10096	5755	50579
外商投资企业	4900	14640	12190		217861
二、在总计中：亏损企业	8784	50096	89899	518	152903
在总计中：国有控股企业	19703	50009	65234		27477
在总计中：农村工业			31956		5824
在总计中：轻工业	83265	264444	744266	330	204299
重工业	44554	487825	777002	9433	116681
在总计中：大型企业	10970	36628	205565		43641
中型企业	93488	137475	263574	4879	140497
小型企业	23361	578166	1052129	4884	136842
三、总计中：开发区	11487	147720	238698	857	233287
沙市区	6616	11002	243922	5428	24645
荆州区	14760	59606	88201	1330	4477
公安县	59805	72591	244106	898	28820
监利县	865	37349	112569	1250	
江陵县	6068	31289	51124		
石首市	3291	116620	158332		1435
洪湖市	5100	136927	230674		
松滋市	19827	139165	153642		28316
四、按工业行业大类分					
采矿业		1200	3339		
煤炭开采和洗选业		400	2468		
黑色金属矿采选业			221		
非金属矿采选业		800			
其他采矿业			650		

10-1 续表11 单位：万元

指标（地区）	集体资本	法人资本	个人资本	港澳台资本	外商资本
制造业	127819	718369	1510720	9763	297900
农副食品加工业	48871	125247	299487	31	28820
食品制造业		5710	45995		
酒、饮料和精制茶制造业	1031	11618	61223		
纺织业	10411	40456	108856	300	
纺织服装、服饰业		22440	33273		
皮革、毛皮、羽毛及其制品和制鞋业		1548	566		
木材加工和木、竹、藤、棕、草制品业	152	38936	25116		1435
家具制造业			4408		
造纸和纸制品业	14360	11902	7199		
印刷和记录媒介复制业	450	6150	2678		
文教、工美、体育和娱乐用品制造业		2460	2100		
石油加工、炼焦和核燃料加工业			8376		
化学原料和化学制品制造业	918	98252	108416		146704
医药制造业	5512	8628	38138		
橡胶和塑料制品业	1128	31166	97830		
非金属矿物制品业	27232	45084	87689		
黑色金属冶炼和压延加工业	6616	5580	24488		
有色金属冶炼和压延加工业			12223		
金属制品业	200	92260	198008	436	845
通用设备制造业	228	25170	52475	4428	
专用设备制造业		9701	59358	518	4477
汽车制造业	3280	66642	73805	2800	75659
铁路、船舶、航空航天和其他运输设备制造业		1080	1544		720
电气机械和器材制造业	6900	24410	143059	1250	39240
计算机、通信和其他电子设备制造业		39229	2100		
仪器仪表制造业		200	5774		
其他制造业	530	1000	900		
废弃资源综合利用业		3500	4136		
金属制品、机械和设备修理业			1500		
电力、燃气及水的生产和供应业		32700	7209		23080
电力、热力生产和供应业		31100			
燃气生产和供应业		1600	300		
水的生产和供应业			6909		23080

10-1 续表12

单位：万元

指标（地区）	营业收入	主营业务收入	营业成本	主营业务成本	营业税金及附加
总　计	20766458	20500568	17835376	17718577	120483
一、按登记注册类型分组：					
内资企业	19325216	19102620	16713482	16630796	115913
国有企业	376820	373650	273575	273360	918
集体企业	61795	61795	53374	53374	188
股份合作企业	4015	4015	2002	2002	25
有限责任公司	5972087	5919995	5255866	5209030	25553
股份有限公司	3560603	3425923	2819342	2805581	33430
私营企业	9071584	9038932	8043503	8021629	55374
其他企业	278312	278310	265820	265820	425
港、澳、台商投资企业	649862	618283	574625	541632	2016
外商投资企业	791380	779665	547269	546149	2554
二、在总计中：亏损企业	762389	742834	618008	607469	1300
在总计中：国有控股企业	1507093	1493601	1190750	1184198	8008
在总计中：农村工业	412242	412100	379176	379176	1261
在总计中：轻工业	11522140	11342593	9993496	9953072	66533
重工业	9244318	9157975	7841880	7765505	53950
在总计中：大型企业	4880202	4722344	4056890	4022481	30914
中型企业	5453860	5421854	4752896	4731455	24385
小型企业	10432396	10356370	9025590	8964641	65184
三、总计中：开发区	2633685	2560568	2073574	2023481	11192
沙市区	2066288	2065410	1810457	1810161	7189
荆州区	3099321	3092950	2852195	2845513	14348
公安县	2766883	2748694	2475463	2456285	15505
监利县	2209068	2199854	2045187	2036780	10821
江陵县	740967	739634	668912	668103	927
石首市	2329199	2308504	1922173	1904866	18564
洪湖市	2139422	2126918	1903140	1889863	4187
松滋市	2781625	2658036	2084275	2083525	37750
四、按工业行业大类分					
采矿业	44256	44256	36017	36017	719
煤炭开采和洗选业	25648	25648	22512	22512	241
黑色金属矿采选业	5867	5867	4513	4513	54
非金属矿采选业	5945	5945	3805	3805	383
其他采矿业	6796	6796	5187	5187	41

10-1　续表13　　单位：万元

指标（地区）	营业收入	主营业务收入	营业成本	主营业务成本	营业税金及附加
制造业	20525234	20263695	17650740	17534674	117881
农副食品加工业	6300610	6259896	5787950	5760331	17542
食品制造业	380935	380552	322083	321890	700
酒、饮料和精制茶制造业	812285	698444	416038	416030	26934
纺织业	1392266	1384935	1250624	1247603	10611
纺织服装、服饰业	380518	379927	330948	329534	2536
皮革、毛皮、羽毛及其制品和制鞋业	21457	21457	19407	19407	60
木材加工和木、竹、藤、棕、草制品业	451271	450546	385884	385884	1728
家具制造业	75086	75086	65627	65627	502
造纸和纸制品业	804344	803680	772993	772337	884
印刷和记录媒介复制业	67827	67822	58407	58407	552
文教、工美、体育和娱乐用品制造业	25211	25211	22698	22698	175
石油加工、炼焦和核燃料加工业	95888	83794	94003	78113	136
化学原料和化学制品制造业	2264100	2237711	1740771	1725316	10675
医药制造业	374784	373609	297091	296426	1888
橡胶和塑料制品业	1011580	1010669	869416	868803	6693
非金属矿物制品业	926817	923840	765215	763167	8395
黑色金属冶炼和压延加工业	293433	293423	264819	264307	1194
有色金属冶炼和压延加工业	154513	154506	137256	137256	317
金属制品业	981735	981657	828945	828013	5166
通用设备制造业	440255	433156	375122	367943	2359
专用设备制造业	944795	944759	834184	834184	6866
汽车制造业	1310599	1277371	1121726	1092324	5886
铁路、船舶、航空航天和其他运输设备制造业	25392	24912	22980	22666	117
电气机械和器材制造业	724337	718025	621455	617071	4059
计算机、通信和其他电子设备制造业	175499	169145	156057	150429	1545
仪器仪表制造业	40556	40556	38843	38763	124
其他制造业	16326	16326	14826	14826	34
废弃资源综合利用业	29324	29189	33496	33443	183
金属制品、机械和设备修理业	3491	3491	1876	1876	20
电力、燃气及水的生产和供应业	196968	192617	148619	147886	1883
电力、热力生产和供应业	167982	164415	128581	128021	1695
燃气生产和供应业	6456	6456	4293	4293	62
水的生产和供应业	22530	21746	15745	15572	126

10-1　续表14　　　　单位：万元

指标（地区）	主营业务税金及附加	其他业务收入	其他业务利润	销售费用	管理费用
总　　计	119518	265889	139652	600894	894939
一、按登记注册类型分组：					
内资企业	114987	222593	135010	520382	822254
国有企业	918	3170	1242	11507	17237
集体企业	188			869	1089
股份合作企业	25			926	824
有限责任公司	25516	52092	7879	156549	259617
股份有限公司	33427	134680	116246	140585	255013
私营企业	54489	32653	9644	207895	285658
其他企业	424	-2	-1	2051	2816
港、澳、台商投资企业	1977	31580	2325	19072	19772
外商投资企业	2554	11716	2317	61440	52913
二、在总计中：亏损企业	1267	19555	2847	62815	38367
在总计中：国有控股企业	8008	13491	3989	45801	61905
在总计中：农村工业	1261	142	142	6174	6287
在总计中：轻工业	65892	179548	127844	343550	501011
重工业	53626	86341	11808	257344	393928
在总计中：大型企业	30914	157859	120416	161457	262450
中型企业	24385	32007	6110	131330	208120
小型企业	64219	76023	13126	308107	424369
三、总计中：开发区	11196	73116	9478	110601	141076
沙市区	7189	879	35	54304	59858
荆州区	14307	6371	7	62502	65698
公安县	15366	18189	2126	66691	62898
监利县	10552	9214	444	52555	37234
江陵县	927	1333	176	9045	16767
石首市	18078	20695	2779	47273	75948
洪湖市	4164	12504	73	58161	64794
松滋市	37739	123588	124534	139762	370666
四、按工业行业大类分					
采矿业	719			967	2206
煤炭开采和洗选业	241			389	1058
黑色金属矿采选业	54			111	64
非金属矿采选业	383			266	387
其他采矿业	41			201	697

10-1 续表15 单位：万元

指标（地区）	主营业务税金及附加	其他业务收入	其他业务利润	销售费用	管理费用
制造业	116916	261538	139652	597705	884414
农副食品加工业	17146	40708	11442	112984	131719
食品制造业	700	383	45	9581	34024
酒、饮料和精制茶制造业	26914	113841	113831	96954	146103
纺织业	10578	7331	277	22909	40931
纺织服装、服饰业	2448	592		7881	34677
皮革、毛皮、羽毛及其制品和制鞋业	60			100	1492
木材加工和木、竹、藤、棕、草制品业	1728	725		11838	16498
家具制造业	502			2663	2572
造纸和纸制品业	788	664		9020	9331
印刷和记录媒介复制业	552	6	6	2348	11359
文教、工美、体育和娱乐用品制造业	175			575	374
石油加工、炼焦和核燃料加工业	97	12094		2446	834
化学原料和化学制品制造业	10675	26389	5074	112877	131091
医药制造业	1879	1175	1006	11606	24570
橡胶和塑料制品业	6693	911	136	23395	31806
非金属矿物制品业	8394	2977	822	30266	47595
黑色金属冶炼和压延加工业	1194	10		4925	6316
有色金属冶炼和压延加工业	317	7		2515	4484
金属制品业	5098	78	40	38184	41853
通用设备制造业	2353	7099	130	16041	27220
专用设备制造业	6866	36	36	22213	32149
汽车制造业	5677	33228	5305	39735	60608
铁路、船舶、航空航天和其他运输设备制造业	117	480	166	574	1094
电气机械和器材制造业	4059	6313	1136	11888	32321
计算机、通信和其他电子设备制造业	1545	6355	200	1884	10059
仪器仪表制造业	124			576	441
其他制造业	34			426	298
废弃资源综合利用业	183	136		679	1756
金属制品、机械和设备修理业	20			622	839
电力、燃气及水的生产和供应业	1883	4351		2222	8319
电力、热力生产和供应业	1695	3567		1154	2318
燃气生产和供应业	62			507	887
水的生产和供应业	126	784		561	5114

10-1 续表16 单位：万元

指标（地区）	税 金	财务费用	利息收入	利息支出	营业利润
总 计	212214	218666	8868	159141	1185655
一、按登记注册类型分组：					
内资企业	207484	215611	9119	155436	1101913
国有企业	1760	3190	554	2988	71062
集体企业		483		459	5860
股份合作企业		2			236
有限责任公司	41914	77847	2795	55148	262723
股份有限公司	91025	36346	3212	35422	312204
私营企业	72648	96612	2541	60490	443760
其他企业	137	1131	17	929	6068
港、澳、台商投资企业	887	1570	536	2572	34368
外商投资企业	3843	1485	–787	1133	49374
二、在总计中：亏损企业	4237	12570	1152	9768	–48301
在总计中：国有控股企业	2256	28980	1317	29157	173268
在总计中：农村工业	184	1986	–1	797	17388
在总计中：轻工业	177702	98973	6111	73105	556342
重工业	34512	119693	2757	86036	629313
在总计中：大型企业	92640	28211	3510	30456	383077
中型企业	31682	53830	1927	46886	370914
小型企业	87892	136625	3431	81799	431664
三、总计中：开发区	7297	36371	1008	33271	212017
沙市区	3091	24452	397	5660	106654
荆州区	2177	25730	81	11015	81909
公安县	2822	25343	2201	24842	118222
监利县	1837	20676	1739	17412	45727
江陵县	116	5977	133	5722	39423
石首市	8326	26220	173	17935	255435
洪湖市	3553	24952	560	19676	113204
松滋市	182995	28945	2576	23608	213064
四、按工业行业大类分					
采矿业	651	458	1	143	4007
煤炭开采和洗选业	6	232		112	1833
黑色金属矿采选业		111			702
非金属矿采选业	88	85			860
其他采矿业	557	30	1	31	612

10–1 续表17 单位：万元

指标（地区）	税　金	财务费用	利息收入	利息支出	营业利润
制造业	208265	206427	8836	147953	1154876
农副食品加工业	36091	47788	2378	35280	240659
食品制造业	16306	3511	64	2353	11387
酒、饮料和精制茶制造业	78693	5274	2517	4572	136993
纺织业	9939	19748	346	15480	58291
纺织服装、服饰业	13986	5808	29	4023	15011
皮革、毛皮、羽毛及其制品和制鞋业	260	134	13	131	495
木材加工和木、竹、藤、棕、草制品业	3150	5008	73	3821	30796
家具制造业	70	1156		875	2129
造纸和纸制品业	3895	1995	78	1802	13310
印刷和记录媒介复制业	5295	940	28	319	2356
文教、工美、体育和娱乐用品制造业		320		146	1069
石油加工、炼焦和核燃料加工业	201	500		430	–2030
化学原料和化学制品制造业	12558	30306	949	24256	190434
医药制造业	616	6213	165	4890	35335
橡胶和塑料制品业	6327	12450	870	10106	70398
非金属矿物制品业	6382	14819	237	8190	61137
黑色金属冶炼和压延加工业	363	2350	4	1420	14480
有色金属冶炼和压延加工业	22	696	112	548	9246
金属制品业	3531	13167	21	7347	57733
通用设备制造业	2354	9903	348	6301	41541
专用设备制造业	982	8579	27	4809	42155
汽车制造业	4981	9251	54	6125	75192
铁路、船舶、航空航天和其他运输设备制造业	66	318	8	187	340
电气机械和器材制造业	1731	3225	482	2776	50910
计算机、通信和其他电子设备制造业	406	1293		361	5570
仪器仪表制造业	14	397		218	227
其他制造业	8	286		279	456
废弃资源综合利用业	17	913	21	817	–10799
金属制品、机械和设备修理业	21	79	12	91	55
电力、燃气及水的生产和供应业	3298	11781	31	11045	26772
电力、热力生产和供应业	2402	11132	27	10399	23330
燃气生产和供应业		175		175	532
水的生产和供应业	896	474	4	471	2910

10-1　续表18　　　　单位：万元

指标（地区）	资产减值损失	投资收益	营业外收入	补贴收入
总　　计	-9502	60788	100568	31141
一、按登记注册类型分组：				
内资企业	-9742	55934	85755	30399
国有企业	1682	172	1492	458
集体企业		69		
股份合作企业			105	
有限责任公司	-13299	31053	58300	21383
股份有限公司	895	510	5342	1436
私营企业	980	24131	20370	7123
其他企业		-1	146	-1
港、澳、台商投资企业	-107	2045	13753	357
外商投资企业	347	2809	1060	385
二、在总计中：亏损企业	943	187	3739	898
在总计中：国有控股企业	-18730	95	6354	2319
在总计中：农村工业		29		
在总计中：轻工业	4359	25464	24572	7314
重工业	-13861	35324	75996	23827
在总计中：大型企业	1236	1219	13714	4342
中型企业	1869	55370	42473	8461
小型企业	-12607	4199	44381	18338
三、总计中：开发区	6688	33017	57213	17361
沙市区		2453	1142	596
荆州区	-823	71	400	324
公安县	2450	353	6382	1631
监利县	-657	281	4780	3304
江陵县	18	102	1607	163
石首市	1645	4536	5819	2863
洪湖市	15	19665	11967	502
松滋市	-18838	310	11258	4397
四、按工业行业大类分				
采矿业	159			
煤炭开采和洗选业				
黑色金属矿采选业				
非金属矿采选业	159			
其他采矿业				

10-1 续表19 单位：万元

指标（地区）	资产减值损失	投资收益	营业外收入	补贴收入
制造业	-9632	58388	99081	31141
农副食品加工业	1672	20916	17191	4998
食品制造业			280	145
酒、饮料和精制茶制造业	44	610	115	
纺织业	-792	1346	2053	11
纺织服装、服饰业		55	49	23
皮革、毛皮、羽毛及其制品和制鞋业			2	
木材加工和木、竹、藤、棕、草制品业		504	2731	1965
家具制造业				
造纸和纸制品业	131	23	266	230
印刷和记录媒介复制业			95	
文教、工美、体育和娱乐用品制造业				
石油加工、炼焦和核燃料加工业			4336	518
化学原料和化学制品制造业	-18323	1000	5436	2010
医药制造业	289	69	1388	1050
橡胶和塑料制品业	2422	-225	1065	863
非金属矿物制品业	1322	296	3808	3019
黑色金属冶炼和压延加工业			8	1
有色金属冶炼和压延加工业			322	313
金属制品业	6	109	1589	1
通用设备制造业	173	30322	30460	2140
专用设备制造业	-1188	8	3211	142
汽车制造业	-51	2575	7513	275
铁路、船舶、航空航天和其他运输设备制造业			622	
电气机械和器材制造业	1555	283	2484	210
计算机、通信和其他电子设备制造业		485	644	
仪器仪表制造业			17	
其他制造业			1	
废弃资源综合利用业	3108	12	13057	12889
金属制品、机械和设备修理业			338	338
电力、燃气及水的生产和供应业	-29	2400	1487	
电力、热力生产和供应业	-29		1391	
燃气生产和供应业				
水的生产和供应业		2400	96	

10-1　续表20　　　　单位：万元

指标（地区）	营业外支出	利润总额	应交所得税	亏损企业亏损总额	利税总额
总　计	15387	1270862	140363	46992	1938402
一、按登记注册类型分组：					
内资企业	14690	1173083	122868	35313	1800963
国有企业	308	72247	17740		76966
集体企业		5860	202		6974
股份合作企业	231	110			386
有限责任公司	3589	319286	25676	26398	459847
股份有限公司	6184	311404	56445	138	484327
私营企业	4377	457963	21540	8679	763921
其他企业	1	6213	1265	98	8542
港、澳、台商投资企业	553	47568	4473	536	63135
外商投资企业	144	50211	13022	11143	74304
二、在总计中：亏损企业	902	-46992	3843	46992	-35059
在总计中：国有控股企业	686	178936	34877	3674	223467
在总计中：农村工业		17388	3008		22894
在总计中：轻工业	5242	574647	59368	34505	921878
重工业	10145	696215	80995	12487	1016524
在总计中：大型企业	7350	389777	75938		562789
中型企业	1480	411971	26460	4382	587964
小型企业	6557	469114	37965	42610	787649
三、总计中：开发区	3805	264389	45977	35488	335651
沙市区	232	107564	3156	540	153557
荆州区	324	82005	5637	679	135308
公安县	828	123603	19398	797	185581
监利县	1309	49108	1338	1670	82130
江陵县	131	40899	695	851	120578
石首市	6872	253330	18045	721	367531
洪湖市	1098	123851	11049	1856	168826
松滋市	788	226113	35068	4390	389240
四、按工业行业大类分					
采矿业	188	3819	34		6996
煤炭开采和洗选业	12	1821	34		3716
黑色金属矿采选业		702			995
非金属矿采选业	176	684			1165
其他采矿业		612			1120

指标（地区）	营业外支出	利润总额	应交所得税	亏损企业亏损总额	利税总额
制造业	14888	1239093	139019	46426	1896323
农副食品加工业	931	256912	8141	9519	408624
食品制造业	-1	11414	663	2906	15330
酒、饮料和精制茶制造业	337	136771	29535		204915
纺织业	821	59077	3135	7887	104095
纺织服装、服饰业	366	14694	606	639	26951
皮革、毛皮、羽毛及其制品和制鞋业		498	21	138	1783
木材加工和木、竹、藤、棕、草制品业	48	33256	2249		51915
家具制造业	2	2127	114		3876
造纸和纸制品业	400	13176	155	888	27057
印刷和记录媒介复制业	3	2447	439	103	4426
文教、工美、体育和娱乐用品制造业	71	999	88		1730
石油加工、炼焦和核燃料加工业	103	2203			3575
化学原料和化学制品制造业	6202	192137	37479	16643	270302
医药制造业	135	36587	5049	193	52277
橡胶和塑料制品业	990	70472	12768	653	106797
非金属矿物制品业	985	63851	8079	1028	102634
黑色金属冶炼和压延加工业	3	14485	87	71	25388
有色金属冶炼和压延加工业	1	9566	47		24716
金属制品业	455	57816	7719	1240	87400
通用设备制造业	632	71369	1171	1963	82460
专用设备制造业	271	45089	2958	24	74450
汽车制造业	734	82308	8714	1639	116635
铁路、船舶、航空航天和其他运输设备制造业	1	340	102	346	1045
电气机械和器材制造业	1131	52199	8922	75	78042
计算机、通信和其他电子设备制造业	229	5988	425	165	12913
仪器仪表制造业		243	5	232	2177
其他制造业	38	418	62		737
废弃资源综合利用业		2257	278	74	3660
金属制品、机械和设备修理业		394	8		413
电力、燃气及水的生产和供应业	311	27950	1310	566	35083
电力、热力生产和供应业	212	24510	1173		30221
燃气生产和供应业		532			1031
水的生产和供应业	99	2908	137	566	3831

10-1 续表22　　　　单位：万元

指标（地区）	应交税金及附加	本年应付职工薪酬	本年应交增值税	从业人员平均人数（人）
总　　计	1020117	807226	547057	191907
一、按登记注册类型分组：				
内资企业	958232	745769	511967	181809
国有企业	24220	26834	3802	3433
集体企业	1316	3042	926	673
股份合作企业	276	448	250	138
有限责任公司	208150	284413	115007	67509
股份有限公司	320392	132378	139492	30310
私营企业	400146	293606	250585	78748
其他企业	3732	5048	1905	998
港、澳、台商投资企业	20927	14006	13551	4355
外商投资企业	40958	47451	21539	5743
二、在总计中：亏损企业	20012	40681	10633	11930
在总计中：国有控股企业	81663	75400	36523	9878
在总计中：农村工业	8699	7424	4245	1743
在总计中：轻工业	584301	380168	280698	102273
重工业	435816	427058	266359	89634
在总计中：大型企业	341589	148500	142098	32057
中型企业	234134	232012	151607	53456
小型企业	444394	426714	253352	106394
三、总计中：开发区	124536	148626	60068	31825
沙市区	52240	150577	38805	29084
荆州区	61116	99651	38954	21350
公安县	84197	71484	46473	17835
监利县	36198	53550	22202	17681
江陵县	80489	31331	78752	9126
石首市	140574	105382	95637	20734
洪湖市	59577	47894	40789	15834
松滋市	381190	98731	125377	28438
四、按工业行业大类分				
采矿业	3861	4704	2457	1372
煤炭开采和洗选业	1935	3239	1654	848
黑色金属矿采选业	293	553	239	183
非金属矿采选业	568	515	98	126
其他采矿业	1065	397	466	215

10-1 续表23 单位：万元

指标（地区）	应交税金及附加	本年应付职工薪酬	本年应交增值税	从业人员平均人数（人）
制造业	1004514	785202	539349	188114
农副食品加工业	195942	129482	134168	32096
食品制造业	20885	13598	3215	3552
酒、饮料和精制茶制造业	176373	13466	41211	8057
纺织业	58092	78345	34408	22913
纺织服装、服饰业	26848	38325	9720	10665
皮革、毛皮、羽毛及其制品和制鞋业	1567	1566	1226	959
木材加工和木、竹、藤、棕、草制品业	24058	18794	16931	4722
家具制造业	1933	4637	1247	1117
造纸和纸制品业	17932	15782	12997	5159
印刷和记录媒介复制业	7713	4007	1427	1310
文教、工美、体育和娱乐用品制造业	820	1013	556	420
石油加工、炼焦和核燃料加工业	1574	464	1236	148
化学原料和化学制品制造业	128203	97578	67491	15859
医药制造业	21354	27201	13802	5594
橡胶和塑料制品业	55420	34109	29632	7424
非金属矿物制品业	53243	54574	30387	11999
黑色金属冶炼和压延加工业	11353	14052	9710	2747
有色金属冶炼和压延加工业	15219	7127	14832	1670
金属制品业	40833	41942	24418	10102
通用设备制造业	14616	34036	8733	7826
专用设备制造业	33301	40201	22495	7274
汽车制造业	48023	61957	28441	14309
铁路、船舶、航空航天和其他运输设备制造业	873	2457	588	470
电气机械和器材制造业	36496	40216	21784	8515
计算机、通信和其他电子设备制造业	7756	5047	5380	1964
仪器仪表制造业	1952	999	1810	333
其他制造业	389	1275	285	352
废弃资源综合利用业	1697	2376	1219	443
金属制品、机械和设备修理业	49	576		115
电力、燃气及水的生产和供应业	11742	17320	5251	2421
电力、热力生产和供应业	9287	12744	4017	1353
燃气生产和供应业	499	670	437	135
水的生产和供应业	1956	3906	797	933

10-2 规模以上工业企业主要工业产品生产量

Output of Major Industrial Products of Industrial Enterprises above Designed Size

指 标	单位	2014 年
铁矿石原矿	吨	303761
小麦粉	吨	51363
大米	吨	4368411
饲料	吨	2079821
其中：配合饲料	吨	1039667
混合饲料	吨	548251
精制食用植物油	吨	1590875
冷冻水产品	吨	101982
罐头	吨	16325
饮料酒	千升	201673
其中：白酒（折 65 度，商品量）	千升	180437
葡萄酒	千升	269
软饮料	吨	419138
包装饮用水	吨	111961
精制茶	吨	857
纱	吨	273085
棉纱	吨	252574
棉混纺纱	吨	14257
化学纤维纱	吨	6254
布	万米	83939
其中：棉布	万米	81445
棉混纺布	万米	2494
印染布	万米	5712
绒线（俗称毛线）	吨	368
服装	万件	6784
梭织服装	万件	4788
其中：羽绒服	万件	148
西服套装	万件	44
衬衫	万件	675
针织服装	万件	1996
人造板	立方米	1789728
其中：胶合板	立方米	890517
纤维板	立方米	585102
复合木地板	平方米	5405984
家具	件	86228
其中：木质家具	件	86228
机制纸及纸板（外购原纸加工除外）	吨	501409
其中：未涂布印刷书写用纸	吨	311752
卫生用纸原纸	吨	15458
箱纸板	吨	33879
单色印刷品	令	337229
多色印刷品	对开色令	386410
硫酸（折 100%）	吨	305602
盐酸（氯化氢，含量 31%）	吨	60508
烧碱（折 100%）	吨	126596
农用氮、磷、钾化学肥料（折纯）	吨	25129
磷肥（折五氧化二磷 100%）	吨	25129
磷酸一铵（实物量）	吨	95085
磷酸二铵（实物量）	吨	630081
化学农药原药（折有效成分 100%）	吨	67192
其中：杀虫剂（杀螨剂）原药	吨	42069
除草剂原药	吨	24749
初级形态塑料	吨	2647
化学试剂	吨	15318
合成洗涤剂	吨	72872
化学药品原药	吨	78103
中成药	吨	1836
塑料制品	吨	472906
其中：塑料薄膜	吨	2971
其中：农用薄膜	吨	2971
日用塑料制品	吨	14872
硅酸盐水泥熟料	吨	963500
水泥	吨	3139433
其中：强度等级 42.5 水泥（含 R 型）	吨	254608
商品混凝土	立方米	1521488
水泥混凝土电杆	根	85502
砖	万块	389107
天然大理石建筑板材	平方米	2942858
沥青和改性沥青防水卷材	平方米	33370689
平板玻璃	重量箱	20900122
纤维增强塑料制品	吨	1483
耐火材料制品	吨	120190

10–2 续表

指 标	单位	2014 年
生铁	吨	38705
铸铁件	吨	28827
铸钢件	吨	23373
钢材	吨	356608
钢筋	吨	203719
热轧薄板	吨	16470
冷轧薄板	吨	65350
其他钢材	吨	61028
铁合金	吨	6506
钢丝绳	吨	700
粉末冶金零件	吨	38069
输送机械（输送机和提升机）	吨	23186
泵	台	380
气体压缩机	台	5167314
其中：制冷设备用压缩机	台	5167314
阀门	吨	5004
电动手提式工具	台	153295
减速机	台	790
矿山专用设备	台	45177
炼油、化工生产专用设备	吨	7129
农产品初加工机械	台	824616
小型拖拉机	台	5025
收获后处理机械	台	2907
通信及电子网络用电缆	对千米	43211
电力电缆	千米	22426
光缆	芯千米	16222774
家用电冰箱（家用冷冻冷藏箱）	台	2435483
家用冷柜（家用冷冻箱）	台	525436
家用洗衣机	台	248455
电光源	万只	20763
荧光灯	万只	310
电子元件	万只	202339
自来水生产量	万立方米	16824
灯具及照明装置	套（台、个	1720073
工业自动调节仪表与控制系统	台（套）	2010
包装用纸及纸板	吨	33879
无纺布（无纺织物）	吨	24017
服装	万件	6784
瓦楞纸箱	吨	8366
弹簧	吨	2731
冷轧薄宽钢带	吨	10041
铝合金	吨	51169
光电子器件	万只（片）	1066
窑外分解窑水泥熟料	吨	963500
鲜、冷藏肉	吨	15290
工商用制冷、空调设备	台（套）	2060335
工商用空调设备	台（套）	2060335
车用空调设备	台（套）	2060335
合成洗涤剂	吨	72872
涂料	吨	3105
纸制品	吨	8972
日用玻璃制品	吨	97703
啤酒	千升	20967
变压器	千伏安	2410000
速冻食品	吨	65
石膏板	万平方米	8627
绝缘制品	吨	2335
铜材	吨	4118
机械化农业及园艺机具	台	2907
石灰石	吨	163706
橡胶轮胎外胎	条	198530
摩托车充气橡胶轮胎外胎	条	198530
玻璃包装容器	吨	44773
民用钢质船舶	载重吨	16320
钢质机动货船	载重吨	16320
散货船	载重吨	16320
食品制造机械	台	91765
预应力混凝土桩	米	1796
氧化钨	吨	405
营养、保健食品	吨	1078

10-3 规模以上工业企业主要产品生产能力
Production Capacity of Major Products of Industry above Designated Size

指 标	单位	年末生产能力
原煤	吨	430600
棉纺锭 / 纺纱量	锭/吨	1423811
气流纺锭 / 纺纱量	头/吨	54644
棉布织机 / 布	台/万米	21708
烧碱(折100%)	吨	335000
农用氮、磷、钾化学肥料总计(折纯)	吨	75000
化学纤维	吨	3000
硅酸盐水泥熟料	吨	963500
水泥	吨	3809209
平板玻璃	重量箱	27039449
生铁	吨	50000
钢材	吨	415711
铁合金	吨	8100
民用钢质船舶	载重吨	16320
太阳能电池	千瓦	3000
家用电冰箱	台	4800000
发电设备容量总计 / 发电量	万千瓦/万千瓦小时	76
其中：火电设备容量 / 发电量	万千瓦/万千瓦小时	70
水电设备容量 / 发电量	万千瓦/万千瓦小时	4

10-4　工业企业高新技术产业情况

Main Statistics on New and High Technology Industrial Enterprises

指　标	单位	荆州市	
		2013 年	2014 年
高新技术企业总数	个	103	131
高新技术产业增加值（四上）	万元	1076290	1290067
其中：高新制造业增加值	万元	1076290	1286846
电子信息	万元	18583	20565
先进制造	万元	355974	403691
新材料	万元	269963	340331
生物医药与医疗机械	万元	15049	21571
高新制造业增减幅度(可比价速度)	%	15.8	15.1
高新制造业从业人员	人	34531	34597
高新制造业产品出口交货值	万元	433536	445029
高新制造业产品销售收入	万元	40117628	4714122
高新制造业利税总额	万元	3842205	407386
“四下”高新技术产业增加值	万元	—	2021

注：1、三经普后，将高新服务业、高新建筑业纳入高新技术业统计范围。原高新技术业仅包含高新制造业。

2、“四下”高新技术产业增加值根据三经普数据测算；增加值速度按可比价计算，其他指标均按现价计算。

指 标 解 释

Explanatory Notes on Statistical Indicators

【工业】 指从事自然资源的开采，对采掘品和农产品进行加工和再加工的物质生产部门。具体包括：(1) 对自然资源的开采，如采矿、晒盐、森林采伐等（但不包括禽兽捕猎和水产捕捞）；(2) 对农副产品的加工、再加工，如粮油加工、食品加工、扎花、纺织、制革等；(3) 对采掘品的加工、再加工，如炼铁、炼钢、化工生产、石油加工、机器制造、木材加工等，以及电力、自来水、煤气的生产和供应等;(4) 对工业品的修理、翻新，如机器设备的修理、交通运输工具（包括小卧车）的修理等。1984 年以前农村的村及村以下办工业归属农业，1984 年以后划归工业。

【轻工业】 指主要提供生活消费品和制作手工工具的工业。按其所使用的原料不同，可分为两大类：(1) 以农业为原料的轻工业，是指直接或间接以农产品为基本原料的轻工业。主要包括食品制造、饮料制造、烟草加工、纺织、缝纫、皮革和毛皮制作、造纸以及印刷等工业；(2) 以非农产品为原料的轻工业，是指以工业品为原料的轻工业。主要包括文教体育用品、化学药品制造、合成纤维制造、日用化学制品、日用玻璃制品、日用金属制品、手工工具制造、医疗器械制造、文化和办公用机械制造等工业。

【重工业】 是指为国民经济各部门提供物质技术基础的主要生产资料的工业。按其生产性质和产品用途，可以分为下列三类:(1)采掘(伐)工业，是指对自然资源的开采，包括石油开采、煤炭开采、金属矿开采、非金属矿开采和木材采伐等工业；(2) 原材料工业，指向国民经济各部门提供基本材料、动力和燃料的工业。包括金属冶炼及加工、炼焦及焦炭化学、化工原料、水泥、人造板以及电力、石油和煤炭加工等工业；(3) 加工工业，是指对工业原材料进行再加工制造的工业。包括装备国民经济各部门的机械设备制造工业、金属结构、水泥制品等工业，以及为农业提供的生产资料如化肥、农药等工业。根据上述划分原则，修理业中以重工业产品为修理作业对象的划为重工业，反之划为轻工业。

【工业总产值】 是以货币表现的工业在一定时期内生产的已出售或可供出售工业产品总量，它反映一定时期内工业生产的总规模和总水平。它包括：在本企业内不再进行加工，经检验、包装入库（规定不需包装的产品除外）的成品价值，工业性作业价值，自制半成品、在产品期末初差额价值。工业总产值采用“工厂法”计算，即以工业作为一个整体，按企业生产活动的最终成果来计算，企业内部不允许重复计算，不能把企业内部各个车间（分厂）生产的成果相加。但在企业之间、行业之间、地区之间存在着重复计算。轻重工业总产值的划分也是按“工厂法”计算的，即一个工业企业在正常情况下生产的主要产品的性质属于轻工业，则该企业的全部总产值作为轻工业总产值；一个工业企业生产的主要产品的性质属于重工业，则该企业的全部总产值作为重工业总产值。

【工业增加值】 是指工业行业在报告期内以货币表现的工业生产活动的最终成果。

【工业销售产值】 是以货币表现的工业企业在一定时期内销售的本企业生产的工业产品产量。包括已销售的成品、半成品价值，对外提供的工业性作业价值和对本单位基本建设部门、生活福利部门等提供的产品和工业性作业及自制设备的价值。已销售的成品、半成品不论是本期生产的、还是上期生产的，只要是本期销售出去的均包括在内。对外提供的工业性作业是指企业按合同对外提供的工业性劳务。企业为本单位基本建设部门、生活福利部门等提供的产品和工业性作业及自制设备也应视同销售，这部分也应作为销售统计。工业销售产值的计算范围、计算价格和计算方法与工业总产值一致，但两者计算的基础不同，工业销售产值计算的基础是产品销售总量，工业总产值计算的基础是工业产品生产总量。

【国有及国有控股】 国有即企业登记注册类型为国有的企业。国有控股是指在企业的全部资本中，国家资本（股本）占较多比例，并且由国家实际控制的企业。分为“国有绝对控股企业”和“国有相对控股企业（含协议控制）”。国有绝对控股:是指国家资本所占比例大于 50%（含 50%）的企业。国有相对控股企业（含协议控制）：是指国家资本比例不足 50%,但相对大于企业中的其他经济成分所占比例的企业（相对控股），或者虽不大于其他经济成分、但根据协议规定由国家拥有实际控制权的企业（协议控制）。

【资产合计】 指企业拥有或控制的全部资产。包括流动资产、长期投资、固定资产、无形及递延资产、其他长期资产、递延税项等，即为企业资产负债表的资产总计项。(1) 流动资产指企业可以在一年内或者超过一年的一个生产周期内变现或耗用的资产合计。包括现金及各种存款、短期投资、应收及预付款项、存货等。(2) 固定资产指企业固定资产净值、固定资产清理、在建工程、待处理固定资产损失所占用的资金合计。

【负债合计】 指企业承担并需要偿还的全部债务。包括流动负债和长期负债、递延税项等，即为企业资产负债表的负债合计项。(1) 流动负债指企业在一年内或者超过一年的营业周期内需要偿还的债务合计，其中包括短期借款、应付及预收款项、应付工资、应交税金和应交利润等。(2)长期负债指企业在一年以上或者超过一年的生产周期以上需要偿还的债务合计，其中包括长期借款、应付债务、长期应付款项等。

【固定资产原价】 指企业在建造、购置、安装、改建、扩建、技术改造某项固定资产时所支出的全部货币总额。它一般包括买价、包装费、运杂费和安装费。

【固定资产净值】 是指固定资产原价减去历年已提折旧额后的净值。

【所有者权益】 指企业投资人对企业净资产的所有权。企业净资产等于企业全部资产减去全部负债后余额，其中包括投资者对企业的最初投入，以及资本公积金、盈余公积金和未分配利润，对股份制企业即为股东权益。

【实收资本】 指企业实际收到的投资人投入的资本总额。

【产品销售收入】 指企业销售产品的销售收入和提供劳务等主要经营业务取得的业务总额。

【产品销售成本】 指企业销售产品和提供劳务等主要经营业务的实际成本。

【产品销售税金及附加】 指企业销售产品和提供工业性劳务等主要经营业务应负担的城市维护建设税、消费税、资源税和教育费附加。

【产品销售利润】 指企业销售产品和提供工业性劳务等主要经营业务收入扣除其成本、费用、税金后的利润。

【利润总额】 指企业实现的全部利润。反映企业最终的财务成果。

【本年应交增值税】 指当期销项税额抵扣当期进项税额后的余额。

【工业工业产品销售率】 指报告期工业销售产值与同期全部工业总产值之比。计算公式：

$$\text{工业产品销售率}(\%)=\frac{\text{报告期现价工业销售产值}}{\text{报告期现价工业总产值}}\times 100\%$$

【工业增加值率】 指报告期工业增加值占工业总产值的比重，反映降低中间消耗的经济效益。计算公式：

$$\text{工业增加率（}\%\text{）}=\frac{\text{报告期现价工业增加值}}{\text{报告期现价工业总产值}}\times 100\%$$

【工业成本费用利润率】 指在一定时期内实现的利润与成本费用之比，是反映工业生产成本及费用投入的经济效益指标，同时也是反映降低成本的经济效益的指标。计算公式：

$$\text{工业成本费用利润率}(\%)=\frac{\text{利润总额}}{\text{成本费用总额}}\times 100\%$$

【工业全员劳动生产率】 指根据产品的价值量指标计算的平均每一个职工在单位时间内创造的工业生产最终成果。是考核企业经济活动的重要指标，是企业生产技术水平、经济管理水平、职工技术熟练程度和劳动积极性的综合表现。目前我国的全员劳动生产率是将工业企业的工业增加值除以同一时期全部职工的平均人数来计算的。计算公式：

$$\text{工业全员劳动生产率（元/人）}=\frac{\text{工业增加值（现价）}}{\text{全部职工平均人数}}$$

【流动资产周转次数】 指在一定时期内流动资产完成的周转次数，反映流动资产的周转速度。计算公式：

$$\text{流动资产周转次数（次）}=\frac{\text{产品销售收入}}{\text{流动资产平均余额}}$$

【流动比率】 是反映企业每百元流动负债中，有多少元流动资产作后盾。计算公式：

$$\text{流动比率（倍）}=\frac{\text{流动资产总额}}{\text{流动负债总额}}$$

【速动比率】 是衡量企业流动资产中可以立即用于偿付流动负债的能力。计算公式：

$$\text{速动比率（倍）}=\frac{\text{流动资产总额}-\text{存货}}{\text{流动负债总额}}$$

【资产负债率】 反映在企业资产总额中有多少资产是通过借债而得的，也可以用于衡量企业利用债权人提供资金进行经营活动的能力以及企业在清算时保护债权人利益的程度。计算公式：

$$\text{资产负债率}=\frac{\text{负债总额}}{\text{资产总额}}\times 100\%$$

【总资产贡献率】 反映企业全部资产的获利能力，是企业经营业绩和管理水平的集中体现，是评价和考核企业盈利能力的核心指标。计算公式为：

总资产贡献率 =（利润总额 + 税金总额 + 利息支出）÷ 平均资产总额 ×100%

其中：税金总额为产品销售税金及附加与应交增值税之和；平均资产总额为期初期末资产总计的算术平均值。

【资本保值增值率】 反映企业净资产的变动状况，是企业发展能力的集中体现。计算公式为：

资本保值增值率 = 报告期期末所有者权益 / 上年同期期末所有者权益 ×100%。

十一、能　　源

Energy

资料整理：王　静

11-1 县市区全社会能源消费总量

Total Consumption of Energy by County

单位：万吨标准煤、吨/万元

地 区	2014年 总能耗	2014年 单位GDP能耗	单耗降低率 ±%
总 计	924.50	0.7234	-3.91
荆州区	79.43	0.3897	-3.91
沙市区	110.96	0.9026	-3.71
开发区	108.27	0.7733	-3.91
江陵县	29.42	0.5468	-3.92
松滋市	131.49	0.8434	-6.27
公安县	101.13	0.6139	-3.55
石首市	81.56	0.6254	-4.75
监利县	100.50	0.5550	-3.94
洪湖市	99.72	0.6383	-4.56

11–2　全社会 GDP 能耗结构表

Total Consumption of Energy by Jingzhou City

单位：万吨标准煤

指　标	2014 年	增长（%）	能耗构成（%）
能源消费总量	924.50	5.47	100.00
第一产业能源消费	16.56	–7.76	1.79
第二产业能源消费	600.96	5.36	65.00
工业能源消费	594.32	5.32	64.29
规上	420.37	6.41	45.47
规下	173.95	2.78	18.82
建筑业能源消费	6.64	8.66	0.72
第三产业能源消费	172.50	19.10	18.66
交通运输业能源消费	47.27	8.45	5.11
居民生活用能	134.48	–6.20	14.55
城市居民生活用能	58.57	–13.79	6.34
农村居民生活用能	75.92	0.64	8.21
GDP（2010年可比价）（亿元）	1277.95	9.77	–
单位GDP能耗（吨/万元）	0.72	–3.91	–

11-3 规模以上工业企业能源购进、消费与库存

Resource's Purchase, Consumption and Stoch of Industrial Enterprises above Designed Size

能源名称	计量单位	企业单位数（个）	年初库存量	购进量		年末库存量
				实物量	金额（万元）	
原煤	吨	168	266036	3288874	187901	234824
其中：无烟煤	吨	23	23108	251253	19881	13200
炼焦烟煤	吨	2		2368	223	
一般烟煤	吨	145	242929	3035253	167798	221624
褐煤	吨					
焦炭	吨	6	137	15153	1966	117
天然气（气态）	万立方米	25		4280	13118	
液化天然气（液态）	吨	1	1	46	38	
原油	吨	2		2	1	
汽油	吨	77	7	4129	3295	5
煤油	吨	9	35	973	595	29
柴油	吨	59	247	6683	5060	371
燃料油	吨	4	186	768	564	162
液化石油气	吨	2	8	275	190	4
润滑油	吨					
溶剂油	吨	5	93	1212	975	79
石油焦	吨	1	18660	166532	15818	18933
其它石油制品	吨	1		21	36	
热力	百万千焦	11		4934870	33780	
电力	万千瓦时	991		561348	423666	
煤矸石用于燃料	吨	2		647191	3115	
城市垃圾用于燃料	吨	1		180716		
生物质废料用于燃料	吨	12	65145	967988	33578	41658
其他燃料	吨标准煤	14	139	32036	1228	101
能源合计	吨标准煤	991				

11-3 续表

能源名称	计量单位	消费量				
		合计	工业生产消费	用于原材料	非工业生产消费	运输工具消费
原煤	吨	3314257	3313544	177078	713	
其中：无烟煤	吨	259750	259748	4239	1	
炼焦烟煤	吨	2368	2368			
一般烟煤	吨	3052140	3051428	172839	712	
褐煤	吨					
焦炭	吨	15173	15173	920		
天然气（气态）	万立方米	4280	4277	445	4	
液化天然气（液态）	吨	46			46	
原油	吨	1	1			
汽油	吨	4128	1468	2	2659	1231
煤油	吨	979	979	685		
柴油	吨	6574	4402	534	2172	1936
燃料油	吨	790	790	478		
液化石油气	吨	279	279			
润滑油	吨					
溶剂油	吨	1226	1226	188		
石油焦	吨	166259	166259			
其它石油制品	吨	21	21			
热力	百万千焦	4934870	4934870			
电力	万千瓦时	616178	614143		2034	362
煤矸石用于燃料	吨	647191	647191			
城市垃圾用于燃料	吨	180716	180716			
生物质废料用于燃料	吨	987775	987775			
其他燃料	吨标准煤	34322	34322	1946		
能源合计	吨标准煤	4172163	4161939		10224	

11-4 规模以上工业企业分品种分行业能源消费量

Consumptoion of Major Resources by Industrial Sector and Industrial Enterprises above Designed Size

单位：万立方米、吨

指 标	原煤	无烟煤	炼焦烟煤	一般烟煤	焦炭	天然气	液化天然气
总计	3314257	259750	2368	3052140	15173	4280	46
一、采矿业							
煤炭开采和洗选业							
黑色金属矿采选业							
非金属矿采选业							
其他采矿业							
二、制造业	1916285	259750	2368	1654167	15173	4280	46
农副食品加工业	323054	3837	1850	317367		2909	
食品制造业	11025			11025		6	
酒、饮料和精制茶制造业	76146	335		75811		1	
纺织业	29330	4804		24526		147	46
纺织服装、服饰业	83			83		10	
皮革、毛皮、羽毛及其制品和制鞋业	6			6			
木材加工和木、竹、藤、棕、草制品业	5870			5870			
家具制造业							
造纸和纸制品业	74399			74399			
印刷和记录媒介复制业							
文教、工美、体育和娱乐用品制造业	518		518				
石油加工、炼焦和核燃料加工业	8295			8295			
化学原料和化学制品制造业	652883	2328		650555		43	
医药制造业	401402	233330		168072		533	
橡胶和塑料制品业	2901			2901			
非金属矿物制品业	251235	10923		240312			
黑色金属冶炼和压延加工业	56615			56615	13575		
有色金属冶炼和压延加工业	3650	3650				33	
金属制品业	1835	425		1410		32	
通用设备制造业	1082			1082		56	
专用设备制造业	929			929	678	25	
汽车制造业	15024	115		14909	920	28	
铁路、船舶、航空航天和其他运输设备制造业						51	
电气机械和器材制造业	2	2				405	
计算机、通信和其他电子设备制造业							
仪器仪表制造业							
其他制造业							
废弃资源综合利用业							
三、电力、热力、燃气及水生产和供应业	1397972			1397972			
电力、热力生产和供应业	1397972			1397972			
水的生产和供应业							

11-4　续表1　　单位：万立方米、吨

指　标	原油	汽油	煤油	柴油	燃料油	液化石油气	溶剂油	石油焦
总计	1	4128	979	6574	790	279	1226	166259
一、采矿业								
煤炭开采和洗选业								
黑色金属矿采选业								
非金属矿采选业								
其他采矿业								
二、制造业	1	4043	979	6373	590	279	1226	166259
农副食品加工业		1385		1533			1010	
食品制造业		18		17			216	
酒、饮料和精制茶制造业		14		65				
纺织业		49		90				
纺织服装、服饰业		30						
皮革、毛皮、羽毛及其制品和制鞋业		72						
木材加工和木、竹、藤、棕、草制品业		5		486				
家具制造业								
造纸和纸制品业		61		24				
印刷和记录媒介复制业								
文教、工美、体育和娱乐用品制造业								
石油加工、炼焦和核燃料加工业								
化学原料和化学制品制造业		247	685	991	478			
医药制造业		29		6				
橡胶和塑料制品业		86		115				
非金属矿物制品业	1	24		2340		122		166259
黑色金属冶炼和压延加工业		318		127				
有色金属冶炼和压延加工业		21		5				
金属制品业		256		54				
通用设备制造业		984	2	144				
专用设备制造业		299		242	92			
汽车制造业		100	291	69	20			
铁路、船舶、航空航天和其他运输设备制造业								
电气机械和器材制造业		34		64		157		
计算机、通信和其他电子设备制造业								
仪器仪表制造业								
其他制造业								
废弃资源综合利用业								
三、电力、热力、燃气及水生产和供应业		84		201	200			
电力、热力生产和供应业				201	200			
水的生产和供应业		84						

11-4　续表2　　单位：吨、百万千焦、吨标准煤、万千瓦时

指　标	其他石油制品	热力	电力	煤矸石用于燃料	城市生活垃圾用于燃料	生物质废料用于燃料	其他燃料
总计	21	4934870	616178	647191	180716	987775	34322
一、采矿业			1616				
煤炭开采和洗选业			1158				
黑色金属矿采选业			188				
非金属矿采选业			31				
其他采矿业			238				
二、制造业	21	4934870	590878	2700		496825	34322
农副食品加工业			80430			400818	13460
食品制造业			7144				
酒、饮料和精制茶制造业			8525				
纺织业		296629	77031				1627
纺织服装、服饰业			3428				
皮革、毛皮、羽毛及其制品和制鞋业		4800	2792				
木材加工和木、竹、藤、棕、草制品业	21		33738			95934	
家具制造业			1748				
造纸和纸制品业		4532619	33553			73	16780
印刷和记录媒介复制业			665				
文教、工美、体育和娱乐用品制造业			492				
石油加工、炼焦和核燃料加工业			2254				
化学原料和化学制品制造业		98232	80938				
医药制造业			36904				
橡胶和塑料制品业			28444				
非金属矿物制品业			47541	2700			2000
黑色金属冶炼和压延加工业			55626				
有色金属冶炼和压延加工业		2590	5085				
金属制品业			16916				
通用设备制造业			9981				
专用设备制造业			12569				
汽车制造业			27706				438
铁路、船舶、航空航天和其他运输设备制造业			939				
电气机械和器材制造业			14313				17
计算机、通信和其他电子设备制造业			758				
仪器仪表制造业			451				
其他制造业			480				
废弃资源综合利用业			409				
三、电力、热力、燃气及水生产和供应业			23684	644491	180716	490950	
电力、热力生产和供应业			20690	644491	180716	490950	
水的生产和供应业			2985				

11-5 规模以上工业企业取水量

Quantity of Water Consumption in Use of Industrial Enterprises above Designed Size

单位：万立方米

指　标	工业企业取水总量	地表水	自来水	地下水	重复用水	外供水量
合计	19723	16053	2957	538	6582	10578
一、采矿业	5	2	4			1
煤炭开采和洗选业	5	2	3			1
二、制造业	7791	4152	2925	538	6528	1
农副食品加工业	656	10	341	299	38	1
食品制造业	47	3	37	2	1	
饮料制造业	299	33	224	30	14	
烟草制品业						
纺织业	677	273	311	43	24	
纺织服装、鞋、帽制造业	46	1	39	6		
皮革、毛皮、羽毛（绒）等	4		4			
木材加工及木、竹、藤等	67		31	36	190	
家具制造业	2		2			
造纸及纸制品业	2446	2259	52	54	239	
印刷业和记录媒介的复制	5		5			
文教、工美、体育和娱乐用品制造业	1		1			
化学原料及化学制品制造业	2213	1114	1088	5	5877	
医药制造业	520	420	97	2	1	
橡胶和塑料制品业	86	36	34	1	47	
非金属矿物制品业	181	4	144	33	52	
黑色金属冶炼和压延	61		58	3	20	
有色金属冶炼和压延	7		5	3		
金属制品业	82		78	5	2	
通用设备制造业	60		50	10	2	
专用设备制造业	63		63		2	
汽车制造业	124		119	5		
铁路、船舶、航空航天和其他运输设备制造业	7		7			
电气机械及器材制造业	122		122	1	17	
通信设备、计算机及其他	5		5			
仪器仪表制造业	2		2			
其他制造业	3		3			
三、电力、热力、燃气及水生产和供应业	11927	11899	28		54	10576
电力、热力生产和供应业	195	175	20		54	
水的生产和供应业	11732	11724	8			10576

11–6 分年全社会用电量

Electricity Consumption by Year

单位：万千瓦时

指 标	2010 年	2011 年	2012 年	2013 年	2014 年
全社会用电总计	740878	800447	855087	961139	983689
农、林、牧、渔业	41049	35654	32077	37463	36806
工业	459774	494347	505507	559028	584302
建筑业	4275	7274	10241	16472	20785
交通运输、仓储、邮政业	3968	5909	8613	11108	12042
信息传输、计算机服务和软件业	1281	2157	2576	3186	3994
商业、住宿和餐饮业	39734	46718	53674	58032	56915
金融、房地产、商务及居民服务业	2818	3483	4231	4786	4901
公共事业及管理组织	25565	29779	33002	36277	37593
城乡居民生活用电合计	162413	175126	205167	234788	226352
其中：乡村居民用电	65563	77710	111483	126663	117746
城镇居民用电	96850	97416	93684	108125	108606

指 标 解 释

Explanatory Notes on Statistical Indicators

【能源生产总量】 指一定时期内国家或地区一次能源生产量的总和，是能源生产水平、规模、构成和发展速度的总量指标。一次能源生产量包括原煤，原油，天然气，水电、核能及其他动力能（如风能、地热能等）发电量，不包括低热值燃料生产量、生物质能、太阳能等的利用和由一次能源加工转换而成的二次能源产量。

【能源消费总量】 指一定时期内国家或地区物质生产部门、非物质生产部门和生活消费的各种能源的总和，是观察能源消费水平、构成和增长速度的总量指标。能源消费总量包括原煤和原油及其制品、天然气、电力，不包括低热值燃料、生物质能和太阳能等的利用。能源消费总量分为终端能源消费量、能源加工转换损失量和损失量三部分。

（1）终端能源消费量：指一定时期内国家或地区生产和生活消费的各种能源在扣除了用于加工转换二次能源消费量和损失量以后的数量。

（2）能源加工转换损失量：指一定时期内国家或地区投入加工转换的各种能源数量之和与产出各种能源产品之和的差额，是观察能源在加工转换过程中损失量变化的指标。

（3）能源损失量：指一定时期内能源在输送、分配、储存过程中发生的损失和由客观原因造成的各种损失量，不包括各种气体能源放空、放散量。

【单位国内生产总值能耗】 指一定时期内，一个国家或地区每生产一个单位的国内生产总值所消耗的能源。计算公式为：

【取水总量】 指工业企业从各种水源取的，并用于工业生产活动的水量总和，包括地表水、地下水、自来水、由管道供应的未经达标处理的水、经城市汙水处理厂处理后回用的中水、海水，以及企业从市场购得的其他水或水的产品（如纯净水、矿泉水、蒸汽、热水、地热水等）。取水总量包括主要工业生产用水、辅助生产（包括机修、运输、空压站等）用水和附属生产（包括厂内绿化、职工食堂、非营业的浴室及保健站、厕所等）用水；不包括非工业生产单位的用水，如厂内居民家庭用水和企业附属幼儿园、学校、对外营业的浴室、游泳池等的用水量。

十二、交通运输与邮电

Transport, Post and Telecommunication Services

资料整理：潘红星

祁宝谊

12-1 全社会交通运输量

Total Passenger and Freight Traffic

指 标	单位	2010 年	2011 年	2012 年	2013 年	2014 年
客运量	万人	8228	8663	9360	8620	9210
#公路运输	万人	8228	8663	9360	8582	9158
水上运输	万人				38	51
旅客周转量	万人万吨	564575	624447	728683	385842	443168
#公路运输	万人公里	564575	624447	728683	385351	442622
水上运输	万人公里				491	546
货运量	万吨	4930	6099	6975	8755	12649
#公路运输	万吨	3526	4064	4635	6117	7085
水上运输	万吨	1268	1865	2200	2496	5427
铁路运输	万吨	136	170	140	142	137
货物周转量	万吨公里	2049088	2483801	3120706	3887364	4034821
#公路运输	万吨公里	637917	713369	882261	1240043	1425996
水上运输	万吨公里	1400720	1770432	2227539	2636117	2597552
铁路运输	万吨公里	10451	13434	10906	11204	11273
货物吞吐量	万吨	1909	2148	2304	2619	2850
集装箱	万吨	72	83	109	128	10

12-2 公路里程

Length of Highways

指 标	单位	2010 年	2011 年	2012 年	2013 年	2014 年
公路通车里程	公里	18685	19204	19658	20307	20982
#：晴雨通车	公里	17573	18280	18793	19570	
行政等级分：县级公路	公里	1834	1834	1867	1867	1867
乡级公路	公里	4819	4869	4869	4901	4901
专用公路	公里	30	30	30	30	30
国道公路	公里	160	155	155	155	155
省级公路	公里	897	890	886	894	894
技术等级分：一级公路	公里	167	169	196	202	225
二级公路	公里	1177	1197	1225	1230	1368
三级公路	公里	1184	1190	1158	1153	1069
四级公路	公里	15048	15739	16228	16998	17670
等级外公路	公里				724	649
可绿化里程	公里	1109	18007	19545	19570	20859
#：绿化里程	公里	17317	9844	10182	10677	11218
养护里程	公里	9395	18089	18614	19442	20973
内河通航里程	公里				1695	1740
境内铁路营业里程	公里	33	33	33	33	33

12-3　分县市区公路里程

Length of Highways by County

指　标	单　位	荆州市	荆州区	沙市区	江陵县	松滋市
公路里程	公里	20982	1779	1198	1719	3166
等级公路里程	公里	20332	1748	1198	1558	3155
行政等级分：县级公路	公里	1867	216	120	207	216
乡级公路	公里	4901	461	336	275	1061
专用公路	公里	30				30
国道公路	公里	155	43	31		
省级公路	公里	894	15	18	83	199
技术等级分：一级公路	公里	225	41	49	25	13
二级公路	公里	1368	114	56	100	246
三级公路	公里	1069	51	68	136	175
四级公路	公里	17670	1542	1024	1297	2720
行政村公路通畅率	%	100	100	100	100	100
可绿化里程	公里	20859	1774	1193	1711	3157
#绿化里程	公里	11218	183	457	1330	2753
养护里程	公里	20973	1779	1198	1719	3166
内河通航里程	公里	1740	34	92	137	156

指　标	单　位	公安县	石首市	监利县	洪湖市
公路里程	公里	3120	2357	4587	3057
等级公路里程	公里	3120	2353	4189	3012
行政等级分：县级公路	公里	265	283	297	262
乡级公路	公里	610	632	695	830
专用公路	公里				
国道公路	公里	81			
省级公路	公里	101	109	167	202
技术等级分：一级公路	公里	8	0	36	51
二级公路	公里	183	172	255	241
三级公路	公里	170	124	296	49
四级公路	公里	2758	2057	3602	2671
行政村公路通畅率	%	100	100	100	100
可绿化里程	公里	3101	2346	4552	3024
#绿化里程	公里	2249	1867	980	1399
养护里程	公里	3120	2353	4587	3052
内河通航里程	公里	372	82	354	512

12–4 港口运输量

Volume of Freight Handled in Ports by County

单位：万吨

指　标	荆州市	荆州港	江陵县	松滋市
货物吞吐情况	2850.30	1550.07	140.10	55.61
#集装箱	10.01	10.01		
出口量	537.00	394.13	1.26	31.82
进口量	2313.30	1155.94	138.84	23.79
货物分类：煤　炭	266.12	149.16	31.17	0.28
石油及制品	202.33	145.27	0.06	
建　材	1429.40	599.02	85.13	38.59
化肥农药	71.40	54.74	0.99	
粮　食	79.68	32.49	0.17	0.45
其　他	801.37	569.39	22.58	16.29

指　标	公安县	石首市	监利县	洪湖市
货物吞吐情况	184.13	392.95	312.12	215.32
#集装箱				
出口量	40.14	47.61	22.04	
进口量	143.99	345.34	290.08	215.32
货物分类：煤　炭		30.23	32.38	22.90
石油及制品	35.88	6.04		15.08
建　材	123.18	231.95	221.56	129.97
化肥农药		2.03	12.84	0.80
粮　食	22.12		22.04	2.41
其　他	2.95	122.7	23.3	44.16

12-5 民用车辆拥有量

Nomber of Civil Vehicles Owned

单位：辆

指　标	总　计	营运	非营运	进口	个人
合　计	722378	64536	657842	6018	677035
一、汽车	262448	56020	206428	5997	219901
1.载客汽车	196530	11229	185301	5987	167514
#大型	4078	3728	350	9	8
中型	3540	2422	1118	35	539
小型	64862	130	64732	3593	57415
轿车	124050	4949	119101	2350	109552
2.载货汽车	58006	39584	18422	10	46703
#重型	10021	9423	598	1	4326
中型	5878	5690	188	0	4475
轻型	16488	13497	2991	2	15250
#普通载货	25619	10974	14645	7	22652
3.其他汽车	7912	5207	2705	0	5684
#三轮汽车	417	318	99	0	417
低速货车	7495	4889	2606	0	5267
二、摩托车	457015	5685	451330	21	456499
1.普通	454539	5685	448854	20	454034
2.轻便	2476	0	2476	1	2465
三、拖拉机	0	0	0	0	0
四、挂车	2913	2831	82	0	633
五、其他类型车	2	0	2	0	2
补充资料：机动车驾驶员（人）	900253				
其中：汽车驾驶员（人）	611212				

指 标 解 释

Explanatory Notes on Statistical lndicators

【铁路营业里程】 又称营业长度，指办理客货运输业务的铁路正线总长度。凡是全线或部分建成双线及以上的线路，以第一线的实际长度计算；复线、站线、段管线、岔线和特殊用途线以及不计算运费的联络线都不计算营业里程。铁路营业里程是反映铁路运输业基础设施发展水平的重要指标，也是计算客货周转量、运输密度和机车车辆运用效率等指标的基础资料。

【货（客）运量】 指在一定时期内，各种运输工具实际运送的货物（旅客）数量。是反映运输业为国民经济和人民生活服务的数量指标，也是制定和检查运输生产计划，研究运输发展规模和速度的重要指标。货运按吨计算，客运按人计算。货物不论运输距离长短，货物类别，均按实际重量统计；旅客不论行程远近或票价多少，均按一人一次作为客运量统计。半价票、小孩票也按一人统计。

【货物（旅客）周转量】 指在一定时期内，由各种运输工具运送的货物（旅客）数量与其相应运输距离的乘积之总和，是反映运输业生产总成果的重要指标，也是编制和检查运输生产计划，计算运输效率、劳动生产率以及核算运输单位主要基础资料。计算货物周转量通常按发出站与到达站之间的最短距离，也就是计费距离计算。

【邮电业务总量】 是以货币形式表示的邮政电信企业为社会提供各类邮政通信服务的总数量。计算公式为：

邮电业务总量 = ∑（各类邮政通信业务量 + 不变单价）+ 出租代维及其他业务收入

【固定电话用户】 指接入国家公众固定电话网的全部电话用户。

【住宅电话用户】 指私人付费或安装在居民住宅并按照私人或住宅电话用户登记注册和收费的各类电话用户。

【移动电话用户】 指通过移动电话交换机进入移动电话网，占用移动电话号码的各类电话用户。

【电话普及率】 指报告期行政区域常住人口中，平均每百人拥有的话机数（包括移动电话）。计算公式为：

电话普及率 = 电话机总数（部）/ 行政区域常住人口数

【主线普及率】 指报告期行政区域常住人口中，平均每百人拥有的固定电话主线数。计算公式为：主线普及率 = 电话主线数（本地电话用户）/ 行政区域常住人口数

【移动电话普及率】 指报告期行政区域常住人口中，平均每百人拥有的移动电话的用户数。计算公式为：移动电话普及率 = 移动电话用户总数 / 行政区域常住人口数

【市话交换机容量】 指局用交换机容量与接入网设备容量（或局用交换机容量）之和。

【电话机拥有量】 指固定电话机总数与移动电话用户之和。

十三、国内外贸易与旅游

Trade and Tourism

资料整理：陈　格

13-1　社会消费品零售总额

Total Value of Retail Sales of Consumer Goods

单位：万元

指　标	2005 年	2010 年	2011 年	2012 年	2013 年	2014 年
合　计	1987521	4710826	5568000	6505411	7382647	8314421
荆州区	255320	683034	811601	967663	1120179	1164255
沙市区	454301	1038430	1275407	1450187	1656668	1800125
江陵县	91287	171722	202142	240388	262507	346353
松滋市	212077	553118	619888	795515	887013	963548
公安县	268791	585969	730674	841370	955671	1125301
石首市	198270	530085	620022	670848	757742	860553
监利县	282055	613954	698015	824202	928049	1121577
洪湖市	225420	534514	610251	715238	814819	932709

13-2　分行业社会消费品零售总额

Total Value of Retail Sales of Consumer Goods by Sector

单位：万元

指　标	2005 年	2010 年	2011 年	2012 年	2013 年	2014 年
社会消费品零售总额	1987521	4710826	5568000	6505411	7382647	8314421
按销售地区分						
城镇	1452357	3770675	4505838	5379841	6116380	6834945
乡村	535164	940151	1062162	1125570	1266267	1479476
按行业分						
批发和零售业	1779404	4227998	5001684	5832489	6609702	7440558
住宿和餐饮业	208117	482828	566316	672922	772945	873863

13-3 限额以上批发和零售业法人商品购进、销售和库存综合表

Main Statistics on Purchase, Total Sales and Stock of Enterprises above Designed Size

单位：万元、平方米

指　标	企业数（个）	年末从业人数（人）	商品购进额	商品销售额			期末商品库存额	年末零售营业面积
					批发	零售		
总　　计	765	24666	4064284	4372094	2328705	2043389	242851	1412249
一、批发业	219	8999	2679952	2925858	2279472	646386	107904	635374
1. 按批发行业小类分								
农、林、牧产品批发	42	1390	217173	226348	222719	3630	25531	207261
种子批发	8	233	25095	30302	30225	77	11801	37445
饲料批发	2	14	8055	7919	7919		136	9220
棉、麻批发	15	745	116606	117428	117428		9737	117230
其他农牧产品批发	1	55	6124	5868	4721	1148	256	800
食品、饮料及烟草制品批发	43	3276	1282874	1495373	1141772	353601	39967	75947
医药及医疗器材批发	15	718	119175	124311	121430	2882	6964	23719
西药批发	4	257	34636	35764	35664	100	3179	10157
中药批发	9	404	73080	77136	76104	1033	3738	12562
矿产品、建材及化工产品批发	64	2814	895565	903051	623808	279242	21200	283778
石油及制品批发	5	1569	709557	715782	445264	270518	2371	193800
建材批发	13	190	41808	40631	40321	311	5963	11135
化肥批发	10	160	29930	30375	29271	1104	3716	11344
其他批发业	11	102	18009	30529	29806	722	1037	13423
再生物资回收与批发	2	23	4764	4973	4973		278	50
其他未列明批发业	9	79	13246	25556	24834	722	759	13373
2. 按登记注册类型分								
国有企业	1	1152	384102	520060	520000	60	22451	333
有限责任公司	83	2624	847674	864536	619474	245063	39185	102439
其他有限责任公司	83	2624	847674	864536	619474	245063	39185	102439
股份有限公司	5	1672	720637	729262	458744	270518	10605	218750
私营企业	126	3444	715615	799511	668866	130645	35475	309940
私营有限责任公司	124	3330	603015	682916	581137	101780	35114	306630
私营股份有限公司	1	104	109800	113945	85079	28866	211	3000
其他企业	3	91	7986	8552	8452	100	188	3082
3. 按企业控股情况分								
国有控股	5	2780	1118564	1265966	996417	269549	26509	184478
私人控股	205	5853	1429609	1526552	1190179	336373	69152	396324
其他	6	182	35025	36589	36589		12141	50542
4. 按经营形式分								
独立门店	189	8363	2592002	2834129	2189308	644821	94632	581912
二、零售业	546	15667	1384332	1446236	49232	1397003	134947	776875
1. 按零售行业小类分								
综合零售	91	5064	251607	287256	2997	284259	22025	255706
百货零售	40	1287	95042	102706	1393	101313	6029	78814
超级市场零售	39	3472	132146	160368	1604	158764	14453	165608
食品、饮料及烟草制品专门零售	55	1364	154339	158582	20208	138374	6477	35002
粮油零售	5	96	14572	18193		18193	710	1502
纺织、服装及日用品专门零售	39	896	57447	60964	5095	55870	8034	35109
纺织品及针织品零售	7	116	18520	20459		20459	2841	9250
服装零售	23	550	32403	33233	5095	28138	4078	15749
鞋帽零售	2	75	1527	1749		1749	470	2750

单位：万元、平方米

指　标	企业数（个）	年末从业人数（人）	商品购进额	商品销售额	批发	零售	期末商品库存额	年末零售营业面积
文化、体育用品及器材专门零售	26	615	43025	43952	35	43917	4113	14217
图书、报刊零售	9	284	30059	30305	35	30270	1344	3265
医药及医疗器材专门零售	27	1636	99391	102175	4535	97640	7244	59305
药品零售	24	1575	92495	95505	4535	90970	7018	56405
汽车、摩托车、燃料及零配件专门零售	109	2428	453453	468880	103	468777	51202	141510
汽车零售	82	2007	418804	434144		434144	46868	126853
汽车零配件零售	13	254	20467	20594		20594	1956	4508
摩托车及零配件零售	13	162	13629	13509	103	13406	2343	9727
家用电器及电子产品专门零售	96	1999	181401	178655	6613	172043	27102	98926
日用家电设备零售	55	1305	123147	122701	6473	116228	20970	61477
计算机、软件及辅助设备零售	24	315	22604	23014	140	22874	1658	7683
五金、家具及室内装饰材料专门零售	58	1012	98404	99030	9647	89383	5931	52025
五金零售	14	151	20733	21449	5577	15871	983	5247
家具零售	18	464	54045	52870	4070	48801	3131	36288
货摊、无店铺及其他零售业	45	653	45267	46742		46742	2819	85075
生活用燃料零售	28	421	28927	30451		30451	1694	68268
其他未列明零售业	15	212	14886	15062		15062	900	16407
2. 按登记注册类型分								
内资企业	544	15114	1374173	1408639	49232	1359406	133204	742112
国有企业	5	137	19489	19849		19849	2009	8585
有限责任公司	195	6584	648635	670934	30931	640003	59406	305340
其他有限责任公司	195	6584	648635	670934	30931	640003	59406	305340
股份有限公司	16	1119	123179	127028	3509	123519	9963	49679
私营企业	306	6776	550557	556276	14793	541483	54144	355083
私营独资企业	38	619	31205	30237		30237	3097	49953
私营合伙企业	1	40	556	524		524	38	230
私营有限责任公司	265	6093	511137	518066	14793	503273	50799	302900
私营股份有限公司	2	24	7659	7449		7449	210	2000
其他企业	21	457	31699	34017		34017	7602	22825
港、澳、台商投资企业	1	400	2992	29010		29010	364	18000
3. 按企业控股情况分								
国有控股	12	473	74948	76878	43	76835	7908	32385
集体控股	8	484	62960	72603	310	72293	5122	14028
私人控股	461	11632	993972	1008656	26500	982157	101539	583742
港澳台商控股	1	400	2992	29010		29010	364	18000
其他	63	2525	242293	250502	22380	228122	18635	111957
4. 按零售业态分								
食杂店	3	45	1954	1611		1611	807	2070
超市	67	3556	155534	151344	5100	146245	19108	110035
大型超市	6	987	29344	60178		60178	3458	82481
百货店	32	1083	109864	118748	1504	117244	7256	69536
专业店	283	7103	718629	733769	17671	716098	69985	338100
专卖店	124	2256	306167	315708	20888	294820	32031	136299
家居建材商店	15	286	15693	16176		16176	1155	12090

13-4　限额以上住宿和餐饮业法人企业经营情况综合表

Main Statistics on Hostel and Catering Services above Designed Size

单位：万元

指　标	企业数（个）	从业人员期末人数（人）	营业额	客房收入	餐费收入	商品销售收入	年末餐饮营业面积（平方米）
总　计	192	8542	115144	37854	68967	4036	347187
一、住宿业	56	2886	36884	22998	10053	379	114765
1.按住宿业行业小类分							
旅游饭店	21	1813	23050	13463	7032	152	73665
一般旅馆	33	1040	13264	8965	3022	226	41100
其他住宿业	2	33	570	570			
2.按登记注册类型分							
国有企业	1	140	857	482	375		9500
集体企业	1	48	898	375			
有限责任公司	23	1499	18144	10837	4623	204	58195
股份有限公司	1	12	269	145	118	6	960
私营企业	25	1090	13667	9012	4036	169	39130
其他企业	5	97	3049	2147	902		6980
3.按控股情况分							
国有控股	2	590	5891	2604	1700		17500
集体控股	1	48	898	375			
私人控股	48	2119	28481	18806	7952	379	92085
其他	5	129	1614	1213	401		5180
4.按单位规模分							
中型	3	936	12500	6226	3754	125	27825
小型	51	1933	23708	16097	6300	254	86940
微型	2	17	675	675			
6.按星级分							
五星	1	278	4838	2751	2069		10000
四星	3	730	8573	4033	2022	135	18825
三星	9	636	6107	3708	2381	17	28520
二星	3	71	1116	548	144		680
一星	2	21	500	466	34		1900
其他	38	1150	15750	11493	3404	226	54840
二、餐饮业	136	5656	78261	14856	58914	3658	232422
内资企业	135	5611	77999	14782	58812	3607	230931
国有企业	1	23	330	35	265		4600
股份合作企业	1	200	2842	520	2322		2000
有限责任公司	38	1714	21584	4737	16483	279	72161
股份有限公司	3	187	1566	529	1007	23	10300
私营企业	80	3136	42831	8146	31659	2634	126220
其他企业	12	351	8846	815	7076	671	15650

13-5 限额以上批发和零售业法人企业财务状况综合表

Financial Indicators of Enterprises above Designed Size in Wholesale and Retail Sale Trades

单位：万元

指标名称	法人企业数（个）	年初存货	流动资产合计	应收账款	存货
总　计	765	332320	1496587	208525	335751
一、批发业	219	189382	1067094	123782	200559
1. 按批发行业小类分					
农、林、牧产品批发	42	47304	84661	12055	37258
种子批发	8	16085	32346	2649	12540
饲料批发	2	3473	4009	1003	2316
棉、麻批发	15	21515	37139	4151	17875
其他农牧产品批发	1	5231	3614	1129	2485
食品、饮料及烟草制品批发	43	98996	797401	34577	117645
肉、禽、蛋、奶及水产品批发	3	315	1054	327	139
酒、饮料及茶叶批发	11	68024	634185	30044	84079
烟草制品批发	1	24755	119607		19434
医药及医疗器材批发	15	5295	70591	46729	7525
西药批发	4	2356	9958	3542	3212
中药批发	9	2889	52958	36547	4058
矿产品、建材及化工产品批发	64	20259	65223	19733	21857
石油及制品批发	5	4600	5738	478	4307
建材批发	13	4041	20026	5767	5988
化肥批发	10	2251	5322	1055	2605
其他批发业	11	844	2723	1055	1044
再生物资回收与批发	2	43	399	62	246
其他未列明批发业	9	800	2324	993	798
2. 按登记注册类型分					
内资企业	218	189382	1065147	122855	200559
国有企业	1	24755	119607		19434
有限责任公司	83	107696	620237	79709	124060
股份有限公司	5	14967	30207	1993	12432
私营企业	126	41724	293603	40464	44373
私营有限责任公司	124	41572	292420	40436	44316
私营股份有限公司	1	2	533		32
其他企业	3	241	1494	689	260
3. 按企业控股情况分					
国有控股	5	31063	160681	25072	26284
私人控股	205	143871	794795	95138	162342
其他	6	14363	31718	2632	11657
二、零售业	546	142938	429493	84743	135192
1. 按零售行业小类分					
综合零售	91	31334	82203	5589	20810
百货零售	40	10159	40347	2953	5150
超级市场零售	39	20055	38185	2329	14500
食品、饮料及烟草制品专门零售	55	8782	58946	17107	6430
粮油零售	5	1718	1934	249	972
酒、饮料及茶叶零售	26	3602	48159	14790	3556

13-5　续表1　　　　　　　　　　　　　　　　　　　　　　　　　　　　　　　单位：万元

指标名称	法人企业数（个）	年初存货	流动资产合计		
				应收账款	存货
纺织、服装及日用品专门零售	39	6890	26563	9614	7700
纺织品及针织品零售	7	2121	4084	602	2510
服装零售	23	3151	19386	8362	4282
鞋帽零售	2	425	960	164	458
文化、体育用品及器材专门零售	26	4469	17755	3615	3976
图书、报刊零售	9	1686	12108	2516	956
医药及医疗器材专门零售	27	8481	40012	21774	6751
药品零售	24	8098	37040	20163	6457
汽车、摩托车、燃料及零配件专门零售	109	46008	126069	10230	53973
汽车零售	82	41421	116017	6667	49762
汽车零配件零售	13	3344	5901	3029	1749
摩托车及零配件零售	13	1244	4059	534	2375
家用电器及电子产品专门零售	96	28534	52061	7599	27573
日用家电设备零售	55	22282	39013	4878	21914
计算机、软件及辅助设备零售	24	2165	4730	1664	1871
五金、家具及室内装饰材料专门零售	58	5444	18113	7575	5566
五金零售	14	1057	3734	1122	816
家具零售	18	2850	6601	1601	3228
2. 按登记注册类型分					
内资企业	544	141238	427829	84742	133629
国有企业	5	1194	4300	794	1291
有限责任公司	195	67926	222825	45938	60382
其他有限责任公司	195	67926	222825	45938	60382
股份有限公司	16	11266	35720	9643	10312
私营企业	306	50663	152824	27826	54845
私营独资企业	38	2778	6285	901	3421
私营有限责任公司	265	47726	145856	26812	51256
其他企业	21	10079	11932	542	6714
港、澳、台商投资企业	1	526	364		364
3. 按企业控股情况分					
国有控股	12	6819	22511	5885	6762
集体控股	8	8698	32286	2053	4191
私人控股	461	109529	283468	52289	105522
港澳台商控股	1	526	364		364
其他	63	16193	89564	24515	17153
4. 按零售业态分					
有店铺零售	542	142676	428640	84723	134763
超市	67	19700	45021	4233	18823
大型超市	6	7434	6810	82	3367
百货店	32	11955	42331	2538	5743
专业店	283	71804	201959	44637	74864
专卖店	124	29686	122012	27197	29918
家居建材商店	15	459	7240	5350	860

单位：万元

指标名称	固定资产原价	累计折旧	本年折旧	资产总计	流动负债合计
总计	498835	128156	36570	2125700	1268310
一、批发业	328035	85962	26838	1484875	923508
1. 按批发行业小类分					
农、林、牧产品批发	46257	7169	1245	131772	53593
种子批发	7419	2164	368	39614	17152
饲料批发	6522	471	56	10060	3208
棉、麻批发	23666	4114	593	61304	22679
其他农牧产品批发	5071	79	30	8606	3692
食品、饮料及烟草制品批发	141074	37917	19706	1004924	665272
肉、禽、蛋、奶及水产品批发	3046	162	56	4028	683
酒、饮料及茶叶批发	79131	19238	17227	777520	584887
烟草制品批发	34073	17144	1892	153253	51808
医药及医疗器材批发	5786	1659	677	79191	64944
西药批发	3695	1125	556	13910	9777
中药批发	1771	446	91	57081	52188
矿产品、建材及化工产品批发	117812	37612	4869	196501	102518
石油及制品批发	99178	33031	3221	115402	67685
建材批发	4754	681	289	27510	12773
化肥批发	1627	238	39	7470	1387
其他批发业	11107	657	101	13315	1948
再生物资回收与批发	553	347	40	700	254
其他未列明批发业	10554	311	61	12615	1694
2. 按登记注册类型分					
内资企业	327803	85940	26826	1482718	921855
国有企业	34073	17144	1892	153253	51808
有限责任公司	112655	24945	18609	804099	565880
股份有限公司	103367	34066	3408	143653	83306
私营企业	76608	9186	2490	379613	220192
私营有限责任公司	69540	9047	2351	371267	216528
私营股份有限公司	6943	139	139	7336	3339
其他企业	1100	599	427	2101	670
3. 按企业控股情况分					
国有控股	132303	50679	5179	305296	156012
私人控股	187791	33273	21290	1060190	681880
其他	6219	1460	264	38287	17016
二、零售业	170801	42194	9732	640826	344802
1. 按零售行业小类分					
综合零售	66036	15594	2697	175591	101179
百货零售	35045	5069	866	89672	43558
超级市场零售	28155	10259	1688	79241	54348
食品、饮料及烟草制品专门零售	12567	3216	898	71323	31460
粮油零售	2833	804	209	4070	2202
酒、饮料及茶叶零售	4847	1300	339	52784	26053

13-5　续表3　　　　单位：万元

指标名称	固定资产原　价	累计折旧	本年折旧	资产总计	流动负债合　计
纺织、服装及日用品专门零售	12150	3499	975	38302	21729
纺织品及针织品零售	3312	1421	260	6219	2381
服装零售	7253	2010	696	26859	18033
鞋帽零售	221			1206	112
文化、体育用品及器材专门零售	7877	1957	445	27856	6078
图书、报刊零售	5428	1142	104	19408	2883
医药及医疗器材专门零售	7301	1971	510	48793	33876
药品零售	6637	1855	439	45273	31875
汽车、摩托车、燃料及零配件专门零售	27835	7710	1563	158352	97410
汽车零售	23869	6348	1229	143604	91524
汽车零配件零售	2934	1152	271	9595	4252
摩托车及零配件零售	1001	209	61	5031	1620
家用电器及电子产品专门零售	12742	3552	905	66704	33075
日用家电设备零售	8456	2338	550	49624	25044
计算机、软件及辅助设备零售	1996	641	150	6907	2754
五金、家具及室内装饰材料专门零售	15083	2953	1258	35311	13447
五金零售	1281	207	55	5196	2538
家具零售	4389	1070	245	13886	4901
2. 按登记注册类型分					
内资企业	164650	38408	9167	631386	335393
国有企业	3218	450	195	7452	2142
有限责任公司	71942	16763	3487	320297	184410
其他有限责任公司	71942	16763	3487	320297	184410
股份有限公司	11853	4294	384	49047	27659
私营企业	69154	14689	4463	233785	116584
私营独资企业	8170	1577	480	14749	3899
私营有限责任公司	60697	13059	3967	217965	112285
其他企业	4969	968	286	18306	4339
港、澳、台商投资企业	4533	2529	408	7301	4399
3. 按企业控股情况分					
国有控股	8416	2617	344	31116	12340
集体控股	24336	3336	389	68880	36522
私人控股	114593	28219	7280	420239	231477
港澳台商控股	4533	2529	408	7301	4399
其他	17305	4236	1154	111151	55054
4. 按零售业态分					
有店铺零售	170445	42174	9712	639453	344536
超市	28738	7042	1560	79775	42141
大型超市	10717	5728	747	23895	20974
百货店	32618	5151	807	88379	46288
专业店	65306	16746	4007	278929	147908
专卖店	24262	5771	1734	148820	79569
家居建材商店	5818	1529	796	12258	5860

13-5 续表4

单位：万元

指标名称	负债合计	所有者权益合计	实收资本	营业收入	营业成本	营业税金及附加
总　　计	1365300	760450	332268	3917835	3158931	70084
一、批发业	964200	520674	166720	2516199	1974365	53292
1. 按批发行业小类分						
农、林、牧产品批发	60035	71738	46760	221632	203847	877
种子批发	19178	20436	16155	30302	24149	113
饲料批发	3208	6852	3700	7945	6962	11
棉、麻批发	22761	38543	22213	114033	107654	97
其他农牧产品批发	7706	900	900	5868	4467	311
食品、饮料及烟草制品批发	683667	321257	35515	1247142	805479	47069
肉、禽、蛋、奶及水产品批发	1158	2870	1120	13151	12412	39
酒、饮料及茶叶批发	597626	179894	12985	567239	259460	18042
烟草制品批发	51812	101441	3290	444960	333441	26948
医药及医疗器材批发	69544	9646	7081	117277	104394	621
西药批发	9779	4131	3200	34581	30891	311
中药批发	52188	4893	3751	71468	63950	195
矿产品、建材及化工产品批发	109305	87196	60545	758782	706634	3407
石油及制品批发	68652	46750	29051	573527	541709	914
建材批发	12808	14702	12423	40472	36219	269
化肥批发	1719	5751	3753	30999	28571	167
其他批发业	2001	11313	1770	29757	26717	443
再生物资回收与批发	254	446	350	4976	4421	5
其他未列明批发业	1747	10868	1420	24782	22295	439
2. 按登记注册类型分						
内资企业	962547	520171	166318	2512262	1970688	53292
国有企业	51812	101441	3290	444960	333441	26948
有限责任公司	589340	214759	54408	709277	439828	20106
股份有限公司	85665	57988	39436	585875	552234	776
私营企业	235060	144553	68169	765209	639669	5215
私营有限责任公司	231271	139995	66609	648614	527484	4516
私营股份有限公司	3339	3998	1000	113945	109800	674
其他企业	670	1431	1014	6942	5516	247
3. 按企业控股情况分						
国有控股	156330	148966	33026	1043146	896581	27562
私人控股	720416	339774	115360	1352925	1001836	24935
其他	18850	19437	17132	36142	30923	165
二、零售业	401099	239775	165548	1401636	1184566	16792
1. 按零售行业小类分						
综合零售	135357	40234	38963	268418	216262	3114
百货零售	70735	18937	16621	95357	76884	1314
超级市场零售	60969	18272	20406	149165	120352	1470
食品、饮料及烟草制品专门零售	32906	38417	13857	156483	119145	2221
粮油零售	2238	1833	1732	17139	14897	245
酒、饮料及茶叶零售	26395	26389	4883	105557	77020	1368

13-5 续表5 单位：万元

指标名称	负债合计	所有者权益合计	实收资本	营业收入	营业成本	营业税金及附加
纺织、服装及日用品专门零售	22706	15595	11167	60035	48139	1317
纺织品及针织品零售	2592	3628	3267	19994	17734	112
服装零售	18291	8568	5898	32097	24245	999
鞋帽零售	112	1093	1080	1749	1411	56
文化、体育用品及器材专门零售	6901	20955	17888	41044	31416	893
图书、报刊零售	3092	16316	15178	27699	21341	340
医药及医疗器材专门零售	34115	14678	11152	98605	85573	1706
药品零售	32114	13159	10146	92018	80383	1520
汽车、摩托车、燃料及零配件专门零售	105809	52543	32580	454548	413359	2899
汽车零售	99087	44517	26131	419282	385575	2138
汽车零配件零售	4789	4806	3872	21498	16296	612
摩托车及零配件零售	1911	3120	2477	13135	10926	148
家用电器及电子产品专门零售	41596	25108	19608	178517	145955	2456
日用家电设备零售	32868	16756	12768	123132	99755	1339
计算机、软件及辅助设备零售	3159	3748	3120	23177	19126	562
五金、家具及室内装饰材料专门零售	14902	20409	11356	98172	86154	1513
五金零售	2682	2514	1902	20970	18227	535
家具零售	5106	8779	4964	52825	47114	555
2. 按登记注册类型分						
内资企业	390048	241387	164061	1364934	1156218	16614
国有企业	2519	4933	4591	19941	17244	317
有限责任公司	217219	103078	62528	653041	544033	7767
其他有限责任公司	217219	103078	62528	653041	544033	7767
股份有限公司	27719	21328	20070	120711	108564	487
私营企业	130823	103011	70887	536875	461001	7417
私营独资企业	4403	10395	6710	30217	24033	793
私营有限责任公司	126011	91954	63647	498859	429724	6591
其他企业	11510	6797	5150	33866	24983	601
港、澳、台商投资企业	5814	1487	1487	29010	22247	145
3. 按企业控股情况分						
国有控股	12717	18400	15833	75921	66542	409
集体控股	59522	9358	6954	65192	57930	704
私人控股	259722	160566	117729	983054	838657	11762
港澳台商控股	5814	1487	1487	29010	22247	145
其他	58087	53063	23544	240767	193090	3739
4. 按零售业态分						
有店铺零售	400834	238668	164655	1398447	1182071	16721
超市	48647	31128	23362	144150	117596	1843
大型超市	22667	1228	5459	55932	43861	334
百货店	72930	15448	14713	110832	91736	1073
专业店	161575	117403	85076	719596	616550	9799
专卖店	86098	62722	27521	304372	254150	3024
家居建材商店	6999	5259	3956	16681	14366	322

13-5 续表6

单位：万元

指标名称	销售费用	管理费用	税金	财务费用	营业利润
总　　计	261548	108995	7290	18201	303741
一、批发业	192188	62343	3165	6085	229047
1. 按批发行业小类分					
农、林、牧产品批发	4695	5387	289	2580	4102
种子批发	1857	2835	50	1189	159
饲料批发	223	309	1	25	416
棉、麻批发	1465	1607	127	1096	1972
其他农牧产品批发	251	211	12	132	495
食品、饮料及烟草制品批发	161327	40103	1848	-1261	194893
肉、禽、蛋、奶及水产品批发	169	104	9	133	293
酒、饮料及茶叶批发	148460	9022	1125	540	132072
烟草制品批发	6219	28115	467	-2961	53309
医药及医疗器材批发	4441	2885	290	1766	3099
西药批发	1334	711	216	189	1139
中药批发	2501	1748	21	1552	1457
矿产品、建材及化工产品批发	17761	9799	499	2377	19673
石油及制品批发	12658	5381	179	418	12474
建材批发	1485	1076	224	463	1803
化肥批发	478	725	21	154	904
其他批发业	483	450	31	85	1579
再生物资回收与批发	102	215	0	13	220
其他未列明批发业	381	235	31	73	1359
2. 按登记注册类型分					
内资企业	192107	62295	3165	5983	229019
国有企业	6219	28115	467	-2961	53309
有限责任公司	117289	17959	1666	4037	110203
股份有限公司	14037	6929	214	1148	10779
私营企业	54073	8857	604	3695	54537
私营有限责任公司	51099	8329	602	3551	54475
私营股份有限公司	2908	445		99	19
其他企业	490	434	214	64	190
3. 按企业控股情况分					
国有控股	20019	34400	644	-1201	65867
私人控股	146817	25691	2416	6185	148501
其他	1930	2167	71	1121	-164
二、零售业	69360	46652	4125	12116	74694
1. 按零售行业小类分					
综合零售	25331	10362	664	4074	11199
百货零售	6494	5304	307	3182	3805
超级市场零售	17985	4604	262	633	4421
食品、饮料及烟草制品专门零售	10405	4486	435	689	19613
粮油零售	784	488	79	169	556
酒、饮料及茶叶零售	7493	2435	273	287	16955

13-5 续表7

单位：万元

指标名称	销售费用	管理费用		财务费用	营业利润
			税金		
纺织、服装及日用品专门零售	4085	2652	386	733	3136
纺织品及针织品零售	737	674	22	198	538
服装零售	2753	1525	256	463	2111
鞋帽零售	226	31		19	6
文化、体育用品及器材专门零售	3027	2599	415	154	2861
图书、报刊零售	2160	1868	261	31	1865
医药及医疗器材专门零售	4163	3249	303	850	3094
药品零售	3715	2956	249	784	2691
汽车、摩托车、燃料及零配件专门零售	10747	9886	955	3831	14505
汽车零售	9775	8155	803	3659	10670
汽车零配件零售	523	1169	86	59	2829
摩托车及零配件零售	429	532	65	112	989
家用电器及电子产品专门零售	7376	8551	415	1067	13290
日用家电设备零售	4886	6503	206	660	10167
计算机、软件及辅助设备零售	1114	817	94	154	1403
五金、家具及室内装饰材料专门零售	2639	2815	379	420	4370
五金零售	578	420	126	98	1111
家具零售	1285	1674	178	166	1842
2. 按登记注册类型分					
内资企业	63692	46537	4122	11981	72437
国有企业	642	888	197	74	731
有限责任公司	35978	22590	1938	7042	38047
其他有限责任公司	35978	22590	1938	7042	38047
股份有限公司	5555	3345	558	1055	1971
私营企业	20598	16149	1242	3616	28004
私营独资企业	1162	1141	154	326	2753
私营有限责任公司	19343	14896	1067	3257	24981
其他企业	885	3555	186	192	3651
港、澳、台商投资企业	3856	10	3	124	2628
3. 按企业控股情况分					
国有控股	3425	2632	223	453	2372
集体控股	2134	2199	26	2463	1393
私人控股	44679	34790	2986	7289	46186
港澳台商控股	3856	10	3	124	2628
其他	13454	6916	886	1776	22486
4. 按零售业态分					
有店铺零售	69233	46586	4123	12107	74273
超市	12212	4982	487	958	6887
大型超市	7794	1509	29	171	2265
百货店	7306	5281	282	3442	3615
专业店	27259	23741	2102	4999	37973
专卖店	13921	9536	1092	2270	21432
家居建材商店	270	690	63	99	864

13-5 续表8

单位：万元

指标名称	利润总额	应交所得税	应付职工薪酬（本年贷方累计发生额）	应交增值税
总　　计	305010	64297	96045	121604
一、批发业	233014	50095	43651	96057
1. 按批发行业小类分				
农、林、牧产品批发	4806	774	4139	539
种子批发	1161	72	914	
饲料批发	272	103	61	90
棉、麻批发	2051	91	1915	244
其他农牧产品批发	495	410	201	91
食品、饮料及烟草制品批发	204046	45427	18052	78516
肉、禽、蛋、奶及水产品批发	216	14	329	
酒、饮料及茶叶批发	141740	31204	4307	61019
烟草制品批发	53340	13495	11115	16324
医药及医疗器材批发	3280	573	2471	9524
西药批发	1345	206	883	7720
中药批发	1431	350	1326	1781
矿产品、建材及化工产品批发	15679	2588	15782	6905
石油及制品批发	8967	1934	11418	3928
建材批发	1977	200	845	295
化肥批发	904	128	438	128
其他批发业	1339	170	342	175
再生物资回收与批发	220		52	130
其他未列明批发业	1119	170	290	46
2. 按登记注册类型分				
内资企业	232986	50093	43605	96057
国有企业	53340	13495	11115	16324
有限责任公司	116662	28374	10045	49097
股份有限公司	8393	1896	11633	3895
私营企业	54201	6275	10627	26674
私营有限责任公司	54173	6273	10399	26672
私营股份有限公司	-2		197	
其他企业	390	53	185	67
3. 按企业控股情况分				
国有控股	62495	15496	22825	20152
私人控股	154865	30861	18434	69004
其他	809	94	444	209
二、零售业	71996	14203	52394	25547
1. 按零售行业小类分				
综合零售	10798	1593	14556	4465
百货零售	4457	616	4377	2138
超级市场零售	4354	743	8975	2106
食品、饮料及烟草制品专门零售	18629	3873	5487	5660
粮油零售	604	115	265	174
酒、饮料及茶叶零售	16019	3577	2229	4845

单位：万元

指标名称	利润总额	应交所得税	应付职工薪酬（本年贷方累计发生额）	应交增值税
纺织、服装及日用品专门零售	3269	246	3239	682
纺织品及针织品零售	533	11	705	60
服装零售	2184	202	1949	526
鞋帽零售	6	0	155	63
文化、体育用品及器材专门零售	3035	204	2259	377
图书、报刊零售	1959	18	1344	140
医药及医疗器材专门零售	3120	244	3490	1176
药品零售	2739	186	3290	1069
汽车、摩托车、燃料及零配件专门零售	13840	6230	9002	8855
汽车零售	9929	6093	7589	8460
汽车零配件零售	2879	57	873	278
摩托车及零配件零售	1017	80	525	118
家用电器及电子产品专门零售	12269	925	8529	2857
日用家电设备零售	10154	670	6453	2071
计算机、软件及辅助设备零售	1087	109	1026	169
五金、家具及室内装饰材料专门零售	4552	642	3388	961
五金零售	1140	180	599	125
家具零售	2252	366	1370	416
2. 按登记注册类型分				
内资企业	69645	13660	50549	24764
国有企业	731	9	840	139
有限责任公司	38748	10847	23299	16344
其他有限责任公司	38748	10847	23299	16344
股份有限公司	1849	123	3695	1157
私营企业	24656	2448	20847	6531
私营独资企业	2751	221	1726	436
私营有限责任公司	21566	2175	18817	5978
其他企业	3625	232	1769	574
港、澳、台商投资企业	2715	543	1231	638
3. 按企业控股情况分				
国有控股	2361	160	2560	5018
集体控股	1811	191	1505	1117
私人控股	42755	8658	37267	12220
港澳台商控股	2715	543	1231	638
其他	22719	4650	9218	6408
4. 按零售业态分				
有店铺零售	71573	14195	52229	25547
超市	6123	507	9062	1572
大型超市	2717	594	3218	1092
百货店	3643	633	4252	2218
专业店	36869	4067	25908	13398
专卖店	20381	8209	7956	6788
家居建材商店	765	76	975	313

13-6 限额以上住宿和餐饮业法人企业财务状况综合表

Financial Indicators of Enterprises above Designed Size in Hostel and Catering Services Area

单位：万元

指标名称	法人企业数（个）	年初存货	流动资产合计	应收账款	存货
总　　计	192	5057	86487	10240	5632
一、住宿业	56	1615	43872	2422	1780
1. 按住宿业行业小类分					
旅游饭店	21	1314	33719	1897	1419
一般旅馆	33	299	9968	503	358
2. 按登记注册类型分					
内资企业	56	1615	43872	2422	1780
国有企业	1	103	176	32	10
有限责任公司	23	944	20272	1192	1055
其他有限责任公司	23	944	20272	1192	1055
私营企业	25	504	22672	1063	673
私营独资企业	2	58	2132	110	58
私营有限责任公司	21	442	19655	738	611
私营股份有限公司	1	3	874	209	3
其他企业	5	64	681	130	38
3. 按控股情况分					
国有控股	2	276	4783	510	192
私人控股	48	1294	38554	1780	1515
4. 按星级分					
五星	1	90	10616	127	193
四星	3	819	15940	654	904
三星	9	298	5581	730	245
二星	3	22	3143	76	33
其他	38	387	8575	836	405
二、餐饮业	136	3442	42615	7817	3852
内资企业	135	3423	42477	7797	3834
有限责任公司	38	790	11113	2359	1219
私营企业	80	2437	27846	4584	2206
私营独资企业	19	317	1779	784	541
私营有限责任公司	56	1826	24191	3614	1368
私营股份有限公司	4	293	1803	165	297
其他企业	12	60	1150	454	251

13-6 续表1 单位：万元

指标名称	固定资产原价	累计折旧	本年折旧	资产总计	流动负债合计
总计	250650	69382	12939	334997	114829
一、住宿业	158587	45559	6628	191725	67716
1. 按住宿业行业小类分					
旅游饭店	138360	41830	6002	157999	56895
一般旅馆	19257	3691	593	32608	10324
2. 按登记注册类型分					
内资企业	158587	45559	6628	191725	67716
国有企业	1685	718	36	1931	954
有限责任公司	112153	32871	4725	120630	45944
其他有限责任公司	112153	32871	4725	120630	45944
私营企业	35673	10539	1344	59388	18440
私营独资企业	1630	316	153	3537	321
私营有限责任公司	32028	8971	1162	53943	17564
私营股份有限公司	1628	1233	9	1529	430
其他企业	1205	688	479	2395	627
3. 按控股情况分					
国有控股	38533	6711	1774	41012	34527
私人控股	110054	37837	4735	140954	30833
4. 按星级分					
五星	23563	5998	666	33177	9796
四星	101256	30076	4074	102736	40642
三星	11527	4835	839	18748	5762
二星	1842	1083	95	4204	1957
其他	19621	3380	909	32096	9369
二、餐饮业	92063	23823	6311	143272	47113
内资企业	90840	23459	6065	142274	47068
有限责任公司	33443	9081	2681	40086	27221
私营企业	47826	11107	2376	90974	17893
私营独资企业	4298	1222	320	6161	1509
私营有限责任公司	39065	8825	1878	78736	15572
私营股份有限公司	4409	1038	175	5971	723
其他企业	3758	749	488	5030	742

13-6 续表2 单位：万元

指标名称	负债合计	所有者权益合计	实收资本	营业收入	营业成本
总　　计	156520	178477	102654	114962	62599
一、住宿业	91480	100245	43579	36835	18470
1. 按住宿业行业小类分					
旅游饭店	70740	87259	36764	23266	10979
一般旅馆	20243	12364	6664	12999	7021
2. 按登记注册类型分					
内资企业	91480	100245	43579	36835	18470
国有企业	992	939	662	857	675
有限责任公司	50574	70056	21471	17918	10285
其他有限责任公司	50574	70056	21471	17918	10285
私营企业	36845	22543	19827	13934	5714
私营独资企业	2908	629	596	747	258
私营有限责任公司	33382	20561	19031	12232	4927
私营股份有限公司	430	1099	100	691	304
其他企业	627	1768	1508	2962	1595
3. 按控股情况分					
国有控股	34745	6267	13162	5891	3432
私人控股	53688	87266	28909	28529	14040
4. 按星级分					
五星	20733	12444	12700	5176	817
四星	40984	61751	15000	8573	4504
三星	8197	10551	7795	6107	3660
二星	3057	1147	600	1116	642
其他	18039	14057	7294	15363	8538
二、餐饮业	65040	78232	59075	78127	44129
内资企业	64895	77379	58222	77866	44009
有限责任公司	29470	10616	6851	21587	12303
私营企业	32835	58139	43559	42698	23111
私营独资企业	1816	4345	3369	8009	4830
私营有限责任公司	29786	48950	36011	31204	16675
私营股份有限公司	1142	4829	4164	3269	1496
其他企业	978	4052	3546	8843	5972

13-6 续表3 单位：万元

指标名称	营业税金及附加	销售费用	管理费用	税金	财务费用
总　　计	6989	15923	16273	1698	4329
一、住宿业	2067	5171	7130	591	2269
1. 按住宿业行业小类分					
旅游饭店	1466	2966	5083	499	1828
一般旅馆	585	2198	2024	87	430
2. 按登记注册类型分					
内资企业	2067	5171	7130	591	2269
国有企业	45	35	75		5
有限责任公司	934	2727	2475	111	1029
其他有限责任公司	934	2727	2475	111	1029
私营企业	778	1792	3843	283	1086
私营独资企业	37	19	116	2	36
私营有限责任公司	697	1587	3567	258	1045
私营股份有限公司	39	184	150	19	1
其他企业	282	380	542	196	76
3. 按控股情况分					
国有控股	329	607	928		740
私人控股	1656	4275	5778	576	1431
4. 按星级分					
五星	352	920	2301	238	604
四星	484	1027	1410	4	920
三星	402	750	1057	150	222
二星	98	51	192	2	126
其他	719	2412	2152	196	367
二、餐饮业	4922	10753	9144	1107	2061
内资企业	4922	10753	9016	1099	2061
有限责任公司	1087	4245	3247	205	243
私营企业	2517	6132	4982	554	1740
私营独资企业	600	700	772	333	126
私营有限责任公司	1758	4479	3681	220	1542
私营股份有限公司	145	897	491		73
其他企业	796	195	371	142	41

13-6　续表4

单位：万元

指标名称	营业利润	利润总额	应交所得税	应付职工薪酬（本年贷方累计发生额）
总　　计	8909	8931	1459	22828
一、住宿业	1751	2014	297	7862
1. 按住宿业行业小类分				
旅游饭店	965	1209	202	5001
一般旅馆	740	759	93	2784
2. 按登记注册类型分				
内资企业	1751	2014	297	7862
国有企业	23	97	5	360
有限责任公司	468	816	195	4052
其他有限责任公司	468	816	195	4052
私营企业	721	552	73	3030
私营独资企业	283	14	2	106
私营有限责任公司	408	506	64	2819
私营股份有限公司	13	15	7	67
其他企业	109	253	22	253
3. 按控股情况分				
国有控股	−145	184	9	1844
私人控股	1370	1439	267	5606
4. 按星级分				
五星	184	178	13	1032
四星	229	484	105	2179
三星	38	204	43	1404
二星	6	107	2	153
其他	1176	924	110	3046
二、餐饮业	7158	6917	1162	14966
内资企业	7145	6904	1159	14818
有限责任公司	462	802	198	4554
私营企业	4255	3660	464	7955
私营独资企业	986	896	91	948
私营有限责任公司	3104	2599	366	6312
私营股份有限公司	169	169	7	630
其他企业	1468	1482	326	1102

13-7 限额以上批发和零售业个体户商品销售表

The table of self-employed above Designated Size in Wholesale and retail trade

单位：万元

指标名称	单位数（个）	从业人员期末人数（人）	商品购进额	商品销售额	期末商品库存额	年末零售营业面积（平方米）
总　计	535	7986	1040777	1167125	32667	211343
1. 按零售行业小类分						
综合零售	94	2730	130491	149369	8377	103414
百货零售	19	701	29213	30715	2043	27372
超级市场零售	65	1924	89393	100687	5579	74286
其他综合零售	10	105	11885	17968	754	1756
食品、饮料及烟草制品专门零售	37	525	105119	114213	1795	13513
粮油零售	5	25	10913	11001	283	720
糕点、面包零售	2	52	3138	3849	94	760
果品、蔬菜零售	4	44	14278	15087	6	905
肉、禽、蛋、奶及水产品零售	14	201	57260	60680	177	3752
酒、饮料及茶叶零售	1	12	717	752	70	800
烟草制品零售	2	18	2500	2736	534	280
其他食品零售	9	173	16313	20109	631	6296
纺织、服装及日用品专门零售	75	1261	120959	141140	4286	21305
纺织品及针织品零售	2	17	3623	3897	21	184
服装零售	53	823	82613	97361	3266	16142
鞋帽零售	8	273	14103	17938	646	3233
化妆品及卫生用品零售	5	52	8822	9604	156	648
其他日用品零售	3	12	6796	6950	32	154
文化、体育用品及器材专门零售	24	231	34811	40065	2453	4516
文具用品零售	3	26	5687	6071	140	436
图书、报刊零售	1	3	1336	1440	28	100
医药及医疗器材专门零售	23	411	29331	34412	1496	5287
药品零售	23	411	29331	34412	1496	5287
汽车、摩托车、燃料及零配件专门零售	17	131	31754	34925	1288	2835
汽车零售	2	8	3154	3545	31	320
汽车零配件零售	10	78	21806	23525	961	1237
摩托车及零配件零售	5	45	6795	7855	296	1278
家用电器及电子产品专门零售	71	514	98645	110772	3208	15441
日用家电设备零售	21	214	31382	31835	1485	8851
计算机、软件及辅助设备零售	3	23	3060	3590	595	630
通信设备零售	4	48	8525	8941	307	710
五金、家具及室内装饰材料专门零售	181	2038	474625	520864	9059	43912
五金零售	30	369	86539	95023	2508	4981
家具零售	22	275	28358	31544	972	10461
涂料零售	5	139	10624	11632	155	2386
其他室内装饰材料零售	65	676	185640	209507	2158	14247
货摊、无店铺及其他零售业	6	67	5690	6161	582	1120
2. 按零售业态分						
有店铺零售	528	7908	1031424	1151922	32544	211343
食杂店	8	152	24060	26353	200	3432
便利店	4	46	3613	3838	253	550
超市	84	2611	115893	129384	7748	80661
大型超市	4	76	8963	8904	401	24515
百货店	15	266	24391	32468	1212	5514
专业店	283	3043	684324	754538	16779	60631
专卖店	121	1415	156389	180881	5467	30704
家居建材商店	6	86	9485	10223	238	3734
购物中心	3	213	4308	5333	246	1602

13-8 限额以上住宿和餐饮业个体户经营表

The table of self-employed above Designated Size in hotels and catering services

单位：万元

指标名称	单位数（个）	从业人员期末人数（人）	营业额				年末餐饮营业面积（平方米）
				客房收入	餐费收入	商品销售额	
总　计	322	7334	299581	17541	280365	1624	249525
一、住宿业	14	267	9954	7144	2757	53	5850
1. 按住宿行业小类分							
旅游饭店	2	65	3382	2060	1322		3400
一般旅馆	12	202	6572	5084	1435	53	2450
2. 按经营形式分							
独立门店	14	267	9954	7144	2757	53	5850
二、餐饮业	308	7067	289627	10397	277608	1571	243675
1. 按餐饮行业小类分							
正餐服务	301	6983	284583	10397	272564	1571	241424
快餐服务	5	68	4065		4065		1371
饮料及冷饮服务	2	16	979		979		880
茶馆服务	1	6	421		421		430
咖啡馆服务	1	10	558		558		450
2. 按经营形式分							
独立门店	308	7067	289627	10397	277608	1571	243675

13-9 对外贸易出口总额

Total Value of Export by Year

单位：万美元

指　标	2010 年	2011 年	2012 年	2013 年	2014 年
合　计	57424	76957	92219	112740	129649
市　直	10235	18255	21988	28948	32133
荆州区	8890	8159	11163	7940	10629
沙市区	6090	9066	10763	10050	11666
开发区	10385	15983	20792	22148	25456
江陵县	51	874	1397	1623	974
松滋市	2743	2903	3599	12312	10745
公安县	5858	8145	6943	7101	7644
石首市	8590	8326	10205	14891	17041
监利县	2325	2801	3106	4777	6525
洪湖市	2257	2444	2263	2951	6836

13-10 分部门对外贸易出口总额

Foreign Trade and Economic Cooperation

单位：万美元

指　标	货物进出口总额	进口额	出口额	外商直接投资额
荆州市	165139	35490	129649	4560
市　直	38652	6519	32133	
荆州区	15554	4925	10629	1258
沙市区	12168	502	11666	253
开发区	44064	18608	25456	1400
江陵县	1139	165	974	
松滋市	12462	1717	10745	
公安县	7994	350	7644	
石首市	18113	1072	17041	
监利县	8147	1622	6525	110
洪湖市	6846	10	6836	1539

13–11 旅游事业

Basic Statistics on Tourism

指　标	单　位	2010 年	2011 年	2012 年	2013 年	2014 年
入境旅游者人数	人次	36695	44993	55459	56050	19766
#外国人	人次	24605	31383	38862	40102	15629
港澳台同胞	人次	12090	13610	16597	15948	4173
国际旅游外汇收入	万美元	865	1309.49	1627.85	1653.85	482.6
国内旅游人数	万人次	916	1205.34	1570.46	1901.15	2265.47
国内旅游收入	万元	51.8	70	91	111.26	134.56
星级饭店数	个	41	44	40	33	30
星级饭店客房总数	间	3769	4037	3692	2850	2755
A级景区	个	10	11	13	13	13

指 标 解 释

Explanatory Notes on Statistical lndicators

【社会消费品零售总额】 指各种经济类型的批发业、零售业、住宿业、餐饮业对城乡居民、社会集团销售消费品的零售额。这个指标反映通过商品流通渠道向居民和社会集团供应的生活消费品总额，是研究人民生活、社会消费品购买力、货币流通等问题的重要指标。

【商品购进总额】 指从企业（单位）以外的单位和个人购进（包括从国外直接进口）作为转卖的商品金额。这个指标反映批发零售贸易企业从国内、国外市场上购进商品的总量。

【商品销售总额】 指对企业以外的单位和个人出售（包括对国（境）外直接出口）的商品金额（包括售给本单位消费的商品）。这个指标反映批发零售贸易企业在国内市场上销售商品以及出口商品的总量。

【期末库存】 指批发零售贸易企业已取得所有权的全部商品。这个指标反映批发零售贸易企业的商品库存情况及对市场商品供应的保证程度。

【批发和零售业、住宿和餐饮业统计限额标准】

行业类别	统计指标	限额标准
批发业：	年主营业务收入	2000 万元
零售业：	年主营业务收入	500 万元
住宿业：	年主营业务收入	200 万元
餐饮业：	年主营业务收入	200 万元

【进出口总额】 海关进出口总额指实际进、出我国关境并能引起我国境内物质资源增加或减少的进出口货物总金额。包括我国境内法人和其他组织以一般贸易、易货贸易、加工贸易、补偿贸易、寄售代销贸易等方式进出口的货物、租赁期一年及以上的租赁进出口货物、边境小额贸易货物、国际援助物资或捐赠品、保税区和保税仓库进出口货物等的金额合计。进出口总额用以观察一个国家在对外贸易方面的总规模。我国规定出口货物按离岸价格统计，进口货物按到岸价格统计。

【实际利用外资】 为批准的合同外资金额的实际执行数。

【入境旅游者】 指来华入境的海外游客中，在旅游住宿设施内至少停留一夜的外国人、港澳台同胞。海外旅游者不包括以下人员：(1) 应邀来华访问的政府部长以上官员及其随行人员；(2) 外国驻华使领馆官员、外交人员以及随行的家庭服务人员和受赡养者；(3) 常住我国一年以上的外国专家、留学生、记者、商务机构人员等；(4) 乘坐国际航班过境不需要通过护照检查进入我国口岸的中转旅客；(5) 边境地区往来的边民；(6) 回大陆定居的港澳台同胞；(7) 已在我国定居的外国人和原已出境又返回在我国定居的外国侨民；(8) 归国的我国出国人员。

【国际旅游(外汇)收入】 指海外旅游者在中国(大陆)境内旅行、游览过程中用于交通、参观游览、住宿、餐饮、购物、娱乐等全部花费。

十四、教　　育

Education

资料整理：王开虹

14-1 教育事业基本情况

Basic Statistics on Education

单位：所、人

指　标	2010 年	2011 年	2012 年	2013 年	2014 年
学校数（所）	814	779	748	671	665
高等学校	9	8	8	8	8
中等专业学校	37	25	26	24	21
普通中学	259	257	256	247	241
小学	509	489	458	392	395
教职工数（人）	58712	57840	57092	57844	58496
高等学校	6929	6575	6632	6478	6500
中等专业学校	4096	3701	3235	2686	2532
普通中学	25415	26094	25383	25041	24317
小学	16490	14819	14444	15267	15330
特殊教育	161	164	155	151	157
幼儿园	5621	6487	7243	8221	9660
专任教职工数（人）	45725	44338	42532	42340	41957
高等学校	4937	4593	4653	4555	4499
平均每个专任教师负担学生数	24	24	24	25	25
中等专业学校	2625	2535	2223	1875	1755
平均每个专任教师负担学生数	30	24	19	19	17
普通中学	22698	23290	22236	21895	21505
平均每个专任教师负担学生数	15	14	12	12	11
小学	15465	13920	13420	14015	14198
平均每个专任教师负担学生数	24	27	24	23	21

14-1 续表 单位：人

指 标	2010年	2011年	2012年	2013年	2014年
招生数（人）	314875	312577	270236	266225	231888
高等学校	33251	34852	33618	32018	30729
中等专业学校	19808	14824	11180	11923	11174
普通中学	108055	102997	87025	84525	77629
高中	45466	42204	37866	37093	34146
初中	62589	60793	49159	47432	43483
小学	67951	68017	61318	59525	52939
特殊教育	58	77	61	78	91
幼儿园	85752	91810	77034	78156	59326
在校学生数（人）	916849	882843	758880	723683	671688
高等学校	117840	111397	113638	113476	111829
中等专业学校	78018	60735	42817	36435	29187
普通中学	350102	328507	277256	255986	236367
小学	370889	382204	325169	317786	294305
毕业生数（人）	266319	251502	220060	191078	175341
高等学校	32677	34240	30720	29983	31456
中等专业学校	37146	33301	25277	16755	12746
普通中学	137971	126213	114518	96907	87814
小学	58525	57748	49545	47433	43325

14-2 分县市区教育事业基本情况

Basic Statistics on Education by County

单位：所、个

指 标	荆州市	市 直	荆州区	沙市区	荆州开发区	江陵县	松滋市	公安县	石首市	监利县	洪湖市
学校数（所）	1147	27	118	85	2	63	159	170	90	304	129
普通中等专业学校	21	5	1	1	0	1	3	2	3	2	3
普通中学	241	14	19	19	2	17	27	28	22	51	42
特殊学校	7	0	1	1	0	0	1	1	1	1	1
小学	395	4	32	25	0	18	52	63	40	116	45
幼儿园	483	4	65	39	0	27	76	76	24	134	38
教职工数（人）	39804	1988	2979	2506	213	2495	4622	6294	3930	9261	5516
普通中学	24317	1697	1813	1326	213	1755	2750	3773	2303	5159	3528
小学	15330	291	1151	1154	0	740	1843	2503	1605	4081	1962
特殊学校	157	0	15	26	0	0	29	18	22	21	26
专任教职工数（人）	37956	2539	2921	2385	116	2148	4271	5826	3874	8734	4782
普通中等专业学校	1755	819	75	21	0	66	181	175	179	114	125
平均每个专任教师负担学生数	17	20	12	6		11	14	16	19	4	16
普通中学	21505	1450	1721	1225	116	1428	2351	3382	2116	4808	2908
平均每个专任教师负担学生数	11	13	11	12	2	10	11	10	11	12	11
特殊学校	138	0	15	26	0	0	29	16	15	21	16
平均每个专任教师负担学生数	5	0	5	4	0	0	4	5	6	4	4
小学	14198	270	1110	1113	0	654	1710	2253	1564	3791	1733
平均每个专任教师负担学生数	21	34	15	20	0	27	19	17	16	24	24
招生数（人）	141833	14160	9340	8459	238	7751	14665	18428	12671	37285	18836
普通中等专业学校	11174	6438	445	0	0	452	860	670	1482	50	777
普通中学	77629	6213	6091	4868	85	4436	8041	10596	6761	20207	10331
高中	34146	3570	3681	1611	0	1571	3525	5058	2925	7785	4420
初中	43483	2643	2410	3257	85	2865	4516	5538	3836	12422	5911
特殊学校	91	0	8	3	0	0	21	16	10	10	23
小学	52939	1509	2796	3588	153	2863	5743	7146	4418	17018	7705
在校学生数（人）	701083	47263	48670	46233	1067	41052	76122	94441	65149	186276	94810
普通中等专业学校	29187	16313	921	129	0	723	2455	2852	3342	423	2029
普通中学	236367	18880	18889	15006	233	14191	25584	33688	22577	56289	31030
高中	103186	10700	11313	5166	0	5228	11565	15940	9744	20523	13007
初中	133181	8180	7576	9840	233	8963	14019	17748	12833	35766	18023
特殊学校	621	0	76	101	0	0	116	81	97	82	68
小学	294305	9292	16979	22031	834	17799	31650	38136	25786	90785	41013
在园儿童数	140603	2778	11805	8966	0	8339	16317	19684	13347	38697	20670
毕业生数（人）	143952	14656	10049	8711	237	8928	16471	20594	13802	31738	18766
普通中等专业学校	12746	7041	280	0	0	342	1281	1478	1338	301	685
普通中学	87814	6046	6960	5222	109	5721	10633	13523	8590	18876	12134
特殊学校	67	0	4	13	0	0	7	3	18	17	5
小学	43325	1569	2805	3476	128	2865	4550	5590	3856	12544	5942

14-3 分县市区中小学校基本情况

Number of Primary School and Middle Schools by County

单位：所

指　标	荆州市	市　直	荆州区	沙市区	荆州开发区	江陵县
合　计	1119	22	116	83	2	62
九年一贯制	51	3	3	3	2	8
中学	190	11	16	16	0	9
普通高中	61	10	6	4	0	3
普通初中	129	1	10	12	0	6
小学	395	4	32	25	0	18
幼儿园数	483	4	65	39	0	27

指　标	松滋市	公安县	石首市	监利县	洪湖市
合　计	155	167	86	301	125
九年一贯制	2	4	0	11	15
中学	25	24	22	40	27
普通高中	7	8	6	10	7
普通初中	18	16	16	30	20
小学	52	63	40	116	45
幼儿园数	76	76	24	134	38

14-4 分县市区小学基本情况

Basic Conditions of Primary Schools by County

单位：所、个、人

指　标	荆州市	市　直	荆州区	沙市区	荆州开发区	江陵县
学校数	395	4	32	25	0	18
班数	7300	167	377	429	22	479
毕业生数	43325	1569	2805	3476	128	2865
招生数	52939	1509	2796	3588	153	2863
在校生数	294305	9292	16979	22031	834	17799
教职工	15330	291	1151	1154	0	740
#专任教师	14198	270	1110	1113	0	654

指　标	松滋市	公安县	石首市	监利县	洪湖市
学校数	52	63	40	116	45
班数	697	904	665	2522	1038
毕业生数	4550	5590	3856	12544	5942
招生数	5743	7146	4418	17018	7705
在校生数	31650	38136	25786	90785	41013
教职工	1843	2503	1605	4081	1962
#专任教师	1710	2253	1564	3791	1733

14-5 县市区普通中学基本情况

Basic Statistics on Regular Secondary Schools by County

单位：所、个、人

指 标	荆州市	市 直	荆州区	沙市区	荆州开发区	江陵县
学校数	241	14	19	19	2	17
#初中	180	4	13	15	2	14
高中	61	10	6	4	0	3
班数	4540	356	345	297	7	303
#初中	2754	154	166	198	7	202
高中	1786	202	179	99	0	101
毕业生数	87814	6046	6960	5222	109	5721
#初中	49614	2783	2658	3345	109	3723
高中	38200	3263	4302	1877	0	1998
招生数	77629	6213	6091	4868	85	4436
#初中	43483	2643	2410	3257	85	2865
高中	34146	3570	3681	1611	0	1571
在校生数	236367	18880	18889	15006	233	14191
#初中	133181	8180	7576	9840	233	8963
高中	103186	10700	11313	5166	0	5228

指 标	松滋市	公安县	石首市	监利县	洪湖市
学校数	27	28	22	51	42
#初中	20	20	16	41	35
高中	7	8	6	10	7
班数	468	627	442	1059	636
#初中	279	356	272	711	409
高中	189	271	170	348	227
毕业生数	10633	13523	8590	18876	12134
#初中	5116	7537	4762	12328	7253
高中	5517	5986	3828	6548	4881
招生数	8041	10596	6761	20207	10331
#初中	4516	5538	3836	12422	5911
高中	3525	5058	2925	7785	4420
在校生数	25584	33688	22577	56289	31030
#初中	14019	17748	12833	35766	18023
高中	11565	15940	9744	20523	13007

14-6 分县市初中、小学毕业生升学率及小学学龄儿童入学率

Percentage of Graduates of Primary Schools and Junior Secondary Schools Entering Higher Level Schools, Percentage of Primary School-Age Children Enrolled by County

单位：人、%

指　标	荆州市	市　直	荆州区	沙市区	荆州 开发区	江陵县
九年义务教育完成率	99.7	100.0	100.0	100.0	100.0	99.5
初中毕业生升学率	90.3	340.5	155.2	48.2		54.3
初中毕业生数	49614	2783	2658	3345	109	3723
高中阶段学校招生数	34146	3570	3681	1611	0	1571
小学毕业生升学率	100.4	168.5	85.9	93.7	66.4	100.0
小学毕业生数	43325	1569	2805	3476	128	2865
初级中学学校招生数	43483	2643	2410	3257	85	2865
小学学龄儿童入学率	100		100	100		100
学龄儿童数	291959		22655	26295		17799
已入学学龄儿童数	291959		22655	26295		17799

指　标	松滋市	公安县	石首市	监利县	洪湖市
九年义务教育完成率	99.6	99.7	99.6	99.5	99.5
初中毕业生升学率	85.7	75.8	92.6	63.6	71.7
初中毕业生数	5116	7537	4762	12328	7253
高中阶段学校招生数	3525	5058	2925	7785	4420
小学毕业生升学率	99.3	99.1	99.5	99.0	99.5
小学毕业生数	4550	5590	3856	12544	5942
初级中学学校招生数	4516	5538	3836	12422	5911
小学学龄儿童入学率	100	100	100	100	100
学龄儿童数	31650	37415	25786	90511	39848
已入学学龄儿童数	31650	37415	25786	90511	39848

指 标 解 释

Explanatory Notes on Statistical lndicators

【普通高等学校】 指按国家规定的设置标准和审批程序批准举办的，通过全国普通高等教育统一招生考试，招收高中毕业生为主要培养对象，实施高等学历教育的全日制大学、独立设置的学院和高等专科学校、高等职业学校和其他机构。

【成人高等学校】 指按国家规定的设置标准和审批程序批准举办的，通过全国成人高等教育统一招生考试，招收具有高中毕业或同等学历的人员为主要培养对象，利用函授、业余、脱产的多种形式对其实施高等学历教育的学校。包括：职工高等学校、农民高等学校、管理干部学院、教育学院、独立函授学院、广播电视大学和其他机构。

【高等教育机构】 指经省、自治区、直辖市教育行政部门审批并颁发办学许可证，不具有颁发学历文凭资格的实施高等教育的单位。

【社会力量办即民办学校】 指经有关主管部门批准，公民个人、社会团体及其他社会组织等利用非国家财政性教育经费，面向社会举办的学校及其他教育机构。

【毕业生数】 指上学年，具有学籍的学生学完教学计划规定的全部课程，考试及格，取得毕业证书，实际毕业的学生数。

【招生数】 指通过国家统一招生考试，按照国家招生计划实际招收入学的新生数。包括春、秋两季招收的学生。

【在校学生数】 指本学年初，具有学籍的注册学生数。

【结业生数】 指具有学籍的学生学习期满，有一门以上主要课程（包括毕业论文或毕业设计）不及格或其他方面不合格，未予毕业而发给结业证书的学生数。不包括短训班和单科结业学生。

【教职工数】 指在学校（机构）工作并由学校（机构）支付工资的教职工人数。教职工数包括校本部教职工、科研机构人员、校办企业职工、其他附设机构人员。

【教师】 指专职从事教学工作的人员，包括临时调去帮助做其他工作的人员，不包括调离教学岗位担负行政领导工作的原教学人员。

【专任教师】 指具有教师资格，专门从事教学工作的人员。

【特殊教育学校】 指招收盲聋哑青少年进行初中等教育的学校。

十五、文化、体育、卫生与其他社会事业

Culture, Sport, Public Health and Social Activities

资料整理：仝　嘉　于　潇
姚　颖　饶立峰
韩文军　程　斌
李　脉

15-1 文化事业基本情况

Basic Statistics on Culture

指　标	单　位	荆州市	市　直	荆州区	沙市区	荆州开发区	江陵县	松滋市	公安县	石首市	监利县	洪湖市
文化事业机构	个	175	9	18	11	5	14	21	22	20	29	26
文化事业人员	人	1309	385	132	21	8	37	152	113	133	175	153
电影事业机构	个	8	1	1	0	0	1	1	1	1	1	1
电影事业人员	人	434	180	0	0	0	15	42	40	54	38	65
剧场、影剧院数	个	15	6	0	0	0	0	3	2	1	1	2
艺术事业机构	个	10	1	2	0	0	0	1	2	1	1	2
# 艺术表演团体	个	6	2	1	0	0	0	0	1	1	1	0
艺术表演场所	个	4	0	1	0	0	0	1	1	0	0	1
艺术事业人员	人	394	154	72	0	0	0	18	32	36	34	48
公共图书馆机构	个	8	1	1	0	0	1	1	1	1	1	1
图书馆事业人员数	人	155	59	12	0	0	8	14	13	11	22	16
订销报刊杂志累计份数	千份	200	53	20	0	0	0.4	90	13.8	5.6	4.2	13
公共图书馆藏书量	千册	1172	584	101	0	0	27	186	97	52	59	66
图书流通人次	千人次	644	285	33	0	0	3	109	20	18	158	18
群众文化事业机构	个	134	1	13	10	4	11	17	17	16	24	21
# 艺术馆	个	4	1	0	0	0	0	1	0	1	0	1
文化馆	个	4	0	1	0	0	1	0	1	0	1	0
乡镇文化站	人	175	0	15	11	7	10	29	25	14	24	40
群众文化事业人员	人	377	26	37	11	7	16	72	44	39	76	49
其他文化事业机构	个	8	2	0	0	0	1	1	1	1	1	1
其他文化事业人员	人	125	32	0	0	0	6	15	10	24	19	19

15-2 卫生事业基本情况

Basic Statistics on Culture

单位：个、张、人

指　标	机构数	床位数		人员数	卫生技术		
		实有	标准		人员数	执业医师	注册护士
总　　计	3270	25035	26027	36627	26776	8199	10584
医院	49	17003	17610	17434	14630	4562	7323
综合医院	33	13008	13238	13481	11361	3550	5792
中医医院	7	2734	2870	2971	2536	812	1153
专科医院	9	1261	1502	982	733	200	378
卫生院	118	6185	6437	7730	6395	1583	1839
#中心卫生院	27	1722	1871	2110	1777	444	524
乡卫生院	90	4363	4466	5567	4573	1130	1305
街道卫生院	1	100	100	53	45	9	10
社区卫生服务中心（站）	77	650	830	1036	906	333	343
#社区卫生服务中心	21	611	789	776	660	235	240
社区卫生服务站	56	39	41	260	246	98	103
急救中心	1	0	0	11	4	2	2
采供血机构	3	0	0	153	109	14	56
妇幼保健院（所、站）	9	887	862	1359	1169	387	505
专科疾病防治院（所、站）	7	300	288	417	328	96	88
#专科疾病防治院	4	280	268	309	258	75	75
专科疾病防治所（站、中心）	3	20	20	108	70	21	13
#皮肤病与性病防治所	1	0	0	38	29	9	5
地方病防治所	0	0	0	0	0	0	0
血吸虫病防治所	0	0	0	0	0	0	0
疾病预防控制中心（防疫站）	9	0	0	756	596	197	68
卫生监督局（所、中心）	7	0	0	204	153	0	0
医学在职培训机构	3	0	0	426	169	18	19
其他卫生机构	2987	10	0	7101	2317	1007	341

15-3 各类卫生机构诊疗情况

Basic Statistics on Visits and Inpatients in Different Type of Health Institution

单位：人、人次、日

指　标	诊疗人次数		入院人数	出院人数		死亡率%
	总计	门、急诊人次数		总计	死亡	
总　　计	30400643	29395147	893745	895677	1896	0.21
医院	8032190	8002656	602233	605329	1776	0.29
#综合医院	6605924	6584783	468251	474666	1281	0.27
中医医院	1233554	1233554	121027	117789	493	0.42
专科医院	192712	184319	12955	12874	2	0.02
#胸科医院	26071	26071	4639	4687	0	0.00
精神病医院	111654	111654	4053	3939	2	0.05
妇产科医院	5133	2501	522	522	0	0.00
其他专科医院	49854	44093	3741	3726	0	0.00
社区卫生服务中心（站）	1031155	894116	13316	13133	27	0.21
#社区卫生服务中心	565818	449469	13316	13133	27	0.21
社区卫生服务站	465337	444647	0	0	0	–
卫生院	5486141	5241912	234041	233345	91	0.04
#中心卫生院	1625318	1599572	74907	75039	26	0.03
乡镇卫生院	3819485	3601002	154573	154091	62	0.04
街道卫生院	41338	41338	4561	4215	3	0.07
妇幼保健院（所、站）	1098916	1098888	35458	35196	2	0.01
专科疾病防治院（所、站）	68098	68098	8697	8674	0	0.00

15-4 县市区卫生事业基本情况

Basic Statistics of Health by County

指　标	单　位	荆州市	荆州区	沙市区	江陵县
卫生机构数	个	3270	190	448	112
#医院	个	49	11	18	2
卫生院	个	118	8	7	11
疾病预防控制中心（防疫站）	个	9	0	1	2
妇幼保健院（所站）	个	9	2	1	1
卫生机构床位数	张	25035	4044	6452	1170
#医院	张	17003	3216	5746	690
卫生院	张	6185	379	262	465
卫生机构人员数	人	36627	5446	7781	1742
#卫生技术人员	人	26776	4118	6443	1179
#执业（助理）医师	人	10207	1406	2487	472
注册护师、护士	人	10584	1892	3059	396
#卫生防疫人员	人	756	0	155	75
医院、卫生院技术人员	人	21025	3122	5030	1036
#执业（助理）医师	人	7165	1065	1625	409
注册护士	人	9162	1531	2677	361
农村新型合作医疗参合率	%	99.9	100	100	99.9

指　标	单　位	松滋市	公安县	石首市	监利县	洪湖市
卫生机构数	个	377	461	310	783	589
#医院	个	4	4	2	4	4
卫生院	个	17	16	15	21	23
疾病预防控制中心（防疫站）	个	1	1	1	1	2
妇幼保健院（所站）	个	1	1	1	1	1
卫生机构床位数	张	2476	3133	2245	3223	2292
#医院	张	1527	2029	1010	1667	1118
卫生院	张	738	906	1015	1436	984
卫生机构人员数	人	3862	4652	3320	5198	4626
#卫生技术人员	人	2810	3542	2421	3112	3151
#执业（助理）医师	人	1062	1347	944	1228	1261
注册护师、护士	人	1060	1389	767	1051	970
#卫生防疫人员	人	109	66	83	94	174
医院、卫生院技术人员	人	2141	2874	1883	2599	2340
#执业（助理）医师	人	684	1001	684	905	792
注册护士	人	922	1225	650	975	821
农村新型合作医疗参合率	%	100	99.6	100	100	100

15-5 体育事业基本情况

Main Statistics on Sport

指 标	单 位	2012 年	2013 年	2014 年
体育系统从业人员	人	284	259	255
#教练员	人	65	46	46
业余体校职工人数	人	124	131	129
# 专职教练员人数	人	56	46	46
体育场馆数	个	31	16	17
体育场馆职工人数	人	50	35	33
等级运动员	人	210	239	141
#田径	人	33	41	27
游泳	人	2		1
摔跤	人		4	2
柔道	人	4	2	7
赛艇	人		2	1
皮划艇静水		1	3	
足球	人	18	27	7
篮球	人	68	57	33
羽毛球	人	7	7	5
乒乓球	人	13	8	5
网球	人	2	11	10
武术	人			19
围棋	人	2	1	1
国际象棋	人		1	
排球	人		4	11
健美操	人	1	3	
武术套路	人	12	11	
武术散打	人	24	17	
跆拳道	人	20	32	12
举重	人		2	
拳击	人	2	5	
体操	人	1	1	
社会体育指导员认证数（二级）	人	1324	2845	2653
各级体育事业经费决算总额	万元	2088	3800	4975
各级举办运动会次数	次	191	100	164
各级参加运动会人数	万人	26.3	13.65	21.53
学校运动班学生数	人	5170	7150	10725
各级体育社会团体	个	85	87	89
群众体育活动次数	次	132	123	150
群众体育活动总人数	万人	13	9.8	15.0

15-6 民政事业基本情况

Basic Statistics on Civil Administration

指　标	单　位	荆州市	荆州区	沙市区	江陵县
革命伤残军人	人	2467	282	253	89
“三属”享受定期抚恤人数	人	5984	467	171	212
享受定期定补人数	人	50379	5208	6276	3032
优待烈军属户	户	22754	596	1241	701
优待总金额	万元	7788	844	760	410
民政部门管理离退休人员	人	480		14	6
农村低保人数	人	197101	11646	4447	14325
城镇居民最低生活保障人数	人	116850	14417	18946	4612
城镇最低生活保障支出	万元	40953	5953	9042	2108
社会捐赠款金额	万元	841	60		
军干所	个	7			
殡葬事业单位	个	12			1
火化遗体数	具	32934			3462
本年实有社会团体机构	个	917	60	34	40
社会福利收养性单位数	个	181	21	12	14
社会福利收养性单位床位数	张	21750	1036	183	1083
社会福利院	个	14	1	2	1
年末床位数	张	2981	150	173	148
年末在院人员数	人	2341	120	173	66
结婚对数	对	57917	4212	4901	3614
离婚对数	对	13604	1266	1580	1069
民政经费	万元	117183	11705	12965	6332
福利企业职工人数	人	2170	171	1054	447
福利企业残疾职工人数	人	773	70	374	103

15-6 续表

指 标	单 位	松滋市	公安县	石首市	监利县	洪湖市
革命伤残军人	人	339	484	224	394	311
“三属”享受定期抚恤人数	人	344	156	395	2013	2208
享受定期定补人数	人	6928	7118	5168	9866	5719
优待烈军属户	户	5506	4230	1650	1886	6800
优待总金额	万元	873	1158	510	2334	729.4
民政部门管理离退休人员	人	88	39	108	29	53
农村低保人数	人	26721	32724	22342	50920	33471
城镇居民最低生活保障人数	人	8697	16208	15500	17356	17795
城镇最低生活保障支出	万元	3633	4183	4081	5403	4761.7
社会捐赠款金额	万元	21	550	210		
军干所	个	1	1	1	1	1
殡葬事业单位	个	1	2	1	3	3
火化遗体数	具	2209	5105	2613	7808	5400
本年实有社会团体机构	个	107	114	105	107	145
社会福利收养性单位数	个	23	23	20	26	37
社会福利收养性单位床位数	张	3689	4378	4149	2607	3257
社会福利院	个	1	1	3	1	2
年末床位数	张	178	355	868	221	360
年末在院人员数	人	178	255	520	221	352
结婚对数	对	6902	9402	5837	13895	9154
离婚对数	对	1837	2078	1382	2519	1873
民政经费	万元	13289	15761	12157	22088	14787
福利企业职工人数	人	202		40	183	73
福利企业残疾职工人数	人	88		36	68	34

15-7 分县市区社会治安基本情况

Basic Statistics on Public Security by County

指　标	单　位	荆州市	荆州区	沙市区	荆州开发区	江陵县
火灾事故发生数	起	559	170	144	25	22
火灾死亡人数	人	2	0	0	0	0
火灾损失金额	万元	1338.40	67.60	844.30	15.60	18.10
交通事故发生数	起	224	27	39		19
交通事故死亡人数	人	177	27	39		10
交通事故损失额	万元	76.42	5.4	6.97		14.05
刑事案件立案数	件	14972	2849	3773	697	772
治安案件查处数	件	13603	1548	3229	808	614
犯罪人数	人	2899	319	732	98	212
#青少年人数（年龄16-25周岁）	人	481	63	199	24	14
青少年刑事案犯占全部刑事案犯的比重	%	16.6	2.17	6.86	0.82	0.48
破获强奸案件数	起	450	38	152	11	10

指　标	单　位	松滋市	公安县	石首市	监利县	洪湖市
火灾事故发生数	起	46	32	30	51	39
火灾死亡人数	人	0	2	0	0	0
火灾损失金额	万元	40.70	205.40	17.60	74.80	54.30
交通事故发生数	起	32	46	11	32	18
交通事故死亡人数	人	30	24	9	20	18
交通事故损失额	万元	3.35	10.88	2.1	26.8	6.87
刑事案件立案数	件	1684	1367	983	1467	1380
治安案件查处数	件	2047	1152	956	1373	1876
犯罪人数	人	215	355	233	487	248
#青少年人数（年龄16-25周岁）	人	34	29	21	47	50
青少年刑事案犯占全部刑事案犯的比重	%	1.17	1	0.72	1.62	1.72
破获强奸案件数	起	32	41	31	92	43

15-8　平均气温、降水量、日照时数与相对湿度

Montyly Average Temperature, Volume of Precipitation, Sunshine Hours and Relative Humidity

月　份	平均气温（℃）	平均气温		极端气温			
		最高	最低	最高	日期	最低	日期
一　　月	7.1	12.4	4.1	20.5	31日	-1.1	22日
二　　月	4.7	13.1	-1.5	18.5	1日	-5.5	11日
三　　月	13.1	20.9	6.5	28.0	29日	4.4	4日、9日
四　　月	17.2	20.1	13.6	27.3	9日	11.0	13日
五　　月	21.7	26.2	16.5	30.8	30日	11.3	5日
六　　月	25.7	28.7	21.9	35.2	11日	21.1	15日
七　　月	27.5	32.6	23.5	37.3	22日	21.0	15日
八　　月	25.9	31.8	20.5	36.4	5日	19.4	12日、13日
九　　月	22.8	28.0	17.8	32.8	7日	16.4	20日
十　　月	18.9	24.1	12.7	29.4	3日	11.7	31日
十 一 月	12.3	16.3	9.1	20.2	4日	6.1	3日
十 二 月	6.4	10.0	4.8	17.0	29日	-1.3	17日
全年情况	17.0	32.6	-1.5	37.3	7月22日	-5.5	2月11日

月　份	降水量（mm）			日照时数（小时）		相对湿度%（最低）	月平均相对湿度（%）
	总量	日最大	日期	合计	百分数		
一　　月	24.6	12.5	7日	156.0	78.5	13	67
二　　月	34.8	11.2	24日	51.0	-38.1	38	78
三　　月	70.5	53.9	29日	140.0	25.6	26	75
四　　月	148.6	47.6	21日	99.0	-28.0	22	78
五　　月	104.1	33.2	9日	115.0	-25.0	27	75
六　　月	73.8	47.7	20日	78.0	-48.6	35	78
七　　月	135.3	53.6	4日	199.0	1.4	38	82
八　　月	108.1	54.7	23日	147.0	-26.5	47	82
九　　月	97.6	34.7	10日	40.0	-74.1	39	84
十　　月	107.4	41.5	29日	170.0	32.4	27	76
十 一 月	79.5	20.1	29日	93.0	-22.5	25	78
十 二 月	2.5	1.3	3日	156.9	49.8	21	67
全年情况	991	54.7	8月23日	1503.0	-8.0	13	77

15-9 主要气象站点基本情况

Basic Conditions of Main Meteorological Stations

指　标	单　位	合　计	城　区	松滋市	公安县	石首市	监利县	洪湖市
气象观测人员总数	人	22	4	4	2	3	4	5
雷达观测	人	6	6					
气象台站总数	个	139	30	27	18	19	25	20
气象台	个	6	1	1	1	1	1	1
气象站	个	133	29	26	17	18	24	19
独立农试站	个	1	1					
卫星支图接收站点数	个	1	1					
同步卫星	个	6	1	1	1	1	1	1
接收卫星云图图片数	张/天	96	96					
使用云图单位数	张/天	96	96					
拥有计算机数	台	40	10	5	7	6	6	6
微型机	台							
拥有雷达数	部	1	1					

15-10 计划生育基本情况

Basic Conditions of Family Planning

指　标	单　位	荆州市	荆州区	沙市区	荆州开发区	江陵县
年内出生人数	人	64824	4960	3369	1470	3434
#男性	人	34635	2539	1727	735	1745
女性	人	30189	2421	1642	735	1689
#一孩人数	人	43686	3902	2669	1165	2267
二孩人数	人	19633	1006	642	275	1093
多孩人数	人	1505	52	58	30	74
死亡人口	人	25517	1562	1305	521	1579
出生率	‰	9.64	8.20	6.17	12.86	8.03
计划内出生人数	人	60636	4837	3274	1452	3313
计划生育率	%	93.54	97.52	97.18	98.78	96.48
已婚育龄妇女人数	万人	149.28	14.77	11.21	3.33	8.62
期末选择各种避孕方法人数	万人	127.49	12.78	10.19	3.02	7.22
#男性绝育	人	2078	234	85	53	50
女性绝育	万人	36.26	0.99	1.02	0.31	1.92
独生子女领证率	%	12.42	17.42	22.02	28.99	8.65
符合政策生育率	%	93.54	97.52	97.18	98.78	96.48
出生人口性别比	/	114.73	104.87	105.18	100.00	103.32

指　标	单　位	松滋市	公安县	石首市	监利县	洪湖市
年内出生人数	人	7416	8715	5975	18700	10785
#男性	人	3731	4499	3087	10562	6010
女性	人	3685	4216	2888	8138	4775
#一孩人数	人	5257	6144	3986	11344	6952
二孩人数	人	1980	2366	1830	6802	3639
多孩人数	人	179	205	159	554	194
死亡人口	人	2771	4772	3427	6133	3447
出生率	‰	8.56	8.08	9.15	12.67	11.28
计划内出生人数	人	7248	8445	5740	16596	9731
计划生育率	%	97.73	96.90	96.07	88.75	90.23
已婚育龄妇女人数	万人	20.09	23.25	15.58	32.29	20.12
期末选择各种避孕方法人数	万人	15.95	20.00	13.73	28.26	16.34
#男性绝育	人	82	85	356	838	295
女性绝育	万人	1.71	4.83	5.42	12.96	7.09
独生子女领证率	%	17.50	10.40	9.63	6.99	10.39
符合政策生育率	%	97.73	96.90	96.07	88.75	90.23
出生人口性别比	/	101.25	106.71	106.89	129.79	125.86

15-11 分年计划生育基本情况

Main Statistics on Family Planning by Year

指 标	单 位	2010 年	2011 年	2012 年	2013 年	2014 年
年内出生人数	人	63031	64975	69314	66299	64824
#男性	人	34228	35101	37426	35441	34635
女性	人	28803	29874	31888	30858	30189
#一孩人数	人	47184	47475	49358	46168	43686
二孩人数	人	14917	16360	18533	18720	19633
多孩人数	人	930	1140	1423	1411	1505
出生率	‰	9.59	9.85	10.41	9.92	9.64
计划内出生人数	人	60299	61538	65216	62042	60636
计划生育率	%	95.67	94.71	94.09	93.58	93.54
已婚育龄妇女人数	万人	142.49	147.62	148.98	152.82	149.28
期末选择各种避孕方法人数	万人	127.88	130.10	130.07	129.99	127.49
#男性绝育	万人	0.32	0.30	0.26	0.25	2078
女性绝育	万人	42.28	42.30	40.56	39.15	36.26
独生子女领证率	%	8.66	7.59	7.21	6.37	12.42

指 标 解 释

Explanatory Notes on Statistical Indicators

【艺术剧团】 指从事戏曲、音乐、舞蹈、杂技等专业艺术表演，有独立帐户、实行独立核算的团体。不包括半工半艺和民间职业剧团。

【艺术表演观众人数（人次）】 指售票、包场演出或民族地区免费演出的艺术表演观众人次数。不包括彩排审查和内部观摩演出的观众人次数。

【卫生机构】 指从卫生行政部门取得《医疗机构执业许可证》，或从民政、工商行政、机构编制管理部门取得法人单位登记证书，为社会提供医疗保健、疾病控制、卫生监督服务或从事医学科研和教育等工作的单位。

【卫生技术人员】 指由卫生机构支付工资的全部固定职工和合同制职工中现任职务为卫生技术工作的专业人员，不包括从事管理工作的人员。

【执业医师和注册护士】 指领取医师执业证书和注册护士证书的人员，不包括从事管理工作的医师和护士。与2002年以前年鉴中的医生和护（师）士口径基本相同。

【死亡率（死因死亡率）】 是指某种原因（如疾病）所致的死亡人数占户籍人口比重。

计算公式为：死因死亡率 = 同年内某种原因死亡人数 / 某年户籍平均人口数 *100000 / 10万

【等级运动员人数】 指经考核正式批准授予等级运动员称号的人数。运动员等级分为国际级运动健将、国家级运动健将、一级运动员、二级运动员、三级运动员、少年级运动员。

【等级裁判员人数】 指经考核正式批准授予等级裁判员称号的人数。裁判员等级分为国际级裁判、国家级裁判、一级裁判、二级裁判、三级裁判。

【优抚对象】 依照法律和政策的规定，享受国家、社会和群众抚恤优待的人员，包括中国人民解放军（包括中国人民武装警察部队）现役军人、革命伤残人员、复员退伍军人、革命烈士家属、因公牺牲军人家属、病故军人家属、现役军人家属。

【城镇居民最低生活保障人数】 指在开展居民最低生活保障制度的地区，领取最低生活保障费的城镇居民人数。包括"三无"对象、失业人员和在职、下岗、退休人员等。

【农村居民最低生活保障人数】 指报告期末在建立农村最低生活保障制度的地区，得到当地政府或集体给予最低生活保障的农业人口。

【保险福利费用】 指企业、事业、机关单位在工作以外实际支付给职工和离休、退休、退职人员个人以及用于集体的劳动保险和福利费用。

十六、乡镇经济

Economy of Villages and Towns

资料整理：张宗山

陈　风

16-1 乡镇经济

Main Statistics on Economy of Villages and Towns

指 标	单 位	荆州区						
		纪南镇	川店镇	马山镇	八岭山镇	李埠镇	弥市镇	郢城镇
一、基本情况								
居民委员会	个	1	1	1	1		1	2
村民委员会	个	25	22	14	13	12	25	6
常住人口	人	54619	37284	33154	30214	22235	60020	35375
户籍人口	人	67409	36502	32003	38163	33292	82751	41276
行政区划面积	公顷	15985	17813	12886	12636	9289	16862	1847
常用耕地面积	公顷	4322	4997	3617	3825	2475	9127	330
淡水养殖面积	公顷	2580	1333	2559	1009	592	624	55
农村用电量	万千瓦.时	2648	3798	1081	1405	1552	3060	448
农用化肥施用量（实物量）	吨	11837	24947	13013	9690	13895	27419	921
二、主要农产品产量								
粮食	吨	24555	38458	30863	28226	16072	44725	1567
棉花	吨	135	408	269	328	495	4410	
油料	吨	11618	7625	7169	10302	2720	10968	712
蔬菜	吨	25194	26642	39548	31589	329236	110823	4932
生猪出栏	头	43944	28453	42345	34953	23100	126106	27827
年末能繁母猪存栏	头	1630	7512	3980	906	485	7519	112
家禽出笼	万只	275.79	836.00	415.90	238.20	107.40	86.97	40.16
肉产量	吨	7505	14723	9815	6215	3435	10991	2954
水产品产量	吨	42009	10205	23821	17502	7961	9445	523
三、现代农业发展情况								
农民合作社个数	个	10	61	38	21	36	48	10
农民合作社成员数	人	990	2766	820	3124	6184	1378	375
耕地流转面积	公顷	964	1772	436	449	23	2311	32
四、综合								
农林牧渔业总产值	万元	94727	78286	83019	69062	117556	111415	10036
农林牧渔业增加值	万元	48751	39725	43164	36822	66757	60434	4863
规模以上工业总产值	万元	100414	134811	42155	38154	126157	90149	58901
农村居民人均可支配收入	元	12502	12412	12422	12503	12589	12410	12491
地方公共财政收入	万元	1939	989	879	480	710	1119	3814
五、社会发展								
新型农村合作医疗参保人数	人	52244	30976	26018	30510	24928	64036	23082
新型农村社会养老保险参保人数	人	16025	15260	31946	17335	8421	31255	2144
城镇建成区面积	公顷	100	296	67	61	341	280	300

16-1 续表1

指标	单位	沙市区					荆州开发区
		立新乡	关沮镇	锣场镇	观音垱镇	岑河镇	联合街道办
一、基本情况							
居民委员会	个	4		1	2	1	9
村民委员会	个	2	8	8	30	26	11
常住人口	人	39574	20692	7799	47101	57825	95021
户籍人口	人	15856	16250	12855	46484	48343	95013
行政区划面积	公顷	743	2892	3133	17456	15514	2971
常用耕地面积	公顷	47	237	292	5330	5440	255
淡水养殖面积	公顷	53	332	525	1239	715	81
农村用电量	万千瓦.时	991	1479	464	2379	3003	2370
农用化肥施用量（实物量）	吨	254	1013	1522	20007	23884	879
二、主要农产品产量							
粮食	吨		540	1689	34942	33824	579
棉花	吨			69	517	2560	23
油料	吨		311	762	4699	1976	318
蔬菜	吨	3868	11953	7824	108452	102335	17572
生猪出栏	头	35249	4573	4038	14525	20030	8281
年末能繁母猪存栏	头	773	327	179	480	894	1490
家禽出笼	万只	3.00	18.27	12.60	65.20	86.50	8.00
肉产量	吨	2647	651	595	2566	2374	760
水产品产量	吨	776	5837	8752	21302	11103	1162
三、现代农业发展情况							
农民合作社个数	个	1	1	9	24	33	
农民合作社成员数	人	16	85	78	459	765	
耕地流转面积	公顷				276	133	
四、综合							
农林牧渔业总产值	万元	9226	19656	84687	21116	75588	8639
农林牧渔业增加值	万元	5310	12567	52815	13606	45946	6631
规模以上工业总产值	万元	105747	639576	1081412	137025	213101	2187128
农村居民人均可支配收入	元	16286	15098	10901	12864	11413	7500
地方公共财政收入	万元	7071	7666	15030	3337	4516	58986
五、社会发展							
新型农村合作医疗参保人数	人	7649	14905	9387	37777	36277	17446
新型农村社会养老保险参保人数	人	5077	3387	3867	14095	21750	3715
城镇建成区面积	公顷	743	2639	1800	190	320	510

16-1 续表2

指 标	单 位	江陵县						
		资市镇	马家寨乡	滩桥镇	熊河镇	白马镇	沙岗镇	秦市乡
一、基本情况								
居民委员会	个	2	1	2	1	1	1	1
村民委员会	个	15	25	17	31	32	27	20
常住人口	人	21327	34280	21625	38126	46682	40776	22208
户籍人口	人	25417	45140	33886	51474	52652	56012	28934
行政区划面积	公顷	8857	13084	6312	13966	14943	14708	5569
常用耕地面积	公顷	3324	3500	2271	4609	5853	4922	2133
淡水养殖面积	公顷	597	589	236	939	583	1066	690
农村用电量	万千瓦.时	543	740	444	1657	2595	1549	579
农用化肥施用量（实物量）	吨	11373	13741	11906	19017	23459	18845	8919
二、主要农产品产量								
粮食	吨	23720	19985	9022	34831	46613	42217	13031
棉花	吨	730	668	669	743	292	636	310
油料	吨	6237	10957	6461	10546	10861	10966	4974
蔬菜	吨	25503	11859	18644	23650	7657	10744	1727
生猪出栏	头	8780	23170	5161	57515	28293	13487	10056
年末能繁母猪存栏	头	792	1844	873	5026	1677	998	1654
家禽出笼	万只	25.22	25.22	18.61	49.15	32.71	17.42	486.57
肉产量	吨	1075	2184	679	5240	2618	1305	8372
水产品产量	吨	3127	2677	980	5146	3060	5548	3474
三、现代农业发展情况								
农民合作社个数	个	18	27	20	13	15	31	11
农民合作社成员数	人	483	735	627	1399	1287	2439	617
耕地流转面积	公顷	336	772	230	334	380	1298	400
四、综合								
农林牧渔业总产值	万元	28827	34391	19304	48094	34691	35464	35539
农林牧渔业增加值	万元	17321	20646	11608	28538	20812	21424	20324
规模以上工业总产值	万元	7849		35660	79880	5859	21474	
农村居民人均可支配收入	元	10521	8958	9178	10983	9428	10313	8999
地方公共财政收入	万元	419	360	4121	1166	489	672	412
五、社会发展								
新型农村合作医疗参保人数	人	20058	37545	25523	41281	42485	42154	23102
新型农村社会养老保险参保人数	人	9022	22721	16726	18653	23325	16642	9514
城镇建成区面积	公顷	200	135	810	450	160	800	63

16-1　续表3

指　标	单　位	江陵县		松滋市				
		普济镇	郝穴镇	南海镇	八宝镇	涴市镇	老城镇	陈店镇
一、基本情况								
居民委员会	个	1	7	1	3	1	1	1
村民委员会	个	26	6	21	17	17	17	11
常住人口	人	31320	43833	57795	69734	48889	44457	34541
户籍人口	人	40465	41148	64689	77517	57631	49879	38782
行政区划面积	公顷	7815	3696	17589	16014	13467	11403	15267
常用耕地面积	公顷	2543	540	5224	7827	6136	5089	3706
淡水养殖面积	公顷	512	197	944	685	840	439	492
农村用电量	万千瓦.时	419	227	3079	2518	2718	1193	2717
农用化肥施用量（实物量）	吨	10380	1824	17759	24089	13518	12017	11665
二、主要农产品产量								
粮食	吨	19832	3920	29652	25013	20180	21072	29144
棉花	吨	89	64	726	3577	2498	2124	15
油料	吨	4731	1618	6734	4974	6966	3972	5254
蔬菜	吨	12259	11003	19917	34026	26129	21834	8201
生猪出栏	头	32063	10077	72388	140463	72583	100650	100364
年末能繁母猪存栏	头	983	1171	5239	6855	5976	12083	7623
家禽出笼	万只	21.55	36.80	59.62	81.65	20.00	58.10	21.20
肉产量	吨	3049	1952	6442	12110	5916	8592	8126
水产品产量	吨	3061	725	4334	2624	2638	2055	1780
三、现代农业发展情况								
农民合作社个数	个	28	8	57	57	39	47	36
农民合作社成员数	人	688	183	3957	4900	3639	5069	3351
耕地流转面积	公顷	724	55	984	1129	647	494	1005
四、综合								
农林牧渔业总产值	万元	26640	14152	47366	83799	44850	42385	47024
农林牧渔业增加值	万元	15708	8388	29104	51738	27985	27347	29316
规模以上工业总产值	万元		592699	139214	511096	29312	39728	407978
农村居民人均可支配收入	元	9719	13410	13630	14041	12726	12950	14277
地方公共财政收入	万元	635	10899	251	43793	1921	154	3465
五、社会发展								
新型农村合作医疗参保人数	人	30227	14988	52890	67904	44608	43103	30815
新型农村社会养老保险参保人数	人	14359	9047	34521	30385	42537	13051	18404
城镇建成区面积	公顷	205	850	118	725	160	98	77

16-1　续表4

指　标	单　位	松滋市						
		王家桥镇	斯家场镇	杨林市镇	纸厂河镇	街河市镇	万家乡	卸甲坪乡
一、基本情况								
居民委员会	个	2	1	1	1	1	1	1
村民委员会	个	21	13	13	12	14	8	8
常住人口	人	45228	27098	41874	35470	36863	23649	13170
户籍人口	人	50053	29739	46716	39748	40942	25594	14684
行政区划面积	公顷	15408	9512	12173	10642	8107	6467	10315
常用耕地面积	公顷	4458	1738	3553	3022	2443	2020	772
淡水养殖面积	公顷	529	241	372	767	462	274	1
农村用电量	万千瓦.时	1385	729	973	1003	1765	482	240
农用化肥施用量（实物量）	吨	11068	6006	12022	7104	8500	8640	1626
二、主要农产品产量								
粮食	吨	40895	14213	29774	17042	19484	18061	4875
棉花	吨	44		99	552	4	133	
油料	吨	7355	2886	5290	4578	4343	2741	1227
蔬菜	吨	14993	5183	9466	6558	10315	4092	1873
生猪出栏	头	116035	42221	51620	55109	156685	42700	13585
年末能繁母猪存栏	头	4640	2100	3060	2060	18295	1250	328
家禽出笼	万只	78.00	36.00	62.00	28.00	67.00	38.00	2.90
肉产量	吨	10147	3836	4955	4693	13038	3856	1598
水产品产量	吨	1085	372	1482	4173	878	703	3
三、现代农业发展情况								
农民合作社个数	个	51	25	24	27	27	28	11
农民合作社成员数	人	4176	1777	3685	1967	3195	2358	751
耕地流转面积	公顷	609	568	289	168	411	438	129
四、综合								
农林牧渔业总产值	万元	46529	18843	29813	29647	40905	20738	8112
农林牧渔业增加值	万元	30424	11283	19136	18518	24020	12710	4388
规模以上工业总产值	万元	126992	66864	36641	83106	64833	148789	31633
农村居民人均可支配收入	元	13795	12938	11229	11759	14235	12811	5650
地方公共财政收入	万元	419	293	327	206	318	288	277
五、社会发展								
新型农村合作医疗参保人数	人	42859	26328	38284	33776	34764	22117	12838
新型农村社会养老保险参保人数	人	26890	14981	19386	16224	18259	10375	4487
城镇建成区面积	公顷	201	132	455	42	170	50	38

16-1 续表5

指标	单位	松滋市				公安县		
		涴水镇	新江口镇	刘家场镇	沙道观镇	埠河镇	斗湖堤镇	夹竹园镇
一、基本情况								
居民委员会	个	4	13	5	2	3	14	2
村民委员会	个	25	10	21	6	39	12	19
常住人口	人	66452	137110	58350	32921	82211	139186	45708
户籍人口	人	84265	121083	65989	38507	99039	141037	57714
行政区划面积	公顷	29004	10099	25272	6954	22912	9381	13221
常用耕地面积	公顷	4779	2373	2256	3216	8305	3398	4945
淡水养殖面积	公顷	821	534	20	734	469	595	1101
农村用电量	万千瓦.时	1512	1537	494	1508	3130	3515	2069
农用化肥施用量（实物量）	吨	11337	7678	6777	8890	22038	13670	19021
二、主要农产品产量								
粮食	吨	39591	17790	13521	11156	39162	23675	37943
棉花	吨	26			1132	4898	1323	1819
油料	吨	7754	2698	2964	3770	1065	4099	7519
蔬菜	吨	11819	22810	8394	12684	23349	41140	25715
生猪出栏	头	116104	39246	93091	61630	98587	33616	64819
年末能繁母猪存栏	头	4747	2339	5293	4976	3174	1212	3391
家禽出笼	万只	94.00	47.00	116.80	28.84	30.92	16.49	34.32
肉产量	吨	10757	3786	10145	5312	8008	2872	5564
水产品产量	吨	1724	1756	28	7712	5869	6500	13050
三、现代农业发展情况								
农民合作社个数	个	47	45	50	31	63	95	25
农民合作社成员数	人	3371	3619	4257	2353	1300	1755	2189
耕地流转面积	公顷	590	245	193	732	1073	761	1248
四、综合								
农林牧渔业总产值	万元	49222	28466	36186	49892	145904	41841	65710
农林牧渔业增加值	万元	31466	17562	20614	26983	84268	24340	37733
规模以上工业总产值	万元	136598	747888	201917	118130	31000	1291594	109237
农村居民人均可支配收入	元	12478	15778	14599	12690	13767	13940	13081
地方公共财政收入	万元	1238	51090	3530	488	1320	25643	1282
五、社会发展								
新型农村合作医疗参保人数	人	65412	40105	46947	27346	78091	43800	48121
新型农村社会养老保险参保人数	人	36514	25738	25336	8645	36079	16743	17521
城镇建成区面积	公顷	250	2600	690	385	480	7658	533

16-1 续表6

指 标	单 位	公安县						
		闸口镇	杨家厂镇	麻豪口镇	藕池镇	黄山头镇	甘家厂乡	孟家溪镇
一、基本情况								
居民委员会	个	2	3	4	4	3	3	3
村民委员会	个	13	18	23	13	14	14	18
常住人口	人	46383	44571	55400	39330	41182	35589	40619
户籍人口	人	52220	54725	66567	47024	39371	43258	48889
行政区划面积	公顷	13155	13770	18210	10287	11880	9791	12271
常用耕地面积	公顷	4112	4987	5466	2960	3471	4058	3855
淡水养殖面积	公顷	1272	233	1348	558	1758	1050	935
农村用电量	万千瓦.时	1015	1024	1195	851	617	1984	1276
农用化肥施用量（实物量）	吨	21619	17658	16013	8592	11168	14828	11744
二、主要农产品产量								
粮食	吨	36820	25851	45141	29221	34365	49835	50965
棉花	吨	1197	3574	1957	464	791	351	551
油料	吨	6275	9212	10500	7196	7733	6772	6320
蔬菜	吨	26694	13688	21333	29136	19144	19035	36736
生猪出栏	头	34602	65208	62400	35661	26278	33837	75282
年末能繁母猪存栏	头	1480	2203	2789	1535	1754	1232	3613
家禽出笼	万只	44.99	62.00	65.70	43.57	27.38	30.60	66.00
肉产量	吨	3351	5989	5770	3439	2557	3145	6758
水产品产量	吨	12371	3822	11084	6489	9993	7502	8000
三、现代农业发展情况								
农民合作社个数	个	21	21	25	12	27	31	18
农民合作社成员数	人	1740	1416	2300	1350	2370	2240	1552
耕地流转面积	公顷	1195	1525	1673	1260	932	1094	382
四、综合								
农林牧渔业总产值	万元	58657	48799	68739	44108	53735	46076	75114
农林牧渔业增加值	万元	34563	27361	39582	25420	31765	26611	42896
规模以上工业总产值	万元	27040	195054	254542	160375	11188	55269	77638
农村居民人均可支配收入	元	12820	13839	12809	12999	12762	11040	13175
地方公共财政收入	万元	2004	14979	5732	5964	723	599	935
五、社会发展								
新型农村合作医疗参保人数	人	38381	41664	54905	32524	31642	35656	40416
新型农村社会养老保险参保人数	人	16348	16093	25974	13007	13838	12288	15717
城镇建成区面积	公顷	793	820	450	1200	511	97	300

16-1 续表7

指标	单位	公安县					
		章田寺乡	南平镇	章庄铺镇	狮子口镇	斑竹垱镇	毛家港镇
一、基本情况							
居民委员会	个	2	4	3	3	2	2
村民委员会	个	16	15	25	21	28	33
常住人口	人	44685	47316	57950	52685	65525	61558
户籍人口	人	48664	54310	70982	67852	73534	76610
行政区划面积	公顷	11889	8706	18260	16707	15920	19331
常用耕地面积	公顷	4431	3532	5797	5580	7090	7520
淡水养殖面积	公顷	821	507	812	994	1059	1940
农村用电量	万千瓦.时	2072	936	1798	1997	1914	1411
农用化肥施用量（实物量）	吨	12725	8984	20739	20398	26535	24861
二、主要农产品产量							
粮食	吨	61462	18855	66244	49787	44465	51411
棉花	吨	151	1985	1001	2223	3953	3491
油料	吨	6940	8580	11200	8481	11974	8947
蔬菜	吨	32704	14378	20338	12731	22834	19888
生猪出栏	头	35594	39185	42533	38756	80742	57605
年末能繁母猪存栏	头	2702	2328	1425	1367	96	4555
家禽出笼	万只	31.66	43.00	41.62	27.20	57.00	26.32
肉产量	吨	3198	3675	3884	3376	7248	4861
水产品产量	吨	5350	6508	6379	11522	10393	14222
三、现代农业发展情况							
农民合作社个数	个	21	29	34	29	38	38
农民合作社成员数	人	1977	2425	1998	2304	3360	3178
耕地流转面积	公顷	1341	1002	1618	1508	1934	2037
四、综合							
农林牧渔业总产值	万元	50206	40582	62407	55476	73111	70402
农林牧渔业增加值	万元	28853	23194	35991	32366	41627	41188
规模以上工业总产值	万元	57450	355569	161933	7800	35000	33152
农村居民人均可支配收入	元	12747	13601	13530	13329	13063	12727
地方公共财政收入	万元	935	19741	928	972	1110	1007
五、社会发展							
新型农村合作医疗参保人数	人	38234	35726	56094	54482	55009	60953
新型农村社会养老保险参保人数	人	13891	15319	23167	25032	26220	26218
城镇建成区面积	公顷	48	855	358	278	450	540

16-1 续表8

指标	单位	石首市						
		绣林街道办事处	笔架山街道办事处	新厂镇	横沟市镇	大垸镇	小河口镇	桃花山镇
一、基本情况								
居民委员会	个	9	9	1	1	2	1	1
村民委员会	个	1	10	19	18	32	20	17
常住人口	人	83137	88352	34050	35967	48103	26941	21083
户籍人口	人	88493	86509	43575	39131	56816	33115	25013
行政区划面积	公顷	3452	6026	9540	6554	17114	13800	9710
常用耕地面积	公顷	678	1320	3332	3506	4284	3287	1503
淡水养殖面积	公顷	160	59	174	469	276	923	1193
农村用电量	万千瓦.时	422	605	649	1060	847	448	348
农用化肥施用量（实物量）	吨	2022	2090	11970	9280	14876	5410	2993
二、主要农产品产量								
粮食	吨	2845	5081	12304	12648	16853	11859	13235
棉花	吨	154	493	1614	1181	2294	1718	3
油料	吨	1040	2049	6731	4003	7471	5531	911
蔬菜	吨	51589	17171	27344	6575	23888	10882	2533
生猪出栏	头	28649	22038	49272	55533	40714	23633	53037
年末能繁母猪存栏	头	1005	458	2445	2816	964	2754	1366
家禽出笼	万只	33.66	81.14	52.77	83.79	27.31	17.79	71.72
肉产量	吨	3725	2900	4603	5736	3567	2137	5181
水产品产量	吨	2426	1100	2243	4396	3320	5771	11116
三、现代农业发展情况								
农民合作社个数	个	19	35	32	30	36	33	38
农民合作社成员数	人	1520	978	3036	212	815	290	221
耕地流转面积	公顷	225	451	1311	1424	2484	1300	768
四、综合								
农林牧渔业总产值	万元	30191	21331	36321	30879	34958	28609	33822
农林牧渔业增加值	万元	16980	11259	20706	17310	19858	15909	18702
规模以上工业总产值	万元	406307	1102227	143119	121488	22525	44622	53190
农村居民人均可支配收入	元	12949	12692	10855	10865	10598	10585	9445
地方公共财政收入	万元	17120	14931	4730	1105	1320	1341	2850
五、社会发展								
新型农村合作医疗参保人数	人	21498	25589	33935	32735	47979	29620	21044
新型农村社会养老保险参保人数	人	10217	12115	21858	20623	33929	19690	15325
城镇建成区面积	公顷	1153	1100	390	300	218	451	150

16-1　续表9

指　标	单　位	石首市						
		调关镇	东升镇	高基庙镇	南口镇	高陵镇	团山寺镇	久合垸乡
一、基本情况								
居民委员会	个	2	3	1	1	2	1	1
村民委员会	个	21	33	22	17	21	18	17
常住人口	人	38004	52923	30688	26407	29356	28391	23192
户籍人口	人	46499	61994	41911	31180	35455	30721	25208
行政区划面积	公顷	13304	18238	8593	9092	7685	6686	6144
常用耕地面积	公顷	3350	5391	3134	2501	2742	2342	2226
淡水养殖面积	公顷	253	1666	503	148	424	1412	305
农村用电量	万千瓦.时	507	1244	879	1271	1775	572	817
农用化肥施用量（实物量）	吨	7463	11091	8236	6919	8670	6850	7441
二、主要农产品产量								
粮食	吨	24315	35890	30339	9812	16145	16285	18064
棉花	吨	626	1659	164	999	836	357	362
油料	吨	5177	7564	2713	6344	7203	5682	5814
蔬菜	吨	9832	61564	7997	38437	15871	4797	34706
生猪出栏	头	56761	111770	58439	26883	30421	33151	40472
年末能繁母猪存栏	头	1675	3280	974	688	1088	1741	2192
家禽出笼	万只	62.82	60.56	94.37	39.93	45.34	57.14	52.64
肉产量	吨	5345	9487	5907	2658	3225	3462	4000
水产品产量	吨	17312	17602	7755	4036	7799	11734	3153
三、现代农业发展情况								
农民合作社个数	个	39	55	59	28	35	27	28
农民合作社成员数	人	432	2725	305	490	308	266	1550
耕地流转面积	公顷	1833	2415	2012	1219	1433	991	1491
四、综合								
农林牧渔业总产值	万元	55672	87627	39068	31950	36574	36724	34380
农林牧渔业增加值	万元	30703	49348	21223	18041	20337	19083	18796
规模以上工业总产值	万元	41484	126736	85299	27612	118980	74935	25000
农村居民人均可支配收入	元	10250	10982	11533	10878	11225	11363	10199
地方公共财政收入	万元	1076	1980	3539	740	5711	1400	1604
五、社会发展								
新型农村合作医疗参保人数	人	35839	53086	35623	26236	30569	25933	21011
新型农村社会养老保险参保人数	人	22547	33428	21904	18452	21858	17721	14972
城镇建成区面积	公顷	250	450	220	105	160	210	13

16-1 续表10

指 标	单 位	监利县						
		容城镇	朱河镇	新沟镇	龚场镇	周老嘴镇	黄歇口镇	汪桥镇
一、基本情况								
居民委员会	个	3	5	5	3	6	2	2
村民委员会	个	24	50	45	23	40	40	38
常住人口	人	147123	69243	70743	31434	49591	50072	52066
户籍人口	人	129650	100569	95990	55904	75224	66149	82136
行政区划面积	公顷	11026	11968	16102	10754	15081	15184	15632
常用耕地面积	公顷	2051	6907	8467	3720	6726	7790	6794
淡水养殖面积	公顷		1360	1400	667	567	320	1487
农村用电量	万千瓦.时	596	2138	3881	304	1484	704	1520
农用化肥施用量（实物量）	吨	9233	22051	28498	8127	27358	21008	10998
二、主要农产品产量								
粮食	吨	3784	70349	103148	39676	96769	114090	84807
棉花	吨	954	553	1845	425	85	461	212
油料	吨	2030	8346	8482	4923	5620	5002	4608
蔬菜	吨	19643	25853	28208	14900	15600	10912	22200
生猪出栏	头	18780	48990	106917	33000	46618	43000	41000
年末能繁母猪存栏	头	310	2450	4008	1650	3120	2200	2300
家禽出笼	万只	101.50	72.02	134.00	75.03	98.00	70.00	82.00
肉产量	吨	2866	4636	10929	3573	4721	4252	4058
水产品产量	吨	329	10109	9071	7738	9015	8760	10771
三、现代农业发展情况								
农民合作社个数	个	2	3	72	4	9	45	12
农民合作社成员数	人	16	21	5120	156	165	367	139
耕地流转面积	公顷	103	1900	2772	3234	200	280	540
四、综合								
农林牧渔业总产值	万元	18290	65286	93994	43309	66705	66924	61755
农林牧渔业增加值	万元	10193	37212	52962	24399	38174	38754	35426
规模以上工业总产值	万元	707727	92565	1163943	29102	14986	9837	31405
农村居民人均可支配收入	元	10237	11444	11500	9305	10164	10121	11468
地方公共财政收入	万元	2125	3999	7700	1778	1750	2470	2198
五、社会发展								
新型农村合作医疗参保人数	人	32456	53214	66450	51658	69540	56263	63572
新型农村社会养老保险参保人数	人	2935	41820	34660	29502	25120	7902	13797
城镇建成区面积	公顷	4300	502	600	206	6	105	120

16-1 续表11

指标	单位	监利县						
		程集镇	分盐镇	毛市镇	福田寺镇	上车湾镇	汴河镇	尺八镇
一、基本情况								
居民委员会	个	1	1	3	3	1	2	3
村民委员会	个	37	33	35	26	27	35	52
常住人口	人	33835	38923	39649	31089	27807	42883	51344
户籍人口	人	63229	63535	68509	47088	46689	69666	93418
行政区划面积	公顷	11566	14593	13592	9862	7737	18707	15729
常用耕地面积	公顷	7704	7388	5638	3345	3388	7273	6964
淡水养殖面积	公顷	2180	1141	2910	1333	1458	4054	1364
农村用电量	万千瓦.时	1497	812	1189	668	1525	1338	1695
农用化肥施用量（实物量）	吨	19275	14899	1175	12699	10303	18591	8714
二、主要农产品产量								
粮食	吨	63812	68688	64165	53546	35800	53472	77799
棉花	吨	1130	210	83	55	931	156	327
油料	吨	8363	2345	3596	2931	3569	4136	8105
蔬菜	吨	13348	12920	16477	17500	16921	19650	24557
生猪出栏	头	48000	41000	38050	32000	36123	31746	41012
年末能繁母猪存栏	头	2240	1780	1650	1620	2071	1525	3080
家禽出笼	万只	50.00	212.00	130.00	125.00	88.00	78.50	60.00
肉产量	吨	4163	5894	4635	4194	4509	3712	4168
水产品产量	吨	10624	9114	12959	12846	8328	37329	8478
三、现代农业发展情况								
农民合作社个数	个	10	20	14	5	3	8	25
农民合作社成员数	人	276	326	268	108	60	341	180
耕地流转面积	公顷	267	153	712	1427	677	280	433
四、综合								
农林牧渔业总产值	万元	57584	57934	60684	58944	48218	122368	61315
农林牧渔业增加值	万元	32645	32434	34056	32995	26786	67028	35114
规模以上工业总产值	万元	4315	2651		20175	23376	8398	2400
农村居民人均可支配收入	元	10650	9378	11838	10903	9024	10661	10205
地方公共财政收入	万元	2458	1180	3642	1600	2030	2143	1753
五、社会发展								
新型农村合作医疗参保人数	人	51750	16061	63458	36625	37447	50512	57670
新型农村社会养老保险参保人数	人	16186	17544	34589	14310	13092	30410	19700
城镇建成区面积	公顷	150	260	159	105	106	100	120

16-1 续表12

指 标	单 位	监利县						
		白螺镇	网市镇	三洲镇	桥市镇	红城乡	棋盘乡	柘木乡
一、基本情况								
居民委员会	个	1	3	1	3	5		4
村民委员会	个	28	28	31	33	72	25	46
常住人口	人	41700	35274	22215	43532	73726	28018	51849
户籍人口	人	53887	59824	39551	60913	124694	47699	73017
行政区划面积	公顷	17328	9520	17666	14418	21440	14402	16361
常用耕地面积	公顷	5675	3844	5234	5419	9202	4354	9118
淡水养殖面积	公顷	2242	933	2067	1786	1150	3894	2377
农村用电量	万千瓦.时	1156	841	516	1507	678	2444	563
农用化肥施用量（实物量）	吨	9270	11429	11440	11028	33158	4134	15737
二、主要农产品产量								
粮食	吨	50259	42925	62581	45305	110474	34844	78916
棉花	吨	302	221	1004	231	262	123	1372
油料	吨	7244	5974	6190	5540	7901	2812	5860
蔬菜	吨	27138	15098	23356	13557	32227	13627	19178
生猪出栏	头	33965	32869	32000	29400	64140	16000	43000
年末能繁母猪存栏	头	1655	2200	2800	1713	3600	1200	7570
家禽出笼	万只	45.80	41.00	46.50	35.60	382.00	30.60	39.00
肉产量	吨	3071	3083	3057	2894	9718	1485	4553
水产品产量	吨	15676	6935	9935	26855	8389	36960	14097
三、现代农业发展情况								
农民合作社个数	个	18	4	21	4	42	12	16
农民合作社成员数	人	627	38	820	44	2738	480	138
耕地流转面积	公顷	300	1807	1137	992	994	990	347
四、综合								
农林牧渔业总产值	万元	67964	39736	58668	105783	86368	117741	75347
农林牧渔业增加值	万元	38190	22505	33434	57975	48781	64126	42845
规模以上工业总产值	万元	11385	60137	6730	3493	47097	10126	
农村居民人均可支配收入	元	10646	10250	9810	11170	12145	9323	9913
地方公共财政收入	万元	1890	1645	1989	1708	3564	1600	2028
五、社会发展								
新型农村合作医疗参保人数	人	33513	45321	37012	53120	89210	42300	49227
新型农村社会养老保险参保人数	人	12600	8900	20025	15120	6856	2120	23343
城镇建成区面积	公顷	360	100	120	150	550	123	498

16-1 续表13

指 标	单 位	洪湖市					
		新堤办	滨湖办	螺山镇	乌林镇	龙口镇	燕窝镇
一、基本情况							
居民委员会	个	12	1	2	1	1	1
村民委员会	个	7	20	19	29	32	22
常住人口	人	131236	28410	35216	53860	41425	35782
户籍人口	人	124696	32437	38684	52677	46284	40992
行政区划面积	公顷	5146	31353	14083	12184	12386	15389
常用耕地面积	公顷	367	491	2503	3889	4096	4707
淡水养殖面积	公顷	1193	8873	3300	4029	3379	1464
农村用电量	万千瓦.时	4532	639	1725	563	976	515
农用化肥施用量（实物量）	吨	1076	2223	9771	14423	15859	11140
二、主要农产品产量							
粮食	吨	3326	2176	22845	41181	40365	55658
棉花	吨				129	1048	603
油料	吨	819	3527	3022	5878	11766	986
蔬菜	吨	34210	4830	11080	10082	11166	47075
生猪出栏	头	37387	11083	8540	19138	20060	32488
年末能繁母猪存栏	头	1630	697	1688	1879	2427	6750
家禽出笼	万只	44.00	9.30	15.00	34.10	47.00	30.05
肉产量	吨	3590	998	835	2006	2247	3014
水产品产量	吨	13015	26629	23374	55335	29355	18785
三、现代农业发展情况							
农民合作社个数	个	23	25	17	26	19	9
农民合作社成员数	人	1035	350	604	160	680	697
耕地流转面积	公顷	76	80	207	1003	1402	
四、综合							
农林牧渔业总产值	万元	40022	61929	50734	86932	65607	53648
农林牧渔业增加值	万元	20943	32388	26805	45438	34225	27987
规模以上工业总产值	万元	1310951	16220		5248	19174	13215
农村居民人均可支配收入	元	14629	10571	8930	10515	9076	10800
地方公共财政收入	万元	22279	608	499	1073	725	311
五、社会发展							
新型农村合作医疗参保人数	人	22000	25746	31640	45693	45360	33000
新型农村社会养老保险参保人数	人	32520	9354	2080	19320	12642	14057
城镇建成区面积	公顷	2133	30	170	31	92	105

16-1 续表14

指 标	单 位	洪湖市					
		新滩镇	峰口镇	曹市镇	府场镇	戴家场镇	瞿家湾镇
一、基本情况							
居民委员会	个	1	6	1	2	2	1
村民委员会	个	32	38	31	8	21	8
常住人口	人	35496	80415	42147	19655	46065	17812
户籍人口	人	39253	90498	60069	19938	58549	16352
行政区划面积	公顷	16341	13601	10225	2751	10196	3863
常用耕地面积	公顷	3970	6209	3890	957	4609	1221
淡水养殖面积	公顷	2579	1200	820	126	1833	1900
农村用电量	万千瓦.时	1165	641	1034	407	1216	314
农用化肥施用量（实物量）	吨	10362	18884	18085	2964	8700	2645
二、主要农产品产量							
粮食	吨	60020	78619	42934	12229	53191	14390
棉花	吨	233	168	462	407	241	
油料	吨	5634	6468	7790	1811	6906	1759
蔬菜	吨	6264	16710	5442	915	16065	3244
生猪出栏	头	23466	35370	29067	5950	46009	41476
年末能繁母猪存栏	头	1772	2226	1195	375	3240	2537
家禽出笼	万只	79.40	27.90	21.00	15.36	26.00	19.50
肉产量	吨	3005	3098	2562	684	3956	3503
水产品产量	吨	26896	17841	11534	3224	22929	14645
三、现代农业发展情况							
农民合作社个数	个	33	42	25	12	8	11
农民合作社成员数	人	646	360	325	256	143	512
耕地流转面积	公顷		433	133	658	1233	
四、综合							
农林牧渔业总产值	万元	66988	58668	35992	13740	61422	43910
农林牧渔业增加值	万元	34891	30565	18775	7147	32003	22869
规模以上工业总产值	万元	58341	34915	320269	292998	31487	9241
农村居民人均可支配收入	元	10630	9901	11500	13697	10170	10512
地方公共财政收入	万元	2748	2350	2452	12635	1500	828
五、社会发展							
新型农村合作医疗参保人数	人	30142	64848	48356	16596	44852	15125
新型农村社会养老保险参保人数	人	3783	22680	47153	7576	22219	8786
城镇建成区面积	公顷	80	1320	200	816	474	320

16-1 续表15

指 标	单 位	洪湖市				
		沙口镇	万全镇	汊河镇	老湾乡	黄家口镇
一、基本情况						
居民委员会	个	1	2	1		2
村民委员会	个	24	50	36	10	24
常住人口	人	43096	54552	54875	12083	33705
户籍人口	人	49358	72736	54867	15265	37438
行政区划面积	公顷	12324	16353	14576	6131	13648
常用耕地面积	公顷	3377	6791	4813	1263	3295
淡水养殖面积	公顷	3007	2960	1973	443	3673
农村用电量	万千瓦.时	570	1634	390	268	610
农用化肥施用量（实物量）	吨	18976	15050	9892	7275	4480
二、主要农产品产量						
粮食	吨	49607	87709	49872	9463	36614
棉花	吨		103	16	40	682
油料	吨	3369	11032	6355	976	4823
蔬菜	吨	13219	32825	15638	3048	16900
生猪出栏	头	14907	25805	10663	812	18002
年末能繁母猪存栏	头	878	1768	251	150	1745
家禽出笼	万只	17.60	31.15	24.78	2.00	36.00
肉产量	吨	1443	2498	1117	84	1959
水产品产量	吨	30180	24535	18548	7567	30249
三、现代农业发展情况						
农民合作社个数	个	24	48	43	17	46
农民合作社成员数	人	645	5680	795	100	1960
耕地流转面积	公顷	370	1839		543	1586
四、综合						
农林牧渔业总产值	万元	73691	80736	65612	12769	81371
农林牧渔业增加值	万元	38601	42166	33865	6705	42500
规模以上工业总产值	万元		35894	16215		2837
农村居民人均可支配收入	元	9144	10204	8491	6902	9613
地方公共财政收入	万元	433	512	780	193	618
五、社会发展						
新型农村合作医疗参保人数	人	35843	51438	44828	12723	25109
新型农村社会养老保险参保人数	人	21494	24111	17648	4700	20114
城镇建成区面积	公顷	340	195	300	2	391

指 标 解 释

Explanatory Notes on Statistical Indicators

【粮食产量】 指全社会的产量。包括国有经济经营的、集体统一经营的和农民家庭经营的粮食产量，还包括工矿企业办的农场和其他生产单位的产量。粮食除包括稻谷、小麦、玉米、高粱、谷子及其他杂粮外，还包括薯类和豆类。

【油料产量】 指全部油料作物的生产量。包括花生、油菜籽、芝麻、向日葵籽、胡麻籽（亚麻籽）和其他油料。不包括大豆、木本油料和野生油料。花生以带壳干花生计算。

【水产品产量】 指人工养殖的水产品和天然生长的水产品的捕捞量。包括海水的鱼类、虾蟹类、贝类和藻类以及内陆水域的鱼类、虾蟹类和贝类，不包括淡水生植物。

【猪、牛、羊肉产量】 指当年出栏并已屠宰、除去头、蹄、下水后带骨肉（即胴体重）的重量。

【期初（末）畜禽存栏头（只）数】 指报告期初（末）农村各种合作经济组织和国营农场、农民个人、机关、团体、学校、工矿企业、部队等单位以及城镇居民饲养的大牲畜、猪、羊、家禽等畜禽的存栏数。

中国统计出版社最新图书简目

（仅供参考，以实际出版为准）

统计资料

中国统计年鉴　中国统计摘要　中国发展报告
中国经济普查年鉴2013　国际统计年鉴　金砖国家联合统计手册
中国-东盟国家统计手册　中国区域经济统计年鉴　中国县域统计年鉴
中国城市统计年鉴　中国农村统计年鉴　中国地区经济监测报告
中国贸易外经统计年鉴　中国对外直接投资统计公报　中国商品交易市场统计年鉴
大中型批发零售和住宿餐饮企业统计年鉴　中国零售和餐饮连锁企业统计年鉴　中国住户调查年鉴
中国价格统计年鉴　中国农产品价格调查年鉴　全国农产品成本收益资料汇编
中国环境统计年鉴　中国能源统计年鉴　国外资源、能源和环境统计资料汇编
中国工业统计年鉴　中国建筑业统计年鉴　中国房地产统计年鉴
中国城市建设统计年鉴　中国城乡建设统计年鉴　中国第三产业统计年鉴
中国证券期货统计年鉴　中国科技统计年鉴　中国高技术产业统计年鉴
工业企业科技活动资料　中国劳动统计年鉴　中国人口和就业统计年鉴
中国人才资源统计报告　中国社会统计年鉴　中国文化及相关产业统计年鉴
文化及相关产业统计概览　中国教育经费统计年鉴　中国民政统计年鉴
中国民族统计年鉴　中国工会统计年鉴　中国残疾人事业统计年鉴
中国妇女儿童状况统计资料（英）　中国乡镇街道行政区域简册

省级综合统计年鉴系列

北京 天津 河北 山西 内蒙古 辽宁 吉林 黑龙江 上海 江苏 浙江 安徽 福建 江西 山东 河南 湖北 湖南 广东 广西 海南 重庆 四川 贵州 云南 西藏 陕西 甘肃 青海 宁夏 新疆 新疆生产建设兵团

市(县)级综合统计年鉴系列

天津滨海新区 石家庄 唐山 邯郸 保定 沧州 邢台 廊坊 承德 衡水 秦皇岛 张家口 太原 大同 阳泉 长治 晋城 朔州 晋中 运城 忻州 临汾 呼和浩特 呼和浩特新城区 鄂尔多斯 包头 沈阳 大连 长春 四平 哈尔滨 齐齐哈尔 黑龙江垦区 上海浦东新区 南京 无锡 徐州 常州 苏州 南通 连云港 淮安 盐城 扬州 镇江 泰州 宿迁 江阴 丹阳 杭州 宁波 温州 嘉兴 绍兴 金华 衢州 舟山 台州 丽水 合肥 安庆 马鞍山 福州 厦门 宁德 南昌 九江 上饶 新余 抚州 济南 青岛 枣庄 滕州 郑州 洛阳 平顶山 三门峡 南阳 商丘 济源 武汉 十堰 荆州 宜昌 荆门 咸宁 长沙 广州 深圳 惠州 东莞 南宁 柳州 桂林 来宾 海口 三亚 成都 贵阳 昆明 西安 兰州 庆阳 银川 乌鲁木齐 兵团一师 兵团十师

调查年鉴系列

天津 山西 内蒙古 辽宁 吉林 上海　福建 河南 湖北 湖南 广西 重庆　四川 云南 甘肃 宁夏 新疆

“十二五”规划教材

统计学（经济管理类专业本科适用，单薇 等）　抽样调查理论与方法（冯士雍 等）
贝叶斯统计（茆诗松 等）　统计学（黄良文 等）　试验设计（茆诗松 等）
统计学：从数据到结论（吴喜之）　医学统计学（于浩）　统计学（经济、管理类专业基础教材，张小斐）
概率论与数理统计三十三讲（魏振军）　概率论与数理统计三十三：学习指导与习题解答（魏振军）
非参数统计（吴喜之 等）　统计学：经济与管理中的数据分析（李慧云 等）
卫生管理统计学（新编医学院校基础课教材，尚磊）　医院统计学（新编医学院校基础课教材，徐天和 等）
社会统计学（蒋萍 等）　现代金融投资统计分析（李腊生 等）
国民经济核算初级教程（经济类、统计类、管理类专业适用，蒋萍 等）

重点图书

图解中国经济2015　新编英汉汉英统计大词典　中华医学统计百科全书
挑大学选专业2016—考研择校指南　挑大学选专业2015—高考志愿填报指南

中国统计出版社发行部电话：（010）63376907　63376908　同楫行书店电话：68783171　68783172
地址：北京市丰台区西三环南路甲6号　邮政编码：100073　网址：http://www.zgtjcbs.com

湖北省沙市中学

习坎石

湖北省沙市中学，创办于 1941 年 11 月。

七十多年来，学校坚持全面贯彻党的教育方针，不断弘扬以“上善若水”为内核的习坎精神，赢得了诸多荣誉：全国第一批重点中学、全国五讲四美为人师表先进集体、全国教育系统先进集体、第一所湖北省普通中学示范学校、北京 2008 奥林匹克教育示范学校、湖北省科研示范学校等。学校还 2 次受到国务院嘉奖，6 次受到部委表彰，7 次被评为湖北省文明单位。2002 年被教育部确认为全国中小学“名校六百家”之一。2007 年，作为全国前 20 强中唯一在地级市办学的中学荣登“中国中学高考状元”榜。2013 年，美国机构评选出的中国 260 所最佳高中，沙市中学成为荆州市唯一上榜的学校。至 2015 年，学校先后培养了 4 万多名优秀毕业生，其中包括 5 名中国科学院和中国工程院院士、7 名省级高考状元、2 名中国人民解放军将军、1 名国际奥林匹克物理竞赛金牌获得者以及其它众多杰出校友。

七十多年来，湖北省沙市中学汇集了中国现代教育史上的众多精彩篇章，积累了厚重的人文底蕴，形成了优良的办学传统。“名校之名在于文化”，沙市中学文化简称“习坎”文化，沙市中学将其阐释为“上善若水，自强不息”，以此自励、自许，并奉为学校的价值信念和行为准则。学校教师队伍学历达标，学科配置、年龄结构合理，整体素质优良。先后有 70 名教师荣获国家、省级的表彰与奖励，省级以上学会会员 61 人，有 24 名教师成为荆州市中学教育学会各专业委员会的主要负责人。

学校坚持以教学为中心，教育教学质量在省内一直处于突出位置。2015 年，学校高考校再创佳绩。高三（17）班熊能子同学和高三（18）班龙吉昊同学分别斩获荆州市 2015 年高考文、理科状元；文科包揽荆州市总分前六名；与北大、清华签约 6 人。竞赛工作继续发力，2015 届有三位同学获得学科竞赛国家一等奖，其中一位同学获得生物全国决赛银牌，并与清华大学签订了最优预录协议。

2012 年，为改善学校的办学条件，荆州市委、市政府启动了沙市中学新校区建设。新校区位于荆州市沙市区沙北新区，在工农路、徐桥路、东岳路、翠环路交汇处，占地 200 亩，按 60 个班 3000 人左右规模规划，建有综合楼、教学楼、体育馆、宿舍楼、食堂、习坎楼等建筑。目前新校区建设正在有条不紊地推进，按计划，2016 年 8 月将正式投入使用。

新校区鸟瞰图

沙市中学是院士的摇篮、状元的沃土、学子的乐园，是广大荆楚学子放飞梦想的地方！

文曲江中誉荆楚 百年树人唱大风

——荆州市江陵中学

2014—2015年度是江陵中学全面深化改革的元年。一年多来，学校党委在区委区政府和区教育局的正确领导和大力支持下，坚持“安全为上、德育为首、健康为本、质量为重”（简称“四为”）的办学思想，创新管理，锐意改革，积极进取，实现了全年安全责任零事故的目标，学校呈现出“稳步提升、健康提升、整体提升”的新常态，再度被评为省级文明单位，各项工作再上新台阶。

党委书记、校长李大春参加省运会火炬传递

1、教育质量持续攀升。2014年高考，文理一本上线205人，首次进入“2时代”，其中，理科垄上阳光班一本上线人数突破百人大关，文科武大基地班一本上线近50人。在高一高二年级全区质检考试中，高一文科一本全区划线60人，我校上线56人，占全区总数的93.3%；理科一本全区划线240人，我校上线158人，占全区总数的65.8%。高二文科一本全区划线63人，我校上线50人，占全区总数的79.3%；理科一本全区划线230人，我校上线154人，占全区总数的66.9%。全区高一高二文理科前三甲均被我校夺得。这些成绩的取得再次彰显了我校强劲的办学实力。

感动江中颁奖现场

2、“五元五步”再结硕果。“五元五步”探究教学是我校在教学实践中自主研发的主体教学模式。2014年，由我校牵头承担的全省五十六所高中参与的“湖北省普通高中高效课堂导学案分层开发与应用研究”课题研究成果已报送教育部，参加国务院基础教育科技成果评选。在推进“五元五步”探究教学的大背景下，继青年物理教师刘金国、关锋之后，青年教师魏国艳、何志锋分别获得全国中学化学、数学教学比武银奖；生物教师袁亚兰、地理教师张梦璐均获湖北省教学比武一等奖。

3、“五字德育”拓展延伸。围绕“立德树人”的教育总目标和“自主——发展性”德育实践主题，为了全面突出社会主义核心价值观，学校组织专班开发了“毅、雅、格、孝、省”五字德育课程，形成了“五字德育”课程体系，每本专著约二十万字，形成了100万字的德育丛书系列。江陵中学富有针对性、实效性的德育工作，保持了学生违纪违法率为“0”的记录，创造了学生行为规范合格率达100%与学生行为规范优秀率达68%的成绩，实现了38%的学生上一本大学，67%上二本大学，98%上三本大学的质量目标。

4、素质教育精彩纷呈。我们持续开展了四项主题实践活动，即“我的精彩课堂”教学展示、“五好”百日劳动竞赛、“三风建设”、“五好十优”班级创建活动。我们坚持开展了“四节”活动，即体育文化节、读书节（听写大会、默写大赛）、科技节、艺术节（“江中好声音”、“荆州动起来健身舞”）。素质教育精彩呈现，成绩喜人，令人鼓舞。2014年高考，学校艺术体育特长生一本上线196人，其中86名艺术生被中国传媒大学、中央戏剧学院等名校录取。学校田径队在省运会上获得6枚金银牌，并代表荆州区参加荆州市第十届中学生田径比赛，获得团体总分第二名；在荆州区师生田径运动会上，以绝对优势名列团体总分榜首，在2014-2015年“阿迪达斯”全国高中男子篮球湖北省赛区中荣获第三名。

荆州动起来现场

成人仪式

青春励志

荆州市北门中学

省课改办主任到校调研并指导高效课堂建设

公安部到校检查安全工作

校长田良彪同志在济南参加全国课改研讨会

荆州市北门中学坐落在著名历史文化名城——古城荆州小北门外荆州大道西侧，校园面积108亩，现有专任教师216人，在校学生3306人，48个教学班，是一所以高中为主体的荆州区区直完全中学。

2009年实施课堂教学改革以来，北门中学全面建构了“生本·自主”高效课堂体系，包括实施策略与推进机制、导学案设计与使用、班级与小组文化、学校管理与评价等，生动诠释了高中新课程改革的理念，成功走出了应该教育的泥沼，迎来了令人神往的绿色升学率，向全国发出建设绿色高中共同体宣言，创造了北中奇迹，书写了教育传奇。

2014年下半年以来，学校全面总结提升办学思想、办学理念、治校方略和办学业绩，按照“三个坚持”（坚持课改方向、坚持人本思想、坚持发展机制）的工作思路，强力推进课堂创新发展。开展争当课改先锋活动，打造“生本·自主”课堂、学生活动、自我规划、学校管理升级版，让学生满意；开展争当师德先锋活动，提高全体教师师德素质，提高班主任管理水平和能力，让家长满意；开展争当服务先锋活动，优化服务能力和水平，让社会满意。注重收集整理不同课型导学案，物化“生本·自主”高效课堂建设成果。学校先后获得“湖北省五一劳动奖状”、“湖北省绿色文明校园”、“湖北省现代教育技术实验学校”、“湖北省安全文明校园”、“全国德育实验先进学校”、“全国课堂教学创新示范学校”、“中国绿色高中共同体成员校”、“全国特色学校”、“中国教师报全国教师培训北门中学基地”和“全国高效课堂‘新九大范式’学校”等荣誉。

学校校门

课间操结束校园一角

师生风采

师生微笑图

荆南高级中学

荆南高级中学位于荆州古城之南，大学城中心地带。截止目前，有教师办公楼两幢，教学楼三幢，综合实验楼一幢，学生公寓楼两幢，学生食堂兼后勤服务大楼一幢，现代化理化生实验室八个，多媒体多功能演播厅两个，微机室两个，藏书5万余册的图书室一间，田径运动场、篮球场、排球场、羽毛球场、乒乓球台等体育设施齐全，配备有校园宽带网、监控系统、广播网、201电话网。2014年学校新建了现代化的综合实训楼一幢，新建了标准化的塑胶体育场，在荆州区各兄弟学校中硬件设施首屈一指。校园的陶然亭、校史纪念碑、校园绿化带等无不体现出人文的气息；走廊、墙壁的名人字画，橱窗、板报的精美设计，荣誉室的设置无不折射出教育的光芒。学校目前开设了42个班，拥有学生三千余人，教职工191人，其中高级职称42人，湖北名师2人，市级骨干教师8人，市、区明星教师12人。学校教育充满了朝气与活力，教学质量稳步提升。

人民银行公安县支行

支行办公大楼

支行合影

人行公安县支行作为基层央行，坚持以支持县域经济发展为己任。近年来，该行牢牢把握金融服务目标点，以优化货币政策、行政审批、信贷产品、银企对接、支付结算、金融消费等“六大环境”，努力提升履职效能；牢牢把握经济金融发展着力点，以“全省金融信用县”创建，全力打造信用高地、资金洼地；牢牢把握金融维稳关键点，以严格金融管理、反假人民币、反洗钱，竭力维护金融稳定；牢牢把握金融扶持切入点，以金融服务全覆盖，倾力“支小支农”。在该行引领指导下，2014年末公安县各项存、贷款分别达到239和81.6亿元，为县域经济发展提供了有力支撑，该行也第八次被评为荆州人行系统先进支行，公安县连续第九次荣膺“全省金融信用县”。

金融知识宣传

湖北省荆州市精神卫生中心

湖北省荆州市精神卫生中心，始建于1957年7月，是荆州市唯一一所三级精神病专科医院，亦是江汉平原集医疗、康复、预防、科研和教学为一体的在省内外有较高声誉的省级临床重点精神病专科医院。

医院编制病床550张。医院技术力量雄厚、设备精良、管理先进。336名职工中有医疗卫生技术人员234人，高、中级卫生技术人员135人，拥有一批国内、省内知名的专家、学者，其中国外研修归来者3人，享受省政府津贴专家一人，研究生9人；医院拥有德国西门子CT、数字胃肠机、DR、生物反馈治疗仪、经颅多普勒血流仪、MECT治疗仪、脑电地形图仪、B超、高效液相色谱仪、全自动生化分析仪等先进医疗设备。

医院是长江大学医学院、湖北中医药高等专科学校的临床教学基地；承担湖北省精神科医师双基培训工作；是卫生部指定重性精神病医疗救治区域协作中心；与长江大学联合培养临床医学精神卫生方向本科学生。医院先后获民政部科学技术进步二等奖、三等奖，湖北省教育厅第二届大学生心理健康教育优秀成果二等奖，湖北省医学会第一届青年医师临床研究基金二等奖，荆州市人民政府科技进步三等奖。医院先后被省政府、省民政厅、卫生厅、省残联命名为“湖北省复员退伍军人精神卫生研究所”、“湖北省精神病社区康复指导中心”。医院是省政府指定的精神病司法鉴定单位。曾荣获“全国优抚医院先进单位”、“全国民政基层行风建设先进单位”、“湖北省文明单位”、“湖北省优抚医院先进单位”、“湖北省卫生文明先进集体”、“荆州市花园式单位”等荣誉。

全省地市级规模最大的妇幼保健院

荆州市妇幼保健院

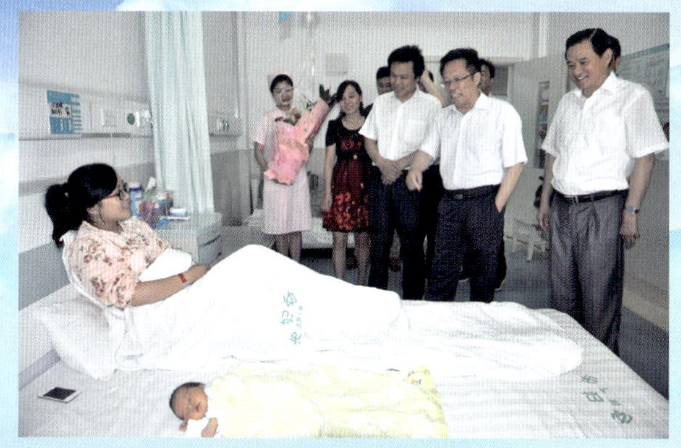

世界人口日副市长徐朝平来院看望新出生的宝宝

院长、党委书记朱继文看望农村留守儿童

荆州市妇幼保健院（市儿童医院）是1984年由联合国儿童基金会援助而建立的集医疗、科研、教学、预防、康复为一体的三级甲等优秀妇幼保健院，是荆州市六县（市）两区八所妇幼保健院业务技术指导中心，是江汉平原最大的妇女儿童专科医院，是国家级爱婴医院、省级文明妇幼保健院、省级健教示范医院，是湖北省民政部门定点的五个低视力康复中心之一、荆州市白内障定点医院、荆州市新生儿疾病筛查中心。医院业务用房1.5万平方米，开放床位300张，年门诊量53万人次，年住院病人1.6万人次，年业务收入9000万元。现有在职职工475人，专业技术人员446人，其中高级职称近百人，中级职称92人。

医院业务量及发展规模居全省地市级妇幼保健院首位。主要业务分为保健与临床两大部分。围产保健专科、儿童生长发育专科、儿童心理行为专科为省级保健重点专科，其保健服务特色在江汉平原享有盛誉。产科和儿科为市级临床重点专科，产科分娩数、儿科病员量位居全市前列。医院同时承担着全市妇幼卫生工作指导管理职能，荆州市社会发展有两大评价指标，孕产妇死亡率、5岁以下儿童死亡率控制指标位居全省先进前列。

医院医疗设备均为近年新引进的进口设备，配备有荆州市首台超高档智能彩超诊断系统——西门子ACUSON-S2000、美国GE四维彩超、德国MasterScreen Paed肺功能检测仪、CR影像系统、腹腔镜、宫腔镜、新生儿呼吸机、全自动生化仪、五分类全自动血球计数仪、角膜塑形镜、母乳成分分析仪、经颅磁治疗仪、骨密度测试仪、生物反馈治疗仪、母亲胎儿监护仪、产后康复仪、C-13呼气试验检测仪、白内障超声乳化仪、儿童视力筛查仪等400多台件先进而实用的检查和治疗设备。

近年来，医院先后荣获全国卫生系统先进集体；全国卫生文化建设先进单位；全国模范职工之家；全国五四红旗团委；中国青年志愿者优秀组织奖单位；省级最佳文明单位；全省妇幼保健工作先进集体；全省卫生系统先进基层党组织；全省卫生系统思想政治工作先进集体；省级法治单位创建活动先进集体；省级巾帼建功先进集体；省级五四红旗团组织；省级青年文明号；湖北省卫生先进单位；湖北省创学习型组织标兵单位；湖北省五·一劳动奖状集体等国家省市级以上荣誉60余项。

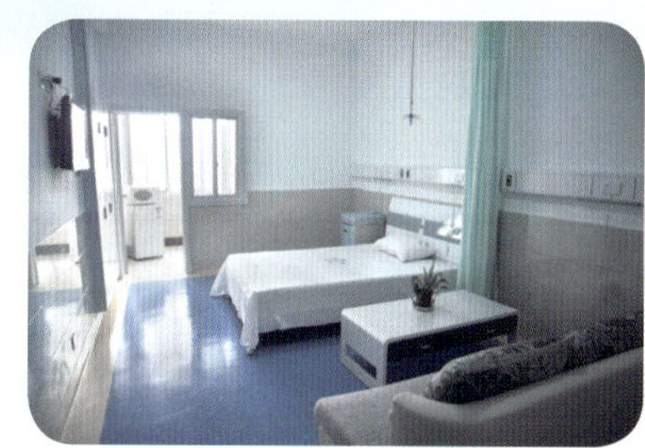

全市分娩量最大的产科（单人间温馨病房）

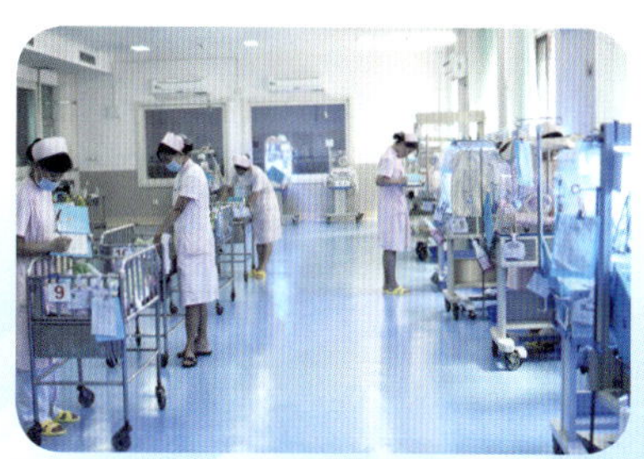

全市儿科病源量最多（新生儿病房）

全市首家产后康复保健专科

全市首家专业新生儿游泳机构（婴儿游泳比赛）

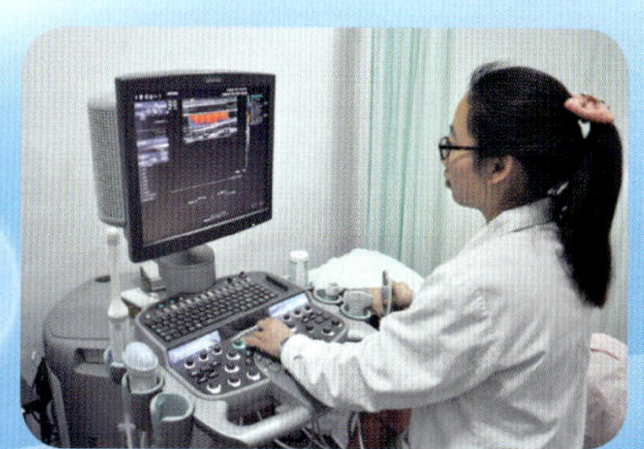

全市首台超高档智能彩超诊断系统——西门子ACUSON S2000

荆州市胸科医院

门诊部大楼

住院部大楼

荆州市胸科医院（荆州市传染病医院、荆州市结核病防治所）是一所集医疗救治、疾病控制、科研教学于一体的现代化三级专科医院，具有六十年的建院历史，现有编制床位500张，湖北省政府“壮腰工程”确认医院为长江中游区域性结核病防治中心。

医院是由国家直接投资建设的非营利性公共卫生医疗机构。现开设有综合传染科、肝病科、结核科、难治结核科、呼吸科、胸外科等特色专科病房，独立的气管镜室、胃镜室，介入治疗室。业务范围涵盖国家法定的各类传染病病种，独具专科特色，尤其在治疗难治性结核、耐多药结核、结核性脑膜炎等各型结核病方面疗效显著；对各种急、慢性病毒性肝炎、顽固性腹水、肝硬化等采用中西医结合治疗并有新突破；采用介入疗法和微创手术技术，在治疗肺部肿瘤、纵隔肿瘤、气胸、淋巴结核、骨关节结核等疾病上独树一帜，特别是对早期发现的肺癌进行根治手术，效果突出；在治疗慢性阻塞性肺疾病、间质性肺疾病、支气管哮喘、肺心病方面有较高水平。医院拥有螺旋CT机、数字X光机、数字胃肠机、全自动生化仪、彩色多普勒B超等先进仪器，实验室经过升级改造已成为标准临检中心。

承担全市结核病防治任务

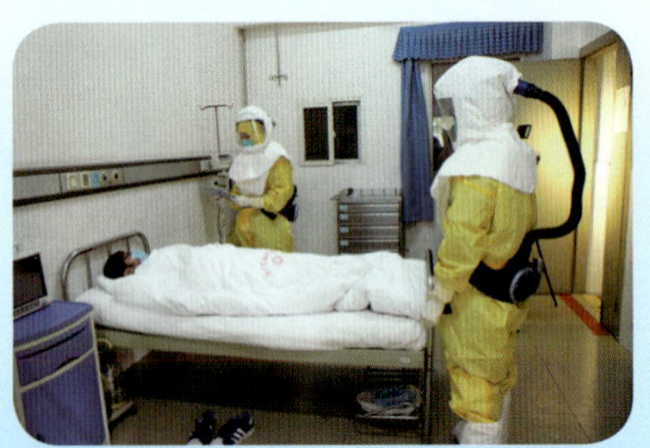

承担全市卫生应急任务

医院特别重视自身能力建设，多次与中国CDC和国家结核病防治临床中心开展科研合作，积极参与“十二五”重大科研项目，被国家疾控中心授予“卫V”“卫X”国家级先进集体，医院先后荣获省级文明单位、省级卫生先进单位、省级模范职工之家、省“疾控文明号”等荣誉称号。随着医疗改革不断深化，作为公共卫生医疗机构，医院已步入了科学发展的快车道。

医生进行病案讨论

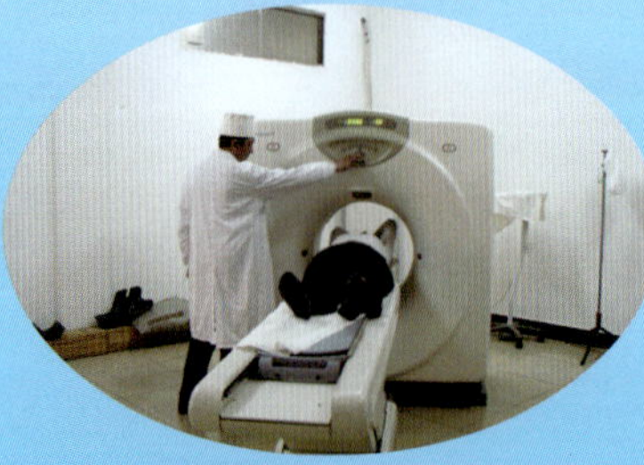

先进的影像诊断设备

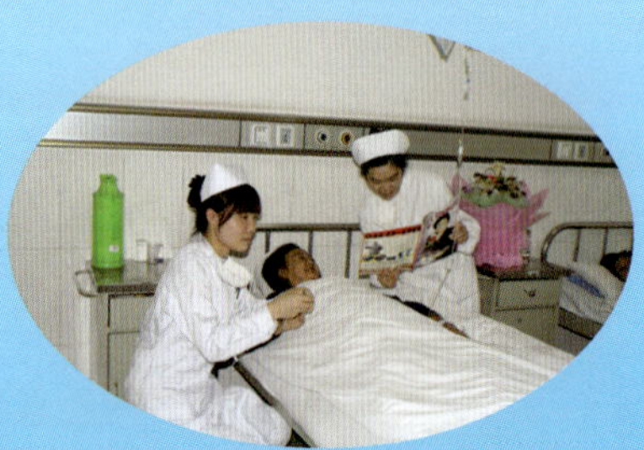

优质护理服务

荆州市第五人民医院
荆州区人民医院

时任荆州区区委书记袁德芳到院检查工作

荆州区区长夏光宏在院调研

荆州市第五（荆州区）人民医院创建于1952年8月，承担着荆州区的医疗、教学、科研、保健、社区医疗服务、征兵和高考、中考体检任务，是荆州区新农合和居民医保唯一一家可以直接就诊的定点综合性医院，是湖北省首批二级甲等医院、爱婴医院，2013年成为长江大学临床医学院教学医院。

院长办公会

医院现有在职职工426人，其中专业技术人员386人，编制床位600张，开放床位400张，建筑面积36000平方米。2014年门诊量20.82万人次，年出院1.07万人次。设置有急诊、内科、外科、妇产科、小儿科、骨伤科、痔瘘科、中医康复科等18个临床科室，1个体检中心，放射、检验、特检等7个医技科室，5个社区卫生服务站、2个门诊部。配备有GE多排螺旋CT、DR、腹腔镜、胆道镜、膀胱镜、关节镜、前列腺电切镜、电子内窥镜、彩色经颅多普勒、全功能麻醉机、彩超、全自动生化分析仪、血液透析机……等各种先进诊疗设备，开展了腹腔镜、PPH技术、软通道微创治疗脑出血、电子胃肠镜介入、胆道镜、关节镜、膀胱镜和前列腺电切镜等微创、无创技术。

医院秉承“德厚术精，博学锐进”的院训，恪守“以病人为中心，办人民满意医院”的服务宗旨，坚持“优质平价，尽责至信”的服务理念，不断进取，为广大人民群众提供更好的医疗卫生服务。

住院部观光电梯

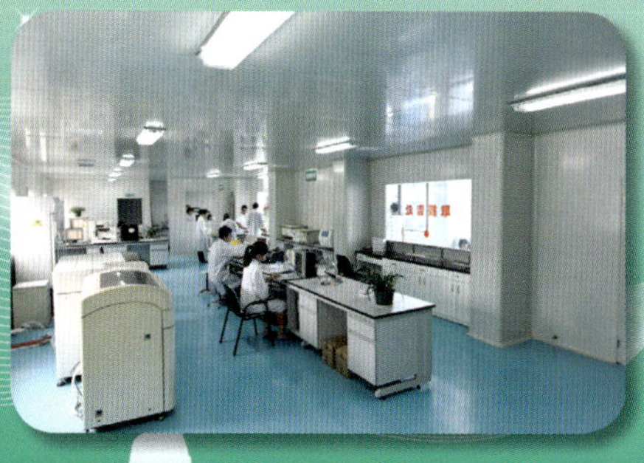
检验科

邮储银行荆州分行

2014年1月21日，总行李国华董事长莅临荆州分行营业部调研业务发展情况

2014年2月20日，在“金融支持产业升级 提质增效”推进会上，喻亚清行长正在现场签约授信

2014年是邮储银行荆州分行不平凡的一年，4月，该行被中国邮政储蓄银行总行授予“先进集体”光荣称号，连续七年被荆州市政府评为全市金融工作先进单位。这无上的荣誉激励着全行员工奋发向上、克难奋进，在各领域都取得了骄人的成绩，为2014年画上了完美的句号。

业务发展亮点突出。存款余额达118.48亿，其中个人储蓄存款余额78.66亿，公司存款39.82亿。零售信贷规模42.9亿元，公司信贷余额10.7亿，供应链贷款余额1150万元，贷存比目前已基本接近国有商业银行水平，2014年新增存贷比达到47.68%。今年以来小额贷款净增3.12亿，余额12.47亿；消费贷款净增4.59亿，余额11.72亿；小企业贷款14.8亿，票据贴现结余3.83亿。2014年实际新增贷款18.31亿，较好地支持了荆州地方实体经济发展。资产质量管控措施得力，打响了清收攻坚战，共清收不良贷款956.19万元，12月全行小额贷款不良率1.71%，零售信贷不良率为0.95%。在服务地方经济发展的同时，邮储银行也取得了较好的经济效益，2014年完成收入4.44亿元，增幅25.80%，完成利润1.48亿元，增幅7.2%。

金融服务能力稳步提升。新产品开发力度大，推出了农机购置补贴小额贷款、林权抵押小额贷款、农民专业合作社贷款、助农贷、增信贷、互惠贷和水域滩涂养殖权抵押贷款等新产品。小贷新产品投放108534万元，替代率68%。助农取款点日益增多，稳步开展农村地区基础金融服务，加大助农取款点的建设力度，进一步拓展在县及县以下地区的服务渠道，填补农村地区金融服务空白。2014年，累计布放助农取款商易通909部，覆盖全市331个行政村。双基双赢模式不断升级，金融网格化逐步普及。该行建立了62个村级和1个社区小额信贷服务工作点，共建档评级户数3210户，储备客户数449户，村级推荐客户数达到495户，银行授信户数470户，发放贷款金额4571万元。自助设备、社区银行建设有序推进，荆州花园支行作为首家社区银行，目前已对外营业，新建成3家自助银行，大力提升了电子银行渠道竞争能力。

服务地方经济举措得力。支持地方基础设施建设，搭乘荆州经济发展的快车，集中优势资源支持荆州重点项目，在全面提升经营业绩和社会形象的同时，为荆州经济发展作出贡献。为荆州交通、工业等领域注入新鲜血液，继2013年万达项目成功开发后，2014年已对“江南高速”项目授信10亿，已成功放款9.4亿。目前华电江陵热电厂、石首长江大桥等重点项目正在跟进中，即将为地方政府招商引资、县域基础设施建设给予充足的资金支持。以支农支小作为服务荆州经济的战略重点，始终对小微金融业务给予高度重视，确保资金返还荆州本地，对“两小”业务贷款利率给予大力倾斜。2014年涉农贷款余额达到29.49亿元，增幅为46.74%，占比达到54.92%。

精神文明创建扎实推进。该行曾荣获“2011-2012年度荆州市精神文明建设先进单位”，自获得该项荣誉以来，邮储银行紧紧围绕“改革创新，统筹发展，效益为先，精细管理”的理念，一手抓业务发展，一手抓文明创建，业务总量规模在全省地市分行稳居第2位，文明创建工作不断取得新的成绩。高度重视班子建设，领导团队坚强有力；大力实施金融创新，服务能力显著提升；党政工团齐抓共管，创建基础更加巩固。

信贷客户经理在埠河镇葡萄种殖园进行贷前调查

“金融知识普及月”宣传小组在紫荆御景小区向居民开展宣传

荆州分行青年志愿者服务队走进特殊教育学校开展学雷锋活动

交通银行荆州分行

交通银行始建于1908年，是清朝末年为"收回轮、路、电、邮经营权，振兴民族经济"而设立的民族金融企业，是近代中国成立最早、具有百年历史并存续至今的商业银行。1987年4月，沐浴着我国金融体制改革的春风，交通银行重新组建，成为新中国第一家全国性股份制商业银行（总部设在上海）；2005年6月，交通银行在香港联交所成功挂牌上市，成为首家引入国际战略投资者、在境外公开上市的大型国有控股商业银行；2007年5月，交通银行成功回归A股市场，圆满完成深化股改任务。

荆州分行领导班子（左二毕志刚行长、右二张黄雄副行长、左一倪伟行长助理、右一詹先来行长助理）

在实施"走国际化、综合化道路，建设以财富管理为特色的一流公众持股银行集团"的战略进程中，交通银行也不断创造着新的奇迹、新的辉煌。截止目前，已经在全国190多个城市设有2700余家网点，同时在境外包括香港、纽约、东京、新加坡、首尔、法兰克福、悉尼、旧金山、台北等在内的13个国家和地区设立有分行或分支机构，与150多个国家和地区的1600多家同业建立有代理行关系，2014年末资产总额已达6.3万亿；连续6年跻身《财富》世界500强，在英国《银行家》全球1000家银行一级资本排名第19位，跻身全球银行20强。

作为中国境内主要的综合性金融服务机构之一，交通银行是一家以商业银行为主体，跨市场、国际化的大型银行集团，业务范围涵盖商业银行、投资银行、证券、信托、金融租赁、基金管理、保险和离岸金融服务等诸多领域，旗下子公司包括交银租赁、交银国际控股、交银施罗德基金、交银国际信托、交银康联保险等。

交通银行荆州分行成立于2013年8月，目前拥有综合性人工网点1家、自助银行和自助服务点11个，正式员工40人。荆州分行承载了交通银行始终秉承的"提供更优金融服务，持续创造共同价值"的企业使命，坚持"交流融通，诚信永恒"的经营理念，确定了"传承优秀文化，永续长青基业，打造区域内最具影响力的财富管理银行"的奋斗目标。面对瞬息万变的市场经济和客户多层次、多元化的需求，交通银行荆州分行将主动适应社会经济发展新趋势、新常态，以创新的金融产品和多样化的金融服务，支持实体经济发展、助力荆州"壮腰工程"、切实履行社会责任。

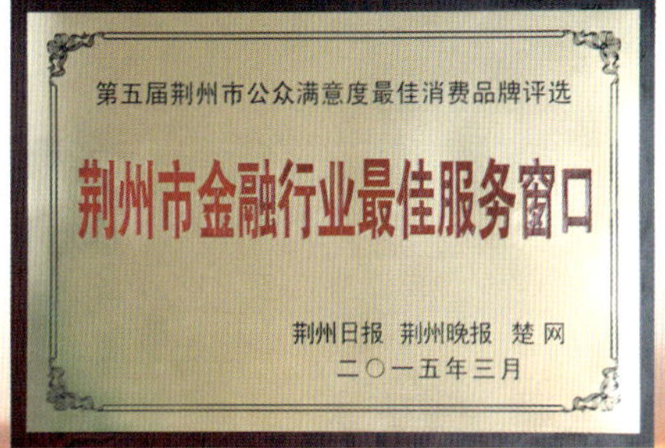

中国工商银行荆州分行

中国工商银行荆州分行党委书记、行长施光军陪同省分行吴代强副行长走访荆州重点企业

中国工商银行荆州分行党委书记、行长施光军主持召开全行2015年工作会议暨第四届第三次职工代表大会

2014年，工商银行荆州分行全面落实市委、市政府工作要求，紧紧围绕服务“壮腰”工程、服务实体经济、服务社会民生的工作主线，强化金融服务职能，增强信贷融资功能，创新金融服务方式，实现了业务规模和经营效益同步跨越发展。全年累计发放表内贷款68.56亿元，同比增加14.62亿元；贷款总额116.8亿元，同比多增6.09亿元；年末，各项贷款增量超过各项存款增量12.38亿元，余额贷存比为52.71%，超过年初水平5.73个百分点。

融资＋融智　竭力服务经济民生

紧紧围绕经济建设的热点、区域发展的重点、小微企业融资的难点，不断提高对辖内大型项目、优质企业、重点板块、产业链条、城乡居民的市场渗透力和品牌影响力。

银政银企对接。全面落实年初市政府金融工作会议暨金融“早春行”政银企对接会工作要求，深入国家级荆州经济技术开发区、各县市工业园区及各类专业市场，加大对龙头产业的金融支持，加快本外币、境内外、表内外一体化营销，促进企业发展壮大。

支持小微企业。全力推动小微金融业务上升到了一个新的发展层级，主要面向小微企业的核心企业供应链业务发展走上规模化、集群化的发展道路。同时，加快创新型小微金融产品的推广步伐，重点推出项目供应链业务和小微企业集合贷业务。

促进民生。在个人信贷业务、尤其是个人住房信贷整体偏紧的市场条件下，进一步加大对优质楼盘个人贷款客户的支持力度。全年共储备按揭楼盘68个，累放个人按揭贷款8.05亿元。

渠道＋服务　着力彰显品牌价值

2014年，认真落实监管部门关于深入开展“人民满意银行建设年”的工作要求，扎实推进服务质量提升，有效满足社会公众金融服务需求。

不断优化渠道服务。延伸网点渠道服务客户的领域和范围，重点加强了县域自助银行网点建设。全部建成投产后离行式自助银行网点将达到41家、其中县域9家；理财中心及以上网点全部申报成为授权开办国际业务的网点。

大力强化普惠服务。积极参与“普及金融知识万里行”活动，使金融消费者对热点问题有更清晰的了解。组织参加全市银行业消费热点评议活动，以实际行动保护广大消费者的合法权益。

积极推广网络服务。加强柜面业务分流、电子银行体验，柜面分流率达到26.27%，跻身同业先进行列。发挥电子银行平台业优势，积极加强与行内优质客户的业务合作，促进互利共赢。

责任＋专业　切实履行社会责任

工商银行始终致力于打造最受尊敬的企业，这需要文化的积淀、责任的担当。荆州工行深刻了解其中之义，更愿意为此付诸于行。

践行企业文化理念。积极传播“工于至诚、行以致远”的企业文化，彰显卓越的品牌价值。致力于打造诚信致远的经营文化、协力奋进的同心文化、严谨专业的合规文化、关爱和谐的家园文化，积极营造“发展依靠员工、发展成就员工”的浓厚氛围。

实施员工关爱行动。多次组织员工交心谈心活动；举办“同心同行、跨越发展”员工迎春联谊会、“凝聚力量”趣味运动会、户外拓展等大型活动；抓好离退休干部、劳模及困难员工慰问等；建设一批满足员工业余文化生活的职工之家、职工小家；发行《四月风》员工交流期刊。

开展社会公益活动。认真落实“三万工程”有关工作，受到乡民的一致好评；扎实开展综合治理联会建设；组织参加义务献血献爱心活动；依法纳税，做优秀纳税人，连续多年入选荆州纳税企业前十名并获市政府表彰。

中国工商银行荆州分行党委书记、行长施光军获评“第四届荆州十大经济人物服务壮腰工程特别贡献奖”

中国工商银行荆州分行党委书记、行长施光军参加“早春行”金融支持湖北经济发展签约仪式

中国工商银行荆州分行党委书记、行长施光军出席市分行与荆州市总工会联合举办的“工会会员服务卡大型专场营销答谢活动”

中国农业银行荆州分行

2015年湖北省金融“早春行”活动中与企业签约

产品知识普及走进便河广场

荆州农行在荆州市是一个业务规模大行、市场份额高行、经营效益好行、内控管理强行。全辖 12 个一级支行，83 个营业网点，在职在岗员工 1593 人。至 2014 年 12 月底，全行总存款 401.2 亿元，实现中间业务收入 2.8 亿元，拨备后利润 7.5 亿元，各项业务均居四行第一。

今年来，该行紧紧围绕市委市政府的战略部署和工作要求，牢固树立“立足大荆州，支持大发展，争作大贡献”的理念，提升服务水平，创新工作方法，多维度强化“金融壮腰”力度。2014 年底，各项贷款余额 134.8 亿元，净增 20.2 亿元。全年累计办理资金业务 134 亿元，同比增加 45 亿元。在国有银行中，该行贷款余额份额、增量份额为 35.6 %、34.9%，排名第一。在全省农行中，贷款余额、增量分别排第 3、第 4 名。贷款增幅高于全省农行 3.3 个百分点。为加大服务“三农”力度，该行加大电子机具的布放力度和渠道产品的营销力度，不断延伸金融服务链条，填补金融服务空白。建立村组平台服务点 2553 个，基本实现了转账电话村村通，POS 机具商户通,ATM 机具网点通等“三通”工程，较好解决了农村金融服务“最后一公里”的问题。

服务无止境，责任有担当。今后，他们将继续以服务荆州经济社会发展为己任，积极探索金融支持经济新视觉、新路径，在支持中谋求发展、在发展中促进转型、在转型中提升品质，为荆州振兴作出新的贡献。

开展“学雷锋，学焦裕禄，树行业新风”活动，积极提高服务质量，提升窗口形象

在长江大学设立爱心基金，资助困难大学生

丰富员工文化生活，举办书画作品展

湖北荆州农村商

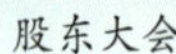
股东大会

对接客户

服务荆州　助力“壮腰”

2014 年，荆州农商银行按照全省统一部署，全面对接全市农区、商区、社区、园区，从银行视角对市域重点项目，有发展前景的中小企业、个体工商户、农村种养大户、家庭农场等新型农村经营主体进行大摸底、大梳理，并通过有效信贷支持为荆州经济增长培育新的增长点。厘清情况，为各级政府提供决策参考，助力荆州“壮腰”崛起。截止 2014 年末，全市农商银行各项贷款余额 243 亿元，比年初净增 55 亿元，增幅 29.3%，贷款净增额、市场份额均在全市金融机构排名第 1 位，贷款当年投放居全省农信社第 1 位。

主要工作成效

（一）金融服务实现全覆盖。

1. 支持市域经济建设全覆盖。积极履约“金融早春行”授信承诺，2014 年共向 236 家小微企业和重点项目授信 30 亿元，年内履约率达到 100%，授信金额和履约金额均居全市金融机构第 1 位。

2. 支农服务全覆盖。到 2014 年末，共建立农户经济档案 98 万户，占辖内 101 万户农户的 97%，评定信用农户 79 万户。2014 年累计投放“三农”贷款 173 亿元，比同期多投 15 亿元，增长了 9.5%。

3. 支持小微企业全覆盖。2014 年累计发放中小企业贷款 79 亿元。小微企业贷款余额 110 亿元，比年初净增 32 亿元，增长了 40.10%。

4. 支持民生全覆盖。2014 年共代理全市行政企事业单位工资代发业务 47 万笔，金额 10 亿元。为社区居民代发低保、各类补贴、代收社保、医保业务 230 万笔，金额 26 亿元。向社区居民累计发放消费类贷款 8 亿元。为 15 万客户开通了手机银行、短信银行及网上银行业务，为 1.2 万城乡商户安装了转账电话。

（二）产品创新倍受认可。因地制宜，开发了“流连贷”、“账户流量贷”、“农村种养大户浮动抵押贷款”、“异地创业贷款”等多个信贷新产品，较好地解决了客户融资难题。成功创发“金梧桐”理财产品，填补了业务空白。

（三）改革工作持续深入。到 2014 年末，全市 7 家法人单位，6 家已改制为农商行。荆州农商银行作为主发起人在黄冈罗田、浠水、团风设立的三家村镇银行均已批筹。

（四）争先创优再树标杆。江陵农商银行营业部获评 2014 年“中国银行业千佳示范网点”、“五星级网点”，成为全县、全市、全省农信社系统唯一一家获得此殊荣的单位。2014 年，荆州农商银行被省委

业银行股份有限公司

战略合作

下乡宣传

省政府授予“2011-2012 年度省级文明单位”荣誉称号。

（五）税收贡献率持续增长。2014 年全行缴纳税收 2.47 亿元，同比多缴 9627 万元，增幅 64%。其中荆州农商银行本级缴纳税收 8536 万元，同比多缴 3010 万元，增幅 54%。

2015 年工作规划

2015 年，全行将更好地履行“支农、支小、支市域””的社会责任，持续开展深耕“四区”活动，调整信贷结构、创新信贷产品、严控信贷风险，服务荆州，助力“壮腰”。

（一）调结构。积极贯彻落实市委市政府的战略部署，牢牢把握荆州经济发展脉搏，抢抓荆州深入实施“壮腰工程”的历史性机遇，充分发挥农商银行的政策、体制、机制、产品、服务优势，不断加大服务地方经济发展力度，倾力支持小微企业特别是园区企业发展，加快优质信贷市场拓展，为荆州经济发展注入源源不断的动力。

（二）抓创新。加快信贷产品创新和运用，坚持不懈地运用好现有信贷产品，因地制宜地开发新的信贷产品，积极满足客户融资需求。进一步深入开展“阳光信贷”、限时服务等活动，着力提升办贷效率，降低客户融资成本。

（三）控风险。密切关注房地产、化工、水泥、船舶、纺织、油脂等行业的贷款风险。进一步加强客户的准入管理和贷后管理，积极防控和化解信贷风险，有效维护地方经济金融稳定。

企业文化

教育培训

湖 北 银 行

存款总额 180 亿元、贷款总额 108 亿元、拨备前利润 1.62 亿元 ...... 这一连串的数字背后印证着过去 5 个月里，湖北银行荆州分行深入开展“客户质量提升年、资产结构优化年、全员素质提高年”三大主题活动，坚持开拓与管理并重，凝心聚力，提神鼓劲，积极探索荆州分行可持续发展之路的轨迹。

2015 年上半年，荆州经济投资放缓，增速减慢、小企业风险叠发，金融市场竞争加剧。面临种种不利因素，湖北银行荆州分行作为一家地方性金融机构，紧紧围绕总行工作会议精神，始终践行企业社会责任，致力于支持地方经济腾飞，追求更具社会责任的可持续发展，取得了可喜成绩。

储蓄存款“开门红” 服务地方经济成绩斐然

湖北银行重组三年多来，存款业务的发展充分证明“总量决定实力，份额决定地位，增存决定增收，成绩决定优势”。在今年“开门红”主战场，荆州分行打了一场漂亮的储蓄存款市场攻坚战，在总行零售开门红活动中已获一月的“平地达标奖”，二月“山地达标奖”大奖和三月“终极冲刺奖”。截止 5 月末，储蓄存款余额 72.96 亿元，零售贷款余额 11.65 亿元。

为更好的开展个人存款业务，荆州分行把握市场信息、明确主攻方向，加大宣传力度。各支行纷纷建立储蓄客户营销台账，加大对目标客户的营销力度；同时号召员工“走出去”开展金融宣传，22 家支行共主动开展了 230 场次宣传活动、发放宣传单 12000 份、拓展潜在客户 600 个、揽储 1500 万元、销售理财 2500 万元。

针对对公客户，分行从 2014 年荆州纳税百强客户中找优质行业、优质企业，找主流市场、主流客户，整理编制下发了年度重点客户营销目录，通过名单制目标管理来提高客户营销的针对性。同时抓好专项资金营销，大力营销工业企业续贷调度资金。在红苑支行提供市财政局拟设立荆州市中小微工业企业续贷调度资金的信息后，迅速跟进，积极指导红苑支行开展 2 亿元续贷调度资金的营销；积极营销重大产业发展基金，目前已营销该类资金超过 1 亿元；成功营销国开行棚户区改造专项资金和农高区发债专项资金，其中省国开行发放的棚户区改造专项资金 6000 万元已全部到位。

贷款投放“加速度” 服务中小企业声名远扬

在服务小微企业的主体经营思路下，荆州分行全力支持荆州壮腰工程，贷款投放呈现“加速度”。截止 5 月末，分行各项贷款余额 108.68 亿元，新增存贷比达 25.92%。其中小微企业贷款余额达到 51.89 亿，占全行贷款余额的 47.75%, 小微企业贷款客户数达到 3773 户。真真切切响应了“服务中小企业”的经营理念。

荆州分行

荆州分行扩大营销平台，提高发展能力，为业务发展注入源头活水。“金融早春行”活动推进会上，分行通过层层筛选出了25个省市重点招商引资项目拟搭建授信合作，授信额度达15.4亿元。同时，分行加快搭建银企合作平台，借助新银行、新发展、贷款规模适度宽松的平台优势，在各县市区政府的协调下，与近十余家企业进行项目对接，取得了很好的银政企互动效应。

荆州分行小微企业贷款业务起始于2008年4月，经过近7年的实践和创新，实现为广大小微企业客户提供融资服务的有效模式，建立了相对完整的小微企业融资产品体系，现已组建了小企业信贷中心、微小企业贷款管理部两个小、微企业金融服务专业团队，现遍布荆州区各县市，专营机构实行事业部制运作，配备有专职的小、微企业信贷人员近100名，能够为小微企业客户提供高效和专业的融资服务，全方位、多角度地满足小微企业客户的融资需求，目前已成为荆州金融市场的一个特色品牌，声名远扬。

优质服务“客户赞” 服务城乡居民屡出奇招

在湖北银行荆州分行每位员工的心中，每一位银行客户都是他们真诚服务的贵宾，他们牢记“一诺至诚，一心至臻”的品牌口号，致力于为客户提供更优质更高效的金融服务。

今年上半年，分行以“贷款超百亿”为契机，开展形式多样的客户答谢活动。开展“臻情相伴携手共赢”客户答谢活动。共邀请40余名VIP钻石客户代表现场答谢，同时现场在我行所有零售客户库中随机抽选出了2085位幸运客户；开展“私人财富大讲坛”主题系列文化活动。通过沙龙和讲座等活动形式，为VIP客户呈现了实物黄金展柜和“湖北银行私人财富”微信台卡，与客户交流基金、储蓄、黄金等理财信息，引起了客户们浓厚的兴趣，纷纷驻足品鉴和扫二维码添加关注，现场销售实物黄金4万多元；持续开展“社区、园区、厂区、校区”“四区行”宣传营销活动。通过在人流量大的上班高峰期、午餐集中期、学校放学高峰期等特殊时期，广泛开展营销宣传活动。这一系列的活动深受广大客户的喜爱，并获得了集体点赞。

面对已经取得的成绩，湖北银行荆州分行自豪而不自傲。在未来的日子里，分行将继续全面完成各项业务的序时计划任务进度，严控新增不良，多法并举拿措施化解存量不良贷款，加大清收处置力度；提振干部职工士气，强化队伍建设，完善各项机制，确保各项业务安全稳健运行，实现可持续发展，为城乡居民服务，为地方经济献礼。

平 安 银 行

平安银行荆州分行成立于2013年1月，现有员工47人，内设5个职能部室，综合性人工网点2家，自助银行2个，平安银行秉承“对外以客户为中心，对内以人为本”的理念，不断“变革、创新、发展”，稳步推进战略转型，持续优化架构机制，打造“专业化、集约化、综合金融、互联网金融”四大特色。

未来，平安银行荆州分行将依托平安集团综合金融平台，以为客户提供一个客户、一个账户、多个产品、一站式服务的全方位综合金融服务体验为目标，打造综合金融的核心优势，顺应互联网时代的发展趋势，积极创新产品和业务模式，以差异化服务、稳健的经营、出色的绩效，为客户及社会创造更大的价值。

荆州分行地址：荆州市沙市区北京中路81号凤台大厦1-2楼
分行电话：0716-8505375
两湖支行地址：荆州市沙市区两湖绿谷物流股份有限公司服务一号楼1-3楼
支行电话：0716-8844988
客户电话：95511-3

汉口银行

汉口银行总行领导深入纪南投资有限公司调研

市金融办、市银监局负责人深入汉口银行金融服务网格化工作站调研

深耕地方助壮腰　服务中小惠民生

将自身发展与助力地方经济发展放在怎样的基点上，是一道考验企业责任担当和发展智慧的命题。

2013 年 10 月，汉口银行落户荆州。面对经济下行、同业竞争加剧等不利因素，汉口银行荆州分行紧紧围绕地方经济社会发展，始终坚持“服务地方、服务中小、服务市民”的市场定位，不断践行“思想为您服务”的核心价值理念，书写了一份企业经营发展与支持地方经济、承担社会责任的满意答卷。

截至 2014 年末，分行各项存款余额 98817 万元，较年初新增 78128 万元。各项贷款余额 78552 万元，较年初增加 73525 万元。信贷投放完成率达到市政府下达目标的 143.8%，在全市银行业中位居第一。2014 年，分行确保了零不良、零案件和零事故的案防目标。

围绕重点项目抓突破，品牌效应逐步增强

分行开业以来，一直把重点项目营销作为分行“一把手”工程，把每一个客户当作品牌项目精耕细作，拿出一种不成功不罢休的韧劲和缠劲。通过着力宣传汉口银行品牌特色，借力造势，一些优质客户从认识、了解到开始主动接触汉口银行。华中农业高新技术产业开发区、荆州纪南生态文化旅游区是 2014 年落地荆州的两大省级重点项目，也是荆州金融机构全力争抢的重点客户。分行积极争取总行领导和相关职能部门的大力支持，利用传统产品和创新业务开展全方位金融营销服务。两大省级重点项目均已在分行开立结算账户，全面金融合作不断深入。

围绕专业市场做批量，小微金融不断夯实

按照“三个不低于”的监管要求，通过多维度、多产品交叉捆绑销售，采用高低组合、新老搭配、大小联动的团队作战方式，加大对小微企业的信贷投入。以“九通旺业”小微金融特色服务品牌为营销重点，不断将“租金贷”、“1+1”信用贷款、银联商圈批量营销等创新服务推向市场，逐步探索一个项目一个的模式，力争做出特色。针对传统集群专业市场，重点营销“租金贷”；针对新开发的商业地产，重点营销“1+1”信用贷款；针对大型百货卖场，提供应收账款质押、存货质押、订单融资等综合金融方案；针对商会，积极探索联保金融服务方案。目前与荆州家居建材大市场的批量营销已全面铺开，大连万达、安良百货卖场批量营销方案，商会会员金融解决方案正在对接中。截至 12 月末，小微企业贷款余额 1.5 亿元，较年初新增 1.3 亿元，增幅为 717%。

围绕投行业务促转型，融资渠道呈现多元

紧跟地方产业政策导向，引进券商、风投、信托、租赁、保险等机构，用投行思维突破传统银行融资渠道，

荆　州　分　行

汉口银行荆州分行与市侨商会签署战略协议

汉口银行荆州分行与华中农高区签署全面战略合作协议

逐步明晰分行行业版块特色。华中农业高新技术开发区为华中地区首个农业板块高新技术开发区，为省政府主导、荆州市政府与省联发投联合开发，被列为市政府“一号工程”。由于项目投资方抵押物原因，信贷推进遇到了瓶颈。在总行相关部室的指导帮助下，一项股权投资集合资金信托计划项目方案打开了分行和农高投的融资合作大门，汉口银行提供财务顾问、中介机构安排、投资者引荐、资金存管等投融资服务得到了农高投的认可，3.5 亿元的投融资项目拉开了分行投行业务发展的序幕。

汉口银行作为全市唯一金融机构参加湖北省创新驱动荆州行活动

围绕科技金融显特色，比较优势不断彰显

科技金融是汉口银行的特色品牌。荆州分行开业以来把科技金融创新服务作为实施差异化发展的重要手段，积极争取科技主管部门的支持，充分发挥科技金融磁场效应。通过积极推广营销科技金融特色品牌，通过建立科技型中小企业风险投资机制，促进地方科技企业成果资本化、产业化。目前正在与荆州科技局及担保公司就进一步服务和扶持荆州科技企业进行探讨，已储备科技担保项目 12 家，授信金额 3.5 亿元，并对拟上市目标企业开展全方位的金融服务和推荐支持。

分行定期开展回馈客户联谊活动

围绕规范管理强内功，服务水平不断提升

重视思想引领，服务理念进一步深入。组织全体干部员工认真学习贯彻银行业文明规范服务相关规定，积极探索“不对客户说不”、“客户改客人”，在同业服务同质化中寻求差异化。建立分行文明规范服务领导小组，由一把手亲自抓，分管领导直接抓，责任部室具体抓，形成齐抓共管的局面。强化培训督导，使每名员工对职业道德标准、服务形象标准、服务语言标准、服务流程标准、服务纪律标准、服务管理标准内化于心，外化于行。

关山初度尘未洗，策马扬鞭再奋蹄。面对新常态，汉口银行荆州分行将继续围绕改革转型发展主旋律，以敢于担当、强力作为、荣辱与共的责任感，努力为荆州“十二五”规划的完美收官、为壮腰工程“五年大跨越”贡献汉口银行力量。

中国太平洋财产保险股份有限公司荆州中心支公司

中国太平洋财产保险股份有限公司是中国太平洋保险（集团）股份有限公司旗下的一家专业子公司，为客户提供全面的财产保险产品和服务。公司总部设在上海，注册资本为人民币 180 亿元。太平洋财产保险荆州中心支公司是太平洋产险公司在荆州设立的区域性经营管理机构，下辖石首、洪湖、监利、公安、松滋、潜江、仙桃、江陵八家支公司，开办了包括机动车辆保险、企业财产保险、家庭财产保险、人身意外伤害保险、农业保险、各项责任保险、建安工程保险、货物运输保险等在内的多个险种。

公司始终秉承“诚信天下、稳健一生、追求卓越”的核心价值观，积极为客户提供各类风险保障服务，努力实现社会效益和经济效益的同步增长。公司积极履行经济补偿职能，为发展荆州经济、抵御自然灾害和安定城乡人民生活作出了积极贡献。近年来，公司先后获得湖北省“守合同重信用企业”、荆州市“金融工作先进单位”、“消费者信赖的诚信品牌”、“最具社会责任感企业”等荣誉称号。

面向未来，公司将继续实施“以客户需求为导向”的战略转型，不断强化创新驱动，努力实现差异化发展，着力提升综合竞争力，为客户提供更热情、更周到、更快捷、更优质的服务，为助推地方经济社会发展作出更大贡献。

公司地址：荆州市江津西路419号（荆州市国税局旁）
公司电话：0716-8420050
公司网址：www.cpic.com.cn
全国客户服务电话：95500

中国平安财产保险股份有限公司荆州中心支公司

中国平安财产保险股份有限公司荆州中心支公司（以下简称“荆州平安”）一直恪守和奉行“诚信第一，效率第一，客户至上，服务至上”的服务宗旨，以实际行动，践行承诺，全心全意保障全市广大人民群众的生命与财产安全。

2014 年，中国平安产险凭借强大科技金融研发实力、卓越市场表现、持续产品创新及优秀客户体验，在中国汽车“金引擎”颁奖典礼上收获“最佳汽车保险品牌”荣誉。在业务稳健发展的同时，始终将客户体验作为经营的出发点和落脚点，品牌价值不断提升。凭借高效服务和良好口碑，荆州平安业务增速突破 40%，全年保费收入突破 1.7 亿，市场地位跃居第二，赔款支出近 8000 万，上缴地方税收约 3100 万。为近 5 万名个人和企业客户提供了生命与财产安全保障，为荆州当地经济发展和社会保障再次做出了重要贡献。现公司已拥有一批精专的从业人员 100 余人，拥有理赔客服人员 25 人，查勘车 10 台，公务车 1 台。目前在荆州城区、公安、石首、松滋、监利、洪湖、江陵分别设立了营业网点。

荆州平安已经步入高速发展轨道，规模与效益日新月异，服务承诺不断升级。在今后的工作中，全体平安人将继续秉着“对客户负责，对社会负责”的经营理念，继续为全市人民提供生命与财产安全保障，继续为大荆州的发展贡献全部力量。“做荆州最佳汽车保险品牌”绝不是一句口号，全力打造“首选”优势，蓄力拓展非车险业务，是目标也是责任！

国网荆州

李新华、李建明春节前夕亲切慰问公司干部员工

公司党委专题研究教育实践活动重点工作

2014年，在省公司和供区党委政府的坚强领导下，公司上下团结拼搏、克难奋进，以深入开展教育实践活动为契机，务实转作风、从严抓管理，各项工作取得显著成绩。

安全生产记录再创新高，人身事件实现“零发生”，电网设备事件下降29.4%，公司连续安全生产1603天，超历史最高记录882天，首次同时获评省公司年度和4个季度“安全生产红旗单位”。电网发展迎来重大跨越，电网投资保持历史高位，供区第三座500千伏变电站建成投运，荆州电网形成南北分片运行新格局，彻底解决了江南电网网架薄弱、电源点支撑不足的问题。经营业绩实现逆势进位，完成内部概念利润22.12亿元，仅次于武汉跻身全省第2位；售电量142.61亿千瓦时，同比增长2.24%；售电均价643.19元/千千瓦时，剔除调价因素，同比提升0.27元/千千瓦时；线损率7%，同比下降0.32个百分点，基本逼近理论值，是近十年最好水平。对标排名取得历史突

公司举行2014年荆州电网迎峰度夏联合反事故演习

公司举办“建绿色电网、创和谐家园”电网环保主题宣传活动

供 电 公 司

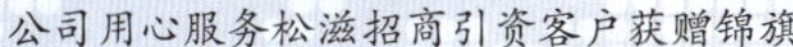
公司用心服务松滋招商引资客户获赠锦旗

公司退休职工“慈善爹爹”黄楚湘获评2014年10月助人为乐“湖北好人”

破，以总分第 2 名蝉联省公司综合管理标杆，连续 3 年保持管理对标标杆，荣获安全、规划、营销、人资、物资等 5 项专业标杆，所获标杆数量在全省最多、创公司历史之最。企业发展环境不断优化。荣获省公司最佳文明单位和创建“四好”领导班子先进集体，公司及所属 8 家基层单位夺得地方行评第一名。

2015 年是全面深化改革的攻坚年，是全面依法治国的开局年，也是“十二五”规划的收官年，做好全年工作意义重大。公司总体工作思路是：深入贯彻党的十八届三中、四中全会精神，按照省公司“从严治企、从细着力、从深挖潜、从实求效”的总要求，牢牢把握“强基固本、稳健有为”的总基调，依法治企，从严管理，抢抓机遇加快配网发展，巩固完善“三集五大”体系，着力提升发展质量和经营效益，确保完成“十二五”各项目标任务，为建设“一强三优”现代公司、服务供区经济社会发展作出新的更大贡献。

公司全力应对雨雪冰冻保供电

公司代表省公司喜获省运会排舞比赛（企事业组）团体第一名

荆 州 市 公 共

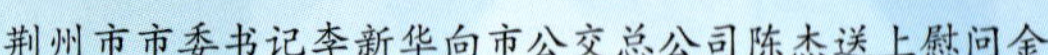

荆州市市委书记李新华向市公交总公司陈杰送上慰问金

陈杰去商贸城调研

荆州市公共交通总公司成立于 1955 年，为市属国有独资企业，由市国资委实行管资产与管人管事相结合的紧密管辖。企业承担荆州城区城郊 80 万居民埠内出行任务，同时也承担老年人、残疾人、老干部免费乘车等社会公益任务和政府指令性任务。企业下辖四个营运分公司、一个汽车大修厂以及驾校、旅游、广告等十个二级经营单位。现有职工 1800 人，各类车辆 930 标台，公交线路 64 条，覆盖中心城区及城郊，线路长度 1080 公里。

近年来，荆州公交在市委市政府正确领导下，在荆政〔2014〕2 号和荆政办发〔2014〕42 号的等公交优先政策的支持下，公交总公司坚持为经济建设城市发展服务，为人民群众生产生活服务的企业宗旨，以公交服务，天天进步的经营理念，艰苦奋斗，开拓进取。特别是近几年来，荆州公交充分发挥国有公交主导地位，坚持公交优先，力创公交优秀，不断提高总公司经济发展能力、公交服

新购公交车辆

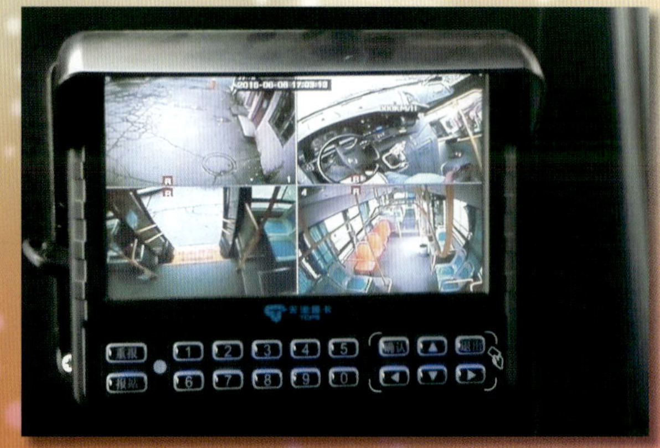

3G智能监控

交 通 总 公 司

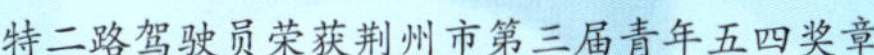

特二路驾驶员荣获荆州市第三届青年五四奖章

热心公益　爱心送考

务水平和企业管理素质，企业不断做大做强。企业先后购置了大中小齐全，高中低档配套的各类车辆，并积极延辟线网，做到“有路就有公交线，有客就有公交车”。目前的荆州公交线网，遍及荆州城区所有主次干道，覆盖郊区乡镇，形成东到丫角抵潜江，西至万城抵枝江，北到枣林抵荆门，南跨长江到公安，覆盖城、乡、村的公交“五位一体”化的运营新格局。安全、便捷、舒适、绿色、价廉的公交服务，做到了政府放心，百姓满意，职工高兴，社会和乘客给予高度赞誉。

荆州市人民政府文件

荆政发〔2014〕2号

荆州市人民政府
关于支持市城区优先发展城市公共交通的意见

各县、市、区人民政府，荆州开发区、荆州大遗址保护区，市政府有关部门：

为加快城市公共交通与城市经济协调发展，提高交通资源利用效率，满足群众出行需求，结合我市实际，现就市城区优先发展城市公共交通提出以下意见：

一、科学编制规划

尽快研究制定《城市公共交通专项规划（2013—2020年）》，完成与城市综合交通规划、城市控制性详细规划的相互衔接，引导城市功能布局和产业结构调整，逐步形成以公共交通走廊为城

— 1 —

荆州市人民政府办公室文件

荆政办发〔2014〕42号

荆州市人民政府办公室
关于印发荆州市中心城区公共交通发展
专项资金使用管理实施细则的通知

荆州区、沙市区人民政府，荆州开发区，荆州纪南生态文化旅游区，市政府有关部门：

《荆州市中心城区公共交通发展专项资金使用管理实施细则》已经市政府同意，现印发给你们，请遵照执行。

荆州市人民政府办公室

— 1 —

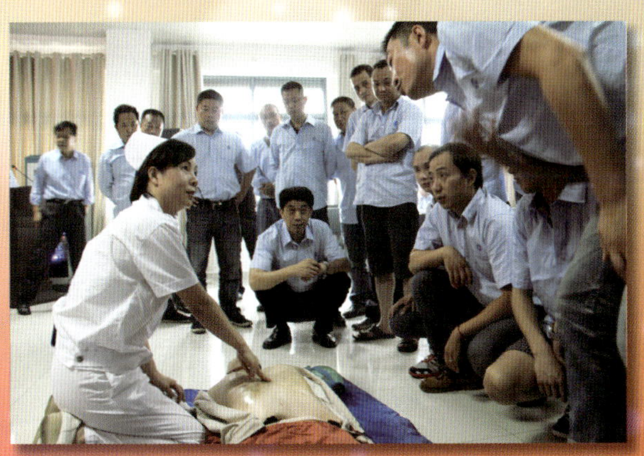

公司开展急救培训

荆州公交志愿者到孤寡老人家中打扫卫生并为其送上慰问品

荆州市城市建设投资开发公司

领导调研荆房公司工作

与上海延华智能公司签约

荆州市城市建设投资开发公司于 1999 年成立，隶属市建委领导，副县级事业单位。荆州市土地收购储备中心于 2001 年成立，为全民所有制事业单位。2005 年 8 月，市城市建设投资开发公司与市土地收购储备中心合并重组为“荆州市城市建设投资开发有限公司”，对外挂“荆州市土地收购储备中心”的牌子，实行“两块牌子、一套班子”管理，为市政府管理的正县级事业单位，同时作为市国资委的出资企业进行管理。截至 2014 年 12 月末，公司资产总额 195.46 亿元，总负债 92.67 亿元，负债率 47.41%，净资产 102.79 亿元，注册资本 7.3 亿元。

按照市委、市政府对公司的职能定位，公司目前的中心职能包括：一是投资建设城市非经营性基础设施；二是对城区国有土地实行收购、储备、经营；三是对国有资产的授权经营管理；四是投资片区土地一级开发；五是投资文化旅游产业；六是实施城区棚户区改造。

公司内设“一室六部”，即综合办公室、计划财务部、融资服务部、投资发展部、土地收购储备部、拆迁事务部、棚改及片区开发工作部；有 6 家全资子公司，即市文化旅游投资有限公司、湖北荆房投资开发有限公司、市城投地产有限责任公司、市城投资产管理有限公司、市城通线网管道投资有限公司、市城嘉建筑材料有限公司；8 家参股公司，即湖北银行、荆州水务集团有限公司、楚天置业公司、沙北新区投资开发公司、湖北长荆投资公司、纪南投资控股公司、荆旅集团、荆州智城公司; 2 家授权经营公司，即公交公司和红光污水处理厂。

组织员工进行警示教育

组织员工进行拓展训练

荆州港务集团公司

荆州港务集团公司属国有企业，是湖北省港口龙头企业之一。荆州港是全国28个内河主要港口之一，长江中游重要港口和交通枢纽，设有荆州目前唯一的对外开放口岸——荆州水运口岸。

至2014年底，集团公司旗下现有全资、控股、参股子公司共计16家。集团公司总资产近30亿元。

盐卡港区作业图

车阳河港区作业图

集团公司在自松滋车阳河至江陵李家台118公里的长江干线上，辖有五大港区，即：盐卡港区、柳林港区、松滋车阳河港区、江陵石化港区（在建）和涉外旅游港区。具备五大业务功能，即：集装箱、外贸货物装卸储运、查验通关等口岸功能；外贸集装箱理货功能；干散件杂货装卸、仓储、中转功能；水公铁多式联运和集装箱运输代理、货物及船舶代理等现代物流服务功能；涉外旅游功能。

2014年，集团公司主要经济指标继续保持较快增长。全年共完成货物吞吐量805万吨、装卸自然吨556万吨、集装箱吞吐量10万标箱、外贸货物吞吐量43万吨、接待旅客8万人次、完成营业总收入1.22亿元，继续实现盈利。

当前，集团公司正积极抢抓长江经济带和洞庭湖生态经济区建设等国家战略叠加机遇，加快港口和口岸建设步伐，完善综合交通运输组织体系，做好港产、港园、港贸融合文章，致力于将荆州港打造成具有立体交通格局、引领地方产业提档升级的两湖平原枢纽港，以更好地服务于腹地经济社会发展。

柳林港区作业图

中国水务
CHINA WATER

荆州水务集团有限公司
JINGZHOU WATER AFFAIRS GROUP LIMITED

上善若水　情奔万家

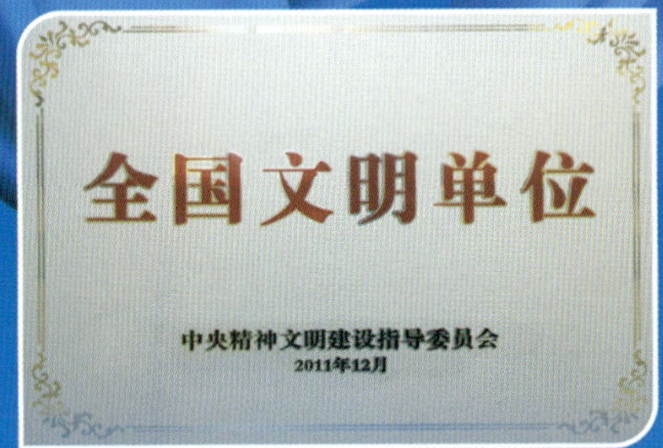

荆州水务集团有限公司是以供水为主的大型服务型企业，主营业务包括自来水供应以及给排水安装业务、供水管网工程、供水项目投资等。日供水能力55万立方米，拥有柳林、南湖、郢都3座主力水厂，6个客户服务中心，供水辐射范围89平方公里，供水总人口超过100万，城区供水普及率、水质合格率均为100%。荆州水务集团通过市场化运作，形成了以水为主，多元并存的发展格局，下辖荆州水务鼎鑫源工程有限公司、隆锦置业有限公司、浩宇给排水设计有限公司、泉洁二次供水有限公司、水之道给排水技术服务公司、水生木园林绿化工程公司等多家实业公司。

集团公司秉承“以水为本、达善社会”的核心价值观，践行“上善若水、情奔万家”服务理念，全力打造不断进取的最佳服务型企业。近年来，连续四届荣获“全国文明单位”,蝉联十届（20年）“湖北省最佳文明单位”、九届（18年）“湖北省消费者满意单位”，先后荣获“全国实施卓越绩效管理模式先进企业”、“全国实施用户满意工程先进单位”、“全国模范职工之家”、“湖北省五一劳动奖状”、“湖北省劳动关系和谐企业”等荣誉称号。

企业以让市民满意、政府满意、员工满意、股东满意为发展目标，始终全力配合与支持荆州城市发展，工作成效得到了市委、市政府的高度肯定。荆州水务集团将一如既往确保安全优质供水，力争为荆州市“壮腰工程”再立新功。

省人大代表莅临集团公司视察供水工作

“进区入户”义务服务活动

制水工艺改造

水厂园林景致

“一站式”客户服务大厅

水厂澄清池

供水管网施工现场

企业员工风采展示

利

园区大门

招商大厅

1、投资背景

荆州市政府重点招商引资项目

荆州是九州之一、楚国故都、三国文化中心；位于江汉平原腹地，是湖北省五大区域性中心城市之一，是长江中游重要港口、鄂中南地区中心城市、华中重要的工业生产基地。

“八方支持、汇聚荆州”

2012年，湖北省委、省政府提出“状腰工程”，加快振兴荆州经济，市政府提出“工业强市”，“工业兴市”的重大方针，大力发展工业，借着荆州市国家级经济开发区和国家级承接产业转移示范区成立的契机，荆州在未来五年之内工业将会飞速发展，中小企业作为工业企业的生力军，在荆州的工业发展中将起到举足轻重的作用，在此背景下，湖北利晟投资有限公司本着集约化利用土地资源，整合产业集群的宗旨，投资兴建利晟中小企业科技园项目。

2、区域交通

项目位于省级开发区——沙市经济开发区内，与国家级荆州开发区仅一渠之隔。地处荆州市东方大道与三号路交汇处。距沪蓉高速公路荆州东入口处仅2公里，距市中心12公里，距30万标箱盐卡集装箱码头8公里，距汉宜高铁荆州站12公里。距三峡机场75公里。

园区鸟瞰图

3、园区规模及特点

3.1项目计划总投资约16亿，占地面积660亩，总建筑面积60万平方米。规划为五大区域，即生产制造区、物流仓储区、研发科技区、总部经济区和生活服务区。项目分三期完成，建设周期为三年，全部建成后可容纳200余家企业入驻，预计整个园区可形成年产值30亿元，年税收1亿元，可有效解决5000多个就业岗位。第一期总投资1.2亿元，占地面积126.8亩，建筑面积11万平方米，可容纳30家企业入驻。是荆州市首家集高新技术研发、生产、办公、商务、服务于一体的综合型、集约型科技产业园区。使园区规模化、产业化、集群化；并且具备研发、商务办公、物流等配套的综合性创新科技园区，极大的满足创新型中小企业的生产需求，公司本着“携手中小企业，聚合共创财富”的经营理念，为中小企业搭建聚合、创新、共赢的平台。

企 业 科 技 园

办公楼

宿舍楼、商铺

3.2 多样化满足您的需求产品类型：标准钢构厂房、定制钢构厂房、标准框架厂房、定制框架厂房、员工公寓、沿街商业、高端写字楼、研发科技楼。

4、产业结构分析

坐拥周边四大产业集群：家电产业集群、汽车零部件产业集群、新能源、建材产业集群、印染循环经济集群，促进园区多元产业发展

园区将以机械加工、电子电工、家具建材等三大行业为主力进行产业集群式招商，主要以承接沿海地区产业转移和为本土大型企业如美的、恒隆、四机等企业的上游配套企业提供高标准的生产办公场所及完善的配套服务，力争在二到三年内在园区形成三大产业集群，为荆州市的招商引资打下坚实的基础。

5 、完备配套设施

所有单体厂房内地坪均为金刚砂耐磨地坪，有效防水防静电、框架式三层厂房配备 2 台专用货梯，内装饰均完善，企业拎包入驻，省去二次装修费用。

5.1 园区设施：会议中心、商务中心、餐厅、公寓、超市、便利店、银行、网吧、健身中心。

5.2 交通配套：城市公交直达园区、园区员工专享专车接送上下班。

5.3 物业配套：24 小时电子巡更、监控系统、公安消防联动报警系统，保障企业安全生产。

5.4 生活配套：水、电、天然气一应俱全，分户入园。

园区地理位置

6、多元化服务

6.1 全程代理办证，入园企业享受“一站式”服务，全程协助办理工商、税务、水、电、房产、土地等手续；

6.2 为企业申报国家及省市各类科研计划和基金计划，协助企业办理高新技术企业认定手续；

6.3 安防与环境有专业物业管理服务；

6.4 园区与各大中职院校和市劳动就业中心对接，定期为企业输送大量劳动人才服务；

6.5 对接银行金融服务，提供上下游企业供需服务；

6.6 园区设立中小企业创业基金，扶持中小企业发展。

荆州市金盾押运

荆州市金盾押运保安服务有限公司于2004年4月成立，隶属于荆州市公安局。公司主要为银行等金融单位提供武装押运和ATM机夜间安保巡逻服务，同时向社会提供货币、贵重物品、金银珠宝、文物、字画、证券、重要凭证的武装押运守护服务。2012年完成对所辖6县市公司的整合。现有总人数723人，运钞车130台。为15家银行提供押运、夜间自助银行安保巡逻服务，6县市还为银行提供尾箱、现金寄库服务。2014年全市营业额8000余万元。市公司位于荆州市江津西路427号，占地15亩。

总经理　王汉鄂

公司创建伊始，就将“播种安全，收获信赖，服务人民，报效社会”作为企业宗旨，将“建一流队伍，保一方平安，求银押双赢，创押运品牌”作为企业目标，公司制定的《押运质量管理操作规范》、编写的《车长手册》、《专用运钞车百题问答》、《运钞车防（反）抢劫方案》、《经常性思想教育讲课提纲汇编》被全省各地市州押运公司作为教材；创立和坚持的经常性教育、训练制度，创建的企业文化在全省推广。2007年被评为“首届全省优秀保安服务公司”，2009年9月通过ISO9001质量管理体系认证，2011年车长任华被表彰为“全国先进保

突出安全　把握中心

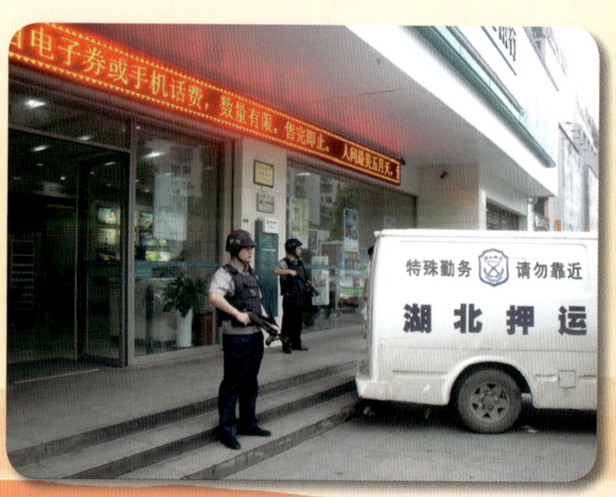

款箱交接　高度戒备

保安服务有限公司

深圳威豹　金库考察

密切协同　确保安全

安员”，松滋公司被表彰为“全国先进保安公司”。2010 年发起创建的“鄂中南押运保安合作组织论坛”影响全省，受到中国保安协会多次肯定和宣扬。2015 年 3 月被省保安协会表彰为全省优秀保安押运公司。

11 年来，车辆安全行驶近 2000 余万公里，实现了款箱、枪弹安全零事故。公司班子团结，队伍稳定，管理有章，发展有序，实现了社会效益和经济效益的双丰收，为荆州市社会稳定、金融安全作出了重大贡献。走出了一条具有荆州特色的武装押运之路。

威武雄壮　接受检阅

组织篮球比赛　发展企业文化

拾金不昧　客户送旗

总结经验　表彰先进

仓房区局部

荆州市粮食储备库是荆州市粮食局直管的国有独资粮食储备企业。粮库于2010年11月建成，总占地面积98607平方米（约合148亩），总投资9265万元。建有现代化的高大平房仓8栋16间，总仓容量6.2万吨；油脂储备罐9个，总容量2万吨；日产150吨精米加工厂1座；1栋综合服务大楼及粮油检测化验中心、安全电子监控、结算中心等配套设施。

粮库所处荆州市荆州开发区沙市农场，地理位置优越，交通便利。北临沙市火车站，西靠长江国家一级口岸盐卡码头，南接沪蓉高速，公路、水路、铁路便捷，有利于货物的四通八达。

粮库库区布局合理，环境整洁，仓房条件好，配备设施完善，仓储功能齐全，所有仓库均配备粮食环流熏蒸、机械通风、粮情电子检测系统。具有与粮食出入库要求相适应的称重、输送、清理等设施设备40多台套。粮库已具备“四散化”物流的能力。

粮库重视粮油质量管理，严格执行国家粮油管理制度和标准。建有粮油质量检化验室及国家挂牌区域性粮油食品质量检验机构——荆州市金欣粮油食品质量监测站。实验室面积1600多平方米，

2万吨油罐区

日产150吨精米生产线

配备有进口及国产高端检化验设备50多台套，仪器设备总价值390多万元。

粮库建有业务管理系统、粮情检测系统、安全监控系统、办公自动化系统集成的信息化平台，安全监控系统可对库区及重点部位实行24小时监控。

全库在岗人员41人,中专以上学历30人,有各类技术职称的15人,职业资格证书人员18人,专职保管员10人,专职检化人员5人。

荆州市粮食储备库是国家粮食局认定的具有中央储备粮（油）代储资格的粮（油）库，目前，中央、省、市三级储备粮库存数量真实，质量良好，储存安全。各项管理制度健全，管理规范。2012年被评为省级储备粮油管理工作“先进单位”，2013年被国家粮食局、教育部授予第二批全国中小学“爱粮节粮”教育社会实践基地，全省粮食仓储规范化管理“示范粮库”和“省卫生先进单位”等称号。

中央储备粮荆州直属库

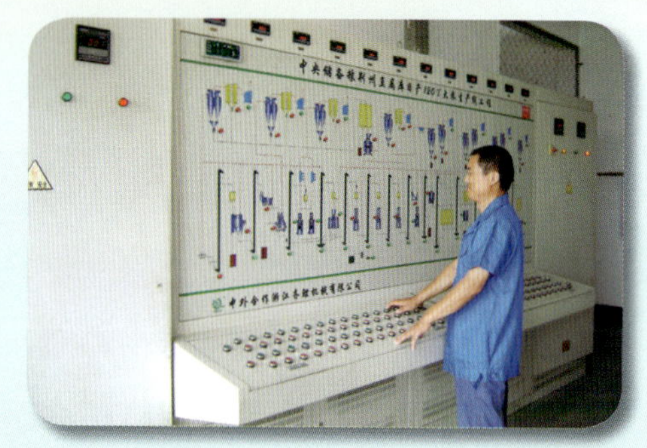

中央储备粮荆州直属库位于荆州城东门外岳山新村，1996年底上收为原国家粮食储备局直属库，2000年划转为中储粮总公司直属库，由中储粮湖北分公司直接管理。库区占地面积25万平方米，在册员工129人（其中在岗112人），设有5科、1公司、1分库、1基地、1油库。直属库本库现有平房仓XX栋、仓容XX万吨、在公安国储库（现公安分库）自建仓容X万吨、白马粮源基地购置仓容X万吨，直属库自有总仓容XXXX万吨；库内有铁路专用线1条，总长1602米;铁路罩棚和机械罩棚共3套，面积11100㎡；备品库、药品库各2个；精米厂1座，日生产能力195吨；各类粮仓机械设备500多台套；固定资产1.5亿元，资产总额47.46亿元。

直属库主要负责本库和荆州片区8家代储库的中央储备粮及6个县（市、区，不含洪湖市和监利县）所有国家政策性粮油的统贷和收购、销售、调运、加工、轮换、储存及监督管理工作。

这些年来，在中储粮总公司、分公司的正确领导下，在各有关部门和地方党委政府大力支持下，直属库深入贯彻落实科学发展观，自觉践行“三个维护”企业宗旨，始终坚持“三个严格”、“两个确保”根本要求，认真落实国家调控政策，切实强化储粮管理，不断推进资源整合，努力提升服务能力，不懈加强党建和员工队伍建设，尽力服务地方经济，竭力做到执行政策不走样、规范管理不打折、防控风险不松懈、提升素质不止步，较好地履行了企业的政治、社会和经济责任，各项工作正不断健康稳定向前发展。2005年-2006年被湖北省委省政府授予“省级文明单位”称号，2007年-2012年连续3届被湖北省委省政府授予“省级最佳文明单位”称号。在中储粮湖北分公司系统内经常被评为先进直属库。还荣获了“全国粮油仓储规范化管理先进企业”、“全国粮食协会优秀团体会员”、中储粮湖北分公司成立十年来“先进集体”、湖北省“全省社会治安综合治理先进单位”、荆州市国资系统“先进基层党组织”等多项荣誉。直属库档案管理达到国家科技事业AAA级，“荆江”牌珍珠米还夺得2010年全国农产品加工业贸易洽谈会金奖和2012年第十四届湖北粮油精品展示会金奖。每年所实现和上缴的利润额度都排在湖北分公司系统前位，各项经济指标和财务指标处于较为正常和健康水平。

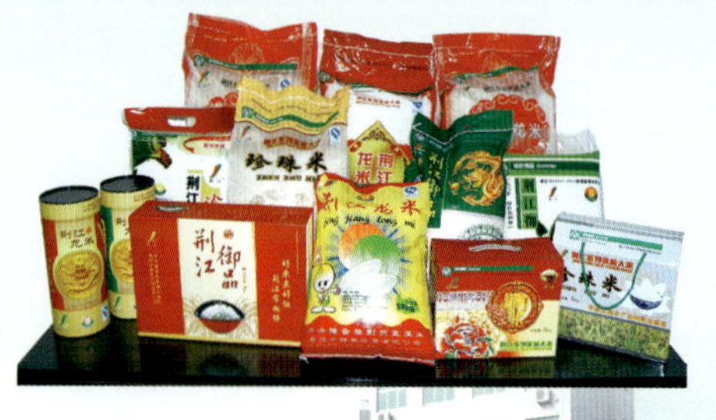

湖北宇祥畜禽有限公司

办公楼

加工厂厂房

董事长　郑祖兰

湖北宇祥畜禽有限公司是一家于2004年注册成立的企业，法人代表郑祖兰，注册资本1500万元。公司位于荆州区西门九阳食品工业园内，是一个集家禽养殖、蛋品加工、出口销售为一体的省级农业产业化重点龙头企业，是湖北大型蛋鸡养殖和加工出口基地。

公司占地面积280多亩，现有资产近2亿元，员工320人。公司下设鲜蛋加工厂，皮盐蛋加工厂，深圳分公司，两个自动化标准蛋鸡养殖场，两个饲料加工厂，四个“公司+基地+标准化养殖农户”出口蛋备案养殖基地。公司主导产品远销新加坡、越南、香港、澳门等国家和地区，年创汇1800多万美元，公司出口的禽蛋产品占领香港、澳门市场70%的份额，是湖北省最大的蛋品出口企业，销售业绩和企业效益居全省第一位，在全国同行业位居前列。

产业化经营

湖北宇祥畜禽有限公司以加工贸易为核心，以原料基地为后盾，的产业化经营模式。从原料（饲料加工）→蛋鸡养殖（两个自有蛋鸡养殖场、四个合作备案场）→深加工（再制蛋厂、保洁蛋厂、蛋液厂、蛋粉厂）→出口（自营出口权）的完整产业链企业。经过标准化、科学化的规范管理，在经过这些年“苏丹红”、“禽流感”、“三聚氰胺”等食品安全检测中，湖北宇祥品牌不但没有受市场影响，而且在经过香港食环置27批次严格检测中，证明宇祥品牌是安全的、卫生的，在经过香港媒体“文汇报”报道后，宇祥品牌在国际市场上更受青睐，更具竞争力，销售额节节攀升。

战略目标

公司力争二年内自有蛋鸡存栏500万只，带动标准化养殖3000万只，建成蛋粉加工厂、引进液体石蜡保鲜、CO_2气体保鲜、常年贮存1万吨以上，销售收入10亿元以上。

湖北华夏水利水电股份有限公司

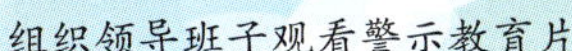

组织领导班子观看警示教育片

公司召开安全生产标准化动员大会

公司领导组织慰问困难党员

湖北华夏水利水电股份有限公司组建于1997年9月，其前身为荆州市水利水电工程处（成立于1958年），系湖北省唯一的一家国有水利水电工程施工总承包壹级资质企业。

公司注册资本金12000万，现有从业人员423人，其中：高中级技术职称120人；水利水电一级建造师23人，水利水电二级建造师31人。

公司所建工程，合格率100%，优良工程率60%以上，无一起安全质量事故，在社会上享有良好的声誉，其中高滩口泵站曾荣膺国家银质奖，平安居工程被评为“2009年度湖北省建筑优质工程”，荆南长江干堤加固工程获得了“2011湖北省水利优质工程奖（江汉杯）”，公安东港垸泵站更新改造工程获得“2013年度湖北省水利优质工程奖（江汉杯）”，南水北调引江济汉渠道8标工程于2015年1月获得湖北省南水北调管理局颁发的“先进施工单位”。

近两年来，公司先后被认定为国家“重合同守信用”企业、湖北省“重合同守信用”企业、荆州市“重合同守信用”企业；被评为“荆州市文明单位”、“荆州市安全生产先进单位”、湖北省“安康杯”优胜企业、荆州市劳动保护工作示范工会；被授予农行湖北分行“AAA信用企业”称号、中国水利施工和湖北省水利施工“AA”信用企业称号。

公司工程公安东港垸泵站获得“2013年度湖北省水利优质工程奖（江汉杯）”

公司项目汉江下游2014年3标团结闸1、3、5号仓浇筑完，2、4号仓侧墙模板安装

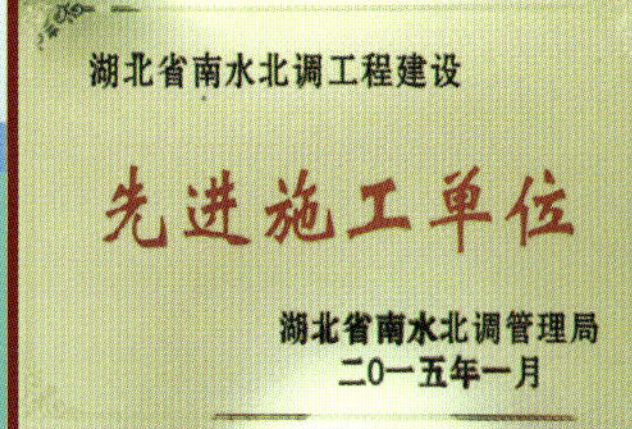

精彩印刷是由湖北省新闻出版广电局核准的出版物印刷企业，荆州市政府采购备案单位。起步1998年,总投资近2000万元，专做书刊，海报，画册，彩色包装印刷。服务出版社和荆沙地区江汉平原周边县市党政机关企事业、学校、厂矿企业、公司、商户。通过产品（印刷）做服务，让人们生活的更加幸福，这是企业的魂。

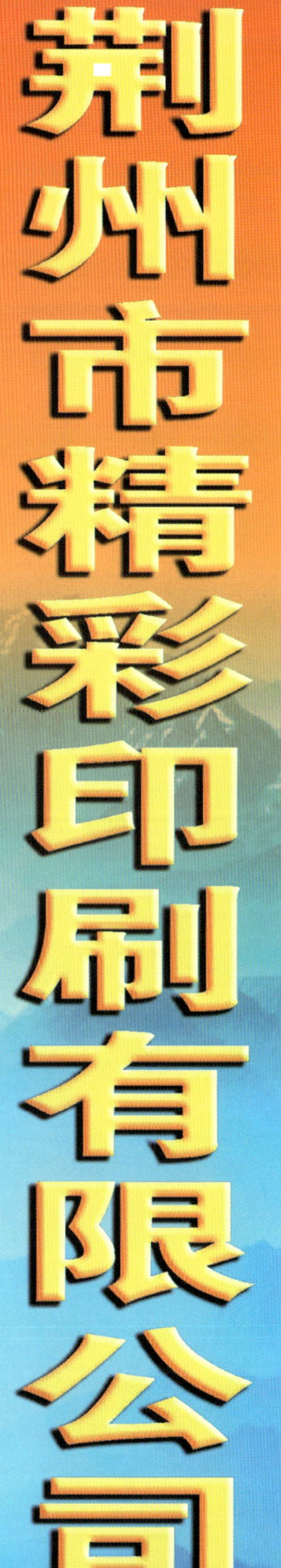

例行旅游

部分产品

湖北开新商

湖北开新商贸有限公司创办至今已十五年之久，法人代表系省、市再就业明星、市二、三、四届优秀人大代表罗开凤女士，公司地址：沙市区园林路39号（沙市中山公园东大门斜对面），现拥有办公、经营场所2000余平方米，员工110余人。

公司董事长罗开凤好学、干练、一身正能量，带领公司员工学习、进取、奋斗、拼搏、创新、争一流。一流的从业宗旨，一流的适时理念，一流的品牌追求，一流的经营方略，一流的管理模式，一流的服务水准，业内业外小有名气。

公司旗下的“开心礼品”是最具交往情怀的特色实体之一。该实体集礼品策划、设计、开发、订制为一体，给客户以一站式全程贴心服务。公司作为多家知名品牌企业荆州市总代理，可供选择千种以上具有实用、欣赏、宣传、收藏价值的礼品精华，诸如中国日用瓷第一品牌红玫瑰、景德镇古镇茶具、宜兴名家紫砂壶、澜沧古茶——普洱茶中的瑰宝、高端景德镇瓷器、名家瓷、文革瓷、全套十二生肖世纪夜光盘等等。员工们人人都能尽心、尽职、尽责地为大家奉献上情感传递领域的智慧与捷径。

贸有限公司

公司旗下的“开新族楚人足道”是最具健康质量的特色实体之一，该实体为获得国家颁证的专业化、规范化的养生保健中心，有全国人大代表、国家五一劳动奖章获得者响誉全国的修脚大师曾晓毛坐堂，众嫡传弟子主刀的精干班子，有高级按摩师、健康管理师、国家反射疗法师张伟亲率的中医经络养生保健技师团队，集大、名家所长，独创楚人足道特色刀法、手法、程序，加之现代化诸多先进治疗仪助阵，员工们个个都是胜任的顶尖护理师，体验过本中心经络养生、中医推拿、奇穴灸疗、足部顽疾修治护理的众多受益者无不争相传颂，有口皆碑。

社会的肯定、群众的赞许，诸多的荣誉只是雄辩地证实了昨天的成功。我们的目标——百年老店，今天，明天，开新人的事业将更加灿烂与辉煌！

荆 楚 统 计 年

荆楚统计年鉴服务中心，是在原荆州统计年鉴编辑部及荆州各县、市、区统计年鉴编辑部基础上，组建的具有法人资格的非盈利性质的服务型组织，业务主管单位荆州市统计局。

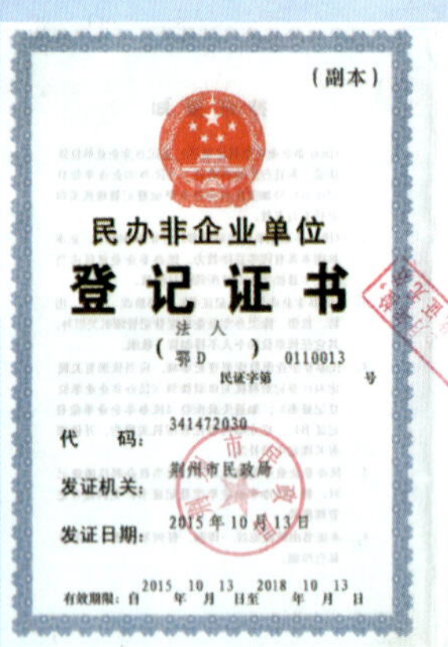
（副本）

民办非企业单位

登记证书

法人

（鄂D　　）　　0110013

民证字第　　号

代　码：341472030

发证机关：荆州市民政局

发证日期：2015年10月13日

有效期限：自2015年10月13日至2018年10月13日

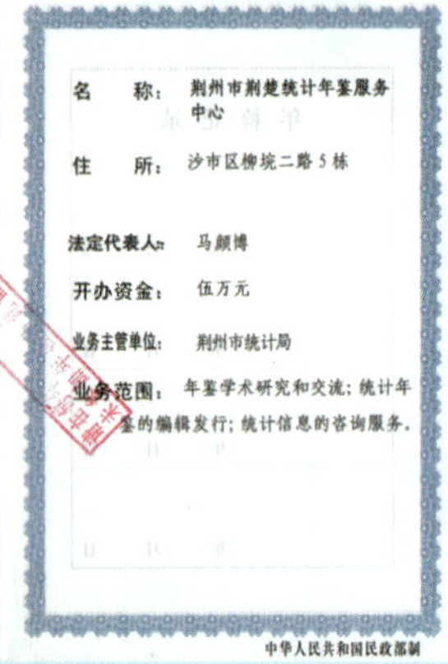
名　称：荆州市荆楚统计年鉴服务中心

住　所：沙市区榜坑二路5栋

法定代表人：马颜博

开办资金：伍万元

业务主管单位：荆州市统计局

业务范围：年鉴学术研究和交流；统计年鉴的编辑发行；统计信息的咨询服务。

中华人民共和国民政部制

荆楚统计年鉴服务中心，内设信息服务、编研设计、市场发行、综合管理四个职能科室，现有10名工作人员，主要负责年鉴和各类普查资料收集整理、编辑设计、印刷制作、出版发行以及年鉴研究和学术交流，为荆州市社会经济发展服务。

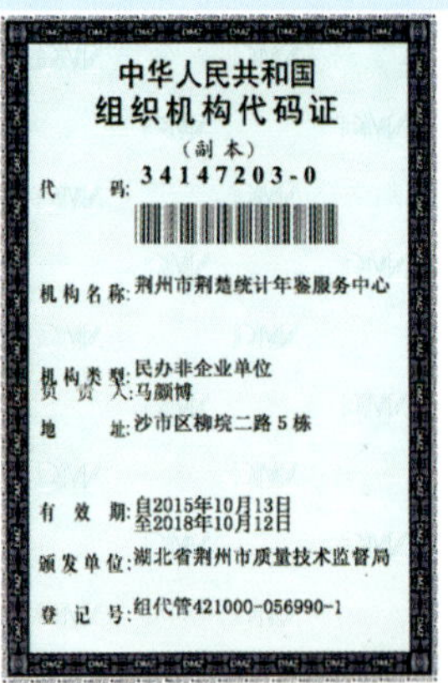
中华人民共和国

组织机构代码证

（副本）

代　码：34147203-0

机构名称：荆州市荆楚统计年鉴服务中心

机构类型：民办非企业单位

负责人：马颜博

地　址：沙市区榜坑二路5栋

有效期：自2015年10月13日至2018年10月12日

颁发单位：湖北省荆州市质量技术监督局

登记号：组代管421000-056990-1

说明

中华人民共和国国家质量监督检验检疫总局签章

年检记录

NO.2015 4483192

荆楚统计年鉴服务中心，开展的业务主要有，一、学术研究和交流；年鉴涵盖政治、经济、社会等系统情况，包括实践的、理论的、学术的，观点各异，针对年鉴编撰中的不同观点，尊重为先、深入研究、力求完善，定期举办学术交流。二、编辑指导和培训；编辑年鉴既要展现地方经济社会发展全貌与特色，还要符合年鉴编撰体例和严格收录标准，更要具有科学性、客观性、准确性，这样它的决策价值和存史价值才能体现的更好。年鉴的定义、特点、编辑要求，对编辑人员的职业素养提出很高要求，对于编辑人

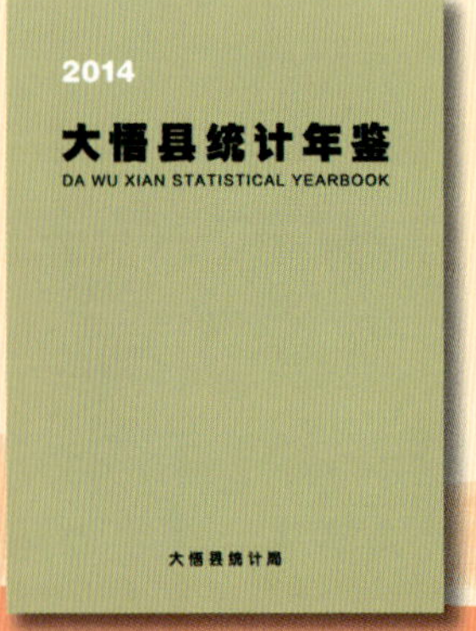

鉴服务中心

员的指导和培训可以提高编辑水平和编辑质量。三、年鉴编辑和发行；组织和完善年鉴的选题和组稿，年鉴的编辑和设计，年鉴的印制工艺流程，年鉴的宣传和推广，调动编辑年鉴工作的积极主动性、科学严谨性、客观真实性，定期出版和发行各类《年鉴》和《普查资料》。四、信息咨询和服务；需求行业性、社会性、专业性信息的机构或者单位非常普遍，通过搭建统计信息系统第三方平台，在统计部门的领导下，做好各种行业调查、社会调查、专业调查，提供各种信息咨询，更好服务经济社会发展。

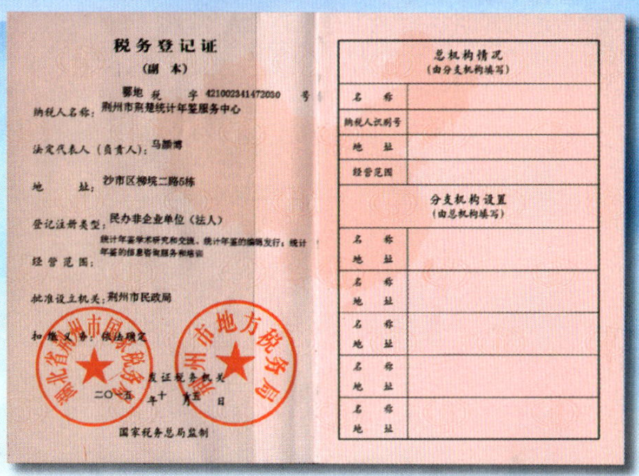

税务登记证

（副本）

鄂地税字421002341472030号

纳税人名称：荆州市荆楚统计年鉴服务中心

法定代表人（负责人）：马鹏博

地址：沙市区柳烷二路5栋

登记注册类型：民办非企业单位（法人）

经营范围：统计年鉴学术研究和交流，统计年鉴的编辑发行；统计年鉴的信息咨询服务和培训

批准设立机关：荆州市民政局

扣缴义务：依法确定

发证税务机关

二〇一五年十月五日

国家税务总局监制

总机构情况 （由分支机构填写）	
名称	
纳税人识别号	
地址	
经营范围	
分支机构设置 （由总机构填写）	
名称 地址	
名称 地址	
名称 地址	
名称 地址	
名称 地址	

荆楚统计年鉴服务中心，相继编辑出版《孝感统计年鉴》、《安陆统计年鉴》、《老河口统计年鉴》、《猇亭统计年鉴》、《伍家岗统计年鉴》、《江陵统计年鉴》、《沙市统计年鉴》、《保康统计年鉴》、《枣阳年鉴》、《樊城年鉴》、《东宝年鉴》、《掇刀年鉴》、《钟祥年鉴》、《兴山年鉴》等各类年鉴书刊30多册。其中编辑出版的《荆州统计年鉴》获得2009年全国年鉴评比综合类一等奖，《东宝年鉴》获得2012年湖北省年鉴评比综合类一等奖。

荆楚统计年鉴服务中心，位于荆州市沙市区北京中路253号，联系电话：0716-8129833综合管理科/8129585编研设计科/8129593信息服务科8128991市场发行科。联系邮箱：jzsjctjnjfwzx@163.com，964977795@qq.com。

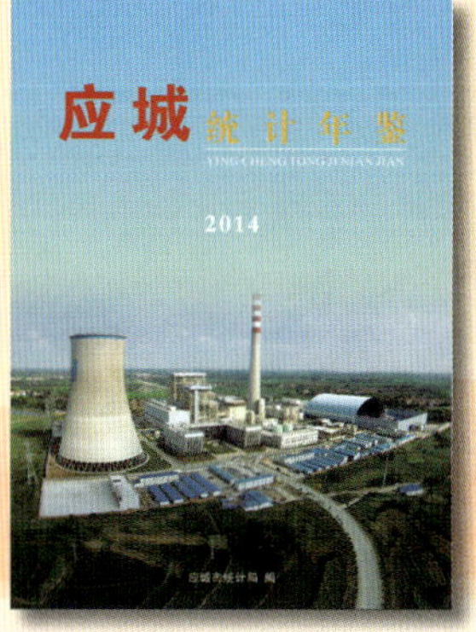

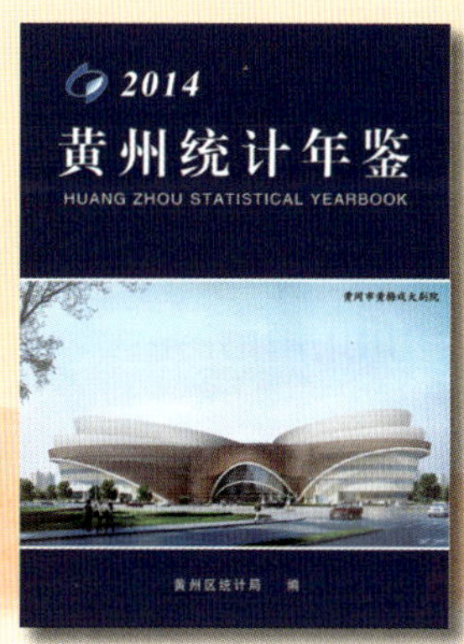

荆州商业幼儿园

幼儿园大门

幼儿园内景

荆州市商业幼儿园创办于1956年5月，隶属荆州市商务局，是一所全日制公办幼儿园，是湖北省示范幼儿园、湖北省文明单位和全国家长示范学校。幼儿园地处樱花环绕的公园路，得天独厚的地域环境与温馨雅致的园内环境相得益彰，构建成极具现代气息的儿童乐园。幼儿园占地面积5000多平方米，现有大、中、小班共17个班级，在园幼儿600多名，教职工80多人，90%为大专以上学历。

幼儿园本着“尊重幼儿发展、实施优质教育”的办园理念，以“博爱、启迪、责任”为园训，立足“办人民满意园、创特色品牌园”的办园宗旨，营造了融人文、科学、艺术、自然于一体的具启发性的生活学习环境，积淀了内涵丰富的特色校园文化，打造了一支有创新意识的高素质教职工队伍，提供了满足幼儿身心发展需要的个性化保教服务，以快乐追随幼儿成长。

在“重抓安全、强化师德、创新教学”的管理思路下，我园立足科学规范的园务管理，提升品质精臻的办园品位，大胆创新、不断率先，以省级示范园的辐射引领和结对共建提升教育影响力，建立了深入人心的佳园形象和社会公信品牌。

60年的发展历程，商幼人取得了令人瞩目的办园业绩，在内涵发展上倾情育人、成绩斐然，被连续评为“荆州市绩效考核先进单位”、“湖北省课例研究先进幼儿园”、“荆州市卫生保健优秀示范园”、“社会综合治理先进单位”、“品牌荆州十佳幼儿园”，荣获全国校园网站一等奖等殊荣，成为国家、省、市“十一五”、“十二五”重点立项课题的实验与研究基地及湖北省国培“影子教师”培训基地园。

在学前教育加快发展的新形势下，开拓创新的商幼人一定会带着激情与责任，迈着求实的步伐，在不断地超越中向新的目标迈进!

升旗活动

安全教育—情景游戏

亲子互动游戏

中国人寿保险股份有限公司 荆州分公司
China Life Insurance Company Limited

中国人寿保险股份有限公司是中国最大的人寿保险公司。2014 年，中国人寿保险（集团）公司连续十二年入选《财富》“世界 500 强”，排名第 98 位，在入选的中国保险企业中蝉联第一。

中国人寿荆州分公司是一家区域性二级分公司，公司下辖松滋、公安、石首、监利、洪湖、仙桃、潜江、油田、江陵、沙市区、荆州区等 11 个县级支公司和 1 个分公司营业部，另设有城区团险拓展部。全系统共设立了 22 个县级以下营业部和 124 个营销服务部，网点遍及各乡镇，实现了全覆盖。公司现有员工 500 多人，营销队伍 3000 多人。

中国人寿荆州分公司向个人及团体提供人寿、年金、健康和意外伤害保险产品，涵盖生存、养老、疾病、医疗、身故、残疾等多种保障范围，全面满足客户在人身保险领域的保险保障和投资理财需求，每年为社会提供各类风险保障 600 多亿元，康宁系列保险、瑞鑫系列保险等都深受市场欢迎。2014 年，公司共实现保费收入 11.38 亿元，在荆州寿险市场的份额继续保持第一位；全年长险给付支出和短险赔款支出共 5.5 亿元，充分发挥了保险的功能作用；上缴各项税金 1082 万元，履行了一个优秀企业公民的社会责任。公司还开办了农村小额保险、小额信贷保险业务，承办了城镇职工和居民大病医疗保险业务、新农合大病保险业务，并在全市保险行业率先独家推出“医保通”

客户服务人员风采

公司办公楼